폭염
사회

폭염
사회

에릭 클라이넨버그 지음

홍경탁 옮김

폭염은 사회를 어떻게 바꿨나

글항아리

일러두기

- 서문은 제2판에 추가된 것이다.
- 원서에서 이탤릭체로 강조한 것은 고딕체로 표시했다.

2015년에 도시 환경 재난에 대해 글을 쓰는 것은 2000년 『폭염 사회』 초판을 마무리할 때와는 완전히 다른 일이다. 불과 15년 전이지만, 지구는 점차 온난화되고 있으며 이례적으로 큰 피해를 주는 기상이변이 주기적으로 발생한다는 단서가 늘고 있다는 것을 중요하게 인지한 사회과학자가 그때는 거의 없었다. 그러나 오늘날 기후변화에 관한 우리 지식과 우려는 기상이변에 새로운 의미와 중요성을 부과하고 있으며, 기상이변의 빈도와 강도, 영향력이 증가하여 재난 연구는 물론 취약성과 복원력의 사회적 차원에 대한 학습이 특히 중요해졌다. 시카고에서 최근 발표된 과학 논문에서는 현재의 기후가 바뀌지 않는다면 2080년부터는 1995년 시카고 폭염보다 한층 더 강력하고 치명적인 폭염이 매년 나타날 것이라고 예측했다.[*] 새로운 시대에 접어들면서 일상과 극한의 차이는 빠르게 사라지고 있다.

---

[*] Richard Peng et al, "Toward a Quantitative Estimate of Future Heat Wave Mortality under Global Climate Change," *Environmental Health Perspectives* 119, no. 5 (2011): 701-706,

이 책을 위한 연구는 대부분 1995년에서 2000년 사이에 수행됐다. 오랫동안 환경과 환경정의에 관심을 두었지만 여전히 기후변화에 따른 인간의 경험을 사회학 전통에 어떻게 맞출 수 있을지 잘 모르겠다. 사회학은 19세기 유럽에서 근대 인간생활의 사회역학에 대한 과학적 탐구로서 시작됐다. 처음부터 주요 사회학자들, 특히 에밀 뒤르켐, 카를 마르크스, 막스 베버 등은 그들이 살던 시대와 장소에서 가장 시급하고 중요한 문제를 연구했다. 산업화와 노동, 도시화와 공동체, 합리화와 통치, 종교와 세속주의, 가족과 인구 증가 등등이 그들의 연구 주제였다. 사회학이 21세기 초에 탄생했다 해도 그 중심은 이 주제들이 차지했을 것이다. 하지만 이제는 기후 위기가 그 옆에서 한 자리를 차지할 새로운 주제다. 지난 10년 동안 나는 기후 위기가 오늘날 인간에게 가장 의미 있으면서도 까다로운 문제라는 것을 이해하게 되었다.

현재 우리가 아는 것처럼, 화석연료를 태워 사회 혁신의 동력으로 삼는 인간의 독특한 행동(대규모 산업화와 산업 농경, 도시화와 소비의 확대)은 지구에 사는 모든 생물체의 근본적인 조건을 변화시켰다. 현대적 에너지 시스템은 이제 현대사회의 시스템, 즉 식품 생산 체인, 전기 전송망 등 전 세계 사람들의 일상생활에 깊숙이 통합되어 있다. 여러 세대 동안 이러한 시스템이 주는 혜택은 비용을 치르고도 남는 것처럼 보였다. 하지만 최근 이러한 시스템이 배출한 온실가스의 피해가 누적되어 기상이 불안정해졌고, 그로 인해 사회 환경마저 불안정해졌다.

홀로세Holocene, 즉 산업혁명 이전에 비교적 기후가 안정적이었던

1만 년 동안, 대기 중 이산화탄소 농도는 대략 275ppm이었다. 이 글을 쓰고 있는 시점에 대기 중 이산화탄소 농도는 397ppm이며, 이산화탄소 배출을 엄격히 제한하고 재생에너지를 폭넓게 도입하지 않는다면 2050년 혹은 그 전에 500ppm에 이를 것이다. 이런 수치는 지표면의 온도를 섭씨 2도 이상 올릴 수 있으며, 저명한 과학자들이 『네이처』 기념호에서 경고한 대로 "생태계 지원 시스템을 위협하고 (…) 현대 인간사회의 생존에 위협을 가할"[*] 350ppm보다 훨씬 높은 것이다. 이토록 끔찍한 경고에도 화석연료를 이용하는 활동은 여전히 줄어들지 않고 있다. 우리가 만들어낸 위기는 결코 신이 한 일이 아니다.

　내가 『폭염 사회』를 쓰고 있을 때 과학자, 기자, 정책 입안자 등이 기후변화에 대해 했던 생각은 추측에 근거한 것이었다. 지구의 연약한 생태계에 일어날지도 모르는 변화를 정확히 예측하기는 어렵다. 하지만 지금은 지구온난화가 이미 진행 중이라는 매우 설득력 있는 단서가 있다. 예컨대 내가 이 글을 쓰고 있을 때, 지표면 온도는 20세기 평균보다 354개월째 연속으로 높게 나타나고 있다. 이는 지구의 월간 기온이 평균 아래로 떨어졌던 가장 가까운 시기가 1985년이라는 뜻이다.[**] 근본적인 기후변화 없이 이런 날씨가 우연히 나타날 확률은 사실상 0이다. 이렇게 높은 기온이 계속되자 인간을 비롯한 생명체들이 살아가는 생태계에 변화가 생기기 시작했다. 가장 널리 알

---

[*] Johan Rockström et al., "A Safe Operating Space for Humanity," *Nature* 461 (2009): 472–755.
[**] NOAA National Climatic Data Center, State of the Climate: Global Analysis—2014년 8월, http://www.ncdc.noaa.gov/sotc/, 2014년 9월 30일 접속.

려진 것은 바다의 온도가 올라가 북극의 만년설이 급격하게 녹아내리고 해수면이 서서히 상승하는 현상으로, 이로 인해 이미 밀집 거주지역은 침식되고 있다. 해수면 상승에 관한 주류 과학의 예측이 정확하다면, 다음 세기에는 수억 명이 해안가의 저지대를 떠나야 할 것이다. 더 심각한 일은 식량과 물 부족으로 인한 폭력 및 빈곤 문제가 나타날 것이라는 점이다. 이러한 갈등과 대규모 이주가 일어나는 과정은 사회과학의 주요 연구 대상이 될 것이다. 이유는 간단하다. 그러한 과정이 전 세계에 걸쳐 해결해야 할 국가와 사회의 주요 과제가 될 것이기 때문이다.

변화하는 기후는 이미 지구상의 생물을 폭력적이고도 불안정하게 바꾸고 있다. 세계기상기구wmo는 기상이변이 1970년과 1980년 사이보다 2000년과 2010년 사이에 거의 다섯 배 더 많이 일어났고, 경제 및 인명 피해도 훨씬 커졌다고 보고했다.[*] 국제적으로 대다수의 재난 피해는 허리케인과 홍수가 원인이지만, 아직 얼마 지나지 않은 21세기 동안 이미 폭염으로 2003년 유럽 전역에서 7만여 명이 사망했고, 2010년 러시아에서 5만여 명이 사망했다. 뿐만 아니라 아프리카와 중동에서는 가뭄 때문에 식량 불안과 정치적 불안정이 나타났다.[**] 가장 큰 재산 피해와 함께 시각적으로 눈에 띄는 허리케인은 미국 언론의 헤드라인을 장식한다. 우리는 허리케인에 이름을 붙이고,

---

[*] World Meteorological Association 2014, Atlas of Mortality and Economic Losses from Weather, Climate and Water Extremes (1970–2012), http://www.wmo.int/pages/prog/drr/transfer/2014.06.12-WMO1123_Atlas_120614.pdf, 2014년 11월 11일 접속.
[**] J.-M. Robine et al., "Death toll exceeded 70,000 in Europe during the summer of 2003," C. R. Biologies 331 (2008): 171–178; Oren Dorell, "Extreme heat wave is taking its toll across the nation," *USA Today*, 2012년 6월 29일 자.

토론을 벌이고, 연구를 한다. 그리고 몇 세대 동안 허리케인을 기억한다. 하지만 대부분의 기간에 가장 치명적인 형태의 기상이변은 폭염이었다. 폭염은 소리와 형체 없이 다가와 조용하고 눈에 띄지 않는 사람들의 목숨을 빼앗아갔다. 그리고 우리는 목숨을 걸고 폭염을 무시하고 있다.

지금까지 기후과학자들은 지구 환경의 변화를 규명하고, 인간의 행동이 어떤 식(구체적으로는 탄소 기반 에너지의 생산과 소비)으로 그 변화의 원인을 제공하는지 설명하는 데 큰 역할을 해왔다. 하지만 이제 우리는 지구온난화의 위협에 관해 많이 이해하고 있다. 지금 가장 시급한 과제는 사회과학에 있다. 기후변화에 관한 시민들의 관심을 높이려면 어떻게 해야 할까, 혹은 그 관심은 언제쯤이면 높아질까? 시민들이 정치 지도자들에게 기후변화를 해결하기 위한 의미 있는 조처를 하라고 집단으로 요구해야 할까? 지구온난화의 영향을 완화하려면 우리의 사회생활은 어떻게 바뀌어야 할까? 돌이킬 수 없는 피해를 입기 전에 기후 위기를 해결하려는 우리 노력에서 문화적 가치는 어떤 역할을 할까? 어떻게 하면 다가올 태풍에 어떤 사람과 지역이 가장 취약한지를 사회적 조건으로 밝혀낼 수 있을까?

이들은 틀림없이 사회과학적 문제이지만, 이들을 해결하는 과정에서 사회학은 고통스러울 정도로 느렸다. 몇몇 주목할 만한 예외가 있었을지언정, 사회학자들은 현대의 삶을 구성하는 주요 조건에 있어 기후를 기껏해야 부차적인 것으로 취급해왔고, 그중에서도 환경사회학은 오랫동안 변방의 하위 분야였다.* 그 이유를 알려면 행동과학의 역사 속으로 깊이 들어가야 한다. 에밀 뒤르켐 이후, 사회학의 핵심 프로젝트는 가장 개인적인 것, 즉 삶을 스스로 끝마치는 문제에 이르는 다양한 결과를 결정짓는 '사회적인 것'을 구축하는 데 관여해왔다.[**] 20세기에 사회학자들에게는 대개 자신의 사회적 설명이 대중의 관심을 더 많이 받는 '자연적' 이유보다 훨씬 더 강력하다는 것을 보여주는 게 목표였다. 사회과학은 모든 것에서 최대한 '자연을 제거'했다. 거기에는 자연재해를 비롯해 자연 자체도 포함되어 있었다.

나는 버클리대학 사회학과 박사과정을 밟고 있을 때 『폭염 사회』에 관한 연구를 시작했고, 내 접근법은 이처럼 사회적인 것을 우선시하는 이론적 지향에 따라 형성되었다. 그럴 만한 이유가 있었다. 학자들이 극단적인 날씨가 인간에게 미치는 영향을 예측하려고 이용하는 모델은 시카고 대폭염의 사망자 수를 너무 낮게 측정했다. 기후과학자들과 공공보건 연구원들은 사회적 요인이 재난을 그들의 예상보다 훨씬 치명적으로 만든다고 인정했지만, 그들에겐 그것을 파악할 수 있는 도구가 없었다. 바로 이것이 내가 사회학적 조사를 하게 된 이유다. 하지만 어디에서 어떤 도구를 가지고 시작해야 할까?

나는 도시의 외피를 벗겨내 폭염 기간에 어떠한 제도적 장기가 고장 났는지 판단하기 위한 기법으로 '사회적 부검'을 떠올렸다. 현대적인 사회학적 도구들로 무장하여 원자화된 개인과 깨지기 쉬운 가족, 빈곤지역, 제대로 관리되지 않는 정부 기관, 근시안적인 언론 매체 등

---

* 브뤼노 라투르, 앤서니 기든스, 찰스 페로, 릴리 던랩, 존 어리, 카리 노르가르트, 제임스 엘리엇, 제프리 브로드벤트, 토머스 디츠는 기후변화를 최전선에서 연구해온 학자들이다. 환경사회학의 깊은, 그러나 거의 알려지지 않은 근원에 관해서는 다음을 보라. John Bellamy Foster, "Marx's Theory of Metabolic Rift: Classical Foundations for Environmental Sociology," *American Journal of Sociology* 105, no. 2 (1999): 366–405.
** Durkheim 1951.

각 분야의 이론들이 제시하는 실패의 모든 원인을 조사했다. 그 방법은 결실을 거두었다. 연구를 하면서 놀라운 사회적 사실을 수없이 발견했다. 그중에는 두 가지 변화(1인 가구 수의 놀라운 증가와 취약계층의 위험한 고립, 그리고 지역 언론 매체의 자체 제작 뉴스 보도의 감소)가 포함되어 있었고, 이는 두 권의 책 『고잉 솔로, 싱글턴이 온다』와 『전파 전쟁Fighting for Air』을 쓰는 프로젝트로 이어졌다.

『폭염 사회』에서 기후변화의 사회학에 대한 의견을 가장 직접적으로 피력한 부분은 두 번째 장 「인종, 장소, 취약성」이다. 이 장에서 나는 더위 관련 사망을 둘러싸고 냉방장치를 가동했는지, 사회적으로 고립되었는지 등 역학자들이 이미 규명한 바 있는 개인 수준의 위험 요인에서 벗어나 유사한 환경을 가진 지역들이 폭염 기간에 왜 그토록 다른 결과를 보였는지에 대한 질문으로 옮겨간다.[*] 폭염 사망자의 지형도는 인종차별 및 불평등의 지형도와 대부분 일치했다. 가장 높은 사망률을 보인 지역 10곳 중 8곳이 사실상 아프리카계 미국인들이 사는 곳이었고, 빈곤과 폭력범죄가 집중되어 있어 노인들이 집에 숨어 있는 위험을 무릅쓰다 폭염으로 혼자 사망했던 곳이다. 하지만 이게 전부는 아니다. 가장 낮은 폭염 사망률을 기록한 지역 10곳

---

[*] Semenza et al. 1996. 미국 질병통제예방센터CDC가 진행한 폭염 사망률에 영향을 미치는 개인 차원의 위험 요인에 관한 연구는 이 주제에 관한 최고의 과학적 분석이다. 민족지학자 미첼 뒤니에르는 『폭염 사회』가 '생태학적 오류 ecological fallacy'를 범했다고 고발했다. 이 책의 두 번째 장이 이웃 차원의 요인에 집중하기 때문이다. 하지만 나는 그 주장이 겉으로나 그럴듯하다고 보는데, 2장의 프레이밍은 다음 사실을 명쾌하게 진술하기 때문이다. 첫째, CDC는 이미 취약성에 관해 엄격하고도 신뢰할 만한 개인 차원의 분석을 내놓았다. 둘째, 이를 고려할 때 이웃 차원의 위험 요인을 식별하는 것은 더 흥미롭고 중요한 과학의 도전이다. Eric Klinenberg, "Blaming the Victims: Hearsay, Labeling, and the Hazards of Quick-Hit Disaster Ethnography," *American Sociological Review* 71, no. 4 (2006): 689–698을 보라.

중 3곳 역시 가난하고, 폭력적일 뿐 아니라 아프리카계 미국인이 주로 살고 있었다. 이는 인종이나 민족, 문화적 관습이나 가치, 폭력이나 가난 등 어느 하나도 폭염 기간에 살고 죽는 문제를 설명하기에는 충분치 않다는 것을 의미한다.

이 책에서는 시카고 웨스트사이드의 인접한 두 지역, 노스론데일과 사우스론데일(리틀빌리지라고도 알려져 있다)을 비교하지만, 그 외의 인접한 지역들도 비교한다. 엥글우드와 오번그레셤은 인종분리가 심한 사우스사이드의 인접한 두 지역이다. 두 곳 모두 아프리카계 미국인이 99퍼센트이고, 노인 주민의 비율도 비슷하다. 빈곤과 실업, 폭력범죄의 비율도 높다. 엥글우드는 노스론데일처럼 폭염 기간 중 대표적인 위험지역이었고, 주민 10만 명당 사망자가 33명이었다. 그러나 오번그레셤의 사망률은 10만 명당 3명에 불과하여 리틀빌리지와 함께 노스사이드 내 대부분의 부유한 지역보다 훨씬 안전했다.

오번그레셤이나 리틀빌리지 같은 곳과 인구통계학적으로 비슷한 지역 사이의 주요한 차이는 '사회 하부 구조', 즉 인도와 상점, 공공시설, 친구와 이웃 사이를 연결해주는 공동체 조직 등에 있었다. 엥글우드와 노스론데일 사람들은 흑인이거나 가난해서 더위에 취약했던 게 아니라 공동체가 방치한 게 원인이었다. 1960년에서 1990년 사이, 엥글우드에서는 주민 절반이 떠났고, 상업지구 대부분이 사라졌다. 이와 함께 사회적 유대관계도 사라졌다. 반면 같은 기간에 오번그레셤의 인구는 줄지 않았다. 1995년에는 주민들이 식당을 오갔고 식료품점에 들락였다. 이웃과도 서로 알고 지냈다. 반상회와 교회활동에 참여했다. 그곳의 주민들은 폭염 기간에 누가 혼자 살고, 누가 나이 들었고, 누가 아픈지 알았다. 그들은 서로의 안부를 확인했고 다른 집 문을 두드려보도록 서로 격려했다. 폭염이 특별한 사건이어서가 아니었다. 날씨가 심상치 않으면 늘 하던 일이었기 때문이다.

이러한 지역 내 사회 환경의 중요성은 재난이 닥쳤을 때만이 아니라 평상시에도 뚜렷이 알 수 있다. 1990년 오번그레셤의 기대수명은 엥글우드보다 5년이 더 길었다. 그리고 가까운 미래에 시카고를 비롯한 도시에 극심한 폭염이 닥쳤을 때 오번그레셤 같은 지역에 사는 것은 비유하자면 방마다 에어컨이 갖춰진 데서 일하는 것과 비슷하다.

기상이변이 발생했을 때 다른 곳보다 회복력이 강한 지역과 취약한 지역의 환경을 조사하는 것은 사회학자들이 온도가 점점 올라가는 지구에서 삶과 죽음을 깊이 이해할 수 있는 한 가지 방법이다. 하지만 기후변화에 관한 사회과학 조사를 학계에서만 할 필요는 없고 그럴 수도 없다. 최근 많은 학자가 기획자, 엔지니어, 건축가와 협업하기 시작했고, 이들은 함께 극단의 시대를 피하는 것은 물론 앞서 대비하려는 도시의 시도를 돕는 야심찬 프로젝트를 진행하고 있다. 나는 시카고에 살면서 이 책 작업을 할 때 이러한 노력에 동참하게 되었다. 하지만 최근 허리케인 샌디가 내가 살고 있는 뉴욕에서의 삶을 바꾼 후에야, 사회과학 연구가 기후변화 완화에 관한 학제간 연구와 대응 프로젝트에 얼마나 많은 기여를 할 수 있는지 알게 되었다. 이 경험을 공유하기 위해 나는 간단하게 민족지학적 소개를 하려고 한다.

21세기에 접어들면서 전 세계 정부들은 '기후 안전', 즉 기후 관련 참사에 맞서 사람과 기업, 중요한 기간시설을 보호하는 계획을 추진하는 데 투자해왔다. 이 일의 많은 부분은 엔지니어들이 '생명선 시스템(재난이 발생했을 때 즉각적인 영향을 미치는 전력망, 교통, 통신 등 중요 시설)'이라 부르는 시설들을 업그레이드하는 것과 관련 있다. 일부 해결책에는 자본이 많이 들어가고 첨단 기술이 동원된다. 또 다른 해결책은 공동체를 조직하여 주민들이 몸 약한 이웃을 파악하고 그들을 어떻게 도울지 알게 만드는 것처럼, 기술 수준이 낮거나 혹은 기술을 필요로 하지 않는다. 물론 인간에게 근본적인 위협을 가하는 것은 우리가 탄소 배출을 줄이지 못해 기후변화의 속도를 늦추는 데 실패하는 것이다. 그러나 우리가 당장 내일부터 지구에서 탄소 배출 증가를 가까스로 막아낸다 해도, 수 세기가 지나면 온난화와 해수면 상승, 위험한 기상이변은 더 자주 나타날 것이다. 도시가 살아남으려면 적응하는 수밖에 없다. 그리고 사회과학자들은 그 과정을 이끄는 과학자 공동체의 구성원들과 힘을 합쳐야 한다.

대부분의 도시에서 진정한 적응이란 불가피한 폭염과 홍수, 가뭄에 대비해야 한다는 뜻이다. "바다는 우리가 바다에서 가져간 것을 되찾으려 한다"고 컬럼비아대학교 지구물리학자 클라우스 제이컵은 말한다. 그는 해수면 상승을 어떻게 관리해야 하는지에 대해 뉴욕시에 조언한 경험이 있고, 그의 기후 모델은 전 세계 해안가에 있는 밀집 거주지역의 점진적인 침식을 예측한다. 2012년 허리케인 샌디가 뉴욕을 강타하기 오래전에 제이컵은 네덜란드 로테르담의 사례를 배워야 한다며 시 지도자들을 설득했다. 로테르담은 홍수에 관한 한 오랜 역사를 갖고 있다. 1953년 지독한 폭풍을 겪은 뒤 로테르담시는 삼각주 계획Deltawerken이라 불린 국가 프로젝트의 일환으로 댐과 방벽, 방파제를 짓기 시작했다. 그리고 5년 전에는 네덜란드 정부가 로테르담 기후방어 프로그램의 업그레이드를 위한 자금을 제공했다. 이를 관리하는 아르나우드 몰레나르는 하늘과 바다에서 도시로 들어온 물을 '푸른 금'으로 바꿀 수 있다는 사실을 알게 되었다고 말한다. "전에는 물을 문제로 여겼죠." 몰레나르가 내게 말했다. "네덜란드에서 우리는 어떻게 하면 물이 들어오는 것을 막을 수 있을까만 생각했습니다. 뉴욕시는 대피, 그러니까 어떻게 하면 사람들을 피하게 할까에 집중합니다. 가장 흥미로운 것은 이러한 접근법들 사이에 무엇이 존재하는지를 알아내는 것입니다. 일단 물이 들어왔다면 무엇을 해야 하는가."

2005년 로테르담시는 제2회 국제건축비엔날레를 개최했다. 주제는 '홍수'였다. 전 세계에서 온 설계사들은 미래에 도시가 어떻게 홍수에 대처할 것인지에 대한 기획을 제안했다. 그리고 전시가 끝나자 몰레나르의 팀은 실제로 가치 있는 기획들을 구현하기 시작했다. 로테르담시는 이제 수용의 건축을 실험하고 있다. 도심지에서 테니스장 4배 크기의 전시 공간을 갖춘 세 개의 은빛 반구로 만들어진 물에 뜨는 가건물, 평소엔 놀이터로 사용되지만 엄청난 비가 내리면 물을 저장하는 시설로 변환되는 워터 플라자, 운하를 따라서 지어진 물이 넘칠 수 있는 테라스와 조각공원, 건물 정면과 차고 그리고 1층이 물에 견디도록 지어진 건축 등이 그것이다.

영리한 설계 덕분에 네덜란드의 주요 기반시설의 여러 문제가 개선되었다. 통신망은 유럽에서 인터넷 속도가 가장 빨랐고, IBM과 함께 물과 에너지를 관리하는 시스템을 구축했다. 또한 전력망은 강한 바람과 폭우에도 견디도록 탄력적으로 설계되었다. 미국에서 대다수의 전력가공선은 나무 기둥 위까지 높게 올려져 있어 늘어진 나뭇가지에 노출되어 있다. 네덜란드에서는 선이 주로 지하에 있고 물이 들어가지 않도록 파이프로 감싸놓는다. 네덜란드의 전력망은 중앙집중형 시스템이 아니라 순환식이어서, 한쪽 방향에서 전기가 나가면 작업자는 다른 곳에서 전원을 가져와 전력을 복원할 수 있다. 그리고 전력망은 이웃 나라와 연결되어 있어 지역에 문제가 생길 때 시스템 용량을 추가적으로 제공해줄 수 있다. 이러한 네트워크 구조는 평상시에도 탄력적으로 운영된다. 네덜란드에서 연간 총 정전 시간은 23분으로, 뉴저지, 펜실베이니아와 뉴욕의 214분(재난으로 인한 정전은 제외했다)과 대비된다.

샌디가 지나간 뒤, 로어맨해튼에 닷새간 블랙아웃이 있었다. 이스트강을 따라 지어진, 지상 4미터 높이의 코먼웰스에디슨의 변전소를 보호하는 장벽은 폭풍해일과 그로 인한 장비의 폭발을 막기에는 45센티미터가 낮았다. 제이컵에게 이에 관해 묻자 그는 분개하며 두 손을 들어올리면서 설명했다. "조금만 더 높게 쌓고 수중 케이블을 더 많이 사용했으면 더 오래 쓸 수 있었을 텐데. 그게 바로 수백만 달러로 할 수 있는 합리적인 투자인데. 회복 탄력성을 높이는 비용치고는 적지." 하지만 뉴욕은 점점 더 뜨거워지고, 물이 많아지는 지구의 요구에 부응하기 위해 생명유지 장치를 개선하지 않는 무수한 지방자치단체 가운데 하나일 뿐이다. 또 다른 극심한 폭염이 시카고를 다시 한번 어둠 속으로 보내버릴 수도 있는데 말이다.

여기서 엔지니어와 도시계획가들이 한 도시 혹은 국가의 주요 기반시설 투자 여부나 투자 방법에 대해 결정을 내리지 않는다는 점을 지적할 만하다. 그런 결정은 국가가 내린다. 그리고 특정 정치 형태 안에서 시민의 가치와 이익, 시민단체, 기업의 로비 등과 기후과학의 지위까지 다양한 사회적 요인이 지구온난화 시대에 맞게 에너지와 교통망을 개선하겠다는 관료들의 정치적 의지를 형성한다. 미국에서는 세금을 낮추라는 요구가 팽배한 데다 해외의 전쟁과 국내의 사법 정의 시스템에 대한 막대한 지출이 더해져 기반시설을 현대화하는 데 필요한 자원이 부족하다. 게다가 기후과학의 의혹을 불식하기 위해 막대한 자금을 투입해 치밀하게 조직한 선전 캠페인은 재난과 가뭄으로 큰 피해를 입은 지역에서마저 선출직 지도자들로 하여금 지구온난화 문제에 관심을 갖지 않도록 만들었다.* 국내에서나 국제관계에서 기후변화에 대한 미국인의 반응은 잘해야 자기만족이고 보통은 의사 방해로 나타났다.

섬나라인 싱가포르(710제곱킬로미터의 땅에 520만 명이 모여 사는데, 국토 대부분의 해발고도가 위험할 정도로 해수면에 가깝다)는 반대 사례를 제공한다. 싱가포르는 30년 전 우기에 계속되는 폭우로 인해 저지대 도시 중심부에 홍수가 반복되자 위험한 날씨에 적응하기 시작했다. 싱가포르는 늘 물과 사이가 좋지 않았다. 지리적 특성으로 인해 우기마다 비가 쏟아져 내렸고 잦은 홍수에 취약했으면서도 식수가 충분한 적은 없었다. 최근에는 싱가포르가 말레이시아의 수원水源에 의존하는 문제 때문에 정치적 갈등이 불거지기도 했다. 기후변화

---

* 이런 로비 노력에 관해서는 Naomi Oreskes and Eric Conway, *Merchants of Doubt: How a Handful of Scientists Obscured the Truth on Issues from Tobacco Smoke to Global Warming* (New York: Bloomsbury Press, 2010)이 가장 잘 설명하고 있다.

는 해수면 상승과 폭우 증가로 도시국가의 안정을 위협하지만, 싱가 포르 정부는 이것을 또 다른 기회로 보고 있다.

2008년에 개장한 마리나 댐과 저수지는 싱가포르의 배수시설을 개선하고 상습 침수지역의 범위를 줄이며 삶의 질을 높이는 20억 달 러 규모 캠페인의 중심에 있다. 9개의 독마루 수문과 잇달아 연결된 대형 펌프들, 국토 크기의 7분의 1에 달하는 1만 헥타르 크기의 저수 지역으로 구성되어 폭우 기간 중 저지대 도시의 홍수를 막아줄 뿐 아니라, 주변 해수에 미치는 조류의 영향을 제거해 현재 싱가포르가 필요로 하는 물의 10퍼센트를 충당시키는 빗물을 이용한 담수를 제 공한다. 더욱이 마리나 유역의 수위가 안정되어 수상 스포츠를 하기 에도 좋다. 조각공원과 물놀이터, 인상적인 도시의 모습을 감상할 수 있는 옥상정원, 지속 가능한 갤러리 등이 갖추어진 마리나 공공지역 은 관광 수익 활성화에도 기여한다.

마리나는 싱가포르의 적응 프로젝트 가운데 하나일 뿐이다. 대량 고속 수송 시스템은 지하철로의 접근점을 최고 홍수위보다 최소 1미 터 이상 높였다. 피해를 최소화하기 위해 공익위원회는 배수 시스템 을 개선했다. 1970년대에는 상습 침수지역이 3200헥타르였지만, 현 재는 49헥타르에 불과하다. 싱가포르는 해수를 담수화하는 새로운 시설을 건설하고 기간시설에서 재생 및 처리된 폐수를 이용하는 기 술을 개발하여 물 수입에 대한 의존도를 크게 낮추고 있다. 싱가포 르 건설청은 모든 새로운 건축물에 낮은 온도를 유지하도록 단열 자 재를 사용하길 권장한다. 오늘날 싱가포르는 기상이변뿐 아니라 인 구 증가로 인한 전력과 물의 수요를 충당하기 위한 준비를 훌륭히 수행하고 있다.

어느 나라나 로테르담과 싱가포르처럼 간단히 대비할 수 있는 것은 아니지만, 이들의 야심과 통찰력은 본받을 만하다. 허리케인 샌디 이후, 뉴욕시는 대비가 미비했던 데 대한 대가를 톡톡히 치렀다. 최근 수십 년 동안 미국의 공익 기업들은 연구개발에 대한 투자가 상대적으로 적었다. 어느 산업 보고서에 따르면 2009년 미국의 모든 전력회사의 연구개발 투자액은 7억 달러에 불과한 데 비해, IBM은 63억 달러, 파이저는 91억 달러에 달했다. 하지만 에너지부는 2009년 전국의 지능형 전력망 프로젝트 100개에 보조금 34억 달러를 투입했다. 거기에는 폭염과 허리케인에 취약한 여러 지역이 포함됐다. 그 전해에 허리케인 아이크가 휴스턴의 200만 인구가 소비하는 전력시설을 강타해 그 피해를 온전히 복구하는 데에만 거의 한 달이 걸렸다. 휴스턴시에서 지능형 전력망을 설치하기 위한 연방 보조금 2억 달러를 받자 직원들은 빠르게 업무에 돌입했다. 휴스턴의 거의 모든 가구는 새로운 전력망으로 업그레이드되었다. 새로운 전력망은 다음 태풍이 닥칠 때에는 좀더 안정적일 것이다.

지능형 전력망은 아직 초기 단계지만, 구형 전력 시스템과 비교하면 이미 몇 가지 장점이 있다. 가정과 주요 전송 지점에 설치되는 디지털 계량기는 자동으로 소비자와 공급자에 관한 실시간 정보를 생산하여, 전력회사에서 고장을 즉시 발견할 수 있고 때로는 원인도 파악할 수 있다. 이는 정전이 발생했을 때, 화가 난 소비자나 직원이 현장에서 전화를 걸기 전에 운영자가 정전 사실을 이미 알 수 있다는 뜻이다. 게다가 지능형 전력망은 유연하기 때문에 태양열이나 풍력

에너지 등 여러 에너지원을 처리할 수 있다. 에너지 산업에서 이처럼 재생 가능한 자원으로부터 나오는 전력을 저장할 만한 기술을 개발한다면, 새로운 전력망은 그러한 에너지를 통합적으로 처리할 수 있을 것이다.

개선된 전력망은 결과적으로 다른 혜택들 또한 제공할 것이다. "시스템을 상황에 따라 인지할 수 있어 운영자는 사고 이전이나 이후에 시스템을 재구성함으로써 서비스를 유지할 수 있다." 핵심적인 기반시설을 위한 탄력적인 계량 시스템을 개발하고 있는 라이스대학의 리어나도 듀에냐스오소리오 공학 교수는 내게 말했다. "허리케인이 다가오면 운영자는 가장 피해가 많을 것 같은 지역을 섬처럼 격리시킵니다. 그러면 시스템은 작은 덩어리로 분리되어 연쇄적인 사고를 방지할 수 있습니다. 이는 운영자에게 전력을 계속 유지할 것인지 아니면 원상태로 되돌릴 것인지에 관해 더 많은 능력과 통제권을 부여합니다." 또한 지능형 계량기는 소비자가 온라인으로 언제, 어떻게 에너지를 사용할 수 있고 얼마나 전력을 사용하고 있는지 알 수 있게 해준다. 사용자들은 이미 이러한 정보를 이용하여 에어컨 사용량을 줄이거나 옷은 밤에 건조하는 등 전력 사용을 조절하고 있다. 하지만 그러한 신자유주의적 프로그램을 통해 개인의 수요를 줄이는 데에는 한계가 있다. 대규모 공공투자만이 미국에 지능적이고, 탄력적이며, 유연한 에너지 시스템을 구축할 수 있을 것이다. 비용이 많이 들긴 하겠지만, 평상시에 정전이 자주 일어나고 날씨가 험할 때 긴 시간 고장이 나서 드는 비용보다 많이 들지는 않을 것이다.

현대사회의 기반시설에 필수인 통신 시스템은 기상이변에 취약하다. 미국의 휴대전화망은 유럽보다 신뢰성이 높았던 적이 없고, 재난이 닥치면 어김없이 문제를 일으켰다. 허리케인 샌디가 왔을 때도 뉴욕과 뉴저지의 응급 요원들은 다른 주에서 온 동료들과 통신을 할 수 없었다. 긴급구조대를 위한 전국망이 없고, 타지역에서 온 요원들은 고장 난 휴대전화망에 의존했기 때문이다. "좋은 정책은 새로운 통신망을 훨씬 탄력적으로 만들 수도 있습니다." 디지털 권리 지지 단체인 '공공지식Public Knowledge'의 선임 부회장 해럴드 펠드는 말한다. 그가 구상 중인 네트워크는 유연하면서도 여유분을 갖추고 있다. "각 통신망은 서로를 예비해주죠." 스마트폰 덕분에 비상시 통신 네트워크에 추가적인 통로가 생겼다. 911에 신고하는 상황을 반대로 적용하여 정부 기관이 위험한 날씨가 예상되는 지역 사용자에게 다른 곳으로 피해야 한다거나, 안전하게 대기하는 방법을 담은 메시지를 보낼 수 있게 된 것이다.

안타깝게도 휴대전화 업계는 그러한 규정을 만드는 것에 반발했다. 구형 전화망이 규제되고 있고, 비상시에 전력을 지원해야 한다는 최소한의 요구 사항을 규정한 연방법이 없으며, 공급자가 네트워크를 공유하거나 로밍 요금을 낮춰서 더 많은 사람이 정보에 접근하도록 하는 시기와 방법에 대한 기준이 없을뿐더러, 무엇 때문에 장기 정전이 일어났는지 보고하는 것에 대한 규정이 없기 때문이다. 펠드는 이렇게 말했다. "탄탄한 네트워크를 구축하는 일은 공공의 관심사입니다. 그리고 이쯤이면 업계 스스로 알아서 하도록 내버려두는 방식으로는 그럴 수 없다는 게 명백하죠." 전력이나 교통 같은 통신 분야에 기업가들을 규제 없이 자유롭게 방치하는 것은 위협을 해결하는 우리 능력을 약화시키는 것이다.

뉴욕시는 필연적으로 홍수를 줄일 방법을 조사할 것이다. 습지대를 복원하고 굴 양식장을 만드는 것처럼 상대적으로 비용이 덜 드는 방법도 있고, 조금 더 욕심을 부린다면 자본이 많이 투입되는 방법도 있다. 네덜란드 기업 아르카디스의 엔지니어들은 베라자노내로스 교 북쪽까지 뻗은 65억 달러짜리 방벽을 설계했다. 다른 기업에서는 뉴저지의 샌디훅에서 뉴욕의 라커웨이까지 뻗은 8킬로미터 길이의 수문을 만들자고 제안했다. 스토니브룩대학교 폭풍해일연구그룹을 운영하는 맬컴 보면은 그러한 방벽의 대표적인 지지자다. "다음 참사를 기다리면서 앉아 있을 수는 없습니다." 그는 주장했다. "때가 왔습니다. 다만 정치적 의지가 있느냐의 문제입니다."

하지만 이러한 방벽들이 장기적으로 효과를 지니는지에 대해서는 논쟁이 있다. "방벽은 기껏해야 간접적인 해결책입니다." 제이컵의 주장이다. "짓는 데 최소 20년이 걸립니다. 환경영향보고서가 있어야 하고, 연방 정부와 뉴욕, 뉴저지, 코네티컷 등 주 정부, 약 300개에 달하는 지방자치단체의 승인을 받아야만 합니다. 이 모든 일이 이뤄졌다 해도 그 방벽이 우리를 지켜주는 기간은 수십 년뿐일 겁니다. 방벽이 폭풍해일은 막아주겠지만, 해수면 상승은 막지 못합니다. 그리고 방벽 때문에 안전하다는 착각을 일으켜 진정한 해결책을 찾지 않게 될 수도 있습니다."

회복 탄력성 전략은 물리적인 기반시설의 변화보다 더 많은 것을 담고 있다. 점점 더 많은 정부와 재난에 대비하는 도시계획 설계자가 사람과 장소, 유대와 지원을 장려하는 제도 등 사회적인 하부 구조의 중요성을 깨닫고 있다. 2009년 오바마 대통령의 대응·대비 차관보로 일하게 된 니콜 루리는 내게 자신의 부서가 "좋은 사회적 네트워크와 연결망을 통해 사람들이 재난에 얼마나 더 잘 대처할 수 있고 더 오래 살 수 있는지를 보여주는 사회과학 연구"에 얼마나 많은 영향을 받았는지에 대해 말했다. "생각에 큰 발전이 있었어요. 그래서 공동체의 회복 탄력성을 촉진하는 것은 이제 우리 접근법의 핵심입니다."*

최근 시카고의 정치 관료들은 폭염에 대한 계획을 세울 때 사회적 요인을 고려하기 시작했다. 더위가 극심할 때 시장은 지역 언론을 닦달하여 이웃과 친구, 가족들에게 서로의 안부를 확인하라고 충고했다. 시의 기관들은 노인과 만성 환자, 그 외의 취약계층에 속하는 사람들의 이름과 주소, 전화번호가 담긴 자료를 보관하며, 직원들은 그들의 안전을 확인하기 위해 전화나 방문을 한다. 교회와 시민단체는 이웃에게 가족과 친구에게 하듯 서로를 돌보라고 격려했다. 이른바 '폭염비상계획'은 심각한 재난 상황에서 발생하는 위험에 이런 식으로 다가가고 있다. 이러한 계획은 시카고의 가장 가난한 지역이 더 안전해지고, 건강해지고, 회복 탄력성을 갖기 위해 필요한 사회적 하부구조에 투자하는 것과는 거리가 멀다. 그리고 기후 위기 상황에 필요한 대규모 '폭염비상계획'에는 거의 진전이 없다.

---

* 재난사회학에는 E. L. 콰란텔리, 러셀 다인스 그리고 동시대 선구자인 캐슬린 티어니 같은 학자들이 재난의 사회적 요인을 규명해온 기나긴 역사가 있다. 이런 작업은 오바마 행정부가 지원했던 공동체 차원의 대비 프로그램에 영향을 미쳐왔다. 이 같은 전통은 Kathleen Tierney, "From the Margins to the Mainstream: Disaster Research at the Crossroads," *Annual Review of Sociology* 33 (2007): 503–525에 잘 요약돼 있다.

엥글우드와 노스론데일에서 주민과 공동체 조직은 스스로 자신들만의 로테르담 전략을 만들었다. 가장 주요한 문제인 '방치'에 관심을 돌려 이를 이용하는 것이다. 그들의 목표는 공동체의 유대관계를 더 강하게 만드는 것뿐만 아니라 신선한 농산물과 그들을 제공하는 정원을 이용하여 자신들의 지역을 도시 농장의 중심으로 바꾸는 것이었다. 하지만 시카고에는 이러한 노력에 대한 공공지원이 거의 없었다. 폭염이 지나간 뒤 지역 정부가 시청 옥상에 식물이 가득한 지붕을 지었지만, 가장 가난하고 황폐한 지역의 사람들은 기본적인 자원을 차지하려고 서로 다투고 있었다.

엥글우드는 마침 1980년대 후반 버락 오바마가 공동체 조직가로 일하면서 사회적 유대가 중요하다는 것을 직접 체험하던 지역에서 불과 몇 킬로미터 떨어진 곳에 있었다. 2005년 상원의원으로서 허리케인 카트리나의 영향을 뉴올리언스의 취약계층이 매일 견뎌야 했던 만성재해(재해 발생과정을 시간의 차이에 따라 분류할 때 그 진행이 느린 재해―옮긴이)와 연결지을 때, 오바마는 분명히 엥글우드와 노스론데일 같은 장소에 대해 생각했을 것이다. "뉴올리언스 사람들은 허리케인이 닥쳤을 때 버려진 것이 아니라 오래전에 버려졌다는 것을 우리는 깨달아야 합니다." 오바마는 이어서 말했다. "카트리나를 계기로 우리는 우리 상처를 계속 덧나게 하는 거대한 분열이 존재한다는 것을 깨달아야 합니다. 그리고 그러한 실패가 다시는 일어나지 않도록 각오를 다져야 합니다."

오바마는 카트리나가 테러 이외의 위협은 중요하지 않은 것으로 여기는 국가안보 전략의 단점을 드러냈다고 믿는 수많은 의원 가운데 한 명이었다. 이듬해에 의회는 포스트카트리나 재난관리개혁법안과 유행병 및 전재난대비법안을 통과시켰다. 이는 연방재난관리청의 권한을 확대하고, 위기 시 의사소통에서 취약계층을 위한 지원 등 공중보건 대응을 개선하는 새로운 프로그램을 승인하는 것이었다. 오바마 대통령은 첫 임기 동안 대비와 회복을 강조한 국가보건보안 전략을 새롭게 소개하며, 보안 계획의 모든 측면에서 정부 기관, 시민 단체, 기업, 시민 등 '공동체 전체'의 참여를 요청했다. 이들 프로그램에는 심각한 위기를 관리하는 지방 정부의 능력을 뒷받침하기 위한 내용이 포함되어 있었지만, 일부 공공보건 지도자들이 경고한 것처럼 개인적, 집단적 삶의 질을 떨어뜨리는 좀더 일반적인 보건 위험까지 다룬다면 훨씬 효율적일 것이다.

오바마가 국가적 대비에 관한 지시를 내렸을 때인 2011년 3월부터 연방재난관리청은 공동체의 회복 탄력성에 관해 이와 유사하게 접근하기 시작했다. 사회학 연구에서 영감을 받고 질병통제예방센터가 자금을 지원한 '공동체-참여' 시험 프로그램이 로스앤젤레스, 시카고, 뉴욕, 워싱턴 등에서 시작됐다. 연방 정부가 이제라도 생명 유지와 관련된 시스템에 대한 공학기술적 해결책이 기상이변 발생 시 피해를 줄이는 여러 주요 방법 가운데 하나일 뿐이라는 점을 깨달았다는 사실은 매우 중요하다. 더 중요한 사실은 정부가 사회기반시설에도 투자하기 시작했다는 것이다.

허리케인 샌디는 뉴욕과 뉴저지에 있는 온갖 기반시설의 중대한 결함을 노출시켰다. 또한 어마어마하게 비축된 위력을 보여주었다. 태풍이 지나가고 몇 주 뒤 나는 라커웨이 해변에 갔는데, 주민들은 복구가 너무 느리다며 불만을 토로했다. 전기가 나갔고, 가스가 들어오지 않았으며, 전화 통신 상태도 고르지 않았고, 열차도 다니지 않았다. 홍수 때문에 범람한 하수가 거리를 뒤덮었다. 하지만 희망적인 면도 있었다. 해변 87번가 고가철로 아래 자동차 수리점을 개조하여 그해 3월에 개점한 라커웨이 해변 서핑클럽의 창업자 두 명은 태풍이 지나간 뒤 그곳을 임시 구조단체로 바꿔버렸다. 페이스북에 소식을 알리고 친구들을 초대했다. 5000명이 넘는 자원봉사자가 그들을 돕기 위해 모여들었다. 그곳에 주요 커뮤니티 조직이 형성되었다. 음식과 청소도구를 제공하고, 동지애를 나누고, 이웃 주민들의 일을 거들었다. 서핑클럽에 합류하여 도움을 받은 이웃들은 공장 노동자 가족과 가난한 아프리카계 미국인들로, 불과 한 달 전만 해도 이 클럽이 공동체에 적응할 수 있을지 걱정하던 사람들이었다.

샌디로부터 피해를 입은 수천 명은 강력한 지원망이나 대규모 지원을 해줄 능력을 갖춘 공동체 조직이 없는 지역에 살고 있다. 그들은 일반적인 뉴욕 시민보다 점점 더 가난해지고 교육도 적게 받고 있어 이웃이나 유력 정치인과의 유대관계도 약하다. 워싱턴 DC에서 국제보건계획을 이끌고 있으며, 2010년 지진 이후 아이티에서 일했던 마이클 맥도널드는 자원봉사 단체와 정부 기관, 기업 컨설턴트, 의료 노동자, 취약지역의 주민, 특히 라커웨이의 주민 등의 관계를 조율하고 있다. 맥도널드는 그러한 네트워크를 뉴욕회복시스템이라 부르며, (공공 분야가 기후변화 완화나 기반시설 현대화에 투자하지 않는다면) 결국 어떤 사람과 지역이 기후변화로 인한 위협을 견뎌낼지는 시민사회가 결정하게 될 것이라고 확신했다. 2012년 12월 나는 그가 의장으로서 네트워크 참여자들과 회의하는 모습을 지켜보았다. 참여자들은 뉴욕케어(뉴욕 최대 자원봉사 단체), 회계 및 컨설팅 기업 프라이스워터하우스쿠퍼스, 뉴욕시 보건부, 주 법무장관 사무실 등이었다. 그는 이렇게 말했다. "실제로 현장에서 벌어지는 일은 사고통제 시스템의 통제를 받지 않습니다. 이런 환경에서 차이를 만들어내는 것은 섬세하고도 기민한 네트워크입니다. 우리가 만들고 있는 것처럼 수평적인 관계가 수직적인 관계보다 현장을 안전하게 할 수 있습니다. 우리는 여기서 그러한 노력을 통합하려고 합니다."

도시와 공동체, 기후변화에 대한 사회학을 수년간 연구하면서 재난이 닥쳤을 때 누가 살고 누가 죽는지 결정하는 핵심적인 역할을 하는 것은 시민사회라고 확신하게 됐다. 하지만 시민이 단독으로 그 일을 할 수 있다고는 생각하지 않는다. 정부는 막대한 자원과 능력으로 대규모 계획을 통합하여 다른 어떤 집단보다 기후 위기에 잘 대처할 수 있을 것이다. 독일처럼 재생 자원에 기반한 에너지 시스템으로 전환하는 연구에 투자하거나 미국처럼 화석연료 시스템 연구에 투자할 수도 있다. 홍수를 막는 구조물을 더 많이 건설하고 네덜란드나 싱가포르처럼 불안정한 기후에서 사는 데 적응하기 위해 기반시설을 지을 수도 있다. 아니면 다 무시하고 기상이변이 나타날 때마다 문제를 일으키는 구식 시스템을 반복해서 건설할 수도 있다. 정부는 취약지역에 튼튼한 사회기반시설을 구축하여 일상에서뿐만 아니라 재난이 닥쳤을 때 모두의 건강을 증진시키고 수명을 늘리도록 도울 수 있다. 또는 폭염비상계획의 개념을 홍수가 나거나 기온이 급상승할 때 전화를 걸거나 집을 방문하는 것으로 제한할 수도 있다.

정부건 시민단체건 도시를 보호하는 가장 좋은 기술은 단지 재난 피해를 줄이는 것이 아니다. 그들은 평상시에도 건강과 번영을 촉진하는 네트워크를 강화한다. 이를 9·11 이후 국가 보안에 어떤 식으로 접근하는지와 비교해보라. 검문소, 차량진입 방지용 말뚝, 감시 카메라, 출입금지 구역 등. 이러한 장치들이 미국 도시에 대한 공격을 예방했는지 우리는 알 수 없다. 하지만 사회학자 하비 몰로치가 『안보에 반대한다Against Security』에서 주장한 것처럼, 자연스럽게 잘 흘러가던 사회에 정부는 "거의 아무런 가치"도 제공하지 않으면서 측정하기 애매한 비용을 부담하게 했고, 결과적으로 사회를 지루하고 비효율적으로 만든 것만은 분명하다.

　"우리는 1990년대 말 기후변화에 적응하는 분야에서 어느 정도 발전을 이뤘다." 클라우스 제이컵이 말했다. "하지만 9·11은 우리를 기상이변 위험과 관련하여 10년 뒤로 되돌아가게 만들었다. 완전히 다른 위협에 초점을 맞추기 시작했기 때문이다." 기후의 영향을 효과적으로 막으려면 지능적인 설계가 필요하다. 새로운 해안가와 초원지대, 전시장 등이 있는 싱가포르의 마리나 댐이나, 모든 날씨에 맞춰 에너지 소비를 줄여주는 지능형 전력망처럼 단지 재난이 닥쳤을 때뿐만 아니라 평소에도 혜택을 주어야 한다. 기술 수준이 낮거나 기술이 필요 없는 분야에서도 마찬가지다. 오번그레셤이 앵글우드보다 나은 점은 폭염 기간의 사망률 때문만은 아니다.

　이것이 우리가 테러와의 전쟁에 투자한 만큼 기후변화에 대처하지 않은 것을 후회하는 이유다. 지구온난화의 위협은 멀고 추상적으로 보였던 만큼 무시당하기 쉬웠다. 이제 기후변화는 뭔가 특별하고 무서운 것을 뜻하게 되었다. 제이컵은 말했다. "물은 지금으로부터 100년 뒤의 어느 맑은 날에도 오늘날 폭풍해일이 일었던 바로 그 자리에 있을 것이다." 폭염과 들불, 가뭄, 허리케인, 홍수 등이 더 많이 나타날 것이다. 우리는 극단의 시대로 접어들고 있다. "재난이 일어날 때마다 다시 짓기만 해서는 안 된다." 제이컵은 말을 이었다. "기후변화의 미래를 염두에 두고 건설해야 한다."

2014년 9월 21일, 내 머릿속은 기후변화의 미래에 대한 생각으로 가득했다. 평소보다 습기가 많은 가을의 일요일, 샌디가 지나간 뒤 거의 2년이 흘렀고, 샌디보다 훨씬 치명적이지만 여전히 이름은 없는 1995년의 폭염이 이젠 20년 전 일이 되어가고 있었다. 그날 약 40만 명이 맨해튼 거리를 점거해 정치 지도자들에게 기후변화 문제를 시급하게 다룰 것을 요구했다. 전 세계 역사상 기후변화와 관련된 가장 큰 규모의 행진이었고, 162개국에서 2646건의 연대 행사가 동시에 열렸다. 시민, 시민단체, 정부 관료들이 이에 주목했다. 그날 이후 전례 없이 많은 미국인이 여론조사원에게 기후변화는 인간의 행동에서 비롯된 것이라고 말했다. 비관론자들조차 수십 년 동안의 시간 끌기와 부인이 의미 있는 행동에 무릎을 꿇을지도 모르겠다는 희망을 내비쳤다.[*] 여느 때와는 뭔가 다른 분위기였다.

물론 여러분이 이 글을 읽을 때 어떤 분위기가 되어 있을지는 알 수 없다. 되돌릴 수 없는 피해를 입기 전에 탄소 소비량을 줄일 좁은 기회의 창이 있으며, 우리의 적응 노력은 이미 위험할 만큼 늦은 상

---

[*] Marjorie Connelly, "Global Warming Concerns Grow," *New York Times*, 2014년 9월 23일자 D3면.

태다. 1992년 리우 정상회담이나 2009년 코펜하겐 회의 준비 기간 같은 기후에 대한 낙관주의적 순간들은 외교적 실패와 기후활동가들 사이의 참담한 신뢰 상실로 이어졌다. 이번엔 다르리라고 믿는 것은 어리석은 일이지만, 중대사가 걸려 있는 문제를 포기하는 것은 더 어리석은 일이다.

하지만 내가 확신을 가지고 예측할 수 있는 것은 사회과학, 특히 사회학에서 기후변화는 연구와 대중의 참여가 집중되는 가장 중요한 문제가 되리라는 점이다. 그것이 불가피한 이유는 사회학이 상황에 관한 학문이고, 지구온난화가 우리의 사회적, 경제적, 정치적 삶의 중요한 상황이 되고 있기 때문이다.

프롤로그

도시의 지옥

1995년 7월 12일 수요일 아침, 『시카고 선타임스』는 시카고에 폭염이 다가오고 있다고 보도했다. "살인적인 폭염 발생"을 알리는 기사는 날씨난이 아닌 뉴스난에 세 면에 걸쳐 실려 있었다. 기상예보관들은 그날 오후 기온이 섭씨 30도대 중반에 이를 것이고, 이틀 동안 최고 38도까지 오를 것으로 예보하며, 습도 및 오존 수치 역시 높아져 피지나 괌과 같은 열대기후를 느끼게 될 것이라고 했다. 평균적인 사람이 체감하는 온도를 측정하는 체감온도는 최대 49도까지 올라갈 것으로 예측했다.

목요일 기온은 41도까지 치솟았고 체감온도는 52도까지 올라갔다. 벽돌로 지은 집과 아파트는 오븐처럼 데워졌고, 고층 건물의 실내 온도는 창문을 열어도 41도에 머물렀다. 수천 대의 자동차가 길 위에서 고장이 났고, 몇몇 도로는 휘어졌다. 도시 노동자들은 시카고강을 잇는 다리에 물을 뿌려 철판이 늘어나 바닥이 서로 맞물리지 않도록 했다(그림 1). 철로의 계류 장치가 떨어져 나가 출퇴근하는 승객들이 오랜 시간을 기다려야 하는 일도 일어났다.

기상학자들은 신문과 텔레비전을 통해 시카고 시민들에게 에어컨을 틀고 매일 충분한 양의 물을 마시며 휴식을 취할 것을 권했다. "집 근처 해변이나 수영장, 혹은 에어컨이 설치된 상점에 가시기 바랍니다. 천천히 움직이고, 시원한 것을 생각하세요." 시카고의 전자제품 상점에 있는 에어컨과 가정용 수영장은 바닥났다. 한 지역 제조업체의 대표는 "우리가 고대하던 날씨"라고 말했다. 어느 작은 도심지의 해안가에는 10만 명에 가까운 사람이 몰려들었다(그림 2). 배를 타고 미시간호에 나갔다가 탈수 증세가 일어 돌아온 사람들도 있었다. 스쿨버스에 탄 아이 수백 명이 한낮 교통 체증에 갇혀 열사병에 걸리자, 어른들은 아이들을 차에서 구출하고, 소방관들은 호스로 아이들에게 물을 뿌려주었으며 구조대원들은 응급처치를 했다(그림 3, 4). 증세가 심각한 아이들은 병원으로 옮겨졌다.

곧이어 시카고에는 예측하지 못한 전기 사용으로 인해 산발적인 정전 사태가 일어나기 시작했다. 정전으로 전등, 에어컨, 라디오, 텔레비전 등을 쓸 수 없게 되자 뉴스나 기상 알림, 보건 정보를 얻기가 어려워졌다. 엘리베이터가 멈추는 바람에 경찰과 소방관들은 아파트의 숨 막히는 열기로부터 고층에 사는 나이 든 주민들을 구조해야 했다. 집에 전기가 들어오지 않거나 에어컨이 없는 사람들은 짐을 꾸려 가족이나 친구 집으로 갔다. 금요일에는 시카고의 주요 전력공급 기업인 코먼웰스에디슨의 노스웨스트 변전소에서 전력변압기 세 대가 고장나 4만 9000가구에 전기가 공급되지 않았다. 그중 일부는 이틀 동안이나 정전이 지속됐다.

그림 1　도시 노동자들이 킨지 스트리트 다리의 철판이 늘어나지 않도록 물을 뿌리고 있다. 출처: 『시카고 선타임스』. 사진: 존 화이트. 『시카고 선타임스』의 특별 허가를 받아 재판에 수록. © 2002

그림 2　수만 명의 인파가 더위를 피하기 위해 노스애비뉴 해안에 몰려들었다. 출처: 『시카고 선타임스』. 사진: 앤드리 청. 『시카고 선타임스』의 특별 허가를 받아 재판에 수록. © 2002

그림 3 소방서 직원이 공원에서 아이들에게 물을 뿌려주고 있다. 출처: ABC7. WLS-TV

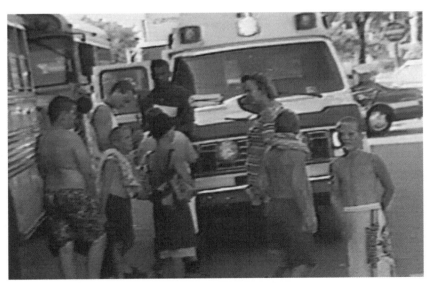

그림 4 아이들이 탈수 증상으로 응급치료를 받고 있다. 출처: ABC7. WLS-TV

그림 5 　코먼웰스에디슨 직원들이 발전기에 물을 뿌려 과열을 방지하고 있다. 출처: ABC7. WLS-TV

그림 6 　"물의 전쟁." 시에서 고용한 인부들이 폭염으로 인해 불법적으로 뚜껑이 열린 3000개의 소화전 중 하나를 밀폐하고 있다. 출처: ABC7. WLS-TV

공공장소에 설치된 에어컨이 별로 없는 지역의 젊은이들은 소화전 뚜껑을 열고 쏟아지는 물줄기 안에 들어가 더위를 식혔다. 어떤 곳에서는 3000개가 넘는 소화전에서 물이 마구 뿜어져 나와 20억 갤런(1갤런은 3.8리터다—옮긴이)의 물이 소모되었다. 이는 시카고의 평균적인 여름날에 쓰는 물의 두 배가 되는 양이다. 결국 수압이 떨어졌다. 소화전 뚜껑이 많이 열린 지역에서는 수압이 떨어져 며칠 동안 건물에 물이 나오지 않았다. 경찰은 소화전에 손을 대는 사람은 체포해 벌금형에 처할 것이라고 발표했고, 인부 100명을 동원하여 응급 상황에 사용해야 하는 소화전들을 밀폐했다(그림 6). 어떤 지역에서는 인부들이 오는 모습을 보면 벽돌과 돌을 던지며 그들을 막았다. 일부는 트럭을 향해 돌을 던져 네 명의 노동자가 가벼운 부상을 입기도 했다.

7월 14일 금요일, 체감온도는 사흘째 38도를 넘었고 밤에도 기온은 내려가지 않았다. 48시간 이상 연속으로 그 정도 열에 노출되면 신체의 방어 기제가 무너져 몸에 이상이 생길 수 있다. 시민들은 병에 걸리기 시작했다. 평소보다 많은 사람이 병에 걸려 입원을 했다. 7월 13일에서 19일 사이 구급차 요청 건수는 수천 건으로 평소보다 많이 접수됐다. 그중 3900건은 차량이 없어 소방차를 보내 처리해야 했다. 시카고의 응급 서비스 응답 시간은 그해에 평균 7분 이내였지만, 당시에 구급대원은 이보다 늦는 경우가 많았다. 구급차를 요청하려고 전화를 걸었던 주민 일부는 차량이 모두 예약되어 기다려야 한다는 말을 들어야 했다. 응급 서비스를 신청하려고 전화를 걸었던 사람 55명은 30분 이상 아무런 응답을 받지 못한 채 기다려야 했다.

두 시간 동안 기다린 사람도 있었다. 고온으로 몸에 이상이 생긴 사람 중 치료를 너무 오래 기다리다가 사망한 이도 몇 명 있었다.

병원을 비롯한 기타 의료 기관들 역시 의료 서비스 수요를 충족하는 데 문제가 있었다. 응급실과 입원실에 수용된 환자가 수요일부터 많아지기 시작해 주말을 지나면서 계속 증가했다. 일부 응급실은 병상이 모두 차서 더 이상 치료를 할 수 없었다. 사우스사이드와 사우스이스트사이드는 대부분 환자를 받을 수 없는 상태가 되어 응급실 문을 닫고 신규 환자를 받지 않았다. 구급차나 개인 차에 환자를 싣고 병원으로 가려는 시민과 구급대원들은 수용 능력이 있는 응급실이 어디인지 알 방법이 없었다. 차에 탄 환자 중에는 응급처치가 필요한 이도 많았지만, 환자를 받을 수 없는 병원이 운전자에게 어느 병원으로 가라고 말해줄 수도 없었다. 한 병원에 따르면, 20여 킬로미터를 돌아다니다 치료 가능한 시설을 겨우 찾은 환자도 있었다. 의료진의 걱정은 커졌다. 다른 곳으로 간 환자는 어떻게 됐을까? 어디로 갔을까?

폭염 피해자들을 발견하거나 병원에 데려갔을 때는 의사가 손을 쓰기엔 이미 너무 늦은 사람이 많았다. 예를 들어, 가정집에서 어린이집을 운영하는 마거릿 오티즈는 중형 픽업트럭에 열 명의 아이를 태우고 에어컨이 설치된 영화관에 갔다. 영화가 끝난 뒤, 오티즈는 집으로 돌아와 아이들을 실내로 데려갔다. 아이들은 모두 지친 상태였고, 곧 잠이 들었다. 한 시간 반쯤 지난 뒤, 오티즈는 다른 아이들을 태우기 위해 차가 있는 곳으로 갔다가 남자아이 두 명이 차 안에 남아 있는 것을 발견했다. 그녀는 아이들을 실내로 옮기고 911에 전화

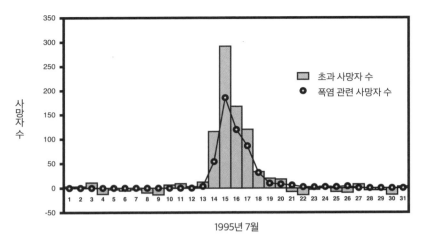

<u>그림 7</u>   1995년 7월 시카고에서 고온으로 인한 초과 사망자 수. 자료 제공: 시카고시 보건부.

<u>그림 8</u>   신문 머리기사에 보도된 사망자 수의 변화.

를 걸었다. 하지만 아이들은 이미 죽어 있었다. 구급대원들이 도착했을 때 아이들의 체온은 각각 41도와 42도였다. 시카고의 신문과 텔레비전 뉴스 프로그램에서는 폭염 소식과 함께 아이들의 죽음을 특집으로 다루었다. 쿡 카운티 검시관은 이튿날 오전 아이들을 부검하기로 했지만, 사망 원인에는 의문의 여지가 거의 없었다.

날이 갈수록 더위로 쓰러지는 시카고 주민은 늘어났다. 7월 12일 수요일과 7월 13일 목요일에는 각각 74명과 82명이 목숨을 잃었는데, 이 수치는 7월 평균 일일 사망자 수인 72명보다 약간 높을 뿐이었다. 그러나 지속적인 열기가 점점 영향을 미치면서 사망자 수는 급격히 늘어났다(그림 7, 8). 7월 14일 금요일에는 188명의 시카고 주민이 사망했다. 토요일에는 평균보다 다섯 배 많은 365명이 사망했다. 일요일에는 241명, 월요일에는 193명, 화요일에는 106명이 사망했다. 7월 19일 수요일 시카고 전역에서 사망한 사람은 92명으로 줄었고, 목요일에는 91명이었다. 이미 시 당국은 위기를 극복하기 위해 서둘러 사망자를 처리할 장소를 찾고 있었다. 구급대원의 말에 따르면 그 일은 사흘 연속으로 여객기 충돌 사고를 처리하는 것만큼이나 어려운 일이었다.

죽음의 도시

경찰관들은 시체 수백 구를 쿡 카운티 검시소로 이송했다. 쿡 카운티 검시소는 카운티 병원 건너편에 있는 현대식 콘크리트 건물로,

시카고 중심지인 루프에서 수 킬로미터 떨어져 있다. 그곳에 눈에 잘 띄지 않게 자리 잡은 시체안치소는 하루 평균 17구의 시체를 수용하지만, 이보다 더 많이 처리하는 경우도 잦다. 당시 시체안치소는 처리할 수 있는 것보다 더 많은 시체를 받았고, 14명의 병리학자로 구성된 검시관들은 이러한 속도를 유지하려고 장시간 교대 근무를 하고 있었다. 수석 검시관은 법치의학 전문가와 부근 학교의 장례지도과 학생들을 모집하여 시체의 신원을 파악하고 검사하는 일을 돕게 했다. 또한 경찰관들에게 부탁하여 시신을 주차장에서 사무소까지 옮겼고, 인부들에게는 병리학자들이 작업할 공간을 마련하게 했다. 하지만 그 정도로는 충분하지 않았다. 결국 쿡 카운티 교도관들이 보호관찰 중인 사람들에게 시체안치소에서 하루 일하면 보호관찰 기간에서 이틀을 감해주겠다고 제안했고, 일부는 그 제안을 받아들였다. 그럼에도 검시소 밖에는 시체를 실은 경찰 차량의 행렬이 이어졌고, 시체를 처리할 수 있는 작업자를 기다리는 데 세 시간이 걸리기도 했다. "마치 공장 조립 라인 같군." 어느 경찰관이 말했다. 경찰이 시체안치소로 가져온 시체 중에는 사망한 지 이미 며칠이 지나 부패한 시신이 많았다. 시간이 흘러도 시체를 발견하는 사람이 없었기 때문이다. 얼마나 더 많은 희생자가 발견되지 못한 채 집에 방치되고 있을지 알 방법은 없었다.

토요일까지 시체안치소에 들어온 시체 수는 보관 가능한 한계치인 최대 222구보다 수백 구를 더 초과하고 있었다. 새로 도착한 시체들은 검시소 여기저기에 놓였고, 검시가 끝난 시체 중 상당수는 가까운 친척이 없어 방치되었다. 한 지역육류포장업체 대표가 자진하

여 냉동트럭을 가져와 시체를 보관해주었다. 길이 15미터의 빨강고 노란 트럭으로 구성된 첫 번째 지원 차량들이 금요일에 도착했지만, 금세 다 채워져 수십 구의 시체는 자리를 찾지 못했다. 주말에 추가로 차량이 도착해 트럭은 모두 아홉 대가 되었다. 시체안치소 주차장에 주차된 트럭들 주위를 경찰차, 라디오 및 텔레비전 방송국 차량, 영구차, 개인 차량 등이 둘러싸고 있었다. 이 광경은 텔레비전과 신문을 통해 전 세계에 전해졌다(그림 9).

마침내 시카고시는 7월 14일에서 20일 사이에 시카고 주민 485명이 고온과 직접 관련된 원인으로 사망했으며, 결과적으로 7월 총 사망자 수는 521명이라고 발표했다.[1] (이 수치는 부검과 경찰 조사에 의해 사망 원인이 공식적으로 인정된 경우만을 계산한 것이다.) 7월 평균보다 1000명이나 많은 사람이 열사병, 탈수증, 탈진, 신부전, 전해질 불균형 등으로 지역 병원에 입원했다. 열사병에 걸린 사람들은 독립적인 기능의 손실이나 복합장기부전 등과 같은 영구적인 손상을 입었다. 그 밖에 고온으로 인한 다른 질병에 걸린 수천 명의 사람이 응급실에서 치료를 받았다.

열기가 사그라들자 역학자들은 검시소를 거치지 않은 사망자를 고려하여 7월 사망자 수의 패턴에 대한 통계 자료를 수집했다. 역학자들은 부검에만 기반한 사망자 수가 피해 규모를 축소하고 있다고 밝혔다. 7월 14일에서 20일 사이에 평소보다 739명이 더 사망했다. 실제로 공중보건학자들은 시카고에서 고온으로 사망한 사람의 수가 미국에서 고온으로 인해 발생한 그 어떤 재난의 사망자 수보다 많다고 인정했다.

다른 역사적인 재난과 비교하면, 그 외상의 규모를 가늠하는 데 도움이 될 것이다. 시카고의 고온으로 인한 사망자 수는 1871년 약 300명이 사망한 시카고 대화재 당시 사망자 수의 두 배가 넘는다. 그보다 더 최근에 미국에서 일어난 1994년 캘리포니아 노스리지 지진이나 1992년 플로리다의 허리케인 앤드루 같은 자연재해의 사망자 수는 시카고 폭염에 비하면 각각 10분의 1과 12분의 1에 불과하다. 1995년 4월 168명이 사망한 오클라호마 폭탄테러 사건이나 1996년 230명이 사망한 TWA 800편 항공기 추락 사고와 비교해도 시카고의 폭염은 몇 배나 더 치명적이다. 기자와 정부 관료, 과학 전문가들은 이런 자연재해나 기술적 재난(인간의 기술 통제 실패나 기술 오작동으로 인해 발생하는 재난—옮긴이)에서 왜 그렇게 많은 사람이 사망했는지에 대해 설득력 있고 납득할 만한 설명을 제시해왔다. 하지만 시카고 폭염으로 발생한 사망 원인은 규명하기가 그보다 더 어렵고 까다롭다.

최근 몇몇 기상학 연구와 기사가 역사적인 사건에서 발생한 사망의 원인을 조사했다. 미국 해양대기청에 따르면, "1995년 7월 폭염의 주요 원인은 매우 강한 고기압 상층부의 기압마루와 매우 습한 대지의 조건이 우연히 동시에 발생하여 생성된 느리고 고온다습한 기단 때문이었다".[2] 지리학자 로런스 캘크스타인은 기상 상황을 심층적으로 분석했다. 캘크스타인은 심각한 건강 문제를 일으키는 기상 조건을 정확히 파악하기 위하여 기단을 바탕으로 둔 새로운 종관적 방법을 사용해, 다습한 열대성 저기압tropical system이 높은 습도와 느린 바람, 높은 최저 온도와 만나 매우 위험한 7월의 날씨가 나타났다는 사실을 발견했다.

하지만 가혹한 기상 조건만으로 시카고의 인명 피해를 모두 설명할 수 있을까? 이 사건을 조사했던 기상학자와 역학자는 아니라고 단언한다. 『미국 공중위생저널』에 발표된 어느 글에서, 전임 시카고 공공보건국 역학 임원을 비롯한 학자들은 "일부 기상 변수를 조사했지만, 1995년 7월 시카고에서 벌어진 일을 설명할 수 있는 날씨와 사망자 사이의 관계를 찾을 수는 없었다"고 발표했다. 아무리 정교하게 기상 분석을 해도 "여전히 설명되지 않는 사망 변수가 많이 남아 있다".[3] 바꿔 말해 날씨는 시카고 폭염으로 인한 인명 피해의 일부만 설명해줄 뿐이다. 또한 재난에는 기상학이나 부검, 역학 조사가 찾아내지 못하는 사회적 병인病因이 존재한다. 참사에서 인간적인 차원은 아직 미지의 영역으로 남아 있다.

이 책은 1995년 시카고 폭염에 대한 사회적 부검을 중심으로 구성되어 있다. 의학적인 부검이 몸을 열어 사망의 직접적인 병리학적 원인을 찾아내는 것이라면, 이 책에서는 도시의 사회적 기관器官들을 조사하여 그해 7월 수많은 시카고 주민을 죽음에 이르게 한 조건을 파악하려고 한다. 사회적인 부검을 실시한다는 개념이 생소하게 들린다면, 그것은 현대 정치와 의료 제도가 삶과 죽음을 공식적으로 설명·정의·분류하고, 세상을 바라보는, 혹은 외면하는 방식을 구조화하는 용어 및 범주를 확립하는 데 있어 독점적인 역할을 점하고 있기 때문이다. 가스통 바슐라르의 말처럼 "중요하지 않은 현상이 자주 일어나는 이유는 그것을 고려하지 않고 분석했기 때문이다".[4] 우리가 폭염을 이해하는 데 있어 놓치고 있는 차원이 있다면 이처럼 진단에 문제가 있는 것이다.

시카고에서 일어났던 일은 단순한 자연재해가 아니며, 도시 괴담의 하나로 치부되어서는 안 된다. 1995년의 폭염은 일종의 사회극이며, 늘 존재했지만 알아채기 어려웠던 일련의 사회적 조건을 드러낸 사건이다. 폭염에 가장 큰 피해를 입었던 사람들과 장소, 단체 등(사망자들의 집, 사망자가 밀집되어 있거나 사망자가 극히 적었던 지역과 건물, 응급 대응 시스템을 만들었던 도시 당국, 사망 원인을 찾으려 했던 검시소와 과학연구센터, 이 사건이 의미하는 바를 상징적으로 재구성하려 했던 기자와 편집인이 있던 뉴스 편집실 등)을 조사하면서 위기에 처한 사회질서가 드러났다. 이 연구는 폭염으로 인한 죽음이 폴 파머가 말하는 (자연이 아니라 인간이 책임져야 하는) '사회적 단층의 생물학적 반영'[5]을 나타내고 있다는 사실을 입증한다. 우리 모두가 1995년 여름 그토록 많은 시카고 주민을 사망하게 한 사회적 조건을 만들었을 뿐 아니라 그러한 죽음이 간과되고 잊힐 수 있는 사회적 조건을 만들고 있다. 우리는 힘을 합쳐 그런 조건을 되돌릴 수도 있다. 하지만 그것은 우리가 관습적으로 당연시하고 숨기려 했던 사회적 기반에 생긴 균열을 인지하고 면밀히 조사할 때에만 가능하다.

시카고에 대규모 사망자가 발생했다는 소식을 처음 접한 것은 폭염이 발생했던 주에 국제 신문을 읽을 때였다. 당시 24세였던 나는 유럽에 살면서 다음 달에 있을 버클리대 사회학과 대학원 입학을 준비하던 중이었다. 그해 여름 유럽 역시 파리에서 마드리드까지 기온이 섭씨 35도에서 40도까지 올라가며 더위가 기승을 부렸다. 하지만 그곳에서 폭염으로 사람이 죽었다는 소식은 들은 적이 없었다. 그 머리기사가 내 시선을 사로잡은 이유는 유럽과 미국이 대비되었기 때문만은 아니었다. 더 중요한 이유는 내가 시카고 출신이며, 물리적 지형도와 도덕적 지형도가 나뉘어 있는 것으로 유명한 그 도시를 누비며 성장했고, 시카고대학의 사회학자 로버트 파크의 "건드리기는 하지만 관통하지는 않는다"[6]는 유명한 말처럼, 지역과 집단을 가르는 경계를 조심스럽게 따라가면서, 때로는 넘나들며 성장한 많은 사람 가운데 한 명이기 때문이었다. 시카고는 과거에도 현재도 나의 고향이다. 폭염 사건 기사는 아침에 잠이 덜 깬 채 세상의 소식을 살피던 내 눈길을 갑자기 사로잡았다. 나는 무슨 일이 일어났는지 알고 싶었지만 기사에는 스캔들이나 사망 소식, 정치적·과학적 논쟁 등 신문 기사다운 소식만 있을 뿐 내게 필요한 단서는 없었다. 시카고에서 벌어진 사건은 내 추측으로는 기사에서 암시하는 것보다 훨씬 호기심을 불러일으키는 일이었다.

시카고라는 도시가 나를 어리둥절하게 만든 것은 이번이 처음은 아니다. 도시 한가운데서 자란 나는 언제나 호화스런 골드코스트나 호숫가의 고층빌딩과 게토나 슬럼가 사이의 잘 알려진 그 삭막한 대비에 매료되었다. 파란만장한 정치 지도자들과 내부거래에 관한 전설은 어린 내 눈에 그 도시를 정의의 저울이나 이성의 균형보다는 성정이나 야합私通이 더 중요했던 상상의 지배자들에 의해 통치되는, 작은 봉토들로 나뉘어 무질서하게 뻗어가는 왕국처럼 보이게 했고 나는 그런 전설에 매료되었다. 또 신비로운 지하 도로와 버려진 철길, 도시에 출몰하는 폐공장에 이끌렸고, 미시간 애비뉴를 가득 채운 인파와 그 주변에 앉아 사람들이 지나가는 걸 바라보던 고독한 남녀에 이끌렸다. 도시사회학으로 박사과정을 밟기로 했을 때, 거기에는 얼마간 버클리에서의 연구가 시카고에서 경험해온 일들을 이해하는 데 도움을 주었으면 하는 소망이 깔려 있었다.

내가 1995년 8월 북부 캘리포니아에 갔을 때, 사람들은 불과 몇 주 전 중서부 지역에서 있었던 일에 대해 생각은커녕 기억조차 거의 하지 못했다. 어마어마한 부와 경제적인 자신감이 넘치는, 급속히 발전하는 지역에서 그런 이야기에 관심을 기울일 시간은 없었다. 캘리포니아와 시카고의 문화적, 지리적 간극을 나타내는 서부 해안 지역의 반응이라고, 또한 유럽에 있을 때에 비해 고향에 가까워지긴 했지만 여전히 내가 다른 나라에 있다는 신호라고 생각하며 무시하기는 쉬웠다. 하지만 몇 주 뒤 시카고에 가서 오랜 친구와 친척들에게 참사에 대해 묻자 그들은 무관심과 부정에 가까운 반응을 보였다. 역설적이지만, 폭염 속에서 살아남은 사람들은 참사의 규모를 인정하면서도 참사의 중요성과 의미에 대해서는 마음을 닫고 있었다. 무언가가 사건을 설명하기 어렵고 불가해하게 만들고 있었다. 시카고 사람들은 참사를 받아들이는 데 문제가 있어 보였다. 참사의 인간적인 측면을 파악하는 것은 두말할 나위 없이 어려웠다.

물론 다들 무거운 공기와 끝도 없는 더위를 기억했다. 내가 아는 몇몇 사람은 몇 시간 혹은 며칠 동안 정전이었을 때 그들이 한 일에 대해 정성스럽게 이야기해주었다. 그러나 친구가 폭염에 의한 사망이 (그들의 이야기에서 자주 등장하는 표현을 쓰자면) "사실은, 사실이 아니다"라는 가능성을 자주 언급해서 혼란스러웠다. 말하자면 일부 정치 관료가 주장한 것처럼 대규모 사망자 수는 얼마쯤 조작됐거나, 폭염과는 무관하다는 것이었다. 어떻게 그런 생각이 널리 퍼진 것일까?

그런 의문이 한층 흥미롭게 느껴진 이유는 나와 이야기를 나눈 많은 시카고 시민이 모든 방송사가 보여주었던 검시소의 수백 구에 달하는 시체와 수십 명 인부들의 모습을 아주 생생하고 강렬하게 기억하고 있기 때문이었다. 나는 몇몇 인권 조사에서 공동묘지의 발견이 유명한 대량 학살이나 폭력적 탄압이 실제로 일어났는지에 대한 의문을 해소시켜줬던 것을 알고 있다. 그러나 시카고에서는 이처럼 죽음의 조건이나 원인을 명확히 알아내는 것이 아니라, 일이 정반대로 흘러가고 있는 듯 보인다. 피해자에게 주의를 기울여 조사하면 피해자의 상태는 왠지 더 불투명해졌다. 시체의 모습은 잘 볼 수 있었지만, 그 시체에 무슨 일이 일어났는지 알 수 있는 사람은 거의 없었다.

고향에 돌아온 나는 처음에 폭염과 이에 대해 알아가는 과정에서 더욱 혼란을 느꼈다. 내가 생각했던 사회적 부검을 서둘러 수행해야 했지만, 이를 위한 기술적인 방법은 물론이고 그런 일에 대한 개념도 존재하지 않았다. 나는 시카고의 특징과 정치, 문화가 어떻게 1995년 여름의 시카고에서 구체화되었는지를 사회학 연구에 쓰이는 도구(민족지학적 현지 조사, 심층 인터뷰, 기록 연구, 지도 제작, 통계 분석 등)로 설명할 수 있을까 고민하기 시작했다. 얼마 지나지 않아 나는 사회과학적 방법과 이론이 다른 조사가 다루지 못한 폭염에 대한 질문에 답할 수 있으리라 확신하게 되었다. 그 후 나는 연구를 시작했고, 5년이 지나 내가 발견한 내용을 담은 보고서를 여러분 앞에 내놓게 되었다.

머리말

극단의 도시

1995년 7월 14일 목요일은 시카고 역사상 가장 더운 날이었다. 조지프 라츠코는 그로부터 얼마 지나지 않아 집에서 사망했다. 사망 원인은 날씨가 유일했다. 라츠코는 헝가리계 68세 노인으로 노스웨스트 지역의 한 아파트에서 혼자 살았다. 찾아오는 사람은 거의 없었고, 이웃 주민에게 오는 광고물을 수집하거나 전화번호부, 지난 신문, 조잡한 가구 등을 가져와 집 안을 채우는 것이 그가 외로움을 달래는 방법이었다.[1] 고장 난 라디오와 쿠션이 어지러이 널려 있는 가운데 라츠코는 일기를 꼬박꼬박 쓰며 규칙을 지켰다. 일기에는 기온과 함께 신문에서 읽은 감동적인 이야기를 적어놓았다. 7월 15일 일기장에는 "34도"라고 적혀 있었다. 7월 16일, 그는 사망했다.

친구나 가족의 연락처를 찾기 위해 라츠코의 집을 찾은 쿡 카운티 유산관리 사무소 조사관이 발견한 것은 일기장 외에 몇 가지 사회생활의 흔적이 전부였다. 1980년대에 헝가리에서 온 편지 두 통, 지난 7월 1일 인출 기록이 남아 있는 잔액이 1000달러도 채 되지 않는 은행 입출금 내역서, 1980년대와 1990년대 초에 연루되었던 법률 사건의 우편물들, 1991년에 쓰고 보내지 않은 부활절 카드 한 장……. 라츠코의 문서 대부분은 유산관리 사무소로 가져가 나중에 그의 소유물에 관심이 있을 만한 사람을 찾을 때 쓰기로 했다.

조사관이 작성한 보고서에는 조사 결과가 나열되어 있었다. "가구 없는 침실 하나짜리 아파트. 정리가 안 되어 난잡함. 거실: 의자 4, 오디오 2, 스툴 2, 상자들, 잡다한 서류, 쓰레기, 폐품. 침실: 옷, 싱글침대 1, 서랍장 3, 잡다한 옷가지, 서류, 쓰레기. 주방: 서랍장 1, 필름 영사기 1, 탁자 1, 쓰레기. 가족: 0." 조사관들은 즉석사진을 두 장 찍었고, 라츠코의 집주인과 상의한 뒤 다음 집으로 떠났다. "일이 너무 많아서 시간관념이 전혀 없었어요." 라츠코의 집을 조사했던 조사관은 그때를 회상했다. "우리는 거리에 나가면 밤이 될 때까지 계속 일만 했습니다. 녹초가 된 채 현장 보고서를 써야 했죠." 무연고 사망자의 재산을 관리해야 하는 유산관리 사무소가 생긴 이래 가장 바빴던 한 주였다. 라츠코와 유사한 사례가 수십 건이나 남아 있었다.

쿡 카운티 공무원들은 라츠코의 시체를 시체안치소로 가져왔다. 시체안치소에서는 수석 검시관 에드먼드 도너휴를 비롯한 병리학자들이 시체 처리 요구에 응하기 위해 서둘러 작업하고 있었다. 시체를 검시한 병리학자는 라츠코가 동맥경화성 심혈관 질환과 열 스트레스로 사망했다고 판정했다. 그들은 이러한 결과를 사망진단서에 적은 다음, 컴퓨터 데이터베이스에 입력하고, 시체를 보관소로 옮겼다. 사무소는 라츠코의 가까운 친척이 나타나 그의 유품을 가져가길 기다렸지만 아무도 나타나지 않았다. 시체를 찾아갈 사람이 없다는 것이 분명해지자 유산관리 사무소는 라츠코의 은행 계좌에 남아 있는 돈으로 장례를 치르고 가까운 공동묘지에 매장했다.

외롭게 생을 마친 라츠코는 폭염 기간 중 고독사한 수백 명의 다른 시카고 주민과 함께하게 되었다. 이들은 일찍 받았다면 목숨을 건질 수도 있었을 두 가지 도움(주에서 후원하는 봉사단체의 관심과 냉방장치)을 쿡 카운티 시체안치소에 온 뒤에야 받았다. 가까운 곳에 있던 누군가와 함께 죽어간 사람들은 같이 쓰러졌던 엄마와 아이, 한 건물에 살았던 두 자매 등 소수에 불과했다. 수백 명이 잠긴 문과 닫힌 창문 너머 남들이 잘 찾지 않는 후덥지근하고 통풍이 안 되는 사적인 공간에 갇혀 홀로 숨을 거두었다. 희생자 170여 명의 시체와 소지품을 찾아가는 사람이 나타나지 않자, 유산관리 사무소에서는 희생자의 친척을 찾는 캠페인을 적극적으로 벌였다. 그럼에도 그중 약 3분의 1은 사무소를 벗어나지 못했다. 라츠코를 비롯한 폭염 피해자 수십 명의 소지품은 아직도 카운티 건물에 있는 상자에 보관되어 있다.

사회적 부검

폭염 이후 몇 년 동안 몇몇 정치 위원회와 시의 지도자들은 라츠코를 비롯한 시카고 시민 수백 명이 고독사한 것을 이례적이고 비정상적인 사건으로 치부했다. 그들의 주장에 따르면, 7월에 일어난 일주일간의 참사는 자연의 변덕에 속수무책인 인간의 유약함을 보여주는 특수한 재난일 뿐이었다. 예를 들어, 폭염이 지나간 직후 시카고 시장 리처드 M. 데일리는 대규모 위원회를 꾸려 '폭염의 역학적, 기상학적, 사회학적 측면'을 연구하도록 지시했다. 위원회가 찾아낸 주요한 발견 내용은 보고서 도입부에 요약되어 있다. "폭염은 몇 가지 중요한 요소가 아주 드물게 한군데에 모여 발생한 기상학적 사건이었다."(강조는 저자) 몇 가지 중요한 요소란 (1) 이틀 연속으로 46도가 넘었을 뿐만 아니라 매일 40도 넘게 올라갔던 체감온도, (2) 밤에도 기온이 내려가지 않는 구름 한 점 없었던 하늘, (3) 도시 내부의 기온이 올라가게 만드는 **도시열섬효과**urban heat island effect[*](이 효과에 의해 빌딩과 도로가 밀집된 곳에서는 열기를 끌어들인 채 내보내지 않는다) 등이다. '더위는 왜 치명적일까'라는 소제목이 붙은 부분에서는 "인간의 생리적 기능과 환경 사이의 연관성은 매우 섬세하고 중요하다. 체온이 정상보다 높게 올라가면 더위에 의한 상해가 일어난다. 심할 경우 치명적이다"라고 간단하게 설명하고 있다.[2] 이처럼 보고서의 핵심 부분에서 사회적 요소는 주목을 받지 못하고 있다.

---

[*] 도시의 기후는 일반적으로 그 주변 지역의 기상 시스템과 차이가 있는데, 도시열섬효과는 그중에서도 도시 공간의 기온 상승을 일컫는다. 윌리엄 로리(1967)의 고전적 논문에 따르면, "도시가 그 자체로 이러한 차이의 원인이다". 로리는 도시의 이례적인 기후에 관한 다섯 가지 주요 원인을 규명한다. 1. "도시의 빌딩이나 도로에 주로 쓰이는 석재는 축축하고 모래 섞인 흙에 비해 열이 세 배 정도 더 빠르게 전도된다." 2. "도시의 구조는 자연 풍경의 특색에 비해 그 형태나 지향이 훨씬 더 다양하다. 도시의 벽, 지붕, 도로 등은 반사판처럼 기능해서, 전달받은 에너지의 일부는 흡수하고 나머지 많은 양을 다른 흡수 표면에 전달한다." 3. 도시는 시골에는 별로 없거나 있더라도 도시에 비해 훨씬 더 적은 열 발생 요인을 갖고 있다. 공장이나 탈것, 심지어 에어컨도 이에 해당되는데, 에어컨은 당연하게도 냉방 효과를 내려면 더운 공기를 밖으로 방출해야 한다." 4. "도시는 강수降水를 배수관, 배수로, 하수관 등을 통해 특정 방식으로 배수排水한다. (…) 도시에서는 물이 증발할 기회가 적기 때문에, 물이 증발하면서 날아가야 할 열에너지가 공기를 데우는 데 쓰일 수 있다." 5. "도시의 공기에는 고체나 액체, 기체 상태의 오염물질이 실려 있다. (…) 이 입자들이 모여 태양광을 반사하고 그로 인해 표면에 닿는 열의 양이 줄긴 하지만, 동시에 열의 방출을 지연시키기도 한다."(Lowry 1967, 15-17)

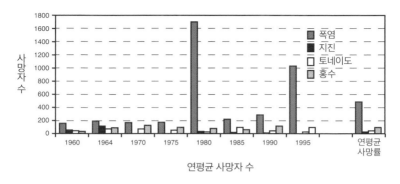

그림 10 미국의 재난으로 인한 사망자 수, 1960~1995년. 출처: 폭염(미국 인구동태 통계), 지진
(USGS 지진정보센터), 토네이도와 홍수(미국해양대기청).

또한 위원회는 보고서를 발표하면서 자신들이 수행한 연구가 폭염
과 관계있다는 사실을 숨기려고 했다. '최종 보고서: 기상이변 시장
위원회'라는 제목에는 무엇에 관한 보고인지가 구체적으로 언급되지
않는다. 보고서는 날씨에 관한 일반적인 문장으로 가장한 채 발표되
었고, 시 정부는 재난에 대한 공식 성명을 노출하지 않았다. 위기에
대한 공개적이고 정치적인 대응에서 이와 같은 전략적인 행동은 흔
히 나타난다. 일주일간의 폭염으로 발생한 사망자 수가 미국 역사상
유례없이 많았는데도, 그 아픔에 대한 반응은 그렇게 많은 사람이
사망한 이유를 알지 못하게 하려는 집단적 의지로 나타났다.[3]

그러한 조처는 특이한 것이 아니다. 사람들은 허리케인이나 지진,
토네이도, 홍수처럼 화면을 통해 장대한 볼거리를 제공하는 재난에
큰 관심을 기울인다. 하지만 폭염으로 인한 사망자 수가 다른 극단적
인 기상이변의 사망자 수를 모두 합한 것보다 더 많다는 사실은 알

지 못한다(그림 10). 폭염이 대중적인 관심을 거의 받지 못하는 이유는 막대한 재산 피해를 내지 않거나 다른 기상 재난처럼 엄청난 볼거리를 제공하지 않아서이기도 하지만, 폭염의 희생자들이 노인, 빈곤층, 고립된 이 등 대개 사회에서 버림받은 사람들이기 때문이다.[4] 말 없고 눈에 띄지 않는 사람들의 목숨을 소리 없이 앗아가는 폭염을 치명적으로 만드는 사회적 조건은 사라진 것이 아니라 기자와 뉴스 독자(재난에 관한 사회과학 전문가 등을 포함하여)의 인상에 남지 않은 것이다.[5] 예를 들어, 최근 한 도시 재난에 관한 에세이 선집 머리말에서는 1980년대와 1990년대에 발생했던 치명적인 도시 재난들을 소개하면서도, 알 수 없는 이유로 시카고 폭염(사실 미국에서 발생한 모든 폭염)은 제외했다. 1995년의 재해로 죽은 사람이 그 책에서 가장 많은 사망자가 발생했다고 제시한 1989년 샌프란시스코만 지진의 열 배가 넘는데도 말이다.[6]

대중은 시카고의 여름이 남긴 상처를 자세히 들여다보길 꺼렸지만, 다양한 분야의 과학자들은 그에 관한 연구에 흥미를 보였다. 사망률과 그 패턴을 쉽게 설명할 수 없었기 때문이다. 공중보건 연구원들이 밝힌 것처럼 시카고 참사의 환자 수와 사망자 수는 표준과학 모델에서 예측한 값을 뛰어넘는다. 의학자와 기상학자들은 폭염을 분석하면서 일련의 난제를 발견했고, 이를 해결하기 위해 몇 년 동안 연구 중이다. 이를테면 왜 그렇게 많은 시카고 시민이 고독사했을까? 왜 전체 사망자 수가 기상학 모델에서 예측한 사망자 수보다 많을까? 왜 일부 지역 주민과 집단은 다른 지역보다 더 큰 피해를 입었을까? 왜 도시 취약계층을 보호하려고 만든 지원 시스템은 작동하지 않았을까? 안타깝게도, 전통적인 보건 및 기후 연구에서 사용하는 방법론과 이론은 과학자가 철저한 조사를 수행하는 데 필요한 도구를 제공해주지 못한다. 그들에게는 재난의 사회적 원인을 설명하는 데 도움이 되는 전문적인 도구가 거의 없다. 모든 주요 연구와 보고서에서 의학 및 기상학적 접근이 시카고 주민의 사망자 수가 많은 이유를 설명하는 데 적합하지 않다는 결과가 나왔는데도, 도시의 사회적 환경이 참사에 미치는 영향을 분석한 사람은 없었다.

이 책은 두 가지 주요 관심사에서 비롯됐다. 첫째, 어떻게 일주일 동안의 더위로 수백 명의 시카고 주민(주로 노인, 1인 가구, 빈곤층)이 사망했는지를 설명한다. 카이 에릭슨의 『모든 것은 제 갈 길이 있다 Everything in Its Path』에 따르면, 사회적 부검은 "단 한 명의 인간에게 비칠지도 모르는 한 줄기 빛을 보기 위하여 도움이 되는 모든 사회학적 지식을 뒤져"[7]가며, 광범위한 사회과학 연구에 의지한다. 몇몇 정치 위원회와 신문 기사에서는 폭염 희생자가 시카고 전역에 분포

표 1. 시카고 주민의 연령, 인종 및 민족에 따른 폭염 관련 사망자 수

연령	백인	흑인	라틴계	기타	합계
55세 미만	27	39	1	0	67
55~64세	25	45	4	1	75
65~74세	62	64	1	0	127
75~84세	90	66	1	2	159
85세 이상	48	42	2	1	93
합계	252	256	9	4	521

출처: 시카고시 보건부.

표 2. 1995년 7월 시카고 주민의 인종 및 민족에 따른 연령별, 연령 보정 폭염 관련
사망률(10만 명당)

연령	비히스패닉 백인	비히스패닉 흑인	비율: 흑인/백인
55세 미만	4	5	1.3
55~64세	31	57	1.8
65~74세	75	83	1.1
75~84세	119	176	1.5
85세 이상	222	429	1.9
합계*	11	17	1.5

출처: 휘트먼 등(1997, 1516).
*1940년 미국 인구에 따라 표준화

되어 있다고 주장하지만(『시카고 트리뷴』의 머리기사 "폭염 사상자는 우
리와 똑같은 사람들이었다" 혹은 『시카고 선타임스』의 주장 "그들은 비행기
추락 사고 희생자처럼 다양했다"), 사망자의 유형을 보면 지역에 따라
불평등이 존재한다는 것을 알 수 있다.[8]

희생자는 주로 노인이었다. 폭염 관련 사상자의 73퍼센트가 65세
이상이었다(표 1). 아프리카계 미국인은 민족 및 인종 집단 중에서 가장
높은 사망률을 기록했다. 이들은 재난에 매우 취약했다.[9] 연령 보정
인구로 보았을 때,* 총 사망자는 백인보다 1.5배 많았고(표 2), 중년
(55세에서 64세까지) 희생자는 1.8배, 85세 이상 노년층은 1.9배에 달

---

* 연령 보정은 특정 인구의 연령 분포를 표준화하여 해당 인구의 경험─이 경우에는 폭염 관련 사망
자 수─을 그들의 연령 차에 비추어 비교하기 위한 통계적 기술이다. 사망률 분석에 사용된 연령 보
정에 관해 더 알아보려면 미국 보건통계센터의 웹사이트를 참조하라. www.cdc.gov/nchs/datawh/
nchsdefs/ageadjustment.htm#Mortality.

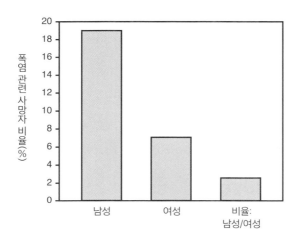

그림 11 연령 보정한 폭염 관련, 성별에 따른 주민 10만 명당 사망자 비율. 출처: 시카고시 보건부.

했다. 몇몇 관료와 기자가 폭염 관련 사망자 수에서 아프리카계 미국인과 백인 사이에 수치상의 차이가 사실상 없다고 주장하긴 했지만, 아프리카계 미국인은 모든 연령 집단에서 가장 높은 사망률을 기록했다. 이처럼 계층화된 사망자 수는 폭염 사망자의 일반적인 패턴뿐만 아니라, 시카고의 아프리카계 미국인이 일상적으로 백인보다 죽음에 대한 위협을 더 많이 맞닥뜨리며 살아가고 있다는 사실을 보여준다. 이와는 대조적으로 라틴계 시카고 주민들은 전반적으로 저소득층 비율이 높아 사망률이 높은 지역에서 살아가지만 놀랍게도 낮은 사망률을 보였다. 라틴계 주민들은 1995년 시카고 인구의 23퍼센트 이상을 차지했지만, 폭염 사망자 중에서는 2퍼센트에 불과했다. 공중보건학자들은 라틴계가 그들이 처한 집단적 결핍 자체보다는 더 나은 결과나 조건을 경험한다고 예측했는데, 이 '라틴계 건강 역설Latino health paradox'에 대한 설명을 내놓는 것은 사회적 부검의 과제 중 하나다.[10]

또한 남성과 여성의 사망자 수 사이에도 의미 있고 놀라운 차이가 존재한다. 폭염 관련 사망자 수의 55퍼센트가 남성이고 45퍼센트가 여성인데, 나이 요소를 조정한 연령 보정 사망률은 남성이 여성보다 두 배 이상 높았다(그림 11). 이런 패턴은 일부 전문가를 난처하게 했다. 여성 노인이 남성 노인보다 혼자 사는 경우가 훨씬 많아서 노년학자들은 혼자 나이 들어가는 것이 여성만의 문제라고 여겼기 때문이다. 남성의 사망률이 상대적으로 높다는 사실은 여성이 남성보다 외로움과 고립감을 더 많이 느낀다는 노년학자 해밀턴 깁슨의 연구 결과에도 부합하지 않았다.[11] 이러한 패턴에 대한 설명이 필요했다.

집단적인 차이 외에 시카고의 커뮤니티 지역에 따른 사망자 수도 극명한 차이를 보였다.[12] 주민들 간의 사회적 분리가 공간의 질서에 반영되는 것으로 유명한 도시 시카고에서 폭염 기간에 취약성을 드러낸 지역은 일상의 환경에 불평등이 존재하는 지역과 놀라울 정도로 유사했다. 폭염 사망자들은 저소득층, 노인, 아프리카계 미국인 그리고 대도시 위험지역에 집중됐다. 역학 분야에서 흔히 사용하는 개인 수준 및 인구 기반 연구와 인구통계학은 이러한 지리적 패턴의 일부만 설명해줄 뿐이다. 이에 대해서는 사람들이 공공장소를 이용하며 상호작용하는 방법에 미치는 사회생태학의 영향을 더 깊이 알아볼 필요가 있다.

도시의 사회역학

집단 및 공동체 수준의 사망률은 폭염의 영향을 간단히 설명해준다. 이는 폭염이 환경적으로 발생했지만 사회적으로 조직화된 재난이며, 사회학 조사를 통해 그 의미를 파악할 수 있음을 암시한다. 사회적 부검은 사회역학의 유산에 의존하는 동시에 이를 확장하여 사건에 잠재되어 있는 관계를 분석한다.[13] 여기서는 사망률에 영향을 미치는 개인 수준의 요인을 지역과 사회복지 시스템, 정부의 프로그램 등 더 넓은 맥락에 두고, 전통적인 인구통계학과 사회학 연구에서 분석을 시작할 것이다. 그리고 도시 자체를 연구의 중심으로 삼아 정치·경제·문화적 요소를 개인 및 공동체 수준의 조건과 통합하여 다층적인 분석을 전개할 것이다.[14]

1990년대 시카고의 사회 지형도와 정치경제적 상황을 고려하지 않고, 빈곤이 어떻게 수많은 죽음으로 이어졌는지 이해하는 것은 불가능하다.[15] 여기서는 빈곤과 고통이 사회적·정치적으로 어떻게 나타나게 되었는지에 집중하겠지만, 다양한 사람과 제도가 어떻게 도시의 대규모 사건과 집단적으로 관련을 맺는지 설명하기 위해 개인과 공동체, 국가, 도시까지 상징적인 수준에 이르는 폭넓은 관점 또한 제공할 것이다. 광범위한 현지 조사와 시카고 주민과의 심층 인터뷰를 통해 사회생활에서는 좀처럼 통합되지 않는 여러 입장과 일탈적 경험을 이 책에서 만날 수 있을 것이다.

때로는 사회복지사와 과학자, 국가 요원과 원룸 거주민, 기자와 공무원 등의 이야기가 모순적이거나 양립할 수 없는 것처럼 보일 수도 있다. 하지만 이들 모두가 어우러진 이야기는 현대 도시를 구성하는 불균질성과 폭염이 어떻게 관리되고 해석되는지에 대해 설명하는 다양한 입장 및 관점을 보여줄 것이다.[16] 색다른 관점과 서로 다른 이야기에 대한 반대 입장은 도시의 한 분야에서의 행동(이를테면 언론 분야)과 다른 분야에서의 활동(지방 정부의 응급 대응 요원이나 지역의 비공식 지원 네트워크처럼) 사이의 관계를 설명하는 데 도움이 된다.[17] 도시 주민과 그들의 단체는 비록 그 관계가 배제에 기반한 것일지라도 서로의 관계 속에서 생사를 같이한다. 폭염은 그러한 끊어지거나 이어진 연결, 눈에 띄거나 인지하지 못한 연결이 도시와 도시 주민의 운명을 좌우할 수 있다는 사실을 보여준다.

폭염의 지리 정보는 도시사회학의 방법론적·이론적 도구, 그중에서도 특히 시카고학파의 도시 연구를 통해 확립된 과거의 도구를 평가할 수 있는 매우 풍부한 실증적 데이터의 원천이 되었다. 도시 구획, 인종분리, 극심한 불평등으로 유명한 시카고는 전형적으로 극단적인 미국 도시인 것만은 아니다. 학자들은 시카고라는 도시를 통해 도시 연구에 대한 미국적 접근 방법을 발견하고 개발하여 20세기 도시사회학의 많은 부분에 기여한 도시환경 조사계획을 만들었다. 최근 수십 년 동안 새로운 도시사회학 관련 학자들은 시카고학파의 '도시 이데올로기'를 강하게 비판(특히 도시의 불평등 및 지배 구조의 정치적, 경제적 생산에 대한 관심을 불러일으키지 못했다는 점에서)하긴 했지만, 도시의 사회 구조를 탐구할 때 시카고학파의 기법은 여전히 많은 도움이 된다.

1세대와 2세대 시카고학파의 영향은 폭염에 대한 분석에서 분명하게 나타난다. 사례 연구, 물리적 공간과 사회적 공간을 강조하고 공동체 생활과 공공생활에 집중하는 것, 인종 및 민족적 차이 조사, 도시를 하나의 총체적인 시스템(시카고학파 문제틀의 핵심)으로 평가하는 것 등은 이 프로젝트에서 중요하다. 그러나 얄궂게도, 살아 있는 실험실이라 할 수 있는 시카고에서 발생한 고독사의 분석은 미국 사회학의 주요 관심사 중 하나인 도시에서의 사회적 고립 문제에 대한 전통적인 접근법에서 나온 것이다. 초기 시카고학파의 도시계획가들이 대도시에서의 서로 다른 지역 간의 고립을 중요시했다면, 이 책에서 나는 다양한 방법으로 접촉하고 관계하는 통합된 체계로서 도시를 하나의 복합적인 사회 시스템으로 다룰 것이다. 도시생활의 차별성은 공간의 형태와 행위자 및 제도의 네트워크로 정해진다. 이는 집단적으로 범죄의 집중, 인구 과밀, 공해, 가능성(이를테면 비슷한 성향을 가진 사람과의 관계나 정치 행위 등에 대한 기회) 등 일련의 특별한 압력을 구성한다. 초창기 시카고 사회학자들이 묘사한 대로 도시 지역이 독자적인 사회로서 분리되어 있다는 근거는 많지 않다. 돌이켜보면, 한 공동체나 지역에 집중하는 그들의 방식은 접촉과 연결의 기원보다는 분리의 문제를 다루려 하는 도시 이론으로 보인다. 하지만 폭염은 동시대 상황에서 어떤 도시 주민이 문자 그대로 (끔찍한 결과를 초래할 수 있는) 고립에 의해 고통을 받는다는 사실을 보여준다. 그러한 고립을 유발하는 사회적 과정과 공간적 패턴을 평가하려면 시카고학파의 생활과 도시의 사회 과정을 묘사하는 데 필요한 관련 어휘를 사회적으로 조작된 불평등과 차이의 중요성을 인지하는 개념 및 범주로 바꿔야 한다. 또한 도시를 자연과 문화, 정치가 힘을 합하여 주민의 운명을 결정하는 복합 시스템으로 이해하는 조사 방법론이 필요하다.

이 책의 두 번째 주요 관심사는 폭염을 하나의 공적인 사건과 경험으로 구축한 상징 구조를 분석하는 것이다. 특히 정치인과 기자, 과학자가 주도했던 폭염에 대한 분석에서 사용된 절차는 물론이고, 폭염이라는 외상에 대한 대중 담론을 구성했던 기본적인 범주에도 관심을 둔다. 언론, 과학, 정치 단체는 그들의 상징 권력을 이용하여 보편적으로 적용할 수 있는 공통된 기준과 범주(이를테면 자연재해나 폭염으로 인한 사망)를 만들어 부과했고, 이는 예상하지 못했던 상황을 이해하는 데 필요한 정당한 프레임(혹은 개념 구성)이 되었다.[18] 비록 시카고의 모든 사람이 혹독한 기후를 경험했다 하더라도 기자와 정치인, 과학자는 다른 사람들에게 사건을 설명하고 해석해주어야 할 책임이 있다. 폭염은 공공의 보건을 위협할 뿐만 아니라 문화적인 사건이기도 하다. 하지만 미국에서는 대부분이 이를 중요한 사건으로 간주하지 않았고, 그래서 폭염의 흔적을 추적하기도 어려워졌다. 재난의 특징 중 어떤 것은 밝혀지고 어떤 것은 감춰지는지 조사해보면 재난에 대한 대중의 이해를 구조화하는 상징적 생산 시스템을 알아내는 데 도움이 될 것이다. 이는 참사의 규모가 컸고 보도가 많이 되었는데도 왜 폭염과 그 희생자들의 삶이 쉽게 무시되고 잊혔는지에 대해 답하는 데 도움이 될 것이다.

전형과 극단

이 책은 주로 1995년 폭염에 초점을 맞추고 있지만, 그 재난에 관한 상투적인 역사를 말하지는 않을 것이다. 대신 도시의 삶을 더 폭넓게 탐구하도록 해줄 두 가지 이론적 원칙을 시카고의 재난에 적용하고자 한다. 첫 번째 원칙은 마르셀 모스와 에밀 뒤르켐의 연구에서 비롯된 것으로, 시카고 참사처럼 극단적인 사건은 "비록 본질적인 면에서는 마찬가지이지만, 소규모일 때보다 과잉 상태일 때 사건을 더 잘 인지할 수 있다"는 것이다.[19] 두 번째 원칙은 압박을 받거나 위기 상황일 때 제도의 본모습이 드러난다는 것이다.[20] 재난을 일으킨 기상 조건이 이례적이었다는 데는 의문의 여지가 없지만, 재난을 통해 드러난 도시생활의 많은 요인이 도시 환경의 일반적 특징이라는 사실을 보여줄 것이다. 그중에서 가장 중요한 것은 미국 도시의 취약성을 드러낸 새로운 유형의 일련의 조건들이지만, 증가하는 도시 불평등에 관한 연구들은 대부분 이를 간과하고 있다.[21] 폭염에 중대한 영향을 미쳤다고 입증된 대표적인 조건에는 가난한 지역, 특히 범죄지역에 사는 노인들의 사회적 고립, 저소득층 주택 시장에서 큰 비중을 차지하지만 무시되고 있는 호텔 주거생활의 붕괴와 갈등, 지방자치 정부의 급격한 변화와 민영화로 인한 사회복지 사업의 변화, 공공보건 및 복지의 위협, 기업과 지방 정부에 의해 버려져 주민들이 떠난 지역의 사회생태학적 조건 등이 있다. 폭염으로 드러난 조건들은 다시 기온이 떨어진 뒤에도 사라지지 않았지만, 보이지 않기에 도시의 일상은 더욱 위험해진다.

그림 12 쿡 카운티 시체안치소에서 지친 노동자 한 명이 시체를 운반하고 난 뒤 쉬고 있다. 출처: 『시카고 선타임스』, 사진: 리치 하인. 『시카고 선타임스』의 특별 허가를 받아 재판에 수록. © 2002

그림 13 수석 검시관 에드먼드 도너휴. 출처: 『시카고 선타임스』, 사진: 앤드리 청. 『시카고 선타임스』의 특별 허가를 받아 재판에 수록. © 2002

고독사를 예로 들어보자. 일주일의 폭염 동안 고독사한 사람의 수는 유달리 많았지만, 그들이 발견된 환경은 시카고를 비롯한 미국의 다른 대도시와 비교해도 그리 특이하지는 않다. 쿡 카운티 유산관리 사무소에서는 한 달에 100건 정도의 사건(누군가 사망했을 때 재산을 관리하거나 장례를 치러줄 가족 구성원이 나타나지 않는 경우)을 조사한다. 이 수치는 시카고를 비롯하여 미국에서 평균적으로 1인 가구, 특히 노년에 혼자 사는 사람이 급격히 늘고 있음을 고려하면 놀라운 것은 아니다. 이러한 추세에 대한 대중적인 토론은 거의 없지만, 최근 몇몇 도시에서는 고독사하는 주민(대부분 며칠이나 몇 주 동안 발견되지 않는다)의 수가 늘고 있다고 밝혔다. 『뉴욕 타임스』의 보도에 따르면 미국의 주요 도시 중 한 곳에서는 무연고 사망자의 시체가 "시에서 처리하는 속도보다 빠르게 쌓여가고 있다". 사망자의 개인적인 문서를 보관한 상자가 카운티 사무소의 "바닥에서 천장까지 쌓여 있다".[22] 쿡 카운티의 어느 조사관은 이렇게 설명했다. "지금처럼 바쁜 적은 없었지만, 수가 많은 것을 제외하면 폭염이 특이한 경우라고 할 수는 없습니다."(그림 12)

하지만 시카고의 많은 지역에서 폭염 때문에 드러난 고립의 규모는 '이웃들의 도시'를 자처하던 시카고 공동체의 힘과 단결에 관한 전통적인 이야기가 무색할 정도였다.[23] 유산관리 사무소 밖에서는 그렇게 많은 시카고 주민이 홀로 죽어간다는 사실을 아는 사람이 거의 없었다. 수석 검시관 에드먼드 도너휴(그림 13)가 아니었다면, 시카고시 중심부에서 사람들이 죽어가고 있다는 사실을 알지 못했을 것이다. 공공보건 위기를 주요한 공적 사건으로 바꾼 것은 폭염이 사망 원인이라고 규정한 도너휴의 초기 보고서였다.

도너휴는 시카고에서 활발한 정치활동을 펼친 가정환경에서 성장하여 1977년부터 검시소에서 일하기 시작한 의사다. 그는 이전부터 폭염에 큰 관심을 갖고 있었기 때문에 그가 작성한 폭염의 심각성에 관한 보고서가 정치적 논쟁을 불러일으키리라는 것을 알고 있었다. 폭염은 천천히, 조용히, 눈에 띄지 않게 사람의 목숨을 빼앗아가기에 건강에 미치는 직접적인 영향을 가늠하기는 어려웠다. 극단적인 폭염은 신체의 저항력에 문제를 일으키지만 주변 환경에는 영향을 미치지 않았다. 어떤 사람이 '폭염으로 인해 사망'했는지에 대한 단서는 신체뿐만 아니라 사망이 발생한 환경에도 있다. 하지만 조사관이 폭염에 의해 희생당했을지 모르는 사람을 (조사 방법은커녕) 조사해야 하는지 여부를 늘 알 수는 없다.

도너휴는 과거에 발생했던 폭염 사태에 대한 지식 덕분에 폭염 관련 사망자를 올바르게 진단하는 데 필수적인 두 가지 절차를 알 수 있었다. 첫째는 폭염으로 사망했는지를 판단하고, 조사관과 검시관을 교육할 수 있도록 기준을 명확히 세우는 게 중요하다는 것이었다. 기준을 정하기가 쉽지 않았던 이유는 1995년에 연방 정부나 검시관 협회에 폭염 관련 사망에 대한 일관된 정의가 없어 결과적으로 미국 전역의 도시에서 일관되지 못한 진단을 내리고 있었기 때문이다. 하지만 도너휴는 최신 과학 표준에 따라 다음과 같은 세 가지 기준을 확립했고, 그중 한 가지를 충족하면 폭염에 의한 사망으로 분류했다. "(a) 사망 당시 혹은 사망 직후의 체온이 섭씨 41도 이상, (b) 실질적인 환경 및 상황 증거(예를 들어 에어컨이 없고, 모든 창문이 닫혀 있고,

실내 온도가 높은 방에서 발견된 사망자), (c) 폭염 기간 전에는 살아 있다가 다른 원인 없이 부패된 채로 발견된 사망자."[24]

둘째, 도너휴는 최대한 빠르게 폭염 사망자에 관한 정보를 문서화하여, 분석에 도움이 될 단서를 준비해야 한다는 사실을 깨달았다. 도너휴는 경험적으로 누군가 사인死因에 이의를 제기할 것임을 알고 있었다. 그는 사건 기록이 그의 과학적인 작업을 지원해줄 거라고 믿었다. 하지만 전혀 예상치 못하게도 검시의 신뢰성에 이의를 제기한 사람은 시카고에서 가장 막강한 권력을 휘두르는 정치인 리처드 M. 데일리 시장이었다. 7월 18일 화요일에 열린 기자회견에서 데일리는 단호하게 도너휴가 제출한 보고서에 타당성이 없다고 말했다. 날씨와 사망자 급증 사이에 관계가 있다는 도너휴의 주장에 대한 데일리의 의구심은 다른 시카고 정치인들로부터 공감을 샀다. 언론은 즉시 시장의 발언을 이용해 사망자의 급증이, 당시 자주 쓰이던 표현 그대로 "정말 진짜로" 단순한 우연인지, 아니면 실제로 폭염과 관계있는지에 대한 논쟁으로 바꿔버렸다. 기자회견 다음 날 『시카고 트리뷴』은 폭염 사망자 수가 199명에 이르렀다고 보도했다. 하지만 동시에 폭염 사망자의 사인에 대한 검시관의 논쟁을 다룬 기사와 함께 전설적인 칼럼니스트 마이크 로이코의 '살인적인 폭염인가, 언론의 관심을 끌려는 것인가'라는 칼럼도 실었다.

1995년 여름, 시카고의 정치인과 강력한 후원자들에게는 도시를 죽음과 붕괴의 가마솥으로 만들었던 보고서에 의구심이나 거부감이 들 만한 충분한 동기가 있었다. 제조 산업이 빠져나가고 지역과 거리가 쇠퇴하면서 경제적, 사회적 침체가 시작된 지 30여 년이 지난

1990년대에 시카고는 도시 개혁을 다짐하며 정치적, 사회경제적 그리고 상징적 회복을 위한 작업에 착수했다.[25] 당시 미국의 다른 주요 도시들과 마찬가지로 시카고도 많은 주민이 호황기의 튼튼한 경제적 혜택을 누리고 있었고, 오랫동안 비판적 입장을 고수했던 비평가들도 활기를 되찾은 도시를 칭송하기 시작했다. 데일리 시장은 시 정부를 재건하자는 캠페인으로 지역 및 전국 언론으로부터 호평을 얻고 있었다. 관광업을 비롯한 새로운 산업이 지역 고용의 기반을 다시 다지고 있었고, 교외로 나간 거주자들은 수십 년 만에 도시로 되돌아오고 있었다. 게다가 시카고는 1996년 민주당 전당대회를 준비하느라 거리를 비롯한 도시의 모습을 단장하는 데 많은 노력을 기울이고 있었다. 1968년 대회에서 벌어진 폭력으로 평판이 떨어져 있었기에 지역 정치인들은 1996년 대회를 통해 시카고가 평판을 되찾고 '일하는 도시'라는 표어에 어울리는 모습을 보여주길 바랐다.

하지만 1995년의 폭염은 시카고의 이미지에 새로운 오명을 씌우고, 다시 일어서려는 도시에 안 좋은 영향을 미칠 수 있었다. 수백 명의 죽음은 심각한 사회적 참사를 뜻할 뿐 아니라 도시에 죽음의 추한 광경이 보인다면 시카고가 극단적인 빈곤과 (시카고라는 이름과 연관된) 불안정을 떨쳐내지 못했음을 세상에 알리게 되어 홍보에 재앙과 같은 악영향을 미칠 수 있었다. 자기 고향에서, 데일리 시장은 재난이 자신의 정치적 미래에 미칠 영향을 걱정할 수밖에 없었다. 불과 16년 전에 있었던 선거에서 시카고 시장 마이클 빌란딕이 상대 후보제인 번에게 자리를 빼앗겼던 이유 중 하나가 (재난에 가깝지만 치명적이라고는 할 수 없는) 폭설에 제대로 대처하지 못했기 때문이라는 이야기는 잘 알려져 있었다. 검시소는 비록 시카고시가 아닌 카운티 정부 소속이긴 했지만 자연재해의 공격에서 도시를 지키지 못한 결과가 심각할 수 있었기에 도너휴는 보고서의 어조를 부드럽게 고치라는 엄청난 압박을 받았다.

하지만 수석 검시관 도너휴는 외압에 못 이겨 사망보고서를 수정하는 것을 거부했고, 시 정치인과 여론 주도층이 공개적인 논쟁도 없이 재난의 심각성을 무시하지 못하도록 했다. "정치에 예민한 사람이었다면 내용을 모두 밝히지는 않았을 겁니다." 국립검시협회 전임 회장 로런스 해리스가 설명했다. "도너휴는 사실을 있는 그대로 밝혔다는 점에서 존경받아 마땅합니다."[26]

폭염으로 사망했는지를 알아내려면 시체를 발견한 경찰관이나 의료진이 실내 온도와 주위 여건, 시체의 상태 등과 같은 정보를 기록하고, 검시관이 부검할 때 그 정보를 활용해야 한다. 하지만 대부분의 사망에는 광범위한 경찰 보고서나 부검이 필요하지 않다. 폭염 기간 중 많은 사상자는 조사를 받지 않았다. 민간 장례업자들이 각자 시체를 처리했기 때문이다. 도너휴가 아는 한, 쿡 카운티 외부에 있는 교외지역 병원에서 사망한 시카고 주민 다수는 시가 집계한 사망자 수에 포함되지 않았다. 그들은 일리노이 주도인 스프링필드 주 사무소에 사망증명서를 신청하기 전까지는 초기 집계에서 빠져 있어야만 했다. 이러한 이유로 폭염 관련 사망자가 분류되지 않은 경우가 많아 공중보건학자들은 폭염 관련 사망자 수가 대개 기상이변의 영향을 실제보다 축소한다고 주장한다.[27] 도너휴는 과학적인 단서가 자신의 발견을 뒷받침해주리라 믿으며, 의심하는 수많은 사람 앞에서 용기 있게 자기 의견을 밝혔다. "수치를 확인해주신다면 좋을 것 같습니다. 오히려 우리는 사망자 수를 적게 추정하고 있습니다."[28] 카운티에서 시체 수를 집계했을 때, 공식적인 폭염 사망자 수는 7월 14일에서 20일까지 한 주 동안 465명, 7월 한 달 동안 521명이었다.

며칠 뒤, 시카고의 뛰어난 공중보건 전문가 스티븐 휘트먼이 도너휴가 내린 사인을 지지했다. 휘트먼은 전임 노스웨스턴대학 연구원으로 시카고 공중보건부에서 역학 프로그램을 만들고 지도하기 위해 학계를 떠났었다. 그는 검시소에서 나온 수치와 시카고 폭염의 초기 사망자 수를 비교하기로 했다. 휘트먼은 이렇게 회상했다. "폭염 관련 사망자에 대해 아는 사람이 없다는 사실을 알고 깜짝 놀랐습니다. 뜨거운 여름에 여기저기 몇 명이 사망했다는 신문 기사는 찾을 수 있었지만, 폭염 사망자를 주요하게 다룬 보고는 거의 없었습니다." 휘트먼과 그의 직원들은 미국 역사에서 주요 도시에 나타났던 폭염을 연구하기 시작했다. 그들은 주요 도시에서 극단적으로 기온이 높았던 시기의 기상 보고서를 찾아낸 다음 관련 사망자 수를 조사했다. "깜짝 놀랐습니다." 휘트먼이 설명했다. "평소보다 수백 명이 더 사망했는데, 이를 설명하는 공중보건 관련 문헌은 없었습니다."

휘트먼과 그의 동료들은 과거의 폭염 기록을 면밀히 조사한 후, 폭염 사망자 수를 가장 정확하게 집계하는 방법은 '초과 사망excess deaths' 개념을 사용하는 것임을 알게 됐다.[29] 폭염 관련 사망자 측정과 달리 초과 사망 수치는 모든 사망 사건을 특별히 조사하지 않아도 된다. 대신 역학자들은 주어진 시기에 기록된 사망률과 비슷한 시기의 평균 사망률을 비교하여 초과 사망 수치를 구할 수 있다. 미국의 주요 폭염 사건을 분석하기 위해 시카고의 역학자들은 비슷한 시기에 폭염이 오기 전 도시의 평균적인 사망률과 극단적인 폭염이 일어났던 기간의 사망률을 비교했다. 그러한 측정에는 사망 원인이 포함되지 않기 때문에 다른 흔치 않은 사건(대량 살상이나 전염병 등)이 사망률에 영향을 미치지 않았다는 사실을 확인해야 했다. 신중히 고려한 끝에 결국 다른 잠재적 사망 원인을 제거할 수 있었고, 시카고, 로스앤젤레스, 뉴욕에서 발생한 주요 폭염 사건의 초과 사망 수치가 그동안 나온 통계치보다 신뢰도가 높다는 결론에 이르게 되었다.[30]

초과 사망 연구는 도너휴가 두 가지 지점에서 정확했다는 설득력 있는 단서를 제공했다. 수석 검시관의 폭염 관련 사인이 정확했을 뿐 아니라, 초기에 집계된 사망자 수가 재난의 심각성을 축소했다는 발언 역시 신뢰할 만했다. 시카고의 초과 사망 수치는 7월 14일에서 20일 사이 일주일 동안 평균보다 739명 많았고, 이는 카운티 검시 사무소에서 처음에 주장한 수치보다 200명 이상 많았다. 역학자들이 밀워키에서 얻은 정보 역시 중요했다. 밀워키는 시카고에서 북쪽으로 150킬로미터가량 떨어진 곳에 있는 도시로, 크기는 시카고보다 상당히 작았지만, 사회적으로나 인구통계학적으로 비슷한 점이 있었다. 초과 사망 수치로 보자면 밀워키는 상대적으로 비슷한 피해를 입었다. 하지만 총 사망자 수가 적어 언론의 관심이 시카고에 집중되었기 때문에 위스콘신주 밀워키에서 온 보고서는 관심을 끌지 못했다.[31]

마침내 연방 공무원이 개입하여 도너휴의 사인을 지지했다. 미국 질병관리센터에서 나온 역학자 신시아 휘트니는 "검시관이 아주 유용한 정보를 주었다. (…) 도너휴의 판정은 매우 적절했다"[32]고 말했다. 사인 규명에 비판적이었던 시의 유력 인사들은 과학적인 증거가 많은 데다 기관에서 도너휴가 제시한 수치를 정당하다고 인정하자 여기에 이의를 제기하기가 어려웠다. "우리는 숫자에 대해 말하려는 게 아닙니다." 보건부의 한 고위 관료는 이렇게 말했고, 이는 시의 유력 인사들이 사망자 수에 대해 이의를 제기하지 않을 것이며, 정치적 논쟁의 일부가 끝났다는 것을 뜻했다.[33] 하지만 폭염의 진정한 영향에 대한 토론은 이어졌다.

검시관이 제시한 사망자 수가 정당한가를 놓고 논쟁할 수 없게 되자, 시의 관료들은 폭염 사망자와 관련하여 다른 의문을 제기했다. 폭염은 그저 이미 사망할 때가 된 시카고 주민들의 건강에 해를 끼친 것이고, 사망 원인을 제공했다기보다는 시기를 앞당겼을 뿐이라는 것이었다. 물론 모든 사람은 죽기 마련이므로, 더위가 일부의 추측대로 "어차피 곧 죽을" 사람들의 가장 중대한 사인인지 묻는 것은 양약부지伴若不知해 보일 수도 있다. 인명의 불필요한 손실은 중요한 문제다. 손실을 연 단위보다 월 단위로 측정하는 것이 더 좋긴 하지만 말이다. 하지만 역학적인 질문은 그나마 어느 정도는 섬세하다. 예를 들어, 폭염이 지나간 이후의 사망률이 폭염 기간에 발생한 초과 사망자 수 739건을 상쇄할 정도로 크게 감소했다면, 일부 보건학자는 '사망률 변위death displacement'가 일어난 게 아닌지 고려할 것이다. 왜냐하면 총 사망자 수에 순수 증가가 없었기 때문이다.

검시관의 자료는 폭염 희생자 수의 불균형이 사실은 가장 취약한 집단인 노인, 아프리카계 미국인, 빈곤층에서 비롯되었음을 보여준

<u>그림 14</u>   한 시카고 텔레비전 뉴스 앵커가 '누구 탓인가?'라고 묻고 있다. 출처: WBBM-TV(CBS 계열사).

다. 하지만 폭염으로 사라진 사람들이 이미 곧 죽을 이들이었다고 믿을 만한 근거는 거의 없다. 참사가 일어나고 2년 후, 일리노이 보건부에서 폭염에 따른 사망 패턴을 분석한 결과, 일부 관료의 추측과는 대조적으로 폭염 기간이 지난 뒤 사망률 변위가 (극한적인 날씨가 없었음에도) 나타났다는 설득력 있는 단서는 없었다.[34] 바꿔 말해 폭염은 죽음에 임박한 사람들을 죽인 것이 아니라, 폭염이 발생하지 않았다면 살아남았을 가능성이 있는 취약계층의 죽음을 앞당겼다. 그럼에도 시카고시 관료들과 언론의 의심에 찬 목소리는 참사에 대한 대중의 해석에 심대한 영향을 미쳤다. 폭염 사망률에 대한 공개 검증이 없는 상태에서 폭염 사망자 수가 진짜인지에 대한 논쟁은 오늘날

까지 이어지고 있다.

폭염 사망률에 관한 과학적인 보고서를 부정할 명분이 사라지자, 가장 강경한 목소리를 내던 주민과 단체들은 마찬가지로 신경 쓰이는 질문인 '재난은 누구 탓인가?'를 묻기 시작했다(그림 14). 의심 가는 사람은 많았다. 일부 지역 활동가와 공동체 지도부는 시장과 각료들에게 책임이 있다고 주장했다. 그들의 주장에 따르면, 다양한 시 기관의 단체장들이 사회적 풍토와 기상 정보가 예고한 위험을 집단적으로 무시하여 대중의 대응을 효율적으로 조직화하지 못했다. 사우스사이드에 있는 아프리카계 미국인 정치인 집단은 재난이 지나간 뒤 시의 고위 관료 몇 명의 사퇴와 함께 폭염에 대한 공식 조사를 요구했다. 시의 관료들은 책임을 부인하며 실질적인 책임은 그들의 권한 밖에 있는 단체와 제도에 있다고 주장했다. 주요 공익사업체인 코먼웰스에디슨은 시장과 시 위원회의 공격 대상이 되었고 청문회를 받아야 했다. 공보와 공공 위원회에서는 언론 조직이 적절한 경고를 하지 않았다며 비난했다. 『시카고 선타임스』 등 일부 신문사는 자체적인 비상 계획을 무시했다는 이유로 시 정부를 비난하며 반박했다. 시 고위 관료들은 가까운 친척을 돌보지 못한 희생자 가족의 잘못으로 돌렸다. 복지부 부서장은 공개적으로 "사람들이 (…) 사망한 이유는 스스로를 돌보지 않았기 때문이다"라고 단언하며 희생자 탓으로 돌렸다.

하지만 궁극적으로 잘못한 사람을 찾기 위해 폭염 연구를 기획하는 것은 무의미하다. 지나치게 단순한 분석을 하지 않는다면 폭염처럼 복잡한 사건을 단일한 행위자, 원인 제공 기관, 사회적 힘으로 축소할 수는 없다. 왜 그렇게 많은 시카고 시민이 폭염의 피해를 입어 사망했는지에 대해 간단히 설명할 수는 없으며, 이러한 위기 상황에 책임을 져야 하는 개인이나 단체는 없다. 폭염이 의미 있는 사건이 된 이유는 마르셀 모스가 말한 '총체적인 사회적 사실total social fact' 이라는 개념의 전형적인 사례에 해당되기 때문이다. 총체적인 사회적 사실은 광범위한 사회 제도를 통합하여 활성화시키고, 도시 내부의 작동을 드러내는 일련의 사회적 절차를 만들어낸다.[35] 수백 명이 집에서 친구나 가족의 보호 혹은 국가의 도움을 받지 못한 채 혼자 서서히 죽어갔다는 사실은 사회적 붕괴가 일어났다는 신호다. 여기에는 공동체, 이웃, 사회적 관계, 정부 기관, 경고 신호를 보낼 책임이 있는 언론 등이 모두 관련되어 있다. 어떤 연유로 그렇게 되었는지를 밝히는 것이 이 책의 주된 과제다.

이 책의 개요

이 책에서 다루는 조사는 여러 층위에서 진행된다. 고독사한 개인의 이야기에서 시작해 어떻게 해서 공동체와 정치 기관이 시카고 주민들의 취약성과 안전에 영향을 미치게 되었는지로 확대될 것이다. 1장 '고독사'에서는 다수의 시카고 시민을 위기 상황에서 보살피거나 보호하지 않고 방치하게 만든 사회적 고립의 발생과 친구, 가족, 공식 지원망 등과의 연락 단절에 대해 알아볼 것이다. 다음의 두 가지 질문이 이 장을 이끌어갈 것이다. 첫째, 폭염 기간에 그렇게 많은 시카고 시민이 사망한 이유를 설명할 수 있는 사회적 조건은 무엇인가? 둘째, 첫 번째 질문을 확장하여, 이런 비극 이후에도 그렇게 많은 시카고 시민이 제한적인 사회적 유대나 연락만을 유지한 채 계속 혼자 사는 이유를 설명할 수 있는 사회적 조건은 무엇인가?

이들 질문에 대한 답은 주로 시카고에서 16개월 동안 수행한 현장 연구에 바탕을 두고 있다. 나는 그때 혼자 살고 가난하며 사회적 유대가 거의 없다고 말하는 노인들과 함께 긴 시간을 보냈다. 안타깝지만 도시 거주자들(특히 빈곤층의 노인)의 고립의 정도나 이러한 조건의 특성에 대한 동시대 연구는 거의 없다. 이러한 노인들을 알기는커녕 찾기도 쉽지 않았다. 고립된 노인을 찾으려고 사용한 방법 가운데 효과가 있었던 것은 집에서만 생활하는 노인과 일하는 사회복지 단체, 몸이 약한 노인과 원룸에서 대여섯 명이 거주하는 노인들을 파악하고 지원하는 시립 기관, 독거노인에게 친교를 맺고 도움을 주는 사회 단체 등을 이용하는 것이었다. 현장 연구를 진행하면서 40명 이상의 노인과 알게 되었고, 그들과 함께한 경험은 노인의 고립과 소외의 다양한 본질을 이해하는 데 핵심적인 역할을 했다. 대부분의 민족지학자들처럼 정보를 제공했던 사람 중 몇 명과 가깝게 지내게 되었고, 그들의 사연 일부는 상세히 소개할 것이다. 그 이야기들은 도시에서 혼자, 가난하게, 늙어간다는 것의 주된 특징을 말해주기 때문이다.

단기간에 일어난 일이기 때문에 당연히 고독사한 것에 대한 경험을 직접 전해 듣는 것은 불가능하다.[36] 폭염으로 인해 사망(많은 경우 며칠이 지나도록 발견되지 않았다)이 발생했던 환경은 이 도시의 고립이 지닌 몇몇 특징을 말해준다. 희생자가 발견되면 언론 보도에서는 곧바로 사망자에 대한 부가 정보를 제공하는데, 그중 일부는 피해자의 이웃이나 친척이 언론에 제보한 것이다. 하지만 이 책에서 제시하는 폭염 희생자 사례는 거의 출처로 쓰인 적이 없는 것으로, 고독사한 후 연고자가 나타나지 않아 유산관리소에 보관되어 있는 사람들의 유류품 목록, 검시소에서 수집한 자료, 희생자가 발견된 환경을 기술한 경찰 보고서 등을 이용하여 수행하던 연구에서 수집한 것이다. 그리고 마침내 폭염 희생자 몇 명의 인생사에 대한 나만의 조사를 수행했다. 나는 그들이 살다가 죽었던 장소를 찾아가 이웃과 집주인, 건물관리인 등을 비롯해, 가능한 경우 친구, 친척 등과도 이야기를 나누었다.[37]

2장 '인종, 장소, 취약성'에서는 장소에 따라 시카고 주민들이 폭염으로 사망하는 위험도가 높아지고 낮아지는 조건이 있는지 살펴보았다. 몇몇 역학 연구에서 사회적 접촉이 폭염에 대한 취약성을 결정하는 주요 요인이라는 사실을 밝혔기에, 나는 어떤 지역 공동체의 사회적 조건이 강력하고 효과적인 연결망 구축을 원활하게 하는지, 반면 어떤 조건이 취약계층을 더욱 빈곤과 고립에 빠져들게 하는지 검토할 것이다. 노스론데일과 리틀빌리지, 이들은 웨스트사이드에 있는 이웃한 두 커뮤니티로서 유사한 위험 요소가 존재하지만 폭염 사망률은 크게 차이 나 두 지역의 특별한 사회적, 생태적 조건이 지역 주민들의 보건과 복지에 어떠한 영향을 미쳤는지 살펴볼 것이다.[38]

이 장을 위한 연구는 6월부터 12월까지 6개월 동안 거의 매일 두 곳의 이웃 지역을 관찰한 것은 물론 40여 차례에 걸쳐 공식, 비공식적으로 지역 주민, 상인, 정치인, 종교 지도자, 지역사회 활동가, 경찰관, 지역 단체 등과 진행한 인터뷰에 기반하고 있다. 한쪽은 대부분 라틴계, 다른 한쪽은 아프리카계인 두 커뮤니티 지역이 공간적으로 인접해 있어 수월하게 이동할 수 있었다. 나는 두 지역을 방문하며 물리적으로는 길 하나로 나뉜 곳에 살 뿐이지만, 실제로는 '완전히 다른 두 세상에 사는 주민들과 시간을 보냈다. 종교 단체와 지역사회 조직은 내 연구의 기반이 되어준 노스론데일과 리틀빌리지로 들어가는 주된 입구 역할을 했다. 노스론데일에 있는 지역 방범대 두 곳은 이따금 나를 손님으로 받아들여주었고, 그곳을 통해 몇몇 지역 주민을 만났다.

또한 2장의 이웃 지역 비교는 폭염으로 인한 사망의 본질을 다루는 어느 대규모 공개 토론에 참여하는 계기가 되어주었다. 비슷한 수준의 취약성이었음에도 아프리카계 미국인 공동체는 가장 높은 사망률을 기록한 반면, 라틴계는 가장 낮은 사망률을 기록한 이유가 무엇일까? 노스론데일과 리틀빌리지의 사례 비교 연구는 시카고 이웃 지역의 사회적 생태가 집단의 생존력과 사회적 지원에 얼마나 큰 영향을 미치는지, 그리하여 결국 폭염으로 인한 위험을 완화하는 공동체의 능력에 얼마나 큰 영향을 미치는지 알아내는 데 도움이 된다.

참사에 대한 정치, 과학, 언론 보고서를 검토하면서 3장, 4장, 5장을 쓰는 계기가 되었던 의문점이 생겼다. 서로 다른 정치 기관에 의한 위원회, 공청회, 공식 연구에서는 정부가 여러 층위에서 재난 관리와 관계있으며, 폭염 기간 중 시민을 지원하는 공적인 노력의 결여와 함께 재난을 치명적으로 만들었던 취약성의 수준을 결정짓는 데 영향을 미쳤다고 주장했다. 3장 '재난의 상태'에서는 재난 시 정부의 행위에 대한 연구를 제한하는 사회과학적 관습에서 시작하여, 정부 기관이 위기에 대응하는 방식에 대한 의문점까지 다룬다. 시의 여러 기관이 폭염을 비롯한 보건 관련 비상사태에 어떻게 대응하는지 살펴보고, 정부의 프로그램과 정책이 수많은 시카고 시민을 폭염의 위험에 빠뜨렸던 사회적 조건에 어떤 영향을 미쳤는지, 영향을 미쳤다면 어떤 역할을 했는지 질문을 던질 것이다. 더 구체적으로 말하자면, 경찰서 및 노인부 직원들과 함께 수행한 현장 연구와 소방대원과 응급대원을 대상으로 한 인터뷰를 바탕으로, 새롭게 '재탄생'한 지역 정부의 구조와 정신이 다양한 지역 자치 기관에서 가난하고, 나이 들고, 생활이 위태로운 시민들에게 제공하는 복지 서비스에 어떤 식으로 도움을 주었는지 평가한다. 당면한 문제는 도시 정부의 새로운 형태가 시민을 지원하는 데 이전 시스템보다 효율적인지가 아니라, 취약계층(특히 빈곤층 노인)이 보유한 인간으로서의 역량과 사회적 자원에 현대의 시 정부가 펼치는 응급 프로그램과 원칙, 사회복지 전략이 적합한가이다.

4장 '홍보에 의한 통치'에서는 위기를 관리하려는 시의 홍보운동을 재난에 대한 비상시 정치적 대응의 기본적인 부분으로 간주한다. 정부가 폭력 사건에 연루되지 않았다고 부인할 때 쓰는 방법의 유형을 다룬 스탠리 코언의 논지를 활용하여, 시의 관료들이 위기 상황에서 시의 역할에 대한 비판을 피하고 대중의 분노를 다른 조직으로 향하게 하고자 미사여구를 어떻게 고안해내는지 보여줄 것이다.

5장 '스펙터클한 도시'에서는, 지역 언론 매체에서 했던 관찰 및 시카고의 한 주류 언론사를 위해 폭염을 보도했던 기자, 편집자, 관리자들과 20회 이상 수행한 인터뷰에 기반하여 주류 언론사에서 어떻게 재난을 상징적으로 생산하는지 살펴볼 것이다. 이런 연구는 재난을 비롯한 사회 문제에 대한 연구의 관습을 깨는 것이기도 하다. 비록 폭염 사망 사건에 대한 언론 보도를 포괄적으로 분석하는 데서 시작하긴 하지만, 단순히 재난의 규모를 살피거나 설명한 후 이들의 보도 패턴의 근거를 추측하지는 않는다. 대신 폭염에 대한 뉴스와 정보의 문화적 생산을 분석하고, 공공보건의 위기를 대중적 뉴스로 변환하는 언론의 조직 구조와 직업적인 행위를 설명한다. 이른바 공론의 장을 지키는 문지기로서 언론은 대중을 위해 주요 이슈를 단순히 보도하는 것이 아니라 이를 재구성하는, 문화적으로 핵심적인 일을 하고 있다.

사회과학자들은 오랫동안 언론 매체를 연구해왔지만, 최근 수십년 동안 디지털 생산 시대에 뉴스를 취재하는 일을 변화시킨 사회적, 기술적, 조직적 조건을 다룬 연구는 거의 없었다. 그렇다면 폭염 뒤에 숨겨진 이야기를 가까이 들여다보는 것 또한 그냥 지나쳤다면 알수 없었을 주요 도시의 언론 조직에서 기사를 생산하는 조건에 대한 새로운 시각을 제공할 것이다.

결론에서는 최근 시카고의 폭염에 대하여 전반적으로 살펴보고, 아무리 비상 상황에 대한 정책을 잘 실행한다고 해도 미래의 참사를 막기에는 불충분한 이유를 설명한다. 사회적 부검을 한 결과, 폭염 같은 극단적인 외부의 힘은 취약성, 고립, 빈곤 등이 도시 환경의 전형적인 형태로 남아 있는 한 또다시 우리의 생명을 앗아갈 것이다.

에필로그 '마침내, 함께'에서는 집단적인 부정의 결과에 대해 반면교사 삼을 만한 이야기를 들려준다.

1장

고독사

: 고립의 사회적 생산

2000년 여름이 끝나갈 무렵, 폭염 희생자와의 아주 사적인 만남이 있었다. 사망한 지 5년이 지났을 때이니, 일반적인 만남이라고 하기는 어려웠다. 하지만 그들의 표현에 따르면 "사람들이 혼자 살다가 사망하는 비밀의 도시"에서 일하는 카운티 직원들의 배려로 불가능해 보였던 만남이 성사됐다.

그 일이 있기 몇 주 전, 나는 빈곤층과 노인의 수가 시카고보다 훨씬 적은 샌프란시스코에서 고독사가 증가하고 있다는 기사를 읽었다. 샌프란시스코 관료들은 상반기 6개월 동안 발생한 고독사 건수가 지난 10년간을 합한 수치와 비슷하다는 사실을 발견했다. "점점 많은 사람이 혼자 죽어간다. 장례를 치러주거나, 유산을 처리해주거나, 슬퍼해줄 사람도 없이." 기사는 이어진다. "공무원들이 상속자를 찾는 동안 시체안치소에 몇 달 동안 방치되기도 한다."[1] 기사는 이어서, 샌프란시스코 유산관리소가 이러한 조사를 책임지고 있으며, 누군가 필요로 할 경우에 대비해 고독사한 사망자의 개인 기록을 5년 동안 보관한다고 했다. 이 기사는 1995년 시카고 폭염 발생 5주기 무렵에 게재됐고, 나는 쿡 카운티 유산관리소에도 참사 당시 조사했던 기록이 있지 않을까 하는 생각이 들었다. 후에 전화를 걸어 카운티에 1990년대 이후 참사에 관한 파일과 목록이 보관되어 있다는 사실을 알게 되었다. 1990년대에 유산관리소 직원들은 거의 매년 1000건에서 1200건(하루에 약 3건) 정도 조사를 수행했다. 하지만 1997~1998 회계연도(미국의 회계연도는 10월에 시작하여 9월 말에 끝난다—옮긴이)에는 1370건으로 증가했고, 가장 최근 데이터가 존재하는 1998~1999년에는 1562건이었다. 그날 나는 유산관리소에 기록을 조사할 수 있도록 허가해달라는 편지를 썼다.

얼마 지나지 않아 나는 카운티 빌딩 26층 회의실에 공식 보고서 약 160건과 폭염 희생자의 집에서 수거됐거나 몸에 지녔던 평범한 소지품(시계, 지갑, 편지, 소득신고서, 사진, 장부 등)으로 가득한 상자들에 둘러싸여 앉아 있게 되었다. 이전 5년 동안의 조사에서 나는 폭염 희생자의 이웃과 친구, 가족들과 이야기를 나눴고, 폭염 사망률이 유난히 높았던 지역에서 거의 살다시피 했으며, 사람들이 죽어간 아파트와 싸구려 호텔을 찾아다녔고, 사망진단서를 살펴보고 수석 검시관과 이야기를 나누려고 시체안치소에서 몇 시간 동안 기다렸고, 경찰 보고서와 공중보건 문서, 역학 연구를 뒤지고 다녔고, 수백 건의 기사를 읽었고, 수십 가지의 텔레비전 방송물을 봤고, 폭염이 있었던 일주일 동안 죽은 사람을 대했던 응급대원과 경찰관, 병원 종사자들을 인터뷰했다. 하지만 그 어느 것도 주지 못했던, 꽉 막힌 방 안에서 한없는 고독을 느끼며 삶과 죽음의 본질을 바라보았던 그토록 친밀하고 인간적인 시선을 나는 고인의 보관함에서 느낄 수 있었다.

유산관리인은 예리하지만 건조하게 약어를 사용하여 희생자들이 살았던 방의 극도로 궁핍한 모습을 묘사한다. "가구 딸린 방", 많은 보고서의 시작 부분에 나오는 이 말은 사망자가 원룸single room occupancy, SRO 거주자에 집중되어 있다는 사실을 드러낸다. "바퀴벌레 많음"과 "매우 지저분함" 같은 표현도 흔히 볼 수 있다. 대부분의 파일에는 조사원이 촬영한 아파트의 모습이 담긴 즉석사진도 들어 있다. 살아 있는 것의 흔적이라곤 거의 찾아볼 수 없는 황량한 공간의 모습이 찍힌 사진도 있고, 물건이 널브러져 있어 인간의 모습 대신 물질만이 남아 있는 고립된 세계를 보여주는 사진도 있었다.[2] 희생자의 기념물과 좋았던 시절의 모습이 담긴 사진은 파일에 포함된 다른 끔찍한 이미지를 완화시켜주었다. 어떤 사람은 제2차 세계대전 때 지상 전투에서 모범을 보여 받은 청동훈장 증명서와 제복을 갖춰 입은 젊었을 적의 사진 두 장을 옆에 두고 죽었다. 하지만 그토록 활기 넘치는 성공의 모습에는 사람을 심란하게 만드는 측면이 있다. 그 사진들은 안전이 얼마나 무상한 것이며, 도시에 생긴 균열이 얼마나 깊은 것이고, 그 사이에 빠진 사람들은 누구의 눈에도 띄지 않았다는 사실을 보여준다.

개인들의 편지는 고독에서 기인한 소망을 드러내며, 희생자가 사회적 박탈감 때문에 어느 정도까지 고통을 겪었는지 엿보게 해준다. 폭염이 오기 몇 주 전, 노스사이드의 업타운 주변 지역의 원룸에 거주하는 한 주민은 관계가 소원해진 근교에 사는 친구에게 우정을 간청하는 편지를 썼지만 결국 보내지 못했다. 그는 이렇게 썼다. "시간이

나면 내 집으로 와주게나. 괜찮다면 자네가 시내에 올 때 봤으면 하네. 언제든 답장을 보내주게. 자네 소식을 듣는다면 아주 기쁠 걸세."

같은 호텔에서 사망한 다른 주민은 7월이 되기 직전 먼 친척에게 편지 한 통을 받았다. 편지를 보낸 이는 원룸호텔에 사는 자기 친척이 겨우 53세이지만 곧 사망할 것을 예감하고 있었다. "몸이 안 좋으셔서 얼마나 마음이 아픈지 모르겠습니다." 편지는 이렇게 시작됐다. "제가 보기에 우리 가족은 함께 친하게 지냈어야 했어요. 죽음이 가까이 다가올수록 지금과는 달랐어야 했다는 느낌이 듭니다."

폭염을 연구하면서 읽어본 일련의 책과 학술지 등에서는 혼자 살기의 어려움, 특히 나이 들어 혼자 살기의 어려움을 대단찮은 것으로 간주하며, 삶을 풍성하게 가꾸면서 혼자 살아가는 사람들이 공동체를 구축하여 성공적으로 살아가는 것을 칭송했다. 로버트 콜스, 알리 혹실드, 바버라 마이어호프 같은 유명 작가들은 가족이나 오랜 친구와 떨어져 지내면서도 잘 살 수 있는 능력에 관하여 많은 이의 공감을 사는 멋진 책들을 출판했다. 1990년대에 혼자서 볼링을 하는 미국인이 증가하는 현상을 개탄하며 대중의 관심을 받았던 로버트 퍼트넘조차 은퇴한 노인은 다른 집단에 비해 상대적으로 미국에서 가장 활발하게 활동하는 집단이라고 강조했다. 하지만 독거노인이 잘 사는 것을 칭송했던 작가 중 어느 누구도 자신의 연구 대상이었던 노인들이 일반적인 경우인지 아니면 특별한 경우인지를 확신하지 못했다. 사실 혹실드는 연구 대상인 노인들이 흥미로웠던 까닭을 정확히 말하자면 그들이 대부분의 노인을 대표하지 않기 때문이라고 주장했다. 반면 다른 작가들은 질문을 회피했다.[3] 그들의 책은 잘 나이

들어갈 수 있는 조건을 성공적으로 설명한 훌륭한 저서이지만, 그런 기회를 얻지 못한 사람들의 운명에 대해서는 별다른 설명을 하지 않는다. 집 안에 고립되어 사는 노인이 이러한 인기 저서에 나오는 노인들보다 일반적이라고 할 수는 없다. 하지만 이들 책에 나오지 않는 고립된 노인들의 삶은 유산관리소의 기록이 채워줄 것이다.

콜스의 『늙고 고독한Old and On Their Own』은 이러한 주제를 다룬 가장 최근 작품이자 독거노인에 초점을 맞추는 유일한 책으로, 콜스는 마음이 따뜻해지는 사진과 글로 미국의 노인들을 묘사했다. 그 사진과 글이 성공적이었던 이유는, 그의 표현대로 "혼자 사는 사람의 사생활이나 독립성, 주권, '그 집만의 규칙' 등을 유지할 수 있게" 했기 때문이다.[4] 콜스는 혼자 늙어가며 일상의 도전을 힘겹게 헤쳐나가지만, 마침내 성공하는 노인의 표정과 이야기를 전해주고 있다. 그들은 누군가가 적절하게 표현했듯, 가까스로 육체적 쇠약이나 지루함, 우울증, 외로움, 질병, 상실, 활동 불능, 인생의 끝에 찾아오는 죽음이 지근거리에 있다는 느낌의 "총알을 (…) 피해가며" 살아가고 있다. 혼자 나이 들어가는 것의 어려움을 콜스와 그가 만났던 노인들이 숨긴 것은 아니지만, 『늙고 고독한』에 나오는 초상에서는 유산관리소에서 목격했던, 개인사에서는 어디서나 뚜렷이 드러났던 사람들의 우주가 거의 보이지 않았다. 그것은 마치 가장 고독하고 유약한 노인들의 이야기가 승리의 분위기를 깬다는 이유로 삭제당한 듯한 느낌이었다. 아마도 받아들이기엔 너무 힘든지도 모르겠다.

아마도 콜스와 사진가들은 곤란한 대상에 대해 부재자나 혹은 우리에게 보이지 않는 유령이라 여기며 책에서 배제했는지도 모른다.

건강하게 오래 사는 것은 무언가 창조하거나 의미 있는 관계를 맺거나, 사회나 가족, 친구에게 기여할 기회가 생긴다는 것을 의미한다. 혼자 사는 삶의 위험성이나 일반적이지 않은 문제만을 강조하는 것은 오해를 부를 수 있다. 하지만 삶의 질을 진지하게 고려하지 않고 오래 사는 인생을 축복하거나, 독거노인의 운 좋은 성공담만을 강조하는 것 역시 많은 시간을 혼자 보낸 사람들의 불행을 볼 수 없게 만들어 결과를 호도할 수 있다.

『늙고 고독한』에 소개된 이야기와 내가 시카고에서 듣게 된 이야기 사이의 괴리는 폭염 사망자에 관한 경찰 보고서를 보고 나서 눈에 띄게 커졌다. 쿡 카운티 시체안치소 구석에 보관된, 시카고 경찰이 급하게 휘갈겨놓은 노트는 많은 폭염 희생자가 죽어간 환경이 그들의 고독과 수모를 두드러지게 할 뿐이라는 것을 보여주고 있었다.

남성, 65세, 흑인, 1995년 7월 16일

아파트 문이 안에서 도어체인으로 잠겨 있는 것을 대응팀이 발견. 문을 두드리거나 말을 해도 아무런 응답이 없음. 체인을 절단하여 내부로 진입. 희생자가 뒷방 바닥에 누워 있는 것을 발견. (이웃이) 마지막으로 희생자와 대화한 것은 1995년 7월 13일. 최근 희생자를 본 주민은 없음. 희생자는 사후경직이 이미 일어난 상태. 친척의 소재는 파악할 수 없음.

여성, 73세, 백인, 1995년 7월 17일

10년 동안 은둔생활. 아파트를 떠난 적이 없음. 아들이 오늘 발견. DOA(dead on arrival, 도착 시 이미 사망). 대응팀이 도착했을 당시 온

도조절기의 온도는 섭씨 32도를 가리키고 있었음. (사망 후) 아들이 창문을 열어놓은 것을 제외하면 공기 순환이 되고 있지 않았음. 폭염으로 인한 사망 가능성이 있음. 10년 전부터 심장에 이상이 있었지만, 약을 복용하거나 치료를 받지 않음.

남성, 54세, 백인, 1995년 7월 16일
희생자는 꽤 오래전에 사망한 상태. 가까운 친척과 연락 안 됨. 당뇨가 있으며, 담당 의사 미상. 성을 파악할 수 없는 딸이 있으나, 몇 년 동안 보지 못함. 시체는 C.C.M.(쿡 카운티 시체안치소)으로 이동

남성, 79세, 흑인, 1995년 7월 19일
1995년 7월 16일 일요일부터 전화나 노크에 응답하지 않음. 말이 없고, 때로는 문을 두드려도 대답하지 않았다고 함. 집주인은 희생자에게 친척이 있는지 알지 못함. 문은 체인으로 잠겨 있었음. 소파에 있는 희생자의 몸에는 파리들이 앉아 있고 부패한 냄새가 매우 강하게 남. 대응팀은 집주인의 허락을 받아 체인을 절단하고 시체를 옮길 권한이 있는 검시관에게 연락함. 현재까지 친척을 찾지 못함.

희생자의 죽음을 한 페이지 안에 담기에는 한참 모자라지만, 희생자("은둔" "혼자" "친척을 찾지 못함" 등)와 그들이 발견된 환경("문은 체인으로 잠겨 있었음" "공기 순환이 되고 있지 않았음" "희생자의 몸에는 파리들이" "부패한 냄새" 등)을 묘사하는 단어는 잔인할 정도로 간결하다. 이로써 시카고 폭염을 통해 그 위험성과 확장성이 입증된 유기와

1. CLASSIFICATION (Check One)			INJURY TO	INJURY		2. BEAT/UNIT ASSIGN.	3. BEAT OCCUR.
☒ DEATH 5084	☐ SUICIDE 5085	☐ ATTEMPTED 5086 SUICIDE	☐ CITIZEN ON 5087 PUBLIC PROP	☐ TO CITY 5088 EMPLOYEE	☐ ACCIDENTAL 5089 INJURY	2546	2535

6. ADDRESS OF OCCURRENCE			APT. NO.	7. DATE OCCURRED	TIME	8. DATE REPORTING	TIME
						JUL 95	1900

9. VICTIM'S NAME	SEX	RACE	AGE	10. HOME ADDRESS	APT NO.	11. HOME PHONE	12. BUSINESS PHONE

13. PERSON REPORTING INCIDENT TO POLICE	SEX/RACE	14. HOME ADDRESS	APT. NO.	15. HOME PHONE	16. BUSINESS PHONE

17. PERSON DISCOVERING VICTIM	SEX/RACE	18. HOME ADDRESS	APT. NO.	19. HOME PHONE	20. BUSINESS PHONE

21. NAMES OF WITNESSES	SEX/RACE	22. HOME ADDRESS	APT. NO.	23. HOME PHONE	24. BUSINESS PHONE
					K

25. TYPE PREMISES WHERE OCCURRED/VICTIM FOUND	LOCATION CODE	26. CAUSE OF INJURY (INSTRUMENT OR MEANS)	27. REASON (ACCIDENT, ILL HEALTH, ETC.)
RESIDENCE	290		K

28. REMOVED BY	29. REMOVED TO	30. NAME/PERSON AUTHORIZING REMOVAL
CFD ENG 35 / BT 2543	COOK COUNTY MORGUE	SGT

31. SOBRIETY OF VICTIM (Check One)	32. EXTENT OF INJURIES (Check One)	33. FIRST AID GIVEN BY	34. MEDICAL AID REFUSED
☐ 1 SOBER ☐ 2 HBD ☐ 3 INTOX	☐ 1 MINOR ☐ 2 SERIOUS ☐ FATAL	POLICE ☐ 1 YES ☐ 2 NO	BY VICTIM ☐

35. NAME AND ADDRESS OF ATTENDING PHYSICIAN	36. PROP. INVENTORY NO
DR (312) 649-6565 707 N FAIRBANKS Chgo IL	

37. NARRATIVE (THE INDICATED SOBRIETY OF VICTIM OR WITNESSES IS THE APPARENT CONDITION, WHEN REPORTED)

IN SUMMARY: R/O's RESPONDED TO CALL OF CHECK THE WELL BEING AT ABOVE ADDRESS. UPON ARRIVAL, R/O's NOTED THERE WAS A SUSPICIOUS ODOR EMINATING FROM THE HOUSE WINDOWS. FURTHER, THERE WAS SEVERAL DAYS WORTH OF UNOPENED MAIL AT THE FRONT DOOR. BT 2540 WAS CALLED ON SCENE AND R/OS WENT INTO RESIDENCE THROUGH THE FRONT WINDOW. UPON ENTRY, R/O's OBSERVED THE INSIDE OF THE HOUSE TO BE EXTREMELY HOT AND THE WINDOWS WERE SHUT. A SMALL FAN WAS RUNNING IN THE VICTIMS BEDROOM. VICTIM WAS FOUND IN BED LYING FACE UP AND PARTIALLY DECOMPOSED. THERE WERE NO APPARENT SIGNS OF FOUL PLAY. ALL DOORS WERE LOCKED AND CHAINED FROM THE INSIDE. STATION WAS OUT OF CORONER SEALS AND R/OS SECURED RESIDENCE THOROUGHLY. R/O's SPOKE TO INVESTIGATOR COLLINS AT 2040 HRS. NEIGHBORS (BOX 13) STATED THE LAST TIME THEY SAW VICTIM WAS 12 JUL 95 AT 1200 HRS. ENG 35 ON SCENE TO ASSIST

I.R.D. NO 325 000

I HAVE READ THIS REPORT AND BY MY SIGNATURE INDICATE THAT IT IS ACCEPTABLE   ☐ CONTINUED ON REVERSE SIDE

38. EXTRA COPIES REQUIRED (NO. & RECIPIENT)	39. DATE INVESTIGATION COMPLETED			TIME	42. SUPERVISOR APPROVING	STAR NO.
	DAY 17	MONTH JUL	YEAR 95	2100		

40. REPORTING OFFICER (Print or Type)	STAR NO.	41. REPORTING OFFICER (Print or Type)	STAR NO.	SIGNATURE
F	10669	M	11710	
SIGNATURE		SIGNATURE		DATE: DAY 17 MONTH JUL YEAR 95 TIME 2100

CPD-11.406 (Rev. 9/83)   RACE CODES: 1 - BLACK, 2 - WHITE, 3 - BLACK/HISP, 4 - WHITE-HISP, 5 - AMER.INDIAN/ALASK.NAT, 6 - ASIAN/PACIF.ISL

그림 15   어느 경찰 보고서에서 사망자의 아파트 환경을 지적하고 있다. "수상한 냄새" "미개봉된 우편물" "극도의 더위" "닫힌 창문".

포기, 고립의 형태가 증언되고 있다(그림 15와 비교해보라). 그러나 유산관리소의 보고서와 마찬가지로 문제를 해결하기보다는 방 내부의 삶에 관하여 질문을 던지고 있다.

이 장에서는 개인적 수준의 고립이 집단적으로 나타난 이야기를 모아서 폭염 문제의 첫 번째 층위에 다가갈 것이다. 두 가지 질문이 이 탐구를 이끌 것이다. 첫째, 왜 그토록 많은 시카고 시민이 폭염 기간 중 혼자 사망했는가? 둘째, 폭염에서 현재로 질문을 확장하자면, 왜 그토록 많은 시카고 시민, 특히 나이 많은 주민들이 평상시에 제한된 접촉과 취약한 지원을 받으며 혼자 살아가는가?

이 질문들은 사회적으로나 상징적으로 중요한 의미를 지닌다. 미국에서 '좋은 죽음'의 가장 현대적 형태는 집, 즉 가장 편안하게 느꼈던 익숙한 환경에서 임종의 절차가 일어나야 한다는 점을 중요시한다. 하지만 더 중요한 점은 그 절차가 집단적이어야, 즉 자신을 돌봐주는 가족과 친구가 함께해야 한다는 것이다. 누군가 집에서 혼자 죽는다는 것은 사회적 유기와 실패를 나타내는 강력한 신호일 수 있다. 그 결과 고인이 속한 공동체는 오명이나 망신에 시달리곤 하며, 대개 이에 대한 반응으로 구원을 주제로 하는 이야기가 나타나거나 살아 있는 사람들 사이의 유대를 재확인하는 특별한 의식을 행하게 된다.[5]

미국에서는 '혼자 살기'와 '오랫동안 가깝게 지내는 사회적 관계의 부재'에 관한 사회 이슈들이 모두 중요하게 여겨진다. 미국인이 사회조직이나 집단활동에 비교적 활발하게 참여하고 있다는 수많은 근거가 있음에도, 대도시의 고독하고 원자화된 개인의 유령이 오랜 시간 국민의 상상력을 괴롭혀왔다. 미국 사회학은 개인의 고립과 공동체의 위기를 다루는 연구가 활발하며, 사회학 분야의 베스트셀러 여섯 권 중 다섯 권(그중에는 『고독한 군중The Lonely Crowd』과 『고독의 추구The Pursuit of Loneliness』 등이 포함되어 있다)은 고립과 공동체의 위기라는 주제를 다루고 있다는 점이 그러한 특징을 뚜렷하게 보여준다.[6] 그리고 지난 20년 동안 미국 사회과학 분야에서 가장 큰 영향력을 행사한 두 권의 책, 윌리엄 줄리어스 윌슨의 『진정한 약자들The Truly Disadvantaged』과 로버트 퍼트넘의 『나 홀로 볼링Bowling Alone』은 폭넓게 해석하자면 '사회적 고립'이 다양한 사회 문제의 근본 원인이라는 이론에 바탕을 두고 있다. 사회적 고립에 관하여 말하는 것은 미국의 지적 문화의 중추신경을 건드리는 것처럼 보인다.[7]

혼자 되기

고독사 문제는 시카고에만 국한된 것이 아니다. 1인 가구의 수는 전 세계적으로 증가하고 있으며, 이는 현대 인구통계의 주요한 흐름이다.[8] 미국 전체 가구에서 한 명이 주거하는 가구의 비율(미국 인구조사국이 조사한 1인 가구의 수)은 20세기 들어 꾸준히 증가하여, 1930년 약 7퍼센트에서 1995년 25퍼센트까지 늘어났다. 그리고 혼자 사는 사람의 비율은 같은 기간 2퍼센트에서 10퍼센트로 상승했다. 인구조사국에 따르면 혼자 사는 미국인의 수는 1970년 1090만 명에서 1996년 2490만 명으로 상승했고, 이들 가운데 40퍼센트 이상을 차지하는 1000만 명이 65세 이상이다.[9] 그림 16과 17에서 볼 수 있듯, 1인 가구의 비율과 독거노인의 비율은 1950년 이후 급증했다. 이런 수치는 앞으로 더욱 증가할 것이 틀림없다. 하지만 혼자 사는 사람들의 말년기 일상이나 관행을 기록한 연구는 거의 없어 그들의 환경이 경험적으로 어떻게 구성되어 있는지 거의 알지 못한다.[10] 빠르게 증가하는 85세 이상의 독거노인층(대개 자녀는 출가하고 배우자는 사망하여 사회적인 관계가 거의 남아 있지 않다)에 대해서는 말할 것도 없다.

혼자 사는 것과 고립, 은둔, 외로움을 구분하는 것은 중요하다. 혼자 사는 것은 한집에 다른 사람 없이 홀로 주거하는 것이다. 고립은 제한된 사회관계만 맺고 사는 것, 은둔은 대부분의 시간을 집 안에서만 지내는 것, 외로움은 혼자라고 느끼는 주관적인 상태를 뜻한다.[11] 노인을 포함하여 혼자 사는 사람들은 대부분 외롭지 않고 사회적 접촉이 없는 것도 아니다. 이 사실이 중요한 이유는 활발한 사회관계망의 일원인 노인이 상대적으로 고립되어 있는 노인보다 건강하게 오래 사는 경향이 있기 때문이다. 따라서 단순히 혼자 사는 사람보다 고립되거나 은둔생활을 하는 사람에게 부정적인 결과가 더 많이 나타난다. 독거노인은 다른 사람과 함께 사는 노인보다 우울증, 고립, 무력감, 범죄에 대한 공포에 빠지기 쉽고, 도움을 청할 사람이 근처에 없을 가능성이 높다. 게다가 독거노인은 중상을 당할 경우, 문제가 발생했음을 인지하고 재빨리 조치를 취하거나 사회지원망에 연락해줄 사람이 없기 때문에 외상에 노출되기가 매우 쉽다.[12]

고립되거나 은둔하는 사람의 수는 다른 유형에 비해 측정하기가

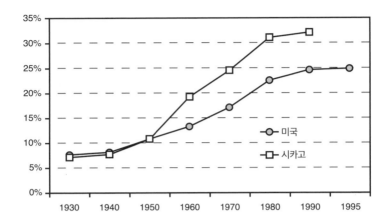

그림16   미국과 시카고의 1인 가구 비율. 출처: 미국 인구조사국 통계 자료요약집(1980, 1989, 1999).

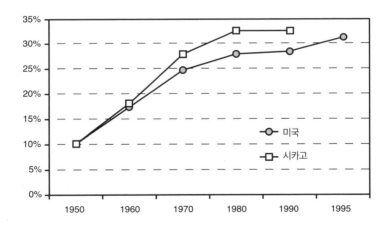

그림17   미국과 시카고의 독거노인(65세 이상) 비율. 출처: 미국 인구조사국 통계 자료요약집(1980, 1989, 1999).

어렵다. 고립되거나 은둔하는 사람들의 특성상 소재를 파악하거나 연락하기가 어려워서 대개 공식, 비공식 지원망 혹은 연구원들과 관계를 맺지 않기 때문이다. 게다가 연구원이 연락하는 고립되거나 은둔하는 사람들은 연구과정을 통해 관계가 이어지는 경우가 많다. 설문조사와 인구조사에서 고립된 사람과 은둔하는 사람은 조사 대상에서 제외되거나 실제보다 낮은 수치로 조사될 가능성이 높다. 영구임대주택 거주자들 중에는 낯선 이에게 문을 열어주지 않는 사람이 많고, 시나 공동체 프로그램에 참가하지 않아 조사에서 누락될 가능성이 높다. 학술 연구에서는 노인의 고립이나 은둔의 정도를 과소평가하곤 한다. 학자들은 대부분 이미 관계가 어느 정도 형성된 노인을 표본으로 삼기 때문이다. 이를테면, 최근 노년기 고독에 관한 어느 책에서는 노인대학에 다니는 노인을 대상으로 한 설문조사에 근거해 고립과 외로움의 발생률을 조사하고 이를 일반화했다.[13] 심지어 고립과 건강에 관한 의학 연구에서도 의사나 연구팀이 만나지 못하거나 소재를 파악할 수 없는 사람들은 제외하곤 한다.

그러한 방법론적인 문제는 일반 대중 혹은 노인들의 고립이나 은둔의 정도에 관한 체계적인 데이터가 존재하지 않는 이유를 일부 설명해준다.[14] 또 다른 이유가 있다면 오랫동안 혼자 사는 것에 대하여 국가가 나서서 대화를 시도했지만, 고립의 실태에 대해 알고 싶어하는 개인이나 단체가 거의 없었다는 점이다. 그러나 미국의 시 정부들은 점차 고립과 은둔 문제가 사회복지와 보건에 일련의 과제를 제시하고 있다는 사실을 깨닫고 있다. 부분적으로는 유산관리인과 경찰 부서에서 보내는 사망보고서의 영향 때문이다. 시카고 최대의 노인

그림 18 어느 초로의 시카고 시민이 폭염 기간 중 미시간 호숫가를 걷고 있다. 출처: 『시카고 선타임스』. 사진: 앤드리 청. 『시카고 선타임스』의 특별 허가를 받아 재판에 수록. ⓒ 2002

단체 대표의 말에 따르면, "우리가 알지 못하는 고립된 노인이 수천 명은 있다".[15]

비록 도시의 일상에서는 눈에 띄지 않더라도, 사회적 접촉 없이 혼자 사는 사람은 많고 그만큼 위험하다는 사실이 폭염 사망자 패턴에서 뚜렷이 드러났다. 폭염에 대해 가장 철저하게 역학 연구를 진행

그림 19　시카고의 한 할아버지가 전기가 나가자 아파트에서 침착함을 유지하려 애쓰고 있다. 이 자료는 WLS-TV의 허가를 받아 ABC7이 제공.

했던 연구원들에 따르면 "1995년 시카고 폭염 기간에 사교 모임이나 반려동물처럼 사회적인 접촉의 기회를 제공하는 무엇이라도 있었다면 사망률을 낮추는 데 도움이 되었을 것이다". 혼자 사는 것은 "사망률을 배가시켰고, 집에서 나오지 않던 사람들이" 사망한 경우가 훨씬 많았다.[16] 허약한 건강 상태 탓에 앓아누워 있던 주민과 고립되어 있던 사람들이 폭염에 가장 위태로웠다(그림 18, 19).

고립의 사회적 생산

비록 여러 역학 조사 보고서에서 폭염으로 인한 사망과 고립 사이의 관계를 입증하긴 했지만, 왜 그렇게 많은 시카고 시민이 고독사했는지를 묻는 심층적인 의문에 대해서는 별다른 설명이 없었다. 그런데 폭염을 조사하던 정치 위원회에서 두 가지 결론을 내놓았다. 첫째, 과거에 비해 더위에 취약한 환경에서 혼자 살고 있는 허약한 노인이 많아졌기 때문이라는 것이다. 둘째, 혼자 사는 사람 대다수가 독립적으로 사는 데 자부심을 지니고 있어 남에게 부탁하거나 도움을 받지 않으려 하기 때문이라는 것이다. 도움을 받으면 자립적인 인간으로서의 정체성이 훼손된다는 것이다. 결과적으로, 시장이 소집한 기상이변대책위원회에서 발표한 것처럼, "가장 위험에 처한 사람이 정부의 도움을 받기를 가장 꺼린다".[17]

두 가지 설명 모두 일리가 있다. 이 장에서는 두 가지 설명에 대해 진지하게 살펴볼 것이다. 그러나 이들 설명으로도 왜 그렇게 많은 시카고 주민이 폭염 기간 중 고독 속에서 사망했는지는 만족스럽게 해명되지 못한다. 도시비평가 제인 제이컵스에 따르면 "사람들을 이 정도로 고립시키려면 많은 수고가 들어간다". 그럼에도 어떻게 그 정도로 극단적인 형태의 고립과 사회적 분할이 가능했는지는 수수께끼로 남아 있다.[18] 시카고 시민들이 더위에 취약해진 조건을 면밀하게 관찰한다면 도시에서 혼자 사는 현상이 등장한 일련의 사회적 변화에 대해 알 수 있을 것이다.

이 장에서는 네 가지 경향에 집중하고자 한다. 이 경향들은 모두 늘어가는 미국의 빈곤층 노인들의 취약성에 영향을 미치고 있다.

- **인구통계학적 변화.** 1인 가구가 증가하고 있다. 특히 홀로 늙어가는 노인들이 크게 늘고 있다. 대개 이동이나 사교성에 문제가 있다.
- **문화적 조건.** 일상적인 폭력과 인지된 폭력에서 기인하는 '공포 문화' 및 사생활과 개인주의, 자립심에 대한 미국인의 오랜 가치가 결합된 범죄 관련 문화적 조건.[19]
- **공간의 변화.** (특히 가난과 폭력, 질병 등이 집중되어 있는) 공공주택단지와 원룸주거지역 같은 공공장소 및 공공지원 주택의 쇠퇴와 요새화, 소멸.
- **성별에 따른 조건.** 나이 든 남성, 특히 아이가 없는 독신 남성과 약물남용 문제가 있는 남성은 나이 들수록 사회관계망의 핵심적인 부분을 잃거나 지원을 받지 못하게 되는 경향이 있다.

아울러 이러한 조건들로 인해 인구가 증가하는 지역에 새로운 위험 요소가 생긴다. 도시생활에 영향을 미치는 이러한 일상의 위험과 빈곤은 좀처럼 언급되지는 않지만 심각하다. 이 장에서는 이러한 조건들을 차례로 조사한 다음, 이 모든 조건이 고립이 집중된 곳에 한꺼번에 나타날 경우 닥칠 수 있는 잠재적인 재난을 설명할 것이다. 먼저 혼자 나이 들어가는 것에 대해 논의한 뒤 폭염에서 가까스로 생존한 어느 시카고 여성의 사례를 자세히 소개할 것이다. 그런 다음 범죄와 폭력이 고립된 도시의 노인들(안전 문제와 공포심 때문에 반복적인 일상과 사회적 실천이 대개 제한되어 있는)에게 미치는 영향을 알아볼 것이다. 마지막으로 노인 공공주택과 원룸주거, 두 가지 특별한 사회 환경의 변화가 1990년대에 그러한 주택에 살았던 주민들을 위한 공적 공간과 단체생활에 어떠한 영향을 미쳤는지 평가할 것이다.

혼자 늙어가기

폭염이 고립의 위험을 극적으로 보여줬지만, 이러한 상황에 익숙한 소수의 재단과 사회복지 기관에 폭염은 그리 놀라운 일이 아니었다. 1988년 코먼웰스 재단은 「혼자 늙어가기: 개요와 예측Aging Alone: Profiles and Projections」이라는 보고서를 발간했다. 널리 배포된 이 보고서는 미국 사회의 일반적인 노령화 과정 및 혼자 살거나 쇠약한, 집 밖으로 잘 나가지 못하거나 나가지 않을 가능성이 높은 85세 이상 노년층의 급속한 증가에 주목했다.[20] 1980년대에는 65세 이상의 미국인 세 명 중 대략 한 명, 80세 이상 두 명 중 한 명이 혼자 살았고, 1990년대에는 그 비율이 증가했다.

정부와 복지 기관들은 독거노인 대부분이 여성(그중 3분의 2가 남편이 사망한 여성)이라는 데 주목했다. 어떤 계급에 속하는지가 주로 고립과 혼자 사는 것을 결정한다. 빈곤층 노인 3분의 2가 혼자 살았는데, 이것이 위험한 이유는 가난한 노인이 재정적으로 안정된 노인보다 건강이 나쁜 경우가 두 배나 되고(각각 44퍼센트와 22퍼센트), 건강이 좋지 않아 목욕을 하거나 옷을 입는 등 일상생활에서 불편을 겪는 경우(각각 34퍼센트와 17퍼센트), 일주일에 한 번 이상 우울 증세를 경험하는 경우(각각 47퍼센트와 24퍼센트)가 많았기 때문이다. 고립과 우울증이 결합되어 좀처럼 깨기 힘든 악순환의 고리를 형성하곤 하는데, 혼자 살면 우울증이 생기고 우울증으로 인해 다른 사람과 덜 만나면 다시 우울증이 깊어지기 때문이다.[21]

자식이 없는 노인은 자식을 둔 노인보다 사회적으로 고립되는 경우가 많다. 자식과의 유대관계는 지원망을 유지하는 데 필수적이다. 자식이 죽거나 부모 곁을 멀리 떠나면 그를 대신하여 관심을 기울여줄 친척이나 가족이 없는 사람이 많기 때문이다. 이는 아프리카계 미국인 노인과 남성이 말년에 혼자 사는 경우가 많다는 것을 의미한다. 그 이유는 설문조사 결과에서 꾸준히 나타나고 있다. 자식이 죽었거나 감옥에 있는 흑인 노인이 백인 노인보다 많고, 여성보다 남성이 자식과 소원한 관계일 때가 많다.[22] 정신적인 문제나 약물 남용 문제가 있는 사람들, 특히 적절한 치료를 받지 못하는 사람들도 말년에 혼자 살곤 한다. 불안정성으로 인해 가족이나 친구와의 관계에서 부담이 되거나 공동체에 통합되는 데 문제가 있기 때문이다.

불편하거나 단절된 가족관계는 고립된 노인 문제에서 자주 등장하는 주제다. 「혼자 늙어가기」 보고서에 따르면 독거노인의 18퍼센트는 단 며칠조차 의지할 친척이 없었으며, 28퍼센트는 몇 주 동안 의지할 사람이 없었다. 대다수의 독거노인은 가족과 자주 대화를 나누었지만, 27퍼센트는 자식이 없었고 6퍼센트는 전화기가 없었다. 자식이 있는 노인 중 60퍼센트는 일주일에 한 번 이상 만났고, 20퍼센트는 1년에 한 번 이상 만났다. 고립되거나 도움이 많이 필요할 것 같은 85세 이상 노인들은 다른 연령대의 노인보다 자식을 만나는 빈도가 약간 높을 뿐이어서 32퍼센트는 매달 찾아오는 사람이 있었던 반면, 75세에서 84세 사이의 노인은 24퍼센트, 65세에서 74세 이하의 노인은 22퍼센트였다. 세 명 중 두 명 이상의 노인은 자녀와 보내는 시간이 한 달에 한 번도 되지 않았다.

노인과 고립에 관한 연구에서 가장 두드러지는 결과는 아마도 일부 노인이 친구나 가족에게 연락하는 빈도일 것이다. 독거노인 중 소득이 최저 소득보다 더 낮은 노인 3분의 1은 친구나 이웃을 2주에 한 번도 만나지 않으며, 5분의 1은 친구와 통화도 하지 않는다. 자식이 없거나 가족과 관계가 소원해진 노인들이 특히 혼자 살거나 사회 지원을 받지 못할 때가 많았다. 하지만 이주 비율이 높고 가족들이 대부분 뿔뿔이 흩어져 사는 미국에서 노인들이 친척과 연락이 끊기는 경우는 흔하다. 국가에서 시행한 여러 연구에서 나타난 결과에 따르면, 노인에게는 친구와 가족과의 지리적 거리가 연락 빈도 및 사회적 지원에 가장 큰 영향을 미치는 요인이었다. 수십 년 동안 시카고에서 빠져나가는 사람이 많아 1950년과 1990년 사이에 총인구의 100만 명 이상이 감소했고, 몇몇 주변 지역에서는 주민의 절반 이상이 떠나가 도시에 사는 노인들이 고립되거나 혼자 살게 될 가능성이 커졌을 것이다. 이러한 주민의 이주와 가족의 흩어짐 역시 시카고 주민의 48퍼센트와 교외지역에 사는 65세 이상 노인의 35퍼센트가 의지할 가족이 없는 이유일 것이다.[23]

이러한 노인들 중 일부는 특별한 주거 환경에 살지만, 대다수는 아파트나 단독주택 등 대부분의 미국인이 사는 곳에 산다. 그리고 일부 고립된 노인은 수십 년 동안 소외와 불화를 견디며 살았을지라도, 대다수는 미국인의 일반적인 삶의 형태를 유지해왔다. 폴린 잰코 위츠의 이야기에서 볼 수 있듯이, 시카고 같은 도시에서 고립은 전형적인 사회적 과정과 개인적인 경험으로는 설명할 수 없게 되었다. 죽음이 다가오는 순간 집에 혼자 있다고 해서 트라우마의 희생양이 될 필요는 없다.

"죽음에 가장 가까이 갔던 순간"

폭염을 이겨낸 폴린 잰코위츠의 이야기는 도시에서 혼자 나이 들어가는 것과 그 두려움의 근본적인 특징을 설명해준다. 폴린을 처음 만난 것은 그녀의 여든다섯 번째 생일이었다. 독거노인을 돌보는 비종교·비영리 국제 단체인 '노인의 친구, 리틀브라더스'가 하루 동안 내게 그녀를 돌보는 일을 맡겨주었다. 이 단체는 자원봉사자와 노인을 연결하고 생일이나 추수감사절, 크리스마스가 되면 매년 센터에서 파티를 열어 그 자리에 초대했다. 그 전날만 해도 모르는 사이였지만, 그녀가 50년 동안 살았던 노스이스트사이드 아파트에서 폴린을 차에 태우면서, 그날만큼은 내가 그녀의 가장 가까운 친구가 되었다.

폴린과 나는 그 전날 전화 통화를 했기에 내가 오전 느지막이 그녀의 집에 도착했을 때 그녀는 나를 기다리고 있었다. 폴린이 사는 곳은 주로 3~4층짜리 아파트가 모여 있는 시카고에서 흔히 볼 수 있는 한적한 주택가였다. 그녀가 사는 지역 주변은 도시 이주민들이 드나드는 주요 지역으로, 그녀가 살기 시작한 이래 극적인 변화가 일어나고 있었다. 즉 폴린처럼 전형적인 백인이 주로 거주하는 지역에서 상당수의 아시아인과 다수의 멕시코인이 유입되어 점차 여러 인종이 뒤섞인 지역으로 변하는 중이었다. 그녀는 여전히 작은 소수민족 거주지역에 살고 있지만, 예전보다는 편하지 않다. 이웃이 낯설기 때문이다. "좋은 사람들이지만, 잘 모르니까요." 그녀가 처한 상황은 수천 명의 시카고 주민과 주변의 동네 친구들이 떠나간 곳에서 나이 들어가는 전국의 수백만 노인의 상황과 비슷하다.

폴린이 불편함을 느끼는 다른 주요한 이유는 나이 들수록 쇠약해지는 신체 때문이다. 방광에 문제가 생겨 실금에 시달리고 있고, 다리가 약해져 목발을 사용해야 해서 돌아다니는 시간이 크게 줄었다. 라디오와 텔레비전에서 날마다 들려오는 범죄에 대한 공포 역시 집에만 있게 하는 데 한몫했다. "시카고는 사격 연습장이나 마찬가지예요. 저 같은 사람은 움직이는 과녁이죠. 천천히 움직이니까요." 자신의 약점을 잘 알기 때문에, 폴린은 외부 위협에 노출되는 시간을 줄이려고 엘리베이터가 없는 3층 아파트에 틀어박혀 살게 되었다. 집에 들어가거나 나올 때 계단 때문에 힘들지만 높은 층을 택한 이유는 다음과 같다. "1층보다 훨씬 안전하기 때문이죠. (…) 1층에 살면 도둑이 들기 쉽거든요." 방문 의료지원 서비스, 식료품 배달, 장보기와 심부름을 도와주는 정부보조 도우미가 있어 폴린은 굳이 집을 나설 이유가 없었다. "아파트 밖에 나갈 일은 1년에 여섯 번 정도예요. 그중 세 번은 리틀브라더스 행사지요."

'노인의 친구, 리틀브라더스'는 독거노인과 관련된 문제를 해결하고 세상과의 연결을 회복하여 고립된 노인을 지원하는 것을 사명으로 삼는 몇 안 되는 미국 단체 중 하나다. 1997년 리틀브라더스 시카고 지부는 8000명 이상의 고립된 노인을 1만1000번 이상 방문했고, 2000명 이상의 노인을 다양한 휴일활동에 참여시켰으며, 1800여 명을 생일 기념식에 초대했다. 이들은 보고서에서 문제점에 대해 다음과 같이 명확히 기술하고 있다. "문제는 고립과 외로움이다. (…) 노인들은 가족과 친구로 구성된 사회연결망이 없다. 그들은 자신이 외롭다고 여기며 교류와 우정을 나눌 상대를 찾는다. (…) 가족이나 친구들이 없거나 그들과 멀어진, 혹은 그들을 먼저 떠나보낸 노인들에게 가족과 친구가 되어주는 것이 우리 역할이다."[24]

나중에야 알게 됐지만, 리틀브라더스가 연락할 사람이 있는 노인들에게까지 도움을 주어야 하는지를 판단하는 것은 까다로운 문제였다. 폴린과 나는 생일 행사에 참가하기 전 힘겹고 고통스럽게 계단을 내려오는 과정을 거쳐야 했다. 그 과정에서 우리는 아파트로 되돌아가 "문제"를 해결해야 했다. 너무 창피해서 나한테 이야기할 수 없는 문제였다. 폴린은 자신도 모르게 얼굴을 찡그리고 한숨을 내쉬며 계단을 내려가는 게 얼마나 고통스러운지 드러냈다. 그럼에도 폴린은 외출해서 파티에 간다는 생각에 매우 즐거워하며 어서 빨리 센터에 가자고 재촉했다. 나는 다른 노인 두 명을 더 데려가기로 해서 전날 확인까지 했지만, 막상 아파트에 도착하자 그들은 그냥 집에 있기로 했다고 말했다.

폴린이 파티에 가는 데에는 다른 이유도 있었다. 폴린에겐 두 명의 "전화 친구"가 있었는데, 그중 한 명인 에드나가 그날 행사에 오기로

한 것이었다. 에드나는 몇 블록 떨어지지 않은 곳에 살지만 리틀브라더스 행사 때만 만나는 사이였다. 두 사람은 오랜만에 만난다는 생각에 들떠 있었고, 즐거운 행사의 하이라이트인 훌륭한 식사와 합창이 끝나면 바로 헤어지지 않고 나와 함께 차를 타고 가기로 되어 있었다.

에드나는 폴린보다 밖에 자주 나왔지만, 두 사람 모두 전화가 바깥 세상과 이어주는 주요 연결 통로라고 했다. 폴린에겐 정기적으로 통화하는 전화 친구가 한 명 더 있었다. 멀리 떨어진 곳에 있지만 연애 감정을 나누는 사이였다. 다른 친구나 가족들과도 가끔 전화 통화를 한다. 폴린에겐 자녀가 두 명 있는데, 둘 다 다른 주에 살았고 방문은 가끔 하지만 일주일에 한 번씩 통화를 했다. 그들은 엄마에게 생일 축하 전화를 걸지만 시카고까지 올 수는 없었다.

폴린이 친구처럼 여기는 또 한 가지는 주류 언론 매체로, 주로 텔레비전이나 라디오였고, 잡다한 우편물도 있었다. 한 이웃이 우편물을 가져다 문밖에 상자를 쌓아놓은 곳 위에 놔주어서 우편물을 집기 위해 직접 허리를 구부릴 필요는 없었다. 그리고 최근에는 전화로 토크쇼에 참여해 정치 스캔들이나 지역 문제를 놓고 토론을 하기 시작했다. 이러한 교류는 그녀가 1995년 폭염에서 살아남는 데 도움이 되었다. 폴린과 그녀의 친구들은 서로의 안부를 확인했기 때문이다.

폴린은 내가 폭염을 연구한다는 사실을 알고 있었고, 내가 그녀의 집을 방문했을 때 자기 이야기를 들려주겠다고 했다. 그녀는 조용히 말했다. "죽음에 가장 가까이 갔던 순간이죠." 폴린의 아파트에는 에어컨이 한 대 있었는데, 여름이면 유독 뜨거워졌다. 3층에 있었기 때문이다. "에어컨이 낡아서 제대로 작동하지 않아요." 그래서 폭염 기간에도 위험할 정도는 아니지만 집이 후덥지근했다. 한 친구가 실내가 너무 더워지면 밖으로 나가야 한다고 말해준 덕분에 폴린은 폭염 기간 중 가장 더웠던 날, 아주 일찍 일어나서("당시로선 매우 안전한 행동이었어요") 동네 식료품점에 체리("가장 좋아하는 과일이지만, 신선한 상태로 먹는 일은 드물어서 제게는 아주 큰 기쁨이었죠")를 사러 가 에어컨이 있는 상점에서 더위를 식힐 생각이었다. "계단을 내려가느라 기운이 다 빠져서 다시 올라가 집에 들어가고 싶었죠." 그녀가 말했다. "하지만 되돌아가는 대신 버스를 타고 몇 블록 떨어진 상점에 갔죠. 상점에 도착하니 움직일 힘이 없었어요. 쇼핑카트에 몸을 기대야만 했죠." 하지만 시원한 공기가 다시 기운을 북돋워줘 체리 한 봉지를 사서 버스를 타고 집으로 돌아왔다.

"계단을 올라가는 것은 불가능에 가까웠어요." 그녀는 회상했다. "몸은 뜨거웠고, 땀이 나고 힘들었죠." 폴린은 집에 들어오자마자 친구에게 전화를 걸었다. 그런데 통화를 하던 중 손이 마비되고 부어오르기 시작했으며, 곧 다른 부위로 퍼져나갔다. 뭔가 잘못됐다는 신호였다. "친구에게 전화를 끊지 말라고 말하고는 정작 저는 전화를 바닥에 떨어뜨리고 쓰러졌어요." 친구는 전화를 끊지 않고 있었지만, 몇 분 뒤 수화기는 바닥에 떨어졌다. 폴린은 일어나 머리를 물에 담그고, 선풍기를 침대 방향으로 돌린 뒤 자리에 누웠으며, 젖은 수건 몇 장을 몸과 얼굴에 올려놓았다. 폴린은 친구가 전화를 끊지 않고 기다리고 있다는 사실을 기억하고는 일어나서 수화기를 잡고 상태가 많이 좋아졌다고, 기다려줘서 고맙다고 말한 뒤 전화를 끊었다. 마침내 폴린은 다시 자리에 누워 몸을 식히며 제대로 쉴 수 있었다. 얼마

지나지 않아 폴린은 완전히 회복했다.

"이제 저한테는 더위를 물리치는 특별한 방법이 생겼습니다. 웃으실지 모르겠지만, 카리브해의 유람선을 타는 거예요." 혼자서, 그리고 집을 떠나지 않고도 거의 모든 일을 할 수 있다. "수건 몇 장을 찬 물에 담급니다. 그런 다음 눈 위에 수건을 올려놓으면 아무것도 보이지 않아요. 누운 상태로 선풍기를 내 쪽으로 돌리죠. 선풍기 바람이 젖은 수건을 통과하면 아주 시원한 바람이 됩니다. 그러고는 유람선을 타고 섬 주변을 항해하고 있다고 상상해요. 저는 더울 때마다 이렇게 해요. 한번 해보시면 얼마나 좋은지 깜짝 놀랄 거예요. 친구들에게도 알려줬어요. 그래서 더운 날 나한테 전화할 때면 다들 이렇게 말하죠. '안녕, 폴린. 여행은 어때?' 우리는 함께 웃지만, 그 덕분에 제가 살아 있답니다."

폴린의 사례가 독특하다고 할 수는 없다. 위스콘신대학의 교수 샤론 카이거는 시카고 노인들을 상대로 주거 위험을 연구하며, 시카고 응급 구조 프로그램을 통해 밝혀진 어떤 여성의 사례를 보고했다. 비올라 쿠퍼의 사례는 고립과 극단적인 가난이 결합될 때 얼마나 어려운 문제로 이어지는지를 보여준다.

유사한 위험 사례로 (⋯) 비올라 쿠퍼가 있다. 비올라 쿠퍼는 마른 체형의 70세 흑인 여성으로 줄곧 혼자 고립된 채 아파트 지하층에 살고 있었다. 그녀는 복도에서 빠진 이가 드러나도록 활짝 웃으며 우리를 맞이했다. 서로 부조화스러운 가구들이 집을 차지하고 있는 그녀의 방 세 칸짜리 아파트는 어수선하고 더러웠으며 상태가 좋지 못했다. (⋯) 월 수입 490달러에서 이 아파트에만 250달러를 내고 있었지만, 응급 구조대가 그녀를 발견했던 지난번 아파트보다 크게 좋아 보이지 않았다.

쿠퍼는 미친 쥐에게 얼굴을 물려 감염되어 병원에서 8일 동안 집중 치료를 받고 집에 막 도착한 참이었다. 아파트에서 자다가 물린 것이다. (2년 전) 화재 사건 이후, 응급 구조대는 아파트 수리가 '진행 중'이고 '이주는 불필요'하다고 판정했다. 후속 조치에서는 그녀가 비참한 환경에서 산다고 기록하고 있는데도 말이다.

다행히 시에서 그녀를 민간 기관에 맡겨 이사할 수 있게 해주었고, 가구도 몇 개 보내주었다. (…) 지금 사는 곳은 그녀가 다니던 교회와 너무 멀리 떨어져 있다. 처음 몇 달 동안 물도 나오지 않았고, 화장실도 고장난 데다, 같은 건물에 사는 유일한 친구가 몇 달 전 사망했다. 외롭고, 아프고, 우울한 그녀의 증세는 비위생적인 환경 때문에 더욱 악화되고 있다.[25]

폭력과 고립

폴린 잰코위츠와 비올라 쿠퍼는 1990년대에 시카고에서 혼자 살았던 노인 11만 명 가운데 두 명일 뿐이다. 폴린이 사회에 통합되는데에는 수많은 장벽이 있었지만, 그녀가 사는 동북부 지역은 다른 지역보다는 안전했다. 그래도 범죄가 많이 발생하는 도시지역은 주민들이 이동하는 데 실질적인 난관으로 작용했다. 그리고 그 기간에 시카고는 미국에서 대표적으로 위험한 도시였다. 예를 들어, 1995년 시카고는 인구 35만 명 이상 되는 도시 중에서 절도 6위, 중범죄 5위를 차지했고, 1998년에는 698건의 살인 사건으로 1위가 되었다. 그 수치는 그해 뉴욕시보다 약 100건이 더 많은 것이다. 인구는 3분의 1에 불과한데도 말이다.

폭염 사건에서 중요한 것은 폭염 발생 한 주 전 시카고에서 살인 사건이 급증하여 사건이 발생한 장소 부근에 사는 사람들에게 경계심을 키웠다는 점이다. 1995년 7월 7일 금요일에서 7월 13일 목요일 사이에 24건의 살인 사건이 발생했다. 『시카고 트리뷴』은 "온도계의 눈금처럼 살인 사건이 늘고 있다"는 제목으로 매년 여름 폭력 사건이 늘고 있으며, 대부분의 살인 사건은 "치명적인 폭력범죄가 다른 지역보다 훨씬 빈번한 사우스사이드 지역에서 집중적으로 발생하고 있다"고 보도했다.[26] 그다음 주에는 같은 지역에서 폭염 관련 사망자가 이례적으로 많이 발생했다. 비록 노인들이 총에 맞을 가능성은 낮았지만, 우범지역에 살면서 폭염 기간 중 집을 떠나길 거부하는 노인들이 거리에서 맞닥뜨릴 위험을 우려하는 것은 충분히 그럴 만했다.

최근 몇 년간 여러 연구에 따르면 위험하고 퇴화된 도시지역에 사는 노인들이 안전한 지역에 사는 노인들에 비해 고립되거나 범죄를 두려워하는 경우가 많다.[27] 이렇게 환경적으로 피폐하고 정치적으로 복지가 부족한 지역에 집중적으로 범죄에 대한 공포와 고립이 나타나는 구조적인 이유는 상업지구가 부족하고 사람들을 거리에 나오게 할 만한 복지 서비스가 없거나, 계단에 문제가 있고 인도가 부서지고 조명 시설이 형편없는 등 물리적으로 이동하기 어려운 점이 있거나, 무질서의 징후 속에서 살아가며 심리적 영향을 받는다거나, 정부 기관이 지역 기반시설에 대해 잘 모르거나, 범죄가 많이 발생하면서 신뢰가 줄어드는 상호 관계가 나타나기 때문이다.[28] 사회노년학자 에스티나 톰프슨과 닐 크라우스에 따르면, 극단적인 경우 열악한 공공시설 때문에 "노인들 사이에 '회피 행위'가 너무 많이 나타나 다수의 노인은 사실상 '스스로 가택연금' 상태로 살고 있다"고 한다. 하지만 "범죄에 대한 공포 때문에 바깥활동에 약간의 제한만 가하더라도, 다른 사람과 얼굴을 마주하며 관계를 맺을 기회는 적어진다. 그렇게 얼굴을 마주하며 관계를 맺는 행위는 복지 지원을 받을 때도 중요하다".[29]

공포의 문화

거리의 위험에 노출되지 않으려고 사람들이 있는 곳에 나다니는 시간은 물론 사회적 접촉까지 줄이는 이는 도시의 노인들뿐만이 아니다. 최근 수십 년 동안 일라이자 앤더슨을 비롯한 사회학자들은 사회적 회피와 은둔이 우범지역에 밀집되어 직접적인 피해를 당하는 주민들의 필수적인 방어 전략이 되었다는 사실을 보여준다.[30] 게다가 객관적으로 안전한 지역에 사는 미국인들도 직접적인 경험이나 미디어에 나타나는 선정적인 범죄의 재현에 따른 공포 문화로부터 영향을 받았다. 요즘 시카고 같은 도시에는 범죄에 대한 우려가 일상의 문화적 토대를 이루어, 일상적인 활동의 시공간적 경계를 계획(밤에는 외출을 하지 않거나, 위험지역에는 가지 않기)하는 것은 물론이고 주

거나 일자리, 아이들의 학교 문제 등 중요한 결정을 내릴 때에도 큰 영향을 미친다.[31]

폭염에 관해 글을 쓴 몇몇 논설위원에 따르면, 시카고 시민이 도시 생활에서 위험 요소에 어느 정도까지 익숙해졌는지는 폭염 기간 중 대부분의 공원이나 호숫가가 밤에는 텅 비어 있다는 사실로 알 수 있다. 도시 전체적으로 그렇지만, 특히 폭력범죄가 많이 발생하는 지역에서는 사람들이 지난 수십 년 동안 폭염 기간에도 밖에 나와 모여 있지 않고 차라리 극심한 더위에 시달리는 것을 선택했다. "요즘 밤에 덥다고 해서 공원이나 현관에 나와서 자는 사람은 미쳤거나 죽고 싶은 사람 말고는 노숙인밖에 없을 것이다." 1964년 『시카고 선타임스』에 어느 온화한 밤 두 사람이 야외에서 자고 있는 모습을 찍은 사진(그림 20)과 함께 실린 기사에서 밥 섹터는 말했다. "하지만 과거 시카고 시민들은 극심한 폭염을 피하기 위해 수만 명이 밖에서 잔 적이 있다."[32]

이를테면, 유난히 더웠던 1955년 수천 가구가 침구와 음료를 챙겨 나와 공원이나 호숫가, 아니면 집 앞 현관에서 노숙을 했다. 당시 시카고에 에어컨을 둔 집은 10퍼센트가 안 되었지만, 실외에서 자는 단순한 대책만으로 1955년 폭염 위기의 사망률은 1995년 참사의 절반 수준이었다. 앨런 에런홀트는 1950년대에 시카고 빈민가의 거리와 공공장소가 생기 넘치는 사회활동의 장이었을 뿐만 아니라 주민들이 한데 모일 수 있는 안전한 공간을 제공했다고 주장한다. 에런홀트는 시카고의 흑인 중심지 브론즈빌을 "여름 저녁마다 거의 모든 사람이 참여하는 하나의 기나긴 축제가 끊임없이 열리는 공적인 공간"

그림 20　폭염 기간 중 야외에서 잠을 자고 있다. 출처: 『시카고 선타임스』 보관 사진. 『시카고 선타임스』의 특별 허가를 받아 재판에 수록. © 2002

으로, 사람들이 "더위를 피해 비상계단에서 잠을 자는" 것으로 마무리되는 전형적인 1950년대 도시 풍경이었다고 묘사한다.[33]

　로맨틱하다 못해 향수마저 불러일으키는 이런 식의 견해는 주의를 요한다. 하지만 여름에 야외에서 잠을 자는 모습이 쇠퇴해가는 도시의 관습적 초상에서 중심적인 요소라면, 그 이미지가 나이 든 시카고 주민들(1940년대와 1950년대에 시카고 빈민가에서 살았던 사람 등)의 기억에 너무나 강력하게 널리 퍼져 있기 때문에 무시할 수는 없다.[34] 유진 리처즈는 70세의 아프리카계 미국인 남성으로 1950년대 말부터 노스론데일에서 살았다. 그는 이곳에 살기 시작한 무렵을 회상했다. "날이 더우면 동네에 사는 사람들이 모두 가필드 공원에 가서 잠을 잤지요. 담요와 베개를 들고 나와 벤치나 잔디밭에서 잔 겁니다. 개는 그냥 마당에다 두고 왔어요. 그게 답입니다." 나는 유진에게 1995년 폭염 때는 사람들이 공원으로 가지 않았는지 물었다. 그는 나를 이상하다는 듯 쳐다보며 웃었다. "여기서요? 요즘 같은 때에? 제정신이오? 그런 일은 절대 없죠. 아무도 밖에서 자지 않아요. 나는 밤에는 밖에 나가지도 않습니다. 너무 위험해요. 안이하게 살면 안 됩니다. 새벽 두세 시에 밖에 있는 사람은 무슨 짓을 할지 몰라요. 조심해야 해요."

이렇게 조심하는 사람들이 얼마나 되는지는 폭염 기간 중 별 문제가 없는지 확인하러 자신을 찾아온 자원봉사자와 시 공무원에게 다수의 노인이 문을 열어주지 않았다는 사실에서 알 수 있다. 시장이 주도한 기상이변대책위원회에서는 그러한 행동이 자신이 혼자 살 능력이 없다는 것을 남에게 보이기 싫어하거나 자신의 약한 모습을 받아들이길 거부하는 노인에게서 나타난다며 불만을 표했지만, 이런 행동에는 더 깊이 생각해볼 여지가 있다. 도시 전역에 사는 노인들은 낯선 사람에게 문을 열어주지 않는 것이 도시에서 혼자 살아가기 위한 생존 전략의 일부가 되었다고 말한다. "누군가 문 앞에 와 있어도 열어주지 않아요." 지역 교회에서 나와 이야기를 나누던 한 70대 여성이 말했다. "문을 사이에 두고 말을 합니다. 무슨 일이 일어날지 모르잖아요."

노인을 속여 이익을 취하려는 행동이 동네에 사는 비정상적인 사람뿐 아니라 합법적인 기업, 우편배달부, 세일즈맨 등에 의해 흔히 일어나는 환경 속에서 노인들은 일상이 꽉 막혀 있는 것 같다고 말한다. 사회보장 연금수표가 언제 배달되는지 유심히 살펴보는 동네 불량배이건, 집을 찾아가거나 전화를 해서 얼마 없는 돈을 쓰게 만드는 외지인이건 간에 그러한 위협에 계속 노출되면 의심이 쌓인다. 특히 예고도 없이 낯선 사람이 문 앞에 서 있다면 말이다.

범죄학자들은 다른 연령대보다 범죄 피해를 당할 가능성이 낮은 노인들이 오히려 가장 큰 두려움을 갖는 이유가 무엇인지 오랫동안 고민해왔다.[35] 하지만 시카고의 노인들은 그 이유를 설명할 수 있다. 인터뷰했던 다수의 노인은 자신이 절도나 강도를 당할 가능성이 낮다는 사실을 인정하면서도, 본인에게는 젊고 적응력 강한 사람들은 모르는 피해의식이 있다고 주장했다. 경제적 불안은 그러한 두려움을 유발하는 원인 중 하나다. 적은 고정 수입으로 생활하는 노인들은 대부분의 시간을 입에 풀칠할 걱정을 하며 보낸다. 그런 노인들에게 절도나 강도는 음식과 약, 집세, 공과금을 내지 못하게 되는 상황을 뜻한다. 약 16퍼센트의 노인이 공식적인 빈곤선(최저생계비—옮긴이) 이하의 생활을 하고 있는데, 주택 공급이 부족한 시카고에서 이는 충분히 근거 있는 걱정이다.[36] 신체의 불안정함 역시 불안의 원인이다. 내가 알게 된 노인들은 건강에 지대한 관심을 보이며, 자기 몸이 약해졌음을 깨닫고 있었기 때문에 적대적인 행동에 대하여 특히 두려움을 내비쳤다. 자신을 방어하거나 공격에 대응하지 못할까봐 걱정하는 것은 물론이고, 공격을 받아 장애가 생기거나 죽을까봐 두려워했다.

미디어, 특히 폭력과 범죄에 대한 지역 텔레비전 뉴스가 범죄를 선정적으로 재현하는 것 역시 이러한 우려를 부채질했다. 펜실베이니아

대학의 애넌버그 커뮤니케이션스쿨의 전임 학장 조지 거브너는 "TV 를 많이 시청한 이들은 다른 사람보다 이웃을 믿지 못하고, 범죄율 이 상승한다고 생각하는 경향이 있으며, 자신이 범죄 피해자가 될 가능성을 과대평가한다"는 사실을 보여주었다.[37] 시카고의 지역 텔레 비전 방송들은 폭염 기간 초기에 범죄에 대한 불안을 초래하는 데 한몫했다. 이를테면, 어느 지역 방송국 지부는 7월 14일 오후 5시 뉴 스를 시작하면서 "더위 때문에 도둑이 들끓을 가능성도 있다"고 경 고하며, 창문을 활짝 열어놓은 어느 집의 모습이 담긴 자료 화면과 함께 문제가 생기지 않도록 주의를 당부하는 경찰관의 인터뷰를 내 보냈다.

사실 노인들이 특히 범죄를 두려워하는 다른 이유는 도시 범죄 이야기가 가장 많이 나오는 미디어(라디오나 텔레비전 뉴스 등)를 가장 많이 접하기 때문이다. 배리 글래스너는 노인과 미디어 소비, 두려움 에 대한 연구에서 이러한 주제가 시카고 폭염 이야기와 놀라울 정도 로 많은 공통점을 지니고 있음을 잘 요약하고 있다. "텔레비전에 나 오는 살인이나 상해 사건 때문에 현실에서 집을 나서지 못하는 노인 을 너무나 쉽게 찾을 수 있다. 일부 노인은 너무 고립된 나머지 운동 을 충분히 못 해 육체적으로나 정신적으로 쇠약해진다. 최악의 경우 영양실조에 걸리기도 한다. (…) 외출을 하거나 장을 보기 두려워 집 안에서 말 그대로 뼈만 앙상해진다."[38]

이렇게 사회생활에서 물러나면 미국 문화의 근본적인 특징인 독 립과 자립에 대한 중요성 및 이상화가 가세하여 고립감을 더욱 키운 다.[39] 자신의 운명은 스스로 결정하고 타인의 도움은 받지 않는다는 독립적인 개인에 관한 신화는 개척 시대의 전설에서 진화하기 시작해 미국 대중 사상의 토대가 되었다. 일반적으로 노인들(특히 남성)은 남에게 자신의 빈곤한 처지를 드러내면 무시당하는 사회에서 자부심과 체면을 어떻게 지킬 것인가 하는 과제에 직면한다. 생계를 책임지는 역할을 자기 정체성으로 여기던 대부분의 남성 노인에게는 남을 부양하기는커녕 스스로의 생계도 꾸리지 못하는 의존적인 노인 신세란 피해야 할 일이다. 노인 대다수가 고립되어 살거나 지원을 거부하는 것이 체면을 지키는 가장 좋은 방법이라고 여긴다. 혼자 사는 게 체면을 구기는 것보다 낫다는 게 그들의 결론이다.

범죄가 빈번한 지역에서 공포심과 고립이 많이 나타나긴 하지만, 불안한 상황과 범죄에 대한 우려는 도시 전체로 퍼진다. 결과적으로 소규모로 나타나던 벙커 심리(포격이 잠잠해질 때까지 벙커 안에 숨어서 나오지 않는 심리—옮긴이)가 시카고 전체에 만연해 지역, 건물, 주거시설에 광범위한 영향을 미쳤다. 도시 주민들이 자신들이 사는 동네나 거리, 집 등을 담장이나 막다른 길cul-de-sac(주택지의 안녕을 유지할 목적으로 조성한 막다른 도로를 말한다—옮긴이), 밝은 가로등, 경보 장치 등으로 보호하고 지역 방범대가 순찰하도록 하는 것은 이제 흔한 일이다. 담장을 쳐서 외부인이 함부로 들어오지 못하도록 한 요새형 구조는 이러한 경향을 가장 상징적으로 나타낸다. 또한 강도나 범죄 위협이 더 심각한 빈곤층 거주지역에 설치된 임시변통의 보안 장치나, 미국인의 삶 모든 영역에서 경보 시스템과 보안 관련 종사자가 늘어나고 있는 현상 역시 이러한 경향을 잘 드러낸다.[40]

공간적인 퇴화와 함께 범죄가 집중되면서 노인 임대주택과 원룸호텔 같은 폭염 사망자가 많이 발생했던 환경에 고립되거나 은둔하는 노인이 늘어났다. 이러한 특화된 주거 단지에 나타난 최근의 위기에 주목해야 하는 이유는 노인 임대주택과 원룸주거 공간이 역사적으로 수입이나 재산이 거의 없는 노인들에게 주요 복지시설 역할을 해왔기 때문이다.[41] 폭염이 야기한 문제는 이례적인 것이 아니었다. 사실 이러한 주거시설에 위험이 나타날 것을 우려했던 주민과 활동가들은 1995년 여름이 되기 훨씬 전부터 시 공무원에게 재난을 경고해왔다.

최악의 조합

시카고주택공사의 플래너리 노인주택은 오랫동안 가장 불안한 사업이라 여겨졌던 카브리니그린 가족주택단지에서 불과 몇 블록 떨어진 곳에 있다. 126가구가 살고 있는 이곳에서 폭염 기간 중 가정용 에어컨이 설치된 집은 거의 없었고, 주민 대표인 아서 체임버스가 1층 휴게실에 에어컨을 설치해달라고 시카고주택공사에 로비를 벌였지만 1995년에 냉방장치가 설치된 곳은 없었다. 게다가 7월 14일 금요일에는 너무나 많은 소화전 뚜껑이 불법으로 열려 수도마저 고장나 대다수 주민은 더위에 속수무책이었다. "주민들은 큰 고통에 시달렸습니다." 체임버스가 『시카고 선타임스』 기자에게 말했다. "정말 안타깝고, 참담한 일입니다. 이번 폭염으로 노인 두 명이 사망했습니다." 또 다른 주민인 메리 딩글도 마찬가지 심정이었다. "때가 되면 하늘나라로 가야 할 텐데, 그때까지 어떻게 버틸지 방법이 안 보이네요. 이런 일이 일어난다는 게 도저히 믿기지가 않아요"라며 이 71세 노인은 비꼬면서 말했다.[42] 이런 반응은 폭염 기간 중 시카고주택공사의 노인임대주택 주민들로부터 흔히 볼 수 있었다. 주민들이 위험에 처해 있다는 사실이 알려졌음에도, 수많은 건물에서 폭염 관련 사망자가 나타나고 있었기 때문이다(그림 21).

물이 나오지 않고 냉방장치가 없었던 것은 플래너리 같은 시카고주택공사 건물에 사는 노인들이 더위에 무방비로 노출된 이유 가운데 일부일 뿐이었다. 다른 문제점으로는 주택 당국의 새로운 정책이 야기한 범죄 소굴을 들 수 있다. 1990년대 초 시카고주택공사는 약 10만 명이 거주할 수 있는 노인주택 58곳을 시카고 전역에 건설하

그림 21 경찰이 사우스사이드 지역의 한 아파트에서 폭염 사망자의 시체를 옮기고 있다. 출처: 『시카고 선타임스』. 사진: 브라이언 잭슨. 『시카고 선타임스』의 특별 허가를 받아 재판에 수록. © 2002

여 노인뿐 아니라 장애인들에게도 공급했다. 1990년 미국 장애인법은 약물 남용 문제가 있는 사람들에게도 사회보장 혜택 자격을 누리게 했고, 시카고주택공사는 그들을 노인주택 단지에 수용했다. 안타깝게도 이 법안은 노령층 주민과 공동체에 커다란 재앙이었다. 여전히 약물을 구입할 돈을 마련하기 위해 범죄에 가담하고 있던 저소득층 약물 남용자들과, 저축을 포함해 자신이 가진 모든 것을 작은 아파트에 쌓아놓고 사는 저소득층 노인들이 뒤섞이자 주택단지 내의 공동생활은 어려워졌다.

폭염이 있기 전 4년 동안, 노인주택 시설의 상황은 시카고 전체 범죄율과는 반대로 움직였다(그림 22). 시카고주택공사 주택 전체의 범죄율과 시카고 전체의 범죄율은 감소했지만, 노인 주택단지의 강력범죄율은 급등했다. 결국 주민들은 많은 도움을 주었던 공원과 거리를 비롯해 아파트 내부의 공공장소에도 가지 못하게 되었다.

1995년 3월, 폭염이 있기 불과 몇 개월 전 시카고주택공사는 1991년에서 1994년까지 시카고주택공사의 주택단지에서 발생하여 보고된 1군 범죄Part I crime(살인, 성폭행, 심각한 폭행, 강도, 절도, 가택침입, 절도 폭행 등 미국 법무부에서 정한 범주에 속하는 범죄) 건수가 50퍼센트 이상 증가했다고 발표했다.[43] "생활지원주택이나 개인 주택에 사는 노인도 이웃에게 피해를 당하지만, 공공주택에 사는 노인은 범죄에 더 취약하다"고 시카고주택공사 주민 및 고문 단체 '조직 구축과 리더십 개발BOLD'은 말한다. 게다가 절도, 가택침입, 무장강도 등의 "폭력범죄가 젊은 장애인들이 주로 거주하는 개발지역에서 상당히 많이 발생했다. (…) 사실상 젊은 장애인들이 노인을 대상으로 범

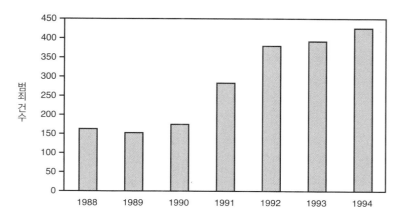

그림 22 1988~1994년 사이에 노인주택에서 발생한 1군 범죄. 1군 범죄는 (미국 법무부에서 정의한 바에 따르면) 살인, 성폭행, 심각한 폭력, 가택침입, 강도, 절도, 차량 절도 등을 말한다. 출처: 조직 구축과 리더십 개발(1995).

죄를 저지르는 것으로 보인다"고 BOLD는 밝혔다.[44]

현재의 방식을 따른다면, 똑같은 불만이 계속될 수밖에 없다는 게 노인주택에 사는 노인 주민들의 의견이다. 집 밖으로 나가면 공격을 받거나 아파트에 도둑이 들지 모른다는 걱정 때문에 방 안에 꼼짝없이 갇혀 사는 기분이라는 것이다. 대다수의 사람은 경비가 자리에 없으면 겁이 나서 1층에 있는 휴게실을 사용하지 않는다. 시카고 전역에 고립화가 나타나는 원인이기도 한 공공장소의 상태 악화가 이곳에서는 더 심각하다. 주민 대다수가 어떻게든 집 밖으로 나오려고 애쓰는 건 분명하다. 하지만 공공장소나 엘리베이터, 강당을 지키려면 주민을 조직해야 한다. 불안 요소를 개선하지 못하자 시 노인부 직원들은 최근 노인 주택단지에 방범자치대를 만들도록 지원하는 프로그램을 시작했다. 지원만 하는 것이 아니라 자체적으로 조직하는 것을 목표로 삼아 시 정부는 주택지에 순찰을 늘리고, 노인을 비롯하여 의기소침해진 주민들을 응원하고자 손전등과 휴대전화, 배지 등의 장비를 지원하여 자신들이 사는 지역을 순찰할 수 있게 했다.

그러나 시 정부에서 자초한 상황을 해결하기 위해 시 정부의 다른 부서가 노인들을 도와 보잘것없는 싸움에 대비시키는 동안, 걱정과 불만 가득한 노인주택 거주자들은 침입자를 막기 위해 직접 만든 방범 시스템을 집에 설치했다. 내가 찾아갔던 한 여성은 쇳조각을 쐐기로 문에 고정하여 문이 닫히면 시끄러운 소리를 내게 만듦으로써 이웃들을 놀라게 했다. "제 경보 시스템이에요. 작동도 잘된답니다." 그녀가 자랑했다. 내가 만났던 어느 사회복지사에 따르면, 노인주택에 사는 어떤 주민은 문손잡이에 전선을 설치한 다음 전류가 흐르게 해서 손을 대면 충격을 받도록 만들었다.

약물을 하거나 팔러 다니는 친구들과 가깝게 지내는 젊은 주민들에 대한 우려는 시카고 노인주택 단지 어디서나 나타나고 있다. 니어 웨스트사이드 지역의 시카고주택공사 주택에 사는 한 할머니는 집에서 인터뷰를 하면서 이전에는 옥상에 쾌적하고 사람들이 많이 찾는 마당이 있었지만, 젊은 주민과 그들의 친구들에게 훼손당하고 빼앗겨 몹시 안타까워했다. 젊은 주민 패거리는 공간을 무단 점거하더니 자신들의 소굴로 만들어버렸다. 그런 다음 가구와 소화기까지 훔치려고 했다. 노인들은 젊은 주민들의 보복이 두려워 일을 키우려 하지 않았다. 현대 미국 사회에서 흔히 볼 수 있는 젊은이에 대한 공포심과 약물 남용자를 악마로 여기는 성향 때문에 상황은 더욱 악화되었고, 주민 대다수는 젊은 주민들이 문제를 일으킬까봐 그들과 마주치려 하지 않았다. 노인들은 화가 나긴 했지만, 마당을 다시 단장하거나 되찾아오지 못했다. 할머니는 한숨을 쉬며 말했다. "이제 마당에 가는 사람은 아무도 없어요. 텅 빈, 죽은 공간이 되고 말았죠."

시카고에서 가장 불안정한 집단과 위협적인 집단이 억지로 함께 살면서 나타난 문제점들은 서비스가 부실하기로 악명 높은 시카고주택공사 주택의 전형적인 문제점을 악화시킬 뿐이었다. 시카고 노인부의 전직 부서장은 이렇게 해명했다. "대개 노인주택은 관리가 허술합니다." 엘리베이터 고장이나 오작동은 너무 자주 일어나서 노인이나 장애가 있는 주민들은 외출하기가 어렵거나 불가능했다. 나는 방문했던 어느 건물의 진료소가 기억에 남는데, 그 진료소가 있는 층에는 엘리베이터가 서지 않아서 환자들이 갈 수 없는 경우도 있었다. 어떤 주택단지에 있는 엘리베이터는 저층만 운행해 주민들이 집에 가려면 나머지 층을 계단으로 올라갈 수밖에 없었다.

하지만 폭염으로 인해 시카고주택공사의 정책에 변화가 일어나기 시작했다. 참사 이후 주택 당국은 시카고에 있는 모든 노인주택의 휴게실에 냉방장치를 설치하여 운영하겠다고 약속했다. 시 전역에 있는 주민들이 즉시 혜택을 누렸다. 2000년에는 신임 주택부서장이 수백만 달러를 들여 노인주택 시설을 개선·보수하겠다고 공약했지만, 그러한 지출이 주민의 안전을 향상시킬 것인지는 여전히 미지수다. 1996년 노인부에서 공청회를 열어 주민들이 불편한 동거를 하면서 겪은 경험과 우려를 공유할 기회를 얻었고, 이후 시카고주택공사는 주택 정책이 야기한 문제점들을 인지하여 노인주택에 약물 남용 문제가 있는 새로운 입주자들의 입주를 금하겠다고 약속했다. 하지만 당분간 현재의 거주자들은 계속 남아 있을 수 있어, 노인 주민들의 공포심 또한 여전할 것이다.

원룸주거시설의 위기

시카고주택공사의 노인주택이 폭염 기간 중 가장 위험했던 곳은 아니다. 시카고의 원룸주거시설single residence occupancy dwellings, SROs 특히 업타운과 사우스 및 웨스트 루프 지역에 몰려 있는 영리 목적으로 지은 레지던스 호텔들에서 폭염 관련 사망률이 가장 높았다는 단서가 몇 가지 있다. 예를 들어, 노스이스트사이드의 한 지역에서는 26명의 폭염 사망자 중 16명이 SRO 거주자였고, 일부는 주변에 있는 값싼 원룸에서 죽었다. 단기 체류 호텔과 욕실을 공동으로 사용하는 원룸 아파트에서 사망한 인원에 관한 공식 기록은 없지만, 유산관리소 보고서에는 160명의 사망자 중 62명이 '레지던스 호텔'을 의미하는 약자인 '룸Room'에서 발견된 것으로 기재되어 있다.

SRO에 사망자가 집중됐던 이유 가운데 하나는 이런 유형의 주택에 취약계층이 많이 거주하기 때문이다. 시카고의 SRO 거주자들 중에는 소득이 적고, 사회적 관계망이 취약하고, (정신적으로나 신체적으로) 병을 앓고 있거나 약물을 남용하거나, 의사나 사회복지 단체와 거의 접촉하지 않는 사람이 두드러지게 많았다. 1980년대 중반에 실시한 호텔 거주민들에 대한 인구조사에 따르면, 77퍼센트가 남성이었고, 33퍼센트는 55세 이상이었으며, 60퍼센트가 무직, 38퍼센트는 심각한 질병을 앓고 있었으며(전국 평균의 두 배에 가까운 수치였다), 93퍼센트는 독신자였다.[45] SRO 거주자들은 거의 노숙인처럼 살다가, 더 이상 갈 데가 없어지면 레지던스 호텔로 들어온다. 이런 프로필을 가진 인구 집단은 어떤 보건 위기에서든 사망자 수가 더 높을 것이라고 중층결정(과잉결정)된다. 하지만 레지던스 호텔의 환경은 그곳에 사는 사람들에 따라 달라지며, 그러한 환경적 요인과 인적 요인이 결합하면 최소한 그곳에 거주하는 사람 일부에게는 위험한 환경이 될 수 있다.

20세기 전반에 걸쳐 SRO는 도시에서 혼자 사는 사람과 값싼 집을 찾는 가난한 가족에게 주요 대안이었다. 그리고 미국 도시에서 노숙이 급증할 때마다 SRO는 사람들이 거리에서 살지 않도록 막아주는 주요한 역할을 했다. 관리와 유지 보수가 잘된다면, 이러한 주거시설은 주택을 구입하기 어려운 도시 주민들에게 효과적인 공급책이 될 뿐 아니라, 새로운 사람을 만나거나 도움을 요청하는 사람들의 만남의 장이 될 수 있다. 시카고 SRO 주민들을 대상으로 면밀하게 인구조사를 했던 찰스 호치와 로버트 슬레이턴에 따르면, 이곳에 사는 주민들은 자기 공간에서 안전함을 느끼며, 다른 주민들과 상호 관계를 맺으면서 나름 자치적인 생활을 하고 있다. 그러나 늙고 병든 이들을 비롯한 많은 사람에게 레지던스 호텔에서 생활하는 것은 점차 어려운 일이면서 동시에 더욱 필요한 것이 되어가고 있다. 다른 대안이 거의 없기 때문이다. 값싼 주택에 쏟아진 최근 몇 년간의 맹비난을 견뎌낸 소수의 레지던스 호텔과 빈민층을 위한 주거 대안을 없애라는 정치적 압력은 SRO의 위기에 관한 공공 토론을 제약했다. 남아 있는 건물을 면밀히 조사하게 되면 노인주택 등을 시세에 맞는 주택단지로 전환하려는 정치 관료와 부동산 개발업자들에게 힘을 실어주지 않을까 하는 두려움에, 레지던스 호텔을 지지하는 사회 활동가들은 이곳의 문제점을 지적하지 못하고 입을 다물어야 했다. 노스이스트사이드의 한 정치 활동가는 이러한 두려움이 폭염에 따른 원룸 호텔 거주자들의 피해를 분석하거나 공론화하지 못한 이유라고 설명했다.

그 활동가의 우려는 충분히 근거 있는 것이다. 지난 50년 사이에 정부 정책에 두 번의 변화가 있었고, 이에 따라 레지던스 호텔이 사라지거나 퇴화되어 주민들의 삶의 질은 떨어졌다. 게다가 부동산 업자와 지역 단체의 압력이 더해져 몇몇 레지던스 호텔 소유주는 건물을 매각하기도 했다. 첫 번째 변화로, 1950년대와 1960년대 도시재건축계획과 1970년대 도시개발계획으로 오래된 SRO 대부분이 철거되거나 용도 변경되었다. 그 후 시나 연방 정부에서는 레지던스 호텔과 유사한 공공주택을 새로 건설하는 데 자금을 지원하지 않았다. 1960년부터 1980년까지 시카고의 웨스트매디슨 지역에 있던 원룸 가구의 85퍼센트가 없어졌고, 사우스스테이트가 지역은 48퍼센트, 니어노스사이드 지역은 84퍼센트가 사라져 이 세 지역에서만 원룸 7000가구 이상이 없어졌다. 역사학자 폴 그로스는 전국적으로 봤을 때 1960년대 이후 "추정치들에 따르면, 일반적으로 '수백만' 가구가 문을 닫거나, 용도가 변경되거나, 철거됐다"고 한다. 크리스토퍼 젱크스는 비교적 보수적인 미국 주택인구조사의 측정치를 이용한다 해도, 1973년에서 1989년 사이에 전국적으로 원룸 임대주택이 32만5000가구 감소했다고 주장했다. 그러면서도 그는 "대부분의 오래된 SRO가 1960년대와 1970년대 초반에 철거됐다"는 사실에는 동의했다.[46] 이러한 주거 공간의 파괴는 1970년대 중반과 1980년대까지 이어졌고, 시카고에서는 1973년에서 1984년 사이에 대략 1만8000가구가 사라졌다. 제한 규정을 만들고 호텔 소유주 사이에 불안감을 조성하는 방법으로 단기 체류 호텔을 새로 짓지 못하게 하여, 1980년대 중반까지 시카고에는 불과 1만1822가구만 남게 됐다.

두 번째 변화는, 1970년대와 1980년대에 정신건강 정책의 변화 때문에 정신질환이 있는 환자들이 값싸기로 유명한 SRO로 대거 유입된 것이다. 그와 동시에 "복지부서에서 도심지의 실업자들(특히 노인들)에게 임시는 물론 영구적으로 거주할 가능성도 있는 곳으로 원룸호텔을 알려주었다"고 그로스는 설명한다.[47] 1970년대에 레지던스 호텔의 인구 기반은 크게 바뀌었다. 가족들은 대부분 떠났고, 도시에 도착했을 때 비어 있는 호텔 방에 붙어살던 일용직 노동자와 이주 노동자들은 SRO가 불안정한 사람들로 가득 차 있거나 혹은 아예 빈 방이 없는 상황에 직면했다.

1990년대에는 임대주택과 교도소를 오가는 사람이 늘어나 SRO에 사는 주민과 직원들의 부담이 되었다. 임대주택은 다른 보호시설에서 꺼리는 정신적·육체적 질병을 앓는 사람, 약물 사용자나 남용자, 임시 공간을 찾는 마약상, 다른 곳을 찾지 못한 가석방 출소자나 집행유예 중인 범죄자 등과 함께 과거에는 레지던스 호텔의 핵심 구성원이었던 가난한 노인들이 모이는 곳이 되었다. 주로 남성이 대부분인 임차인들은 함께 모여 '불가능한 공동체impossible community'를 이룬다. 이 공동체는 다른 구성원들을 끌어안고 보호할 수 있을지언정, 몇몇 주민을 고립시키고 위험에 빠트릴 수 있다.[48]

호치와 슬레이턴이 수행한 인구조사에서 그들은 1980년대에 대부분의 호텔에서 집단생활과 주민들의 편의를 위해 꽤 괜찮은 서비스를 제공했다고 주장했다. 또한 SRO에서 "기존의 정신질환자들이 호텔의 사회적 질서를 유지하는 데 협력하지 못하기 때문에 (…) 호텔을 안전하게 유지하기 위한 상호 협력의 균형을 깨뜨릴지 모르는 위협이 된다"고 주장했다. 그들은 인터뷰를 통해 "호텔 주민의 절반 이상이 (…) 미치광이 신입 주민들이 노인 세입자를 몰아내고 있다고 불평했다"는 사실을 알 수 있었다. 이는 경찰과 자주 문제를 일으키거나 건물 주위를 어슬렁거리며 다른 주민들을 불안하게 하는 "미치광이"들에게 주민들이 밀려났다는 인상을 주었다.[49]

밥 그리블로는 30년 가까이 살아온 업타운 SRO 3층에 있는 자기 방에 앉아 주변 환경이 "점점 나빠지고" 있다며 개탄했다. 이전에는 다른 레지던스 호텔 주민과도 친하게 지냈지만, 안 좋은 경험을 몇 차례 하고 나니 주변 사람들을 불신하게 되었다.

저는 다른 사람은 신경 쓰지 않습니다. 그들도 그러길 바래요. 하여간 저는 이렇게 삽니다. 아무것도 안 하며 집에서 뒹굴다가 지겨워지면 한 달에 한 번 정도 밖에 나가 맥주 몇 잔 마시는 게 고작이지요. 가고 싶은 데도 없어요.

밤에는 절대 밖에 나가지 않습니다. 거리가 아주 험하거든요. 제가 수

표를 바꾸러 환전소에 갈 때면 젊은 아이들이 거리에 나와 있습니다. 매일 강도 사건이 일어납니다. 집 밖은 너무 위험해요. 심지어 낮에도 돈을 찾으러 갈 때 무슨 일이 일어날지 몰라요. 끔찍한 일이지만, 조심해야죠. 안 그러면 어쩌겠어요?

호텔 주변 환경이 열악해지자 SRO는 20세기 말에 또 다른 압박에 직면했다. 젠트리피케이션이 생겨 업타운이나 사우스 및 웨스트 루프 같은 지역에 주택 수요가 증가한 것이다. 그런 지역에서 호텔은 값비싼 부동산으로 개조되거나 짭짤한 이익을 남기고 개발업자에게 매각될 수 있었다. 호텔 소유주 중에는 시민의식이 투철하고 사회적 책임을 다하는 이도 많았는데, 1990년대가 되면서 이들도 사회적으로 버림받은 사람들을 한데 몰아넣은 호텔을 관리하고 유지 보수하는 데 힘이 부치기 시작했다. 호텔 소유주들은 정부와 의료계, 가족이 포기한 사회안전망을 호텔에서 제공하는 수요가 있음을 인지했고, 그 수요를 따를 동기도 충분했다. 정직과 관용, 그리고 호텔 거주민들에게 도움을 주는 것으로 유명한 한 교양 있는 호텔 관리자는 이렇게 말했다.

이 일은 제가 어렸을 때부터 해왔던 가업입니다. 솔직히 말해서 저는 이 일에 헌신하고 있습니다. 아버님은 지금도 일을 돕고 계세요. 우리 가족은 이 일에 많은 걸 쏟아부었습니다. 이곳을 운영하는 게 어떤 일인지 모르실 거예요. 호텔 관리는 물론이고 경비원, 경찰, 상담사, 약물 치료사 역할까지 온갖 일을 다 합니다. 얼마나 정신이 없는지 상상도 못 하실 겁니다. 그리고 사실 이 건물을 사려고 하는 사람도 많고, 저도 할 수 있는 다른 일이 많습니다. 지난 몇 년은 정말 힘들었어요. 이제 그만둬야 할 때가 됐구나 하는 생각이 들었으니까요.

레지던스 호텔은 질적으로나 형식적으로 변화를 거듭했다. 시카고는 연방주택보조금으로 약 1000가구에 자금을 지원했고, 공적 자금을 지원받은 주택 대부분은 훈련받은 사회복지사가 직원으로 일하며 잘 운영됐고, 직업 교육, 약물 남용 치료, 직업 교육 계획 등으로 바쁘게 돌아갔다. 대부분의 영리 목적 주택에는 이러한 서비스가 전혀 없었다. SRO는 가난한 시카고 시민들에게 현실적인 주택 공급처였다. 하지만 SRO를 허물고 이익이 많이 나는 부동산을 지으려는 개발업자가 압력을 행사하는 데다 SRO에 대한 시의 정치적 지원이 줄어들자 남아 있는 수천 가구의 존립은 위태로워졌다.[50] 연방 정부에서 직접 보조금과 지원을 받은 SRO가 가장 성공적이었다는 단서가 최근에 나오긴 했지만, 현재 시카고를 비롯한 전국의 정치 상황에서 대다수의 서민주택 옹호자와 정책 전문가들은 정부에 빈민층을 위한 주택 대규모 지원을 기대하는 것은 비현실적이라는 데 입을 모으고 있다. 그래서 그들은 민간 부문에서 서둘러 대안을 찾고 있다.

꽤 괜찮은 시설을 갖춘 레지던스 호텔이 많았지만, 일부 SRO는 150년 전 산업 시대 영국에서 흔히 볼 수 있었던 '인간 축사'라고 해도 될 정도로 형편없었다.[51] 폭염 기간 중 최소 두 명이 사망했던 노스이스트사이드 지역의 한 대형 호텔 관리자들은 합판을 사용해 건물을 재구획하여 침대 하나, 옷장 하나, 의자 하나만 들어갈 수 있는 공간을 내 수백 가구를 수용했다. 2미터 남짓의 나무 칸막이가 콘크리트 지붕을 받치고 있었지만, 그곳에 사는 사람과 가재도구는 열쇠로 잠그는 방문과 벽 위에 쳐놓은 천장 역할을 하는 철망으로만 보호받고 있었다. 외벽에는 창문이 몇 개 있고 층마다 비상구가 있었지만, 건물 내부의 환기구 역할은 거의 하지 못했고, 1층에 있는 어두침침한 로비에는 냉방장치가 없었다.[52]

비영리 SRO와는 달리, 레지던스 호텔에서는 거주민에게 의료나 직업 교육을 연결해주는 서비스가 없다. 호텔 주민의 생활에 간섭하지 않는다는 관리인의 정책은 관용과 존중의 원칙에 따른 것으로, 수많은 호텔 주민에게 건강 문제가 없었더라면 충분히 존중받을 만한 것이었다.[53] 건강 위기는 그곳뿐 아니라 주변의 SRO에서도 드문 일이 아니어서 다수의 폭염 사망자가 발생하기도 했다. "[그 SRO의 사망률이] 높지 않아서 놀랐습니다." 노스이스트사이드 지역의 시의원이 내게 말했다. "거기 사는 사람들은 건강에 문제가 있고, 의료 지원도 받지 못했을 게 분명합니다. 싸구려 아파트나 SRO에 사는 사람 90퍼센트는 의료보험이 없을 겁니다. 그리고 늘 병을 달고 삽니다." 지역 정치인과 주변에 사는 주민들은 몇 년 동안 SRO를 개선하기 위해 애써왔다. 그들은 이곳에 구급차가 자주 오기 때문에, SRO 주민들이 위험에 처한 게 더위 탓은 아니라는 것을 알고 있었다.

관리인과 함께 업타운 거리에 있는 싸구려 아파트(그곳에서 50대 여성 로레인 레인저가 폭염 기간에 사망했다) 계단 옆에서 쉬고 있는데, 관리인이 아파트에서 이상한 냄새가 나서 주민의 시체를 발견하게 된 이야기를 해주었다. 로레인의 사례는 그가 건강을 유지하도록 도와주었던 것을 제외하면, 아주 전형적인 경우였다고 그는 설명했다.

로레인은 6개월 전쯤부터 혼자 살았어요. 남들과 어울리지 않았죠. 집
세를 낼 때나 사람들이 왔지, 그때 말고는 찾아오는 사람도 없었습니다.
로레인은 아파트에 살면서 뒷마당에도 나가보지 않았어요. 방구석에만
처박혀 지냈죠. 혼자 쇼핑하는 것을 제외하면 벽만 보고 산 셈이에요.
정신에 문제가 있었어요. 누구의 도움도 원치 않았죠. 제가 선풍기를
주려고 했어요. 창문에 설치하는 선풍기 말입니다. 하지만 거절하더군
요. 돈이 없다면서요. 저는 공짜로 주는 거라고 했지만, 받지 않았어요.
얼마 후 그녀의 모습이 보이지 않아서 문을 두드렸더니 아무런 응답이
없었습니다. 이튿날 다시 두드렸죠. 이번에도 대답이 없었어요. 그래서
열쇠를 가지고 와서 들어갔더니 침대에 누워 있더군요. 검시관과 경찰
에게 연락했고, 그들이 와서 시체를 실어갔어요. 그러더니 친척이 나타
나서 제 탓을 하더군요.

비록 관리인은 로레인의 정신적 문제 때문에 도움을 주지 못했다
고 확신했지만, 이 건물에 사는 약물 남용자와 정서가 불안한 젊은
주민들 때문에 여성 주민이 살기엔 어려움이 있었을 것이라는 말도
했다.

약쟁이들을 꾸준히 지켜봤죠. 젊은 애들한테 법은 무용지물이었어요.
약쟁이들이 건물에 들어오면, 사람들은 무서워했어요. 그놈들이 복도
에 있으면 아주 곤란했죠. 여자들은 무서워서 밤에 화장실도 못 갔어

요. 그놈들은 건물 안에 무리지어 있었습니다.

알코올 중독, 약물 남용, 정신질환이 호텔에 만연하면 주민들 사이에 서로 도움되는 사회적 관계를 형성하는 데 장애가 된다. 특히 더운 여름 날씨에 음주는 위험하다. 간질환은 물론 탈수 증세를 유발할 수 있고, 우울증으로 문제를 악화시킬 우려가 있어 고립을 초래할 수 있다. 폭음과 약물 복용은 열사병의 위험 요인으로 알려져 있다. 폭염 사망자를 부검하면 알코올 중독이 원인인 비율은 500명 중 10명 미만이긴 하지만, 오랫동안 술을 마시는 것이 수많은 폭염 희생자의 건강에 영향을 미쳤으리라는 의심은 충분히 할 만하다. 정신질환으로 약물 치료를 받는 사람들 또한 폭염으로 사망할 위험이 높다. 신경이완성 약물을 비롯한 항우울제는 때로 체온조절 능력을 손상시켜 이상고온 장애를 유발하기 때문이다.[54]

경고 신호

시카고의 민간 SRO를 대상으로 한 몇몇 연구 결과는 호텔이 노령층 주민들 사이에 은둔, 공포심, 고립을 초래하고 있다는 것을 보여준다. 폴 롤린슨은 1986년 시카고에 있는 13곳의 호텔에서 민족지학적 연구를 수행하며 노인 53명을 대상으로 인터뷰한 결과, "호텔 환경이 노인 주민들을 지리적으로 고립시킨다"는 사실을 발견했다.[55] 롤린슨이 묘사한 호텔 내부의 공공장소는 "시끄러운 데다 위험하기까지"

했으며, 특히 야간에는 "거리에 있는 사람들이 내부로 들어오곤 했고, 약물을 복용하는 경우도 흔했다". 그가 밝히길, "방은 좁았고(평균 21제곱미터에 불과했다), 가구는 거의 없었으며, 어둡고, 지저분하고, 해충이 들끓었다. (…) 호텔 바닥에 깔린 카펫은 찢기고 훼손되어 있었다. (…) 엘리베이터는 (…) 낡고 파손된 채로 방치되어 있었으며, 대부분 작동하지 않았다."[56]

이런 상황에서 병들고 몸에 문제가 있어 거동이 불편한 노인들에게 인간적인 교류가 일어나기란 어렵다. 로비까지 가는 일조차 한바탕 곤욕을 치러야 하니 말이다. 1991년에 발표된 한 시정 보고서에서는 "SRO는 길고 불안정한 계단, 여닫기가 불편한 육중한 문, 형편없는 조명 시설 등 물리적 방해물을 당연한 것으로 여기고 있다"고 기술하고 있다. "건물의 구조적 문제는 노인과 장애인들을 좌절감에 빠트리고 있었다."[57] 롤린슨의 연구에서 주민 가운데 81퍼센트는 일반적으로 집 안에서 며칠씩 보내고, 83퍼센트가 친구나 이웃에게 꾸준히 도움을 받지 못하고 있다는 결과가 나온 까닭은 건물의 내부 상태를 보면 알 수 있다.[58] 레지던스 호텔 거주민 36퍼센트에게 개인적으로 도움을 받을 인맥이 없다는 사실을 발견한 호치와 슬레이턴은 그중에서도 특히 노인들이 가장 연락할 곳이 적고 지원 시스템이 부족하다는 것을 알게 되었다.[59]

여기에 더해 롤린슨의 민족지학적 연구와 시카고 SRO 거주민을 대상으로 한 설문조사는 폭염 참사가 일어나기 몇 년 전 이미 SRO에 사는 노인들에게 한여름 더위의 위험성을 경고하고 있었다. 특히 이 연구의 저자들은 SRO에 사는 노인들이 더위로 인한 문제점에 대해 우려하고 있었다는 사실을 보여주었다. 호치와 슬레이턴은 그들이 수행한 인구조사를 통해 레지던스 호텔 거주민의 34퍼센트가 더위에 대한 불평을 하면서도 날씨 얘기는 꺼내지도 않았다는 사실을 알게 되었다.[60] 롤린슨은 호텔 거주민의 절반 정도만 선풍기가 있고, 많은 주민은 창문이 고정되어 있어 아무리 더운 날이라도 창문을 열 수 없는 방에서 생활하고 있었다는 사실을 알아냈다. 샤론 카이거는 1995년의 위기 훨씬 전에 폭염으로 인한 사망을 보고했다. 그녀는 1988년 더위에 대해 "은둔하여 살아가던 어느 여성 흑인 노인이 여름 더위로 인해 사망한 채 발견됐다. (⋯) 전화선이 연결된 방식 때문에 방에 있는 창문이 열리지 않았다. 하지만 직원은 그녀가 창문을 열 수 있었어도 열지 않았을 것이라고 했다"고 지적했다.[61] 롤린슨이 인터뷰했던 사람 중 한 명은 "몇 명의 노인이 사망했지만, 시체를 발견한 것은 이웃 한 사람이 경찰에 악취 문제로 전화를 하고 나서였다"고 말했다.[62] 주민들은 호텔 방에서 다른 시체도 몇 구 발견했고, SRO 건물의 주소는 유산관리 사무소의 연고자가 나타나지 않은 사망자 파일의 주요한 자료가 되었다.

이와는 대조적으로, 수많은 사망자가 발생했던 SRO에서 몇 블록 떨어지지 않은 곳에 연방 정부의 지원을 받아 지어진 SRO 레이크프런트가 있었는데, 이곳 주민들은 치명적인 날씨에도 피해가 크지 않았다. 공적 자금과 섹션 8주택(연방 정부의 저소득층 주택 지원 프로그램—옮긴이) 보조금 등으로 다수의 직원을 두고 냉방장치가 설비된 휴게실, 잘 관리된 주거 공간을 운영할 수 있었기 때문에, 레이크프런트의 관리자는 폭염 같은 비상사태뿐 아니라 개인의 건강과 안전을 지키려는 이들을 도와줄 수 있었다. 참사가 발생한 지 1년 뒤에도 레이크프런트에 장기 거주해온 그레그 포터는 레이크프런트의 지원과 사회복지 단체와의 돈독한 유대관계 덕분에 목숨을 구할 수 있었다는 걸 기억하고 있었다.

기온이 40도가 넘고 습도가 90퍼센트 이상으로 올라가니 큰일 났다는 생각이 들었지요. 아, 그런데 우리한테는 에어컨이 없었어요. 1층 휴게실에만 있었죠. 선풍기가 한 대 있었는데, 그저 더운 공기를 순환시키는 것밖에 안 돼서 별 소용이 없었어요.

1층으로 가야겠다는 생각이 들었고, 그곳에서 우리는 함께 카드 게임을 했죠. 그때가 오후 여섯 시경이었어요. 낮에는 휴게실에 가면 되니까, 아주 쾌적하고 시원해서 좋았어요. 그러니까, 우리도 중앙 냉방을 하면 좋을 텐데 말입니다. 하지만 현실적으로 생각하면, 이런 장소가 있다는 게 어딥니까. 또 하나 좋은 점은 하루 24시간 연중무휴로 이용할 수 있다는 겁니다.

전등 빛이 먼저 어두워졌어요. 그런 일은 평상시에도 있으니까 대수롭지 않게 여겼지요. 전기 사용량이 많아지면 곧잘 그러니까요. 그런데 24시간 동안 전기가 완전히 나갔어요. 실제로는 26시간이었죠. 26시간 동안 어떤 식으로든 전기를 쓸 수 없게 된 겁니다. 마침 저는 그날 쇼핑을 했지 뭡니까. 냉장고에 음식을 넣어두었는데, 냉동식품을 비롯해서 몽땅 못 먹게 되었어요. 금요일에 나갔던 전기는 일요일에야 정상으로 돌아왔죠. 하지만 그때는 (…) 이미 너무 늦었어요. 너무나 많은 사람이 피해를 입었죠. 저는 병원에 입원할 뻔했습니다. 겨우 병원 신세는 면했지만, 끔찍한 일이었어요. 그런 일이 다시는 일어나지 않게 해달라고 기도하고 있습니다.

우리에겐 한 가지 좋은 일이 생겼어요. 우리가 단결하게 됐다는 겁니다. 사람들은 서로 가까워졌어요. 정말이지, 멋진 일이었습니다. 우리는 마치 가족 같았어요. 다른 사람하고 점점 친하게 지내기 힘들어지는 세상이지만, 어려움을 이겨내려고 서로 돕게 됐지요.

호텔 프런트에서 구세군에 연락하자, 그들이 왔습니다. 세상에! 간이매점과 함께 와서 정말 고마웠어요. 무더위를 재난으로 여겨주었습니다. 그리고 맥도널드 햄버거와 레모네이드 따위의 음식을 엄청나게 많이 보내주었습니다. 그들은 정말 우리를 희생자로 여겨주었지요. 그리고 실제로 우린 희생자였습니다.

소방대가 왔고, 구급대원들이 모두 괜찮은지 살폈습니다. 그리고 고마운 사람이…… 델마를 관리하던 관리인이었습니다. 제 친구예요. 정말 대단했습니다. 항상 사람들을 도와주고 모두가 무사한지 확인했죠. 아주 훌륭한 일을 했습니다. 그러니까 제 말은 공을 세운 사람은 정당한 평가를 받아야 한다는 겁니다.

그레그의 이야기는 혼자 무더위를 이겨내야 했던 SRO 주민들의 이야기와 뚜렷한 대조를 이루며, 주 정부의 지원과 전문적인 직원 덕분에 레지던스 호텔에 어떻게 집단적 유대와 협조를 위한 사회적, 정치적 환경이 조성되었는지를 보여준다. 냉방시설이 갖추어진 휴게실은 주민들이 안전하게 사람들과 어울려 휴식을 취할 수 있도록 해주었고, 관리인은 집집마다 돌아다니며 주민들의 안전을 확인했다. 직원들은 지원 기관에 연락하여 전문적인 도움을 요청했고, 지방 정부의 의원들은 현장에 직접 나와 도움을 주었다. 주변에 있는 영리 목적의 주택에서는 이러한 도움을 거의 받을 수 없었다.

그렇지만 문제는 레이크프런트 같은 시설에서 성취한 사회적 통합을 이루려면 치러야 할 희생이 있다는 것이다. 공적 지원을 받는 주택의 수가 1000가구밖에 되지 않아 사람들에게 돌아갈 안전한 공간이 충분하지 않다. 1990년대 말 정부가 지원하는 주택에 입주를 신청하는 사람이 너무 많아 공사에서 지은 주택단지들은 대기자 명단에 이름을 올려주지 않는 경우가 비일비재했다. 대기자 명단에서 우선순위에 오른 사람은 복잡한 선발과정(불법 약물을 사용하는 사람을 걸러내거나 직원들이 통제할 수 없는 행동을 하는지 파악하려는)을 거쳐야 입주할 수 있었다. 이러한 과정은 단지에 입주하는 주민들을 보호하는 데에는 도움이 됐지만, 다른 한편 지원이 적고 위험한 호텔로 탈락한 사람들이 모이는 결과를 낳았다. 카이거의 연구 결과에 따르면, 탈락한 사람들은 정부 지원을 받는 곳이나 시카고주택공사의 주택을 선호했지만 그런 곳에 입주할 가능성이 낮다는 사실을 알고 있었다.[63] 1990년대 초 레이크프런트는 운영하는 주택 수를 늘렸지만, 2000년까지 레이크프런트와 같은 주택을 대규모로 건설하여 노숙인이 될 위기에 봉착한 시카고 SRO 거주민 수천 명의 주거 환경을 개선할 계획은 없었다.

일련의 인터뷰에서 알 수 있듯, 레이크프런트 주민들에게는 그들이 안전한지 확인하며 냉방장치가 있는 휴게실로 내려오라고 권한 관리인과 사회복지사뿐만 아니라 음식과 시원한 음료를 가져다준 경찰, 소방대원을 비롯해 적십자 같은 지역 사회복지 기관에서 나온 사람들도 있었다. 영리 목적의 SRO에 사는 주민들은 거의 도움을 받지 못했다. 유산관리소에서 나온 한 조사관은 기억을 떠올렸다. "호텔에 가기 전 상황이 어떤지 물어보았지만, 관리인은 사람 확인하는 일은 하지 않는다고 하더군요. 자기 일이 아니라면서 말입니다. 우리는 브로드웨이와 로렌스 교차로에 주차하고 종일 걸어다니며 조사를 했죠. 수많은 사람이 이런 호텔 방에서 별 특징 없는 삶을 살아갑니다." 그는 쌓여 있는 사망자 보고서 쪽으로 고개를 까딱였다. "그리고, 저런 일이 생기는 거죠."

고립과 성性

사람들이 혼자 죽어간 노스이스트사이드 지역을 비롯한 여러 곳의 SRO 주택에서 몇 킬로미터 떨어져 있긴 하지만, 유산관리 사무소에서는 도시에서의 고립이 어떻게 나타나고 어떤 결과를 낳는지에 대한 과정을 한눈에 볼 수 있다. 버림받은 사람들과 그들이 잃어버린 사회생활을 찾아 시카고 전역을 뒤지는 조사관들은 홀로 남겨지는 것의 원인과 결과에 대해 공식적인 설명보다 훨씬 더 포괄적이고 현실적인 지식을 갖고 있다. 예를 들어, 고독사한 폭염 희생자들이 도시 대부분의 지역에서 발견됐다는 시장 직속 위원회의 조사 결과에 담긴 진실을 그들은 알고 있다. 또한 그러한 사실에 숨겨진 진실도 알고 있다. 조사관이자 유산관리소 소속 변호사는 유산 관리와 관련된 일이 고립과 은둔이 많이 나타나는 지역에 집중되는 경향이 있다고 내게 말했다. 직원들이 어떤 호텔을 자주 찾아가면 조사원이 원하는 것을 주택관리인이 알고 때로 서류와 소지품을 모아서 주기도 하지만, 그러한 그들의 도움은 대개 유산관리인으로서의 일에 방해가 된다.

카운티와 주 사무소에서 관리하는 사망 기록 역시 고립의 패턴에 관한 유용한 정보를 제공한다. 나이 든 여성이 남성보다 혼자 사는 경우가 훨씬 많지만, 사회적 관계가 끊기는 경우는 별로 없다는 역설은 폭염 사망자 파일에서 뚜렷하게 나타난다. 나는 카운티 혹은 주 정부가 매장해야 했던 무연고 폭염 사망자 56명의 기록을 살펴봤는데, 56명 중 44명, 대략 80퍼센트가 남성이었다. 이는 폭염 위기 때 남성이 얼마나 사회적 빈곤에 시달렸는지 측정할 수 있는 강력한 지표다.[64]

수많은 사회학 연구와 역사 연구에서 도시에서 고독사하는 사람의 성별을 예측했다. 앤 숄라 올로프는 『연금의 정치학The Politics of Pensions』에서 19세기 유럽과 북미의 인구통계 패턴을 검토하여 독신이거나 부인이 사망한 남성이 더 이상 일을 할 수 없게 되면 가족 구성원과 긴밀한 유대관계를 유지하지 못하는 경우가 많다는 사실을 발견했다. 미국의 도시를 대상으로 한 현대의 연구들도 이러한 경향이 이어지고 있음을 보여준다. 이를테면 클로드 피셔는 미국 도시의 사회관계망 연구에서 모든 집단 가운데 "(연락처의 수를 기준으로) 남성 노인이 가장 고립되어 있다"는 것을 발견했다. 호치와 슬레이턴이 수행한 시카고 SRO 설문조사에서는 1980년 모든 호텔 거주민의

78퍼센트, 장기 투숙자의 82퍼센트가 남성이었다.[65]

남성이 친척이나 친구와 친밀한 관계를 유지하는 것에 여성보다 어려움을 겪는 데는 몇 가지 이유가 있다. 폭염으로 가장 큰 피해를 입은 당시 시카고 주민 세대의 전통적인 사회 관습을 따르자면, 남성 사이에 친밀한 유대관계는 바람직하지 않은 것이었다. 역사적으로 성별에 따라 교육이나 양육 패턴이 달라 여자아이들에게는 사회활동을 보조하고 집안을 돌보는 능력을 개발하게 한 반면, 남자아이들은 사회적인 노력이 덜 필요한 분야에 에너지를 쏟도록 훈련받는다. 그리고 노동의 성적 구분 탓에 여성은 대부분의 가사를 책임지고 사교적인 역할을 하는 반면, 남성은 일터에서 중요한 관계를 키워갔다. 남성이 더 이상 일을 하지 못하게 되면, 늘 해오던 가장의 역할을 잃을 뿐 아니라, 하던 일을 기반으로 다져진 인맥에서 떨어져나가고 배우자의 사회적 친분관계와 지원에 의지하게 된다.[66] 부인이 사망했거나 이혼한 남성은 혼자 남겨진 뒤 육체적으로나 정신적으로 건강이 나빠지지만, 이혼했거나 남편이 사망한 여성은 친분관계에서 도움을 받곤 하며, 사회적 신분이 달라져 건강이 나빠지는 경우는 거의 없었다. 자식을 둔 남성은 가족의 도움 없이 살기보다 도움을 줄 수 있는 가족과 다시 합치는 경우가 많았다. 하지만 직접 아이를 돌보거나 나이 들수록 긴밀한 유대관계를 유지하는 여성과는 달리, 혼자 사는 남성은 다른 사람과 함께 살지 못하게 되거나 자녀에게 의존했다. 남성이 비공식적 관계의 사람들과 사이가 멀어지면, 지역 정부나 사회복지 단체가 후원하는 공식 프로그램에서도 배제되곤 한다.[67] 그들은 복지국가의 안전망보다는 형사사법 체계의 수사망에서 발견

될 가능성이 높다.

남성은 또한 친밀감과 우정에 독특한 제약을 받는다. 그 이유는 부분적으로 강인함과 독립성을 복돋우는 남성성에 대한 관습적인 모델이 긴밀한 유대관계의 발전을 방해하기 때문이다. 혼자 사는 남성에 관한 문헌들은 일관적으로 개인성과 고립이 그들의 존재를 부각시킨다고 강조한다. 로버트 루빈스타인이 독거노인에 관한 자신의 신랄한 책에 『각자의 길Singular Path』이라는 제목을 붙인 것은 우연이 아니다. 그 책의 서문은 이렇게 시작된다. "본질적으로, 우리가 인터뷰했던 남성들은 개인들이었지만, 각자 독특한 스타일과 세계관, 사회적 관계, 삶에 대한 '입장slant'을 가지고 있는 인상적인 사람이 몇 명 있었다."[68] 대다수의 남성이 그러한 개성에 대한 압박을 받는다면, 일에서 실패하거나 가족 부양을 하지 못하는 남성은 관계 형성에서 어려움에 처하게 된다. 임무를 수행하지 못해 사회적 기대에 부응할 수 없는 것에 대해 엄청난 수치심과 모욕감을 느끼기 때문이다. 엘리엇 리보는 『길모퉁이의 남자들Tally's Corner』에서 가난한 아프리카계 미국인의 길모퉁이 사회를 관찰하고, 그곳이 "더 이상 실패를 견디지 못하는 사람들을 위한 안식처"이며, "하층민 계급의 특성을 통해 전통적으로 긴밀하게 맺어진 공동체"라고 하지만, "아마도 무상함이 길모퉁이 세상에 사는 남성들에게 가장 뚜렷하고 널리 퍼져 있는 특징일 것임"을 보여준다.[69] 마치 우울증처럼, 그러한 실망과 덧없음 때문에 악순환이 일어나 고립으로 이어질 수 있다. 특히 남성들의 하위문화에서 흔히 접할 수 있는 술을 함께 마시게 된다면 말이다. 수치심과 치욕, 소외감 등은 개인과의 관계뿐 아니라 사회 제도와의 관계에도 영향을 미쳐, 극단적으로 괴로움을 느끼는 경우 모든 것을 부정하고 주류에서 외면당했다고 여기게 된다.

비록 내가 현지 조사를 하는 동안에는 정서적으로 관계에서 멀어지고 외톨이가 되어가는 남성을 관찰하지는 못했지만, 남과 어울리지 않고 사회적 유대를 피하는 경향은 많은 사람에게서 볼 수 있었다. SRO 주민인 밥 그리블로에 따르면 거절과 기만, 실패를 경험하면서 믿을 사람은 아무도 없으며 스스로 보호하려면 혼자 살 수밖에 없다는 것을 깨닫게 되었다고 한다.

나는 늘 의심이 많았다. 사람들과 함께 있는 것을 좋아하지 않는다. 내가 만났던 사람들은 모두 남의 것을 공짜로 얻으려고 했다. 모두 공짜를 바라는 것 같다. 그들은 어떻게든 우리가 도와주길 바란다. 쉽게 도움을 주면, 다시는 그들을 보지 못한다. 내가 도움이 필요할 때 그들을 볼 수 없다. 여기서 일하는 사람들 역시 비슷하다. 그래서 나는 그들을 멀리한다.

내게 아무것도 가져다주는 사람이 없다. 나는 아무것도 하지 말라고 하지는 않는다. 자발적으로 무언가를 하는 사람은 없다. 그게 문제인 것 같다. 지난번에 사귀었던 친구는 나한테 사기를 쳤다! 나를 속이고 보석을 가져갔지. 그리고 시계도 있었어. 여자 친구가 있었는데, 자, 여기 사진 보여줄게. 이 시계와 어울릴 만한 멋진 여자이긴 했지만, 나를 속였어. 여기서 요리를 하고 있었지. 내가 신경을 쓰지 않고 있거나 욕실에 있거나 하는 와중에 가져간 거지. 그게 그 사람들 수법이야.

나는 연금으로 먹고살 순 없어. 나이가 들면 정부는 우리가 사라져주길 바라지. 내 걱정을 하진 않아.

나는 주치의도 없어. 이제 일흔여섯이야, 일흔여섯. 어떤 문제가 있는지 모르지. 마지막으로 의사를 만난 게 1985년이야. 수술을 받았었지, 전립선 수술 말이야. 그래서 치료가 됐어. 나는 여간해서는 잘 낫지 않아. 그래서 지금도 문제가 있지. 방광하고 전립선에 말이야. 나이가 들면 그렇게 된다네. 부어오르는 거지. 저절로 낫는 법은 없어.

그저 무사히 세상을 떠나는 게 내 바람이야. 신경 쓰이는 게 있다면 건강이지. 하지만 나는 괜찮아. 건강이 인생에서 제일 중요하다네. 건강한 게 성공한 거야.

밥이 한 말은, 내가 호텔에서 만났던 다른 몇 사람의 말과 비슷했다. 버림받거나 친구에게 상처를 받은 뒤 기관의 도움을 받아 스스로 그들을 떨쳐버리는 동기부여를 받는 순환과정을 설명하고 있다. 밥은 이 호텔에 사는 다른 주민들뿐 아니라 의료 지원이나 정부의 복지 서비스도 회피하고 있었다. 그는 그들이 자신이 "사라지길" 바란다고 믿었다. 밥이 가족을 만난 지는 40년이 지났고, 호텔 관리인을 제외하면 누구도 밥에게 관심을 갖고 주시하는 사람은 없었다.

비록 혼자 사는 남성이 고립되거나 사회적 지원을 받지 못하는 위험에 처할 가능성이 높긴 하지만, 폴린 잰코위츠와 비올라 쿠퍼 같은 여성도 수많은 독거노인에 포함되며, 사회적 빈곤과 그에 따른 끔찍한 결과에서 전혀 자유롭지 못하다는 사실을 강조해야 한다. 예를 들어 자기 집에서 무기력한 상태, 혹은 사망한 채로 발견된 이들을 조사했던 『뉴잉글랜드 의학 저널』 특집 기사에서는 나이가 많은 노인이 사고를 당할 위험이 가장 높았지만, 샌프란시스코에서 발생한 사건의 51퍼센트를 차지한 것은 여성임을 밝혔다.[70] 폭염 사망자 분포에서도 비슷한 패턴을 보였다. 남성이 여성보다 사망 가능성이 두 배 이상 높았지만(통계적인 연령 보정 절차를 거치고 나면), 여성이 전체 희생자의 45퍼센트를 차지했다. 도시 거주민들을 고독사로 내몰았던 사회적 압력과 공간적 제약은 성별에 관계없이 그 힘을 행사한다.

고립이 집단적으로 나타나게 된 데에는 우리가 지금까지 살펴봤던 것보다 더 많은 요인이 있다. 인구통계학적인 경향, 문화적 변화, 주택의 시설, 성별에 따른 패턴 등 왜 어떤 사람들은 폭염 속에서 사망할 수밖에 없었는지를 아는 데 도움이 되는 요인을 조사하고 나서, 우리는 도시 거주민들의 취약성과 안전에 영향을 미치는 공동체 혹은 지역 수준의 광범위한 조건이 있는지를 평가할 수 있다. 이러한 문제와 함께, 특히 도시지역의 생태가 주민의 건강과 안녕에 어떤 영향을 미치는지에 대한 사회적 부검이 이루어져야 한다.

2장

인종, 장소, 취약성
: 도시의 이웃과 지원의 생태학

7월 21일, 여전히 위험한 더위가 기승을 부리던 시카고에 미국 질병통제예방센터CDC 연구팀이 도착해 폭염으로 인한 사망 요인을 파악하고자 비상 역학 조사를 실시했다. 급하게 계획된 조사였지만 원대한 목표를 가지고 있었다. 연구과정 조율에 도움을 주었던 시 관료는 이렇게 설명했다. "CDC는 크고 강력한 조직이라서 대규모 연구단을 데려왔다." 사례통제 연구는 가까운 곳(같은 거리나 주변 지역)에 사는 비슷한 나이의 폭염 사망자와 생존자를 짝지어서 비교하는 것이다. 나이와 장소를 상수로 고정하면, 역학 조사 연구원은 폭염에서 살아남는 능력에 영향을 미치는 개인 차원의 요인(혼자 사는지, 병이 있는지, 에어컨이 있는지 등)이 무엇인지 판단할 수 있다. 참사가 일어났던 기간에 가장 중요한 영향을 미쳤던 개인적인 특징을 알아내는 일은 까다로웠다. 수석 연구원 얀 세멘사와 그의 동료들은 훗날 이렇게 기록했다. "위험에 처한 사람들에게 접근하여 앞으로 다가올 폭염에 사망자가 생기는 것을 방지하기 위한 공중보건 전략을 수립하는 것이 주목적이었다."[1]

700명에 가까운 폭염 희생자가 시카고 전역에 흩어져 있었기 때문에, CDC 팀은 감당할 수 있는 한도 내에서 사망자를 무작위로 추출해야 했다. 약 80명으로 구성된 연구진은 희생자와 대조군 420쌍을 방문 조사하기로 하고, 친구와 친척, 이웃 등 고인의 인맥, 의료상의 문제, 일상생활 등에 답해줄 만큼 고인에 대해 잘 아는 사람을 인터뷰하며, 표준설문조사 항목까지 빠짐없이 질문하기로 했다. 세멘사는 이렇게 말했다. "대규모 작업이었다. 800회 이상의 인터뷰를 해야 했다. 우리가 다 감당하긴 힘들어 온갖 기관에 협조를 요청했다. 다양한 분야의 사람들이 기꺼이 거리로 나와 도움을 주겠다고 모여들었다. 설문에 빠짐없이 답하는 것은, 특히 고인의 친척에게는 쉬운 일이 아니었다. 아주 고통스런 일이었다." 연구팀에서는 7월 14일에서 17일 사이에 사망한 24세 이상 가운데 주요 사인이나 원사인이 더위 및 심장질환인 사람의 이름과 주소를 사망증명서 및 경찰 보고서와 함께 입수했다.[2] 공식 기록에 따라 연구원들은 사망자가 살던 집으로 찾아갔고, 사망자와 짝을 지을 사람을 찾기 위해 동전을 던져 무작위로 방향을 정한 다음 집집마다 찾아다녔다.

이러한 방법을 이용하여, CDC 팀은 7월 21일에서 8월 18일 사이에 339쌍, 즉 678명뿐 아니라 이 쌍에 포함되지 않은 사망자 33명에 대해서도 연구를 마쳤다. 설문조사 결과에 대해 통계 분석을 한 뒤, CDC 팀은 위기 상황에서 사망률을 높이는 위험 요인을 찾아내는 데 전념했고, 그 결과는 미국의 대표 의학 저널 『뉴잉글랜드 의학 저널』에 발표됐다. 그중 가장 중요한 결론은 폭염의 위험에 가장 취약한 주민들은 매일 집을 나서지 않고, 병이 있어 침대에 누워 있어야 하고, 혼자 살고, 냉방장치가 없고, 교통 시설에 접근하지 못하고, 근처에 지인이 없는 사람이었다.[3] 이 결과는 전 세계 공중보건 기관과 의료·종사자들에게 전해졌고, 폭염이 자주 발생하는 미국의 도시에서 질병이나 사망 예방 전략을 수립하는 데 영향을 주었다.

하지만 역학 연구에서는 주민들이 폭염에서 살아남을 가능성을 높이거나 줄이는 사회 환경적 조건을 파악하기 위해 인구 위험 요인 이외의 것은 시도하지 않았다. CDC 연구원들은 같은 장소에서 선발한 실험 대상을 연구하여 폭염 사망률이 지역에 따라 달라지거나 참사를 둘러싼 사회적 환경의 영향을 받을 가능성을 배제했다.[4] 가난하고 제도적으로 도움을 받지 못한다든가 정치적으로 무관심한 지역에 산다면, CDC의 분석은 도움이 되지 않을 것이다. CDC의 연구는 공중보건 기관에 대한 관심을 폭염 관련 문제가 집중적으로 나타날 것 같은 지역이 아니라 특정 개인들, 즉 폭염에 가장 취약한 사람들에게 돌린다. 최근 몇몇 학자가 도시의 사회적 생태와 정치경제학이 평상시 주민의 건강과 복지에 영향을 미친다고 주장하여 관심을 모았지만,[5] 극단적인 사건이 발생했을 때에도 그러한 조건이 사람들의 건강에 영향을 미치는지 묻는 사람은 거의 없었다. 폭염 기간 중 사망자의 분포에는 공간적인 패턴이 뚜렷하게 나타난다. 그러나 (4장과 5장에서 보겠지만) 공식적으로나 언론에서 다루는 담론(재난은 "시의 모든 지역에 영향을 미쳤다" 같은 문장에서 볼 수 있듯)에서는 대부분 이러한 경향을 보여주지 않는다.

사회학 이론과 정량적 연구 기법 덕분에 다양한 유형의 역학 조사를 수행할 수 있게 됐다. 개인 수준의 정보만으로 조사를 마무리하는 대신, 우리는 극단적인 사건과 평상시의 상황 모두에 대한 도시 보건 연구에 지역 혹은 사회생태학적 분석이라는 층위를 더할 수 있다. 인구통계학자와 지리학자는 인구조사 구역이나 지역 수준의 데이터를 이용하여 재난 시 장소 관련 조건(토지 이용도, 개발 패턴, 인종 분리, 폭력, 기후 등)이 건강에 어느 정도까지 영향을 미치는지 평가할 수 있다. 예를 들어 지리학자 캐런 스모이어는 1980년 세인트루이스 폭염 때 "사망률이 낮았던 지역은 주로 비교적 시원하고 잘살고 안정적인 남쪽과 서쪽 지역이었다"는 사실을 보여주었다. 반면 사망률이 높았던 곳은 비교적 기온이 높은 상업지구와 주택 밀도가 낮고 인구가 적은 쇠퇴하는 지역이었다. 이러한 결과는 스모이어의 연구 이전에 폭염 취약성에 관한 극소수의 지리적 연구에서 재난의 사망률과 지역의 빈곤, 저질 주택, 녹지 부족, 집중된 도시 열섬 효과 사이에 의미 있는 상관관계가 존재한다는 주장과 대부분 일치한다.[6]

1995년 시카고 참사 당시 사망자의 공간적인 분포는 다른 도시에서 발생한 폭염과 일부 특징을 공유하지만, 시카고 고유의 패턴도 뚜렷하게 존재한다.[7] 폭염과 관련하여 가장 높은 사망률을 보이는 시카고 지역(그림 23)은 역사적으로 아프리카계 미국인이 모여 사는 블랙 벨트Black Belt라고 불리는 남부와 서부에 집중되어 있다.[8] 이 지도가 특히 인상적인 이유는 사망률이 높은 지역이 남쪽에 있는 번사이드에서 시작해 서쪽으로 기울어져 올라가다 가장 부유한 지역이자 무더위를 피하기 쉬운 노스사이드로 이어지기 전에 끝나기 때문이다. 비록 아프리카계 미국인이 주로 사는 몇몇 지역에서 이례적으로 사

□ 폭염 관련 사망률이 높은 상위 15개 커뮤니티 지역
● 독거노인 비율이 높은 상위 15개 커뮤니티 지역

1. 로저스파크
2. 웨스트리지
3. 업타운
4. 링컨스퀘어
5. 노스센터
6. 레이크뷰
7. 링컨파크
8. 니어노스사이드
9. 에디슨파크
10. 노우드파크
11. 제퍼슨파크
12. 포리스트그린
13. 노스파크
14. 올버니파크
15. 포티지파크
16. 어빙파크
17. 더닝
18. 몬트클레어
19. 벨몬트크래긴
20. 허모서
21. 애번데일
22. 로건스퀘어
23. 험볼트파크
24. 웨스트타운
25. 오스틴
26. 웨스트가필드파크
27. 이스트가필드파크
28. 니어웨스트사이드
29. 노스론데일
30. 사우스론데일

31. 로어웨스트사이드
32. 루프
33. 니어사우스사이드
34. 아머스퀘어
35. 더글러스
36. 오클랜드
37. 풀러파크
38. 그랜드불러바드
39. 켄우드
40. 워싱턴파크
41. 하이드파크
42. 우드론
43. 사우스쇼어
44. 채텀
45. 애벌론파크
46. 사우스시카고
47. 번사이드
48. 캘러멧하이츠
49. 로즈랜드
50. 풀먼
51. 사우스디어링
52. 이스트사이드
53. 웨스트풀먼
54. 리버데일
55. 헤지위시
56. 가필드리지
57. 아처하이츠
58. 브라이턴파크
59. 매킨리파크
60. 브리지포트

61. 뉴시티
62. 웨스트엘스던
63. 게이지파크
64. 클리어링
65. 웨스트론
66. 시카고론
67. 웨스트엥글우드
68. 엥글우드
69. 그레이터그랜드크로싱
70. 애슈번
71. 오번그레셤
72. 베벌리
73. 워싱턴하이츠
74. 마운트그린우드
75. 모건파크
76. 오헤어
77. 에지워터

__그림 23__ 시카고에서 폭염으로 인한 사망률과 독거노인의 비율이 가장 높은 지역. 5분위수에 해당되는 지역
이 지도에 표시되어 있다.

망률이 낮게 나왔지만, 사망률이 높은 지역이 시카고 흑인 거주지역에 몰려 있다는 사실은 뚜렷하게 드러났다.

루프 바로 남쪽에 사망률이 높은 지역이 집중되어 있다. 니어사우스사이드에서 시작해 남쪽으로 구舊블랙벨트 지역을 거쳐 각각 동쪽과 남쪽 멀리 있는 우드론과 채텀 같은 새로운 아프리카계 미국인 커뮤니티 지역과, 루프의 서쪽 니어웨스트사이드 지역도 사망률이 높은 서쪽 지역으로 이어진다. 그림 24와 25는 각각 높은 빈곤율과 범죄율로 악명 높은 지역을 보여준다.[9] 폭염 사망자가 밀집되어 있는 다른 곳은 니어사우스사이드 지역으로, 그림 23에서 볼 수 있듯 독거노인이 많이 모여 있다. 폭염 사망률이 높은 커뮤니티 지역을 보여주고 있는 표 3 역시 인상적이다. 폭염 기간 중 사망률이 높았던 상위 15곳의 커뮤니티 지역 가운데 10곳에서 아프리카계 미국인 거주 비율은 94퍼센트에서 99퍼센트에 달했고, 나머지 지역의 비율은 77퍼센트였다.[10] 나머지 네 지역은 그 이유가 뚜렷했다. 웨스트타운은 라틴계와 푸에르토리코인들이 많이 사는 지역으로 시카고주택공사의 노인공공주택이 다른 지역보다 많아서 사망률이 높았다. 아처하이츠, 매킨리파크, 브라이턴파크 등 사우스웨스트사이드에 있는 인접한 세 지역이 특히 폭염에 취약했던 이유는 두 가지다. 하나는 이 지역에 붉은 벽돌과 검은 지붕으로 된 주택이 많아 실내 온도가 높아졌기 때문이다.[11] 다른 하나는 역사적으로 이곳에는 폴란드계 공동체가 집중되어 있었는데(특히 매킨리파크와 브라이턴파크), 새롭게 라틴계 주민들이 대거 유입되면서 백인 노인들이 문화적, 언어적으로 소외되었기 때문이다.

폭염 관련 사망률이 높은 상위 15개 커뮤니티 지역
폭력범죄율이 높은 상위 15개 커뮤니티 지역

1. 로저스파크
2. 웨스트리지
3. 업타운
4. 링컨스퀘어
5. 노스센터
6. 레이크뷰
7. 링컨파크
8. 니어노스사이드
9. 에디슨파크
10. 노우드파크
11. 제퍼슨파크
12. 포리스트그린
13. 노스파크
14. 올버니파크
15. 포티지파크
16. 어빙파크
17. 더닝
18. 몬트클레어
19. 벨몬트크래긴
20. 허모서
21. 애번데일
22. 로건스퀘어
23. 험볼트파크
24. 웨스트타운
25. 오스틴
26. 웨스트가필드파크
27. 이스트가필드파크
28. 니어웨스트사이드
29. 노스론데일
30. 사우스론데일

31. 로어웨스트사이드
32. 루프
33. 니어사우스사이드
34. 아머스퀘어
35. 더글러스
36. 오클랜드
37. 풀러파크
38. 그랜드불러바드
39. 켄우드
40. 워싱턴파크
41. 하이드파크
42. 우드론
43. 사우스쇼어
44. 채텀
45. 애벌론파크
46. 사우스시카고
47. 번사이드
48. 캘러멧하이츠
49. 로즈랜드
50. 풀먼
51. 사우스디어링
52. 이스트사이드
53. 웨스트풀먼
54. 리버데일
55. 헤지위시
56. 가필드리지
57. 아처하이츠
58. 브라이턴파크
59. 매킨리파크
60. 브리지포트

61. 뉴시티
62. 웨스트엘스던
63. 게이지파크
64. 클리어링
65. 웨스트론
66. 시카고론
67. 웨스트엥글우드
68. 엥글우드
69. 그레이터그랜드크로싱
70. 애슈번
71. 오번그레셤
72. 베벌리
73. 워싱턴하이츠
74. 마운트그린우드
75. 모건파크
76. 오헤어
77. 에지워터

그림 24 시카고에서 폭염으로 인한 사망률과 범죄 발생률이 가장 높은 지역. 5분위수에 해당되는 지역이 지도에 표시되어 있다.

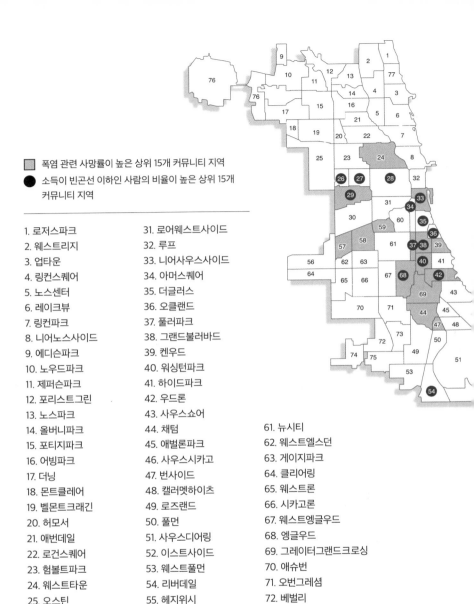

폭염 관련 사망률이 높은 상위 15개 커뮤니티 지역

소득이 빈곤선 이하인 사람의 비율이 높은 상위 15개 커뮤니티 지역

1. 로저스파크
2. 웨스트리지
3. 업타운
4. 링컨스퀘어
5. 노스센터
6. 레이크뷰
7. 링컨파크
8. 니어노스사이드
9. 에디슨파크
10. 노우드파크
11. 제퍼슨파크
12. 포리스트그린
13. 노스파크
14. 올버니파크
15. 포티지파크
16. 어빙파크
17. 더닝
18. 몬트클레어
19. 벨몬트크래긴
20. 허모서
21. 애번데일
22. 로건스퀘어
23. 험볼트파크
24. 웨스트타운
25. 오스틴
26. 웨스트가필드파크
27. 이스트가필드파크
28. 니어웨스트사이드
29. 노스론데일
30. 사우스론데일

31. 로어웨스트사이드
32. 루프
33. 니어사우스사이드
34. 아머스퀘어
35. 더글러스
36. 오클랜드
37. 풀러파크
38. 그랜드불러바드
39. 켄우드
40. 워싱턴파크
41. 하이드파크
42. 우드론
43. 사우스쇼어
44. 채텀
45. 애벌론파크
46. 사우스시카고
47. 번사이드
48. 캘러멧하이츠
49. 로즈랜드
50. 풀먼
51. 사우스디어링
52. 이스트사이드
53. 웨스트풀먼
54. 리버데일
55. 헤지위시
56. 가필드리지
57. 아처하이츠
58. 브라이턴파크
59. 매킨리파크
60. 브리지포트

61. 뉴시티
62. 웨스트엘스던
63. 게이지파크
64. 클리어링
65. 웨스트론
66. 시카고론
67. 웨스트엥글우드
68. 엥글우드
69. 그레이터그랜드크로싱
70. 애슈번
71. 오번그레셤
72. 베벌리
73. 워싱턴하이츠
74. 마운트그린우드
75. 모건파크
76. 오헤어
77. 에지워터

그림 25 시카고에서 폭염으로 인한 사망률과 소득이 빈곤선 이하인 사람의 비율이 가장 높은 지역. 5분위수에 해당되는 지역이 지도에 표시되어 있다.

표 3. 시카고 커뮤니티 중 폭염 관련 사망률이 높은 지역

커뮤니티 지역	10만 명당 폭염 관련 사망자	흑인 인구 비율	65세 이상 인구 비율	1960~ 1990년 인구 유출 비율	1994~1995년 총 폭력범죄 순위 (77커뮤니티 지역)
폴러파크	92	99	19	64	1
우드론	73	96	18	66	8
아처하이츠	54	0	21	13	56
그레이터그랜드 크로싱	52	99	18	39	15
워싱턴파크	51	99	11	56	2
그랜드불러바드	47	99	14	55	3
매킨리파크	45	0	13	21	46
노스론데일	40	96	9	62	18
채텀	35	99	19	16	30
켄우드	33	77	15	56	31
엥글우드	33	99	11	50	13
웨스트타운	32	10	9	37	38
브라이턴파크	31	0	15	15	50
번사이드	30	98	6	0	21
니어사우스 사이드	29	94	13	34	5
시카고	7	39	12	22	–

일리노이 보건부(1997), 시카고 통계백서 컨소시엄(1995),
시카고시 보건부(1996) 등에서 찾아낸 521건의 사망자 자료에 근거했다.

지도는 폭염 사망자와 특정 커뮤니티 지역의 환경 사이에 뚜렷한
상관관계가 있음을 보여준다. 일리노이 연구원들은 사망률이 다양하

게 나타나는 원인을 상세히 조사하기 위해 스모이어가 사용했던 방법과 비슷한 통계 연구를 활용했다. 일리노이 보건부의 티푸 센과 그의 동료들은 상대적으로 범죄율이 높고 노인이 많이 사는 커뮤니티 지역에서 폭염 사망자가 발생할 가능성이 상당히 높다는 사실을 발견했다.[12] 연구팀은 빈곤선 이하의 생활을 하는 주민의 비율과 관계가 있는지는 조사하지 않았기 때문에, 장소에 따른 빈곤과 폭염 취약성에 관한 정보는 알 수 없었다. 공중보건 연구원들은 사망률에 있어서 이웃 지역 간 신뢰할 만한 수준의 뚜렷한 차이가 있다고 확신했지만, 그에 대한 연구와 설명은 다른 연구원들의 과제로 남겨놓았다.

하지만 폭염 이후 장소에 따른 위험 문제를 다시 다루거나, 폭염이 건강에 미치는 위험에 대한 공개 토론 혹은 정책 토론에서 개인 또는 인구 수준의 조건을 넘어서는 일은 없었다. 시카고와 세인트루이스에서 발생한 폭염에 관한 약간의 정량적인 단서를 이용하여 빈곤, 노인 인구, 녹지 부족, 범죄율 등 특정 커뮤니티 지역에서 나타나는 특징들이 폭염 사망률과 관련이 있다는 것을 보여주었다. 하지만 인구통계학자에게 이러한 조건을 조사할 충분한 데이터가 있다고 해도, 극한의 여름 날씨에 지역 환경이 어떻게 주민들을 위협하거나 혹은 보호해주는지 설명한 연구는 없었으며, 도시지역에서 표준통계 데이터의 범위를 벗어나는 환경 조건을 알아낸 정성적인 연구도 없었다.[13] 이러한 연구가 없었던 이유에는 주민의 건강과 안전에 영향을 미치는 지역의 조건이 작동하는 방식을 알아내기 위한 연구를 하려면 집중적인 현지 조사를 비롯하여 지역 주민과 단체, 공공장소와 긴밀한 유대관계를 맺어야 한다는 점도 작용하고 있다. 그러한 연구가 없다면 정성적인 연구의 범위를 벗어나는 커뮤니티 수준의 실천 (이를테면 주민들이 인도와 공공장소를 이용하는 방식, 사회적 교류를 촉진하는 데 상업적인 장소가 하는 역할, 주민들이 위험에서 자신을 지키기 위한 전략, 사회적인 보호를 제공하는 지역 단체의 역할 등)이 사망률에 미치는 영향을 알아내기는 불가능하다.

CDC가 수행했던 커뮤니티 수준의 폭염 연구에는 막대한 양의 인력과 자원, 시간이 들어갔다. 따라서 같은 규모의 분석을 수행하는 것은 불가능하다.[14] 하지만 특정 지역에만 초점을 맞춰 작은 규모의 연구 프로젝트를 수행한다면 평상시뿐만 아니라 극단적인 사건이 발생했을 때 장소와 건강, 위험 사이에 어떤 관계가 있는지 이해도를 높일 수 있을 것이다. CDC의 사례통제 방법과 도시사회학자들이 여러 세대에 걸쳐 연마한 기법을 조합하여, 나는 인구통계적 유사성은 아주 강하지만 사망률은 매우 다른 인접 커뮤니티 지역을 찾는 데 관심을 두었다. 비교 사례 연구는 CDC 역학 조사에서 사용하는 대규모 선결 변수가 없기에, 지역의 사회적 환경과 주민들이 고독사한 특별한 환경 사이의 관계를 확립하는 것은 어려울 수밖에 없다. 하지만 두 커뮤니티 지역에 대한 집중적인 정밀 조사를 통해 장소 기반의 취약성 혹은 방어에 대해 새롭게 이해할 수 있는 방법을 제시할 것이다. 또한 전통적인 방식으로는 측정이 불가능했던 사회적, 생태적 조건이 주민들이 폭염에서 살아남을 수 있는 능력에 어떤 영향을 미치는지에 대한 통찰도 얻을 수 있을 것이다.[15]

짝짓기

CDC 역학 조사와 마찬가지로, 내가 할 일은 참사 기간 중 다른 결과가 나온 사례의 쌍을 찾아내는 것이었다. 폭염 사망률에 영향을 미치는 장소 기반 조건에 관한 연구에서 빈곤과 범죄, 노인, 녹지 부족 등을 강조했기 때문에, 나는 이러한 값들이 비슷하고 인구가 충분히 많아 사망률을 비교하는 데 신뢰감을 줄 수 있는 주거지역 두 곳을 찾았다.[16] 웨스트사이드에 있는 한 쌍의 인접한 커뮤니티 지역이 그러한 대조를 이루는 것처럼 보였다. 노스론데일에서는 19명이 폭염으로 사망했는데, 이는 10만 명당 40명의 비율이다. 사우스론데일(사람들은 보통 리틀빌리지라고 부른다)에서는 3명이 사망했는데 10만 명당 4명의 비율이며, 노스론데일의 10분의 1 수준이다. 두 지역은 이름 말고도 비슷한 점이 많았다. 1990년대에 노스론데일과 사우스론데일은 기후가 유사했고, 독거노인의 수와 빈곤층 노인의 수도 거의 동일했다. 두 지역은 자연스럽게 폭염에 가장 위험한 변수라고 여겨지는 날씨와 인구 변수를 통제하고 있었다.

대부분의 사람이 보기에 두 지역의 뚜렷한 차이는 주민의 민족 및 인종 구성이었다. 노스론데일은 인구의 96퍼센트가 아프리카계 미국인인 반면, 리틀빌리지는 85퍼센트가 라틴계였다. 공중보건 연구원들은 시카고의 아프리카계 미국인들에게서 폭염 관련 사망자 수가 가장 많이 나올 위험성이 높은 반면, 라틴계 미국인들은 살아남을 가능성이 높을 것으로 보았다. 폭염이 지나간 뒤에도 정부 관료와 언론인, 학자들은 모두 왜 그런 차이가 나타나는지 이해할 수 없었다.

라틴계는 빈곤과 위험 수준이 모두 높았지만, 흑인이나 백인보다 훨씬 잘 견뎌냈다.[17]

두 지역을 잘 아는 사람은 쉽게 구별할 수 있을지 모르지만, 노스론데일과 사우스론데일에 대해 자료로만 접한 외부인에게는 폭염으로 그렇게 큰 사망률 차이가 발생한 데 대한 신뢰할 만한 근거가 거의 없을 것이다. 표 4를 보면, 노스론데일과 사우스론데일은 독거노인의 인구수와 빈곤층 노인의 비율이 거의 같다. 리틀빌리지의 독거노인은 1256명으로 전체 노인 인구의 31퍼센트에 해당되고, 노스론데일에는 956명이 있어 전체 노인 인구의 24퍼센트에 해당된다. 하지만 두 지역의 위험 요인은 각기 다르다. 모두 시카고의 다른 지역보다 빈곤 수준이 높지만, 노스론데일은 빈곤선의 두 배 이하 소득 가정이 71퍼센트이고, 빈곤선 이하 소득 가정은 44퍼센트로, 각각 62퍼센트와 22퍼센트인 사우스론데일보다 소득이 적었다.[18] 표 5를 보면, 노스론데일은 범죄 수준도 높게 나온다. 하지만 1994년과 1995년에는 범죄율이 시카고의 지역별 범죄율 순위에서 5분위수 안에 포함되지 않았다는 사실을 알 수 있다. 리틀빌리지 고유의 위험 요인은 정책 입안자나 학자들이 문화적 혹은 언어적 고립자라고 부르는 사람이 많은 데 있다. 이들은 폭염에 사망할 가능성이 높은 인구통계학적 특징에 잘 들어맞는다. 리틀빌리지에 사는 노인의 약 46퍼센트는 백인 '터줏대감'들로 젊은 백인들이 떠난 곳에 오랫동안 거주해왔다. 반면 아프리카계 미국인이 대부분인 노스론데일은 노인의 2퍼센트만이 백인이었다.[19]

지금까지 두 지역의 사망률, 아니 더 일반적으로 아프리카계 미국

표 4. 노스론데일과 사우스론데일의 특징

조건	노스론데일	사우스론데일	시카고
빈곤층 노인	26%	22%	16%
빈곤선 2배 이하의 노인	71%	62%	41%
빈곤층	44%	22%	18%
65세 이상 인구수	4029	3965	33만4046
독거노인	956	1256	10만6792
65세 이상 인구 비율	8.5%	4.0%	12%
독거노인 인구 비율	24%	31%	32%
'소수 인종' 인구 비율	99% (96% 흑인)	94% (85% 라틴계)	58%
폭염으로 인한 사망자 수	19	3	521
폭염으로 인한 사망률	40/10만	4/10만	7/10만

출처: 시카고 통계백서 컨소시엄(1995) 그리고 롤러, 암그렌, 곰버그

표 5. 1994~1995년, 10구역과 11구역의 총 폭력범죄 보고 건수

폭력범죄	11구역	10구역	시카고
건수	4714	2973	21만8894
희생자 비율	10/10만	4/10만	8/10만
순위 (77개 커뮤니티 지역 중)	18	59	–

출처: 시카고 시(1996). 11구역은 노스론데일의 대부분을 포함하며, 10구역은 리틀빌리지와 약간의 노스론데일 지역을 포함한다.

인과 라틴계 미국인 사이에 사망률이 차이 나는 이유에 대한 가장 유력한 설명은 집단을 구성하는 민족 및 인종 구성에 초점을 맞춰왔

다.[20] 사망률 차이에 대한 대표적인 문화적 설명이 두 가지 있다. 첫째는, 라틴계 미국인은 대다수가 최근까지 남아메리카 기후에서 살았기 때문에 더위에 익숙해서 대처하는 법을 잘 알기 때문이라는 것이다. 한 라틴계 정보 제공자는 이러한 주장에 대해 "남아메리카 사람들은 더위에 익숙하니까요. 멕시코나 쿠바, 푸에르토리코 등의 평균 기온은 섭씨 28도에서 30도나 되거든요"라고 말했다. 두 번째 주장은 라틴계 노인들이 여러 세대로 구성된 대가족의 강한 유대관계 덕분에 평상시나 위기 상황에 긴밀하게 연락을 취할 수 있기 때문이라는 것이다. 다른 라틴계 정보 제공자는 이렇게 말했다. "시카고에 사는 대표적인 집단인 코카서스인, 아프리카계 미국인, 라틴계 중에서 라틴계는 고립과 가장 거리가 먼 집단입니다. (…) 라틴계가 다른 집단보다 자신의 가족과 더 가깝게 지내는 것 같습니다."

다수의 시카고 시민과 폭염에 관해 이야기하며 들었던 주요한 '인종적' 요인은 생리학적으로 라틴계가 더위를 잘 견딘다는 점이다.[21] "자연스럽게 더위에 저항하는 능력이 생긴 것 같아요. 피부나 유전자에 더위를 잘 견디게 하는 무언가가 있는 게 아닌가 싶습니다." 라틴계 정보 제공자 중 한 명이 내게 말했다. 노인들과 정기적으로 일하는 다른 백인 여성 정보 제공자는 라틴계의 "신진대사와 신체의 화학 작용이 (…) 기온이 높을 때도 잘 견디게 되어 있다"고 덧붙였다. 이들 가운데 노스론데일과 리틀빌리지 사이의 폭염 사망률 차이에 대한 설득력 있는 주장은 하나도 없다. 인종적 특징에 관한 주장은 과학보다는 신화에 근거를 두고 있다. 라틴계가 더위에 잘 견디는 유전적 혹은 생리학적 특성이 있다는 주장에는 신뢰할 만한 과학적 근거가 없을 뿐만 아니라, 리틀빌리지 주민을 비롯하여 다양한 라틴계 미국인을 하나로 통합하는 라틴계만의 '인종적 특징'도 없다.

더위에 잘 적응하고 가족과의 유대관계가 돈독하다는 문화적 요인에 관한 주장 역시 만족스럽지 않다. 사회학자들과 사회복지 단체들이 돌봄 문화를 민족적으로 구별하는 경우가 많긴 하지만, 이렇게 돌봄을 실천하는 관습이 집단의 정체성을 나타내는 고유한 특징이라는 근거는 거의 없다. 나이 든 라틴계 사람들이 친구와 여러 세대에 걸친 대가족 사이에서 강한 유대관계를 형성한다는 주장은 처음에는 설득력 있게 들리기도 한다. 특히 라틴계 공동체에서는 전통적으로 조부모의 역할이 중요하다는 사실을 고려한다면 말이다. 하지만 주의해야 할 이유가 최소 두 가지 있다. 첫째, 멕시코계 미국인 노인을 대상으로 한 최근 설문조사에 따르면, 본토에서 태어난 멕시코계 미국인 노인이 해외에서 태어난 멕시코계 미국인 노인보다 자식들과 떨어져 살거나 정기적으로 만나지 않는 경우가 많았다.[22] 민족성만으로는 이 차이를 설명할 수 없는 것이 분명하며, 멕시코계 미국인이 살고 있는 사회 환경의 차이가 문화적 차이에 대해 많은 부분을 설명해줄 수 있다. 둘째, 많은 학자는 아프리카계 미국에게서도 여러 세대에 걸친 대가족의 유대관계와 존경받고 융화된 조부모의 모습을 볼 수 있다고 주장했다.[23] 이 역시 민족성만으로는 노인을 도와주는 지원 네트워크의 차이를 설명할 수 없다.

더운 지방에서 산 경험이 있는 집단이 더위에 잘 적응한다는 주장은 시카고에 사는 아프리카계 미국인 노인에게 해당될 수도 있다. 대부분 미국 남부 지방에서 태어났고 아프리카에 뿌리를 두고 있으니 말이다. 하지만 앞서 보았듯 노령의 아프리카계 미국인은 모든 민족 및 인종 집단 가운데서 사망률이 가장 높았다. 결론적으로 커뮤니티별 사망률의 차이에 대한 '인종' 및 민족적 요인에 대한 주장은 폭염 사건의 핵심을 과장하고 있다. 리틀빌리지의 사회 환경은 그 지역의 라틴계 인구를 보호했을 뿐 아니라 문화적으로나 언어적으로 고립된, 마찬가지로 사망할 위험이 큰 백인 노인들까지도 보호해주었다.

이러한 결과는 노스론데일의 아프리카계 미국인 사이에 형성된 사회적 관계가 리틀빌리지보다 미미하다면, 결국 민족성이나 '인종'의 차이 문제로 접근했을 때 설명될 수 없는 부분을 보여준다. 사회적 지원 행위가 집단 사이뿐 아니라 집단 내부에서도 변화한다면, 서로 관심을 가지고 도와주는 관계가 있다는 강력한 문화적 주장을 하기 위해서는 두 커뮤니티 지역의 사회 환경을 더 자세히 관찰해야 한다.[24]

빈곤의 사회 환경 변화

두 지역을 몇 분만 관찰하거나, 아니면 두 지역의 경계이자 서쪽에 철로가 있는 서맥로드를 따라 차를 타고 훑어보기만 해도, 양쪽 지역에 사는 많은 주민의 말처럼 사우스론데일과 노스론데일은 "완전히 다른 세상"이라는 것을 알 수 있다. 대다수의 주민과 외부인은 두 지역의 차별성을 민족 및 인종적 특징에서 찾지만, 그 차이는 인구통계학적 정체성에서 훨씬 벗어나 있다. 먼저, 노스론데일과 리틀빌리지는 (로버트 매켄지가 "환경의 선택적, 분배적, 수용적 힘에 영향을 받는 인간의 시공간적 관계" 혹은 지역을 구성하는 인간과 제도의 공간적 분배라고 한) 생태학적 특징이 서로 다르다. 두 지역은 마르셀 모스가 "사회의 물질적 토대, 즉 국가를 세울 때 가정하는 형태, 인구의 크기와 밀도, 분배 방식을 비롯한 집단생활의 기반 역할을 하는 사물의 총체ensemble"라고 정의한 사회형태론적 조건 역시 다르다.[25] 지역 커뮤니티의 사회생태학은 지역 사회생활의 기반이며, 사회적 관계망이 성장하거나 혹은 시들어가는 토양이다.[26] 따라서 노스론데일과 리틀빌리지 같은 도시지역은 주민의 정체성뿐 아니라 사회적, 물리적 환경의 구조와 구성에 따라 구별될 수 있다.

하지만 도시 빈곤에 관해 미국에 널리 퍼져 있는 전통적인 사고방식은 장소나 사회 환경보다는 가난한 사람과 그들의 개인적인 특징에 초점을 맞춘다. 이는 가난한 사람의 행동이 자신의 가난을 낳는 원인이 된다는 주장에서 여실히 드러나며, 진보적인 이론에도 영향을 미치고 있다. 한편 도시의 사회질서에 영향을 미치는 공간의 환경을 강조하는 도시지역 연구의 유산도 풍부하다.[27] 요즘 도시학자들은 대부분 인구밀도가 높으면 지역 내의 사회적 유대관계가 약화된다고 주장하지만, 제인 제이컵스는 인구밀도가 높은 것과 과밀거주를 구분한다. 이는 각각 주민을 숨 막히게 하고, 공동체 생활을 억압한다. 제이컵스에 따르면 인구밀도와 대중활동은 왕성한 지역사회 관계망을 위한 필수 조건이다. 도시지역 주민들은 편리하고 안전한 도로 및 인도나, 집에서 나오게 할 만한 공공장소가 없으면 말 그대로 고립을 경험하거나 사회에서 멀어질 가능성이 높다.

이 장에서는 장소에 따른 사회생태학과 그것이 문화적 관습에 미치는 영향이 노스론데일과 사우스론데일의 폭염 사망률 차이를 설명해준다는 주장에 대해 논할 것이다. 지역의 환경은 노령층 주민들에게 큰 영향을 미친다. 건강 문제로 이동하기가 불편해지면 지역 바깥으로 나가기가 어려워지기 때문이다. 노스론데일에서는 버려진 건물과 공터, 수익성 하락, 폭력범죄, 낙후된 기반시설, 낮은 인구밀도, 가족의 분산 등 위험한 환경 때문에 공공생활과 지역 지원 시스템의 존립이 위태로워져 노령층 주민들은 특히 고립에 취약해졌다. 하지만 리틀빌리지에서는 번화한 거리와 왕성한 상업활동, 밀집된 주거지역, 상대적으로 낮은 범죄율 덕분에 사회적 접촉과 단체활동, 공공활동의 참여가 늘어났고, 근처의 생활편의시설을 이용할 가능성이 높은 노인들을 위한 특별한 혜택을 제공했다.[28] 이러한 지역 환경은 폭염 기간 중 두 지역의 주민들에게 직접적인 영향을 미쳤다. 노스론데일은 더위에 취약한 시카고 시민이 살아남는 데 도움이 되는 사회적 접촉 가능성을 제한한 반면, 리틀빌리지는 그 가능성을 높였다.

버림받은 커뮤니티

최근 경제가 되살아나긴 했지만, 노스론데일의 거리와 주요 주택가 지역에서는 지난 수십 년 동안 공장과 사업체, 주민들에게 버림받은 흔적과 1968년 마틴 루서 킹 주니어 사망 이후 일어난 항거 때

타올랐던 불꽃이 사그라든 흔적을 간직하고 있다. 노스론데일의 주 도로와 주거지역 대부분의 풍경에서 눈에 띄는 것은 유리창에 판자를 댄 황폐한 건물, 곧 무너질 듯한 패스트푸드점, 색이 바랜 표지판과 함께 문을 닫은 상점, 높이 자란 잔디와 잡초, 깨진 유리, 불법 투기된 폐기물이 가득한 야외 주차장 등으로, 지역이 쇠퇴하고 있음을 보여준다. 주택 공급이 약 50퍼센트 감소(3만243가구에서 1만5686가구)했고, 1960년에서 1990년 사이에 인구의 60퍼센트가 줄었다. 이러한 변화의 결과는 남아 있는 주민들에게 사회적으로나 환경적으로 큰 충격을 주고 있다.[29]

지역 기반시설의 붕괴는 커뮤니티에서 제조업, 상업, 주민이 감소하는 결과로 이어졌다. 20세기 초 노스론데일에는 폴란드인과 체코슬로바키아인 이민자들이 몰려들었는데, 주로 지역 철도 주변에 자리 잡은 주요 기업들 때문이었다. 웨스턴일렉트릭, 시어스로벅 등을 비롯하여 매코믹리퍼(인터내셔널하베스터, 훗날 나비스타인터내셔널 사가 되었다)도 근처에 있었다. 인구는 1910년과 1920년 사이에 러시아 유대인이 대거 유입되면서 4만6226명에서 9만3750명으로 두 배가 늘었다. 1930년까지 노스론데일 지역은 주민과 소매상으로 가득했고, 인구밀도는 일반적인 도시의 두 배에 육박했다. 루스벨트로드는 시카고 유대인 커뮤니티의 상업적, 문화적 중심지가 되었고, 오늘날 교회가 된 유대인 예배당 60곳이 그 주변에 우후죽순 생겨났다. 남쪽으로는 더글러스 공원, 북쪽에는 가필드 공원, 동쪽에는 프랭클린 공원 등이 빼곡히 들어차 도심지의 휴식처 역할을 했다. 석회석과 벽돌로 지은 웅장한 주택과 아파트는 주거지역에 우아함을 더해주었다.

표 6. 노스론데일의 인구, 1950~1990년

연도	인구(명)	인구 증감(%)	백인 인구(%)	흑인 인구(%)
1950	10만489	–	87	13
1960	12만4937	+24	9	91
1970	9만4772	-24	3	96
1980	6만1523	-35	2	97
1990	4만7296	-23	2	96

유대인은 1930년대와 1940년대에 이 지역의 주류 집단이었지만, 대다수의 지역 주민이 집을 사지 않고 세를 얻어 살았기 때문에 공동체가 뿌리 내리지는 않았다. 이를테면, 1939년 노스론데일에 있는 가구의 81퍼센트가 세입자였다.[30] 1940년에 노스론데일의 아프리카계 미국인은 불과 380명이었지만, 1940년대에 흑인들이 시카고 남쪽 지역에서 빠져나와 대거 이주하는 두 번째 흐름이 이어졌다. 흑인 수천 명이 서쪽 지역으로 이주하자, 시카고의 백인들은 자신들이 사는 지역에 흑인들이 몰려와 변화가 생기거나 평판이 나빠지지 않을까 우려하기 시작했다. 아프리카계 미국인들이 노스론데일로 이주해 오기 시작하자, 7만5000명 이상의 백인들이 이 지역을 떠났다. 대신 1950년대에 약 10만 명의 흑인이 그 자리를 메꾸었다.

1960년 노스론데일은 미국 도시 역사에서 가장 빠르고 완벽하게 민족 및 인종 전환을 마무리했다. 인구의 거의 90퍼센트가 코카서스인이었던 지역이 단 10년 만에 아프리카계 미국인이 90퍼센트 이상인 곳으로 바뀐 것이다(표 6).[31] 인구 구성이 바뀌긴 했지만, 지역의 공장과 서비스 업종에서는 끊임없이 인력을 필요로 했기에 수만 개의 일자리를 노동자 계급 주민들에게 제공했다. "대다수의 사람이 걸어서 출근할 수 있었죠." 오랫동안 이 지역에서 산 주민이 내게 말했다. "시어스, 하베스터, 웨스턴일렉트릭 같은 회사가 주도로를 따라 있었으니까요." 노스론데일 흑인사회에서 빈곤이 사라지진 않았지만, 공업이 경제의 주축이 된 노스론데일은 양쪽 론데일 지역의 노동력을 필요로 했고, 노동자에게 지급한 급여는 지역의 공적 생활과 소비 생활을 활성화하기에 충분했다. "그때만 해도 균형 있게 발전하던 지역이었죠." 이 지역에 오래 거주한 주민 어니 스튜어트는 회상했다. "상점도 많고, 푸줏간, 세탁소 할 것 없이 다 있었으니까요."

반전

노스론데일의 운명은 시카고 공업이 1단계 쇠퇴기에 접어들어 노스론데일의 경제 기반이 무너지기 시작한 1950년대와 1960년대를 거치면서 바뀌어갔다. 한때 1만4000명의 노동자를 고용했던 인터내셔널하베스트는 1960년대 말 이 지역을 떠났다. 시어스로벅앤컴퍼니는 1974년 호먼 애비뉴에 있던 오리지널 시어스타워(그림 26)의 문을 닫고 본사와 소속 직원 약 7000명을 론데일에서 루프로 옮겼다. 그대로 남겨둔 카탈로그 유통센터는 1988년 이전할 때까지 약 3000명에게 일자리를 제공했다. 웨스턴일렉트릭은 점차 회사의 시설을 론데일 외부로 이전시키며 고용을 제한했고, 그때까지 4만3000명

그림 26 노스론데일 오리지널 시어스타워(현 니컬스 타워─옮긴이) 인근에 있는 공터. 사진: 케이틀린 잘룸.

을 고용했던 호손 공장을 1984년 영구 폐쇄했다. 1970년까지 1950년 당시 이 지역에 있었던 기업의 75퍼센트가 사라졌고, 1980년대와 1990년대 초 사이에는 경제가 거의 성장하지 않았다. 이 여파는 다른 부문의 노동 시장에도 확산되어 지역 은행, 소규모 사업체, 식료품점, 음식점, 오락시설 등 지역 경제 기반을 허물어뜨렸다. 이들 2차 상업경제의 손실로 지역 경제가 더욱 수축되어 일자리뿐 아니라 재화, 자원을 비롯하여 사람들이 모이는 장소까지 사라졌다. 론데일 주민들은 일할 곳은 물론 갈 곳까지 잃었다. "상점들이 문을 닫은 것은 모든 사람에게 영향을 미쳤습니다." 오래 거주한 한 주민이 말했다. "사람들이 더 이상 여기서 할 게 별로 없었어요."

노스론데일의 상업시설과 지역 경제의 붕괴는 지역의 공적 생활에 막대한 피해를 안겼다.[32] 제인 제이컵스가 주장한 것처럼, 상점을 비롯한 공공장소가 지역의 인도를 따라 충분히 늘어서 있는 것은 비공식적 사회 통제를 통한 공공 안전을 확립하는 데 필수다. 상업시설은 주민과 보행자의 관심을 끌어 사람들을 모이게 함으로써 소비자와 상인, 혹은 그저 참견하길 좋아하거나 구경하길 좋아하는 사람들 사이에 교류가 일어나게 한다. 제이컵스의 설명은 이어진다. "게다가 상점과 음식점에는 스스로 평화와 질서를 지키려는 상점 주인과 소규모 사업자들이 있어요. 그들은 깨진 유리창이나 강도를 싫어하죠. 손님이 불안에 떠는 것도요." 그리하여 그들은 주변의 공공 영역이 양질의 서비스를 제공하도록 하는 데 중요한 역할을 한다.[33] 거리와 인도는 도시에서 "가장 활기찬 기관"이다. 하지만 이 활기찬 조직에 문제가 생기면 폭력과 불안, 공포가 대신 그 자리를 차지한다. 1970년까지 공장과 상점이 사라지면서 집단생활의 기반이 무너졌고, 이후 30년 동안 상황은 계속 나빠지기만 했다.

사람들이 유입될 만한 일자리나 상점, 공공편의시설이 거의 없고 1968년 항거(1968년 마틴 루서 킹 암살 이후 발생한 항거를 말한다─옮긴이) 이후 기반시설도 사라지자, 비교적 이동이 자유로운 노스론데일 주민들은 수십 년 전에 유대인들이 그랬던 것처럼 빠르게 빠져나갔다. 1970년과 1990년 사이에 절반에 가까운 주민들이 빈집을 남겨두고, 떠나지 않기로 약속했거나 어쩔 수 없이 남아야 하는 이웃을 등진 채 외부로 이주했다. 노스론데일은 정치학자 웨슬리 스코건이 쇠퇴의 전형적인 패턴으로 특징지었던 철수와 쇠퇴의 순환과정에 들어갔다. "지역사회가 살기에 나빠지거나, 예상치 못한 일로 불편하

거나 불안한 마음이 생기면, 주민들은 대개 떠나려고 한다. (…) 중산
층 및 가족 단위가 먼저 떠나며, 대부분 미혼의 단기 체류자들이 그
자리를 채운다. 육체적으로 떠나지 못하거나 심리적으로 물러나지
못하는 사람들은 다른 곳에서 친구를 찾거나 스스로 고립된 상태가
된다."[34] 이들 주민이 떠나면서, 노스론데일 지역 공동체는 이전 세대
에 백인들이 겪었던 것과 유사한 변화를 경험했다. 자식이나 부모가
흑인 거주지역, 교외지역 등 대도시에서 벗어난 다른 지역에 따로 살
게 되면서 가족과 대규모 친족이 공간적으로 분리된 것이다. 1990년
대까지 한때 노스론데일에 살았던 아프리카계 미국인 가족 구성원
들은 지역 전체에 뿔뿔이 흩어져, 서로 멀리 떨어진 곳에 살게 되면
서 노인들을 도와주는 데 제한이 생겼다.

　1995년 대부분의 시카고 빈민층 흑인 거주지역은 전후 시대에 자
주 볼 수 있었던 많은 사람이 거주한 러스트벨트Rust Belt 지역(미국
동북부 오대호 주변의 쇠락한 공장지대―옮긴이)과는 달랐다. 그리고
1950년대와 1960년대처럼 가족이나 대규모 친족관계가 밀접하게 유
지됐던 지역 환경에 뿌리를 두고 있지도 않았다.[35] 이주하여 흩어져
살게 되자 가족 간 유대관계의 성격은 변화했다. 같은 지역에 살지
않는 대신 전화를 하거나 가끔씩 서로의 집을 찾아가게 된 것이다.
위기 상황에서는 가까운 곳에 지인이 있는 것이 중요하다. 가까운 곳
에 산다면 평소뿐 아니라 비상시에 쉽고 간편하게 도움을 줄 수 있
기 때문이다. 그리고 (1장에서 본 것처럼) 가족 구성원들이 같은 지역
에 살면 노인의 안부를 확인할 가능성이 높아지므로 노인들에게 특
히 중요하다. 가족 관계가 공간적으로 분리되자 시카고 전역에 사는

<u>그림 27</u> 폭격을 당한 것 같은 노스론데일 주거지역의 공터. 사진: 케이틀린 잘룸.

<u>그림 28</u> 한때 번창했던 노스론데일의 또 다른 공터. 사진: 케이틀린 잘룸.

그림 29　노스론데일의 주요 상업지구를 관통하는 주도로였던 오그던가. 사진: 케이틀린 잘롬.

노령의 아프리카계 미국인 주민들은 폭염에 대한 취약성이 높아졌다.[36] 노스론데일에서는 수십 년 동안의 지속적인 유기와 무관심으로 형성된 위험한 사회 환경 때문에 노인들이 더욱 큰 위험에 처했다(그림 27, 28, 29).

일상의 폭력

노스론데일의 물리적 기반시설이 고갈된 것은 지역생활의 모든 측면에 영향을 미쳤다. 주민들에게 사람들이 주로 가는 곳에 대한 인상을 묻자 가장 많이 들었던 표현은 "폭격"이었다. 한 지역 신문 편집인은 "노스론데일은 전쟁터나 마찬가지입니다. 폭격이라도 당한 분위기죠. 기반시설도 별로 남아 있지 않아요"라고 설명했다. 40년이 넘도록 노스론데일에 살았던 세라 존스도 똑같은 말을 했다. "16번가는 거의 텅 비었어요. 오그던가에는 아무것도 없고요. 원래는 자동차 판매점들이 모여 있었지요. 이제 한 곳만 남아 있을 뿐입니다." 몇 블록 떨어진 곳에서 역시 오랫동안 이 지역에서 살았던 주민도 비슷한 말을 했다. "집은 거의 없습니다. 공터만 있죠. (…) 사람이라곤 눈을 씻고 찾아봐도 보이질 않아요. 영업하는 가게도 없으니까요. 과거에는 루스벨트로드에 상점이 가득했죠." 그녀의 말에는 충분한 근거가 있다. 어느 지역개발 단체에 따르면, 1990년 노스론데일의 40퍼센트 이상이 비어 있었다. 한 30대 여성은 자원이나 공공시설이 극도로 부족한 지역에서 사는 어려움에 대해 불만을 토로했다. "식료품점이나 잡화점, 약국처럼 필수적인 시설이 없어요. (…) 여기서 26번가(리틀빌리지의 주요 상업시설이 모여 있는 곳)까지 이어지는데, 26번가에 가야만 사람을 볼 수 있다니까요. 이곳에는 이제 사람이 살지 않지요."[37]

노스론데일의 노인들은 폭염 중에도 평소와 마찬가지로 집을 떠나 더위를 피하거나 공공장소에서 사람을 만나려고 하지 않았다. 이 지역에는 사회적으로나 경제적으로 사람들(특히 노인들)의 이목을 끌어 밖으로 나오게 할 만한 일이 없었다.[38] 걸어서는 원하는 물건을 구할 수 없었던 주민들은 차를 운전하거나 누군가가 운전을 해주어야만 수 킬로미터 떨어진 가장 가까운 교외지역으로 가서, 다른 지역이면 쉽게 구입할 수 있는 신선한 채소와 약품 따위의 기본적인 식료품을 구할 수 있었다.[39] 그런 점에서는 다시 베이커의 처지도 다르지 않았다. "저는 이 지역에서 절대 쇼핑을 하지 않아요." 노인들이 걸어서 쇼핑하러 가거나 거리에 나가는 경우는 거의 없었다. 인도에는 밤은 물론이고 낮에도 걸어다니는 사람이 드물었다. 근처 병원에서 노인 클리닉을 운영하는 한 간호사는 인터뷰에서 지역 치안에 문제가 있고 괜찮은 식료품점이 없다는 것은 이 지역의 공중보건이 위험한 상태임을 나타낸다고 주장했다. "비만율이 높고, 그와 관련된 고혈압, 당뇨, 신부전증도 많이 나타납니다. 이 지역의 큰 문제는 영양 섭취예요. 제 생각에는 운동 부족과 부실한 식단 때문입니다. 상담에 많은 시간을 들이고 있어요. 사람들은 걷는 게 안전하지 않다고 말해요. 그럴 때는 무슨 말을 해야 할지 모르겠어요. 집 밖으로 나가지 않으려고들 하죠. 그리고 많은 사람이 자신들이 좋아하는 채소는 비쌀뿐더러 구하기도 어렵다고 해요. (…) 식료품이 큰 문제예요."[40]

노스론데일에는 노인들을 거리로 끌어낼 활기찬 공공장소와 기본적인 자원이 없을 뿐만 아니라 여러 사회적, 공간적 압력 때문에 그들은 집에서 나오지 못하고 있다. 불법 약물 등 비공식 경제가 호황을 누리면서 과거 지역 경제에 도움이 되던 공식 경제의 자리를 대체했고, 젊은 마약상과 범죄 조직이 서로의 영역과 시장 점유율을 놓고 싸우느라 노스론데일은 밤낮 할 것 없이 위험해졌다. 1995년 가장 위험한 우범지역 중 한 곳에 사는 노스론데일 주민들은 마약상이 거리를 점거해버렸다고 말했다. "이 블록에 종일 죽치고 있다니까요." 한 주민이 힘주어 말했다. 대부분 태어날 때부터 알았던 아이들이라 안심은 됐지만, 문제가 생기면 범죄 조직의 싸움에 말려들지나 않을까 겁이 났다.

물론 문제가 많이 생긴다. 시카고 경찰에서 나온 데이터를 시카고 시 보건부에서 처리한 통계 자료에 따르면, 1994년과 1995년 노스론데일에서는 주민 10명당 1건꼴로 폭력범죄가 발생했다.[41] 북쪽 경계지역 근처에 본서를 두고 동부와 서부 가필드 공원 등을 관할하는 지역 경찰 지구대는, 내가 만났던 경찰관들이 다들 "가장 범죄가 많이 발생하는 [가장 위험한] 지역"이라고 하는 곳이었다. 어느 날 여러 경찰관이 로스앤젤레스 경찰이 O. J. 심프슨 사건 조사를 엉성하게 처리한 일을 두고 비웃으며, 여기서 살인 사건을 다룬 경험이 있다면 확실히 유죄를 받아낼 것이라고 설명했다. 한 경사는 "11구역에서 1년 동안 일하면 교육을 받은 것이나 마찬가지입니다"라고 말했다. "여기서 일하고 가면, 무슨 일이든 할 수 있죠." 또 다른 고참 경찰관이 덧붙였다.

11구역 경찰서를 여러 번 방문했는데, 하루는 경찰로 재직하면서 여러 학위를 취득한 선임 경찰관 프레드 핸들러가 컴퓨터 단말기를 가져와 주변 지역의 범죄 통계를 보여주었다. 통계 수치가 나타내는 규모는 놀라웠다. 우리는 11구역의 검거 수치를 1년 전 그날부터 확인하기로 했다. 11구역에는 10만 명에 가까운 주민들이 살고 있었는데, 마약 혐의로 구속된 사건이 1만2000건이나 발생했다. 이는 일년 동안 하루 평균 약 33건이 발생했음을 의미한다. 그리고 이 지역은 마약상들이 판을 치는데도 경찰이 그대로 방치한다며 주민들의 원성이 높았고, 시의원 마이클 챈들러는 "공개적으로 약물을 거래하는 행위를 경찰과 시장이 허용하고 있다"며 불만을 터뜨렸다. 컴퓨터 단말기로 돌아온 프레드는 폭염 기간 중 범죄활동 보고서를 보기 위해 클릭했다. 1995년 7월 12일에서 19일 사이에는 기온이 너무 높아서 범죄활동이 적었거나, 혹은 최소한 검거 수치가 적었다.[42] 그렇긴 하지만, 마약 관련 검거 수치는 134회, 구타 178회, 절도 95회, 강도 51회, 폭행 50회, 살인 2회가 있었다(그림 30).

이렇게 높은 범죄율 탓에 노스론데일에 살지만 약물이나 폭력과는 거리가 먼 생활을 하는 대다수의 사람은 마음을 놓을 수 없었다. "여기 사는 사람의 97퍼센트는 총이나 마약 따위와는 관계가 없습니다." 시의원 챈들러가 말했다. "나머지 3퍼센트가 문제이지요. 우리

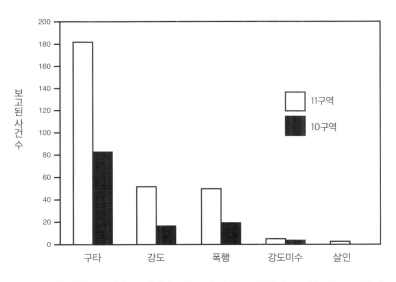

그림 30 경찰 관할 10구역과 11구역에서 주민 10만 명당 보고된 범죄, 1995년 7월 12~19일. 출처: 시카고 경찰.

가 힘을 합쳐 뭔가 하지 않으면 우리를 우습게 볼 겁니다." 지역의 마약상이나 범법자들이 노스론데일에 산다면 그들과 싸우는 일은 훨씬 수월할 것이다. 하지만 어느 한 주민은 이렇게 말했다. "여기서 코카인이나 헤로인을 파는 사람들은 가까운 곳에 살지 않아요. 우리가 뭘 어쩌겠어요."

노스론데일 주민들이 폭력 및 마약 거래와 싸우고 치안을 확립하는 데 어려움을 겪는 또 다른 이유는 위험한 지하활동을 끌어들이고 조성하는 이 지역의 사회적 환경 때문이다. 사회과학자들은 정규적인 일자리가 없거나 주류 사회에 존경하는 대상이 없는 젊은이들이 수익과 커뮤니티, 사회적 존재감을 제공하는 마약 거래의 유혹에 빠질 가능성이 높다고 오랫동안 주장해왔다.[43] 하지만 길거리에서 직접 마약을 파는 마약상마저 노스론데일에 오는 이유는 이 지역의 공간적인 조건이 일하기에 좋기 때문이다. 막다른 곳이 없는 골목과 탁 트인 들판, 키 큰 수풀로 덮인 공터, 빈 공간이 많은 버려진 건물, 열악한 조명 시설 탓에 어두운 거리 등은 마약상에게는 상대적으로 안전을 제공하는 반면 주민들에게는 불안을 초래한다. 경제적, 정치적, 물리적으로 방치된(지금 살고 있는 주민들에게는 책임이나 통제 능력이 없다) 노스론데일은 관리자들의 결정과 영역 장악을 둘러싼 폭력적인 분쟁을 통해 조직된 지하 시장의 중심이 되었다. 이 지역의 공간적인 조건은 노스론데일 주민들이 일상에서 경험하는 위험의 원인이었고, 위험과 불안을 느낀 대다수의 주민은 그 때문에 방에서 나가지 못했다.[44] "안전이 이곳의 큰 문제입니다." 한 주민이 말했다. 자신들이 사는 공간의 중요성을 잘 이해하고 있는 이들 덕분에 지역 조직이 결성되기 위한 동기 부여와 방향 설정에 도움이 되었다.

가까운 곳에 마약 밀매라는 험한 세계가 있다는 것이 무엇을 뜻하는지에 대해, 몇 주 전 자기 집 앞에서 젊은이 두 명이 살해당하는 사건을 경험한 어느 여성은 이렇게 설명했다. "사람들은 누구나 다른 사람의 문제에 휘말리지 않으려고 합니다. 차를 몰고 다니며 총질을 해대는 것 같은 문제 말입니다. 내가 폭력배가 아니더라도 (…) 그런 총격은 두렵지요."[45] 노스론데일에 40년 이상 살고 있는 다시 베이커는 특히 1990년대 중반에는 문제가 심각했다고 말했다. "[1995년에] 여기 서 있으면, 골목마다 사람들이 모여서 마약을 파는 모습이 보였지요. 우리 집 마당에 마약을 숨겨놓고 집 앞에 서 있었어요. 우리는 모은 돈을 모두 꽃을 심고 잔디를 가꾸는 데 썼는데, 그 사람들은 바로 우리 집 앞에 마약을 감추었죠. (…) 우리가 사는 곳에 총탄이 떨어져 있었어요. 밖에 나가 앉아 있을 수가 없었죠. 옛날에는 밤새도록 밖에서 이야기도 하고 그랬는데 말입니다. 하지만 이젠 바뀌었죠."

"여기 사람들은 모두 대단히 신중합니다"

노스론데일 사람들이 지역의 평화와 안정을 유지하려 하는 만큼, 주민들의 힘만으로는 어찌할 수 없는 거리의 범죄 행위가 집단생활의 근간을 허물고 있다. 그렇지 않았다면 고립된 주민을 폭염에서 구할 수 있었을지도 모른다. 일라이자 앤더슨에 따르면 "위험이 지속되면 멀쩡한 사람도 불안과 두려움에 시달리며"[46] 힘없고 겁 많은 사람들이 자신을 보호할 수 있는 방법은 집에 머무는 것밖에 없다. 모든 지역 주민이 신중해지고 다른 주민들을 두려워하는 모습이 뚜렷하게 보이면 노인들만 공적 활동을 못 하게 되는 것이 아니라, 노인을 가장 잘 도와줄 수 있는 젊고 건강한 사람조차 공적 활동을 못 하게 된다.[47] "공포심 때문에 사람들이 밖으로 나오지 못합니다." 시의원 챈들러는 설명했다. "그게 현실입니다."

공포를 감수하며 사는 것, 그리고 공포를 감안하여 일상을 계획하는 일 역시 거리에서 폭력적인 마약 거래가 일어나고 공공기반시설은 낙후된 우범지대에 살기 때문에 나타나는 결과다. 폭력을 지근거리에 두고 사는 삶은 특히 노인들에게 심각한 영향을 미친다. 노인들은 길거리 범죄에 노출되기 쉬울 뿐만 아니라 공격을 받았을 때 심각한 부상을 당하기 쉽다. 노스론데일의 많은 중산층 주민은, 세라 존스가 말한 것처럼, "이곳의 노인들은 늘 밖에 나가길 두려워합니다"라고 말한다. 반면 70대를 노스론데일에서 보낸 윈터 부인은 과장하지 않고 설명한다. "대부분이 두려워하는 건 사실이지만, 낮에는 그리 위험하지 않아요." 그녀가 사는 데서 몇 블록 떨어진 곳에 거주하는 어니 스튜어트는 지역 환경에 뿌리내린 범죄에 대응하는 과정을 표현하려고 했다. "저에게는 공포가 아니라 조심하는 정도였습니다. 여기 사람들은 모두 대단히 신중합니다." 어니의 신중함은 일상의 습관에 스며들어 있으며, 삶의 경계를 세운다. 자신의 지역이라고 여기는 몇 블록 이내에서는 안전하다고 생각하지만, 그 지역 바깥으로는 거의 가지 않는다. 게다가 다른 노인과 마찬가지로 밤에는 외출하는 일이 거의 없다. 그런데도 어니는 동료들 사이에서 눈에 띄게 건강하고 활동적이며, 집에서 몇 블록 떨어진 곳은 기꺼이 걸어다닌다는 점에서 다른 노인보다 과감한 편이다.

프리먼 부인은 70대의 노인으로 여느 노인들처럼 집 가까운 곳에서 잘 아는 젊은이들과 함께 있을 때는 안심이 됐지만, 집에서 몇 블록만 벗어나도 불안했고 낯선 사람과 마주치기를 꺼렸다. 다른 이들과 마찬가지로 그녀가 사는 거리는 마약상과 마약을 구하려는 이들로 북적였고, 그중에는 아는 사람도 많았다. 프리먼 부인은 길거리의 아이들이 불편한 건 아니었지만, 그들이 품은 저의나 사귀는 친구들에 대해서는 우려를 감추지 못했다. "이곳 아이들은 다들 나를 알기 때문에, 나와 엮이려고 하지 않아요"라고 그녀는 단언했다. "아이들은 저를 건드리지 않아요. 저에 대해 훤히 알거든요. 하지만 그들이 데려온 친구들에게 알려주지요. 누가 뭘 가지고 있는지 말이에요." 집에서 먼 곳에 나와 있는 동안 도둑이 들 거라는 두려움 때문에 불안은 더욱 커진다. 그녀는 지역 젊은이들이 망을 보면서 집에 들어갈 기회를 엿보고 있다고 믿는다. 이러한 확신이 굳어진 건, 한 이웃이 그녀의 집 뒷문을 강제로 열고 들어가려 하는 사람을 발견하고부터다. "집을 비우기가 어려워요. 특히 이런 동네에서는요. 누가 나가는지 지켜보고 있다가, 와서 도둑질을 하는 거죠."

노스론데일에서 오래 산 주민들은 그들 나름의 범죄 대처법을 가지고 있다. 하지만 새로 이사 온 사람들은 이 지역에서 살기 위해 위험에 대처하는 법을 교육받아야 한다. 지역 주민들의 조언에는 그들의 방어 전략의 기초가 되는 지식이 담겨 있다. 30대의 흑인 여성으로 지역 교회에서 일하기 위해 아프리카에서 미국으로 온 메리 수녀는 이웃이 들려준 여러 정보를 요약했다. "밤에는 밖에 나가지 마라. 혼자서 걸어다니지 마라. 빈 건물 주위에 서 있지 마라. 저기는 저래서 위험하고, 여기는 이래서 위험하다. 위험하다. 상점에 가고 싶으면 나를 데리고 가서 쇼핑해라. (…) 그런데 내 생각에는 밤에 일어날 수 있는 일은 낮에도 일어납니다. 일단 살인 사건이 발생한 곳이라면 밤이라고 해서 특별한 차이는 없지 않겠어요?"

30대의 아프리카인 마이클 신부는 인터뷰 도중 비슷한 이야기를 들려주었다.

그 사람들의 이야기를 듣기 전까지 저는 두려움이 없었습니다만, 정말 위험하더군요. 이들은 골목길 같은 곳에서 강도질을 합니다. 문제를 일으킬지도 모르죠. (…) 차를 타고 총질을 하기도 한다더군요. 자기네끼리 싸움을 벌이기도 하고, 일에 잘못 휘말리면 총에 맞겠지요. 어떤 분들은 걸어가다 납치를 당할까봐 두렵다고도 합니다. 저는 그런 일을 당하지는 않았습니다만, 사람들은 주의를 주더군요. (…) 그리고 함께 일하는 사람들은 늘 제게 조심하라고 합니다. 뒷골목으로는 가지 마라, 위험하다. 누가 알겠습니까. (…) 저는 겪지 않았지만 경험했던 사람들을 압니다. 이야기도 해봤고, 텔레비전에서 보기도 했죠. 그래서 조심합니다. 하지만 처음에는 정말 몰랐어요.

이 건물도 여러 차례 총격을 받았습니다. 앞 유리창도 갈아 끼운 지 얼마 되지 않아요. 유리창에 총질을 해댔거든요. 일부러 맞추려고 한 것은 아니지만 자기네끼리 총질을 하다가 총알이 날아온 거겠죠. 만일 우리가 사무실에 있었다면, 머리에 총을 맞았을 겁니다.

폭력과 마약 거래가 집중되면서 사회적 경관 및 자연 경관이 바뀌었고, 그에 따라 이 지역에 사는 사람들에게 공공생활의 매력은 사라지고 살기는 더 힘들어졌다. 지역의 낙후된 물리적 환경은 노인들에게 특히 더 위험했다. 시카고 전역의 노인들은 깨진 인도와 삐걱거리는 계단, 전구가 나가서 어두운 채 방치된 으스스한 공터 때문에 돌아다니기가 어렵다고 불평한다.[48] 낙상에 대한 공포는 노인들에게는 현실적인 문제다. 회복된다 해도 몸이 약해져 불구가 되거나 죽을 수도 있다는 사실을 노인들은 너무나 잘 알고 있기 때문이다. 시 정부는 도로와 인도, 골목, 공터 등을 거의 수리하지 않으며, 주민들은 대부분 가난 때문에 집과 현관, 계단 등을 수리하지 못한다. 이러한 노스론데일의 물리적 환경 조건은 노인들의 불안감을 조성하여 집을 나서지 못하게 하고 있다. 거리에서의 공포와 거리에 대한 공포심의 사회적 비용은 폭염 기간에 혹독하게 나타났다. 노스론데일 주민들이 자신을 보호하기 위해 쌓은 장벽이 스스로를 죽음으로 몰고 간 것이다.

불안정한 지역의 사회적 유대

사회적 접촉의 기회를 제한하려는 압력 때문에 사회의 단결이 불가능해지거나 지역의 사회성이 바람직하지 못하게 되는 것은 아니다. 지역 주민들은 환경의 부담을 극복하고 서로 돕기 위해 열심히 노력한다. 노스론데일 주민들의 이동성과 안정성은 블록에 따라 상당히 달라진다. 상대적으로 주택 소유 비율과 주거 안정성이 높은 지역도 있는 반면 빈집과 세입자의 비율, 세입자의 전환율이 높은 지역도 있다. 안정적인 지역에서 한 가지 눈에 띄는 특징(폭력을 제외한다면)은 많은 주민(이들 중 많은 사람이 1950년부터 이 거리에서 살고 있다)이 지역에 깊게 뿌리내리고 지역에서 일어나는 일에 참여하고 있다는 점이다. 그들은 거리에서 발생하는 주요 사건과 문제에 대해 잘 알 뿐 아니라, 누가 거기에 개입되어 있는지도 알고 있었다. 그들은 지역의 문제와 걱정거리를 적절하게 처리하는 데 필요한 능력을 갖고 있진 않았지만, 최소한 노스론데일의 특정 지역 주민들만큼은 자세히 알고 있었다. 이는 *끈끈한 공동체*에서 전형적으로 볼 수 있는 친근함이었다.[49] 노스론데일 주민들이 힘겨워했던 이유는 이웃을 잘 몰랐거나 단결되지 않아서가 아니라 그들의 능력으로 감당할 수 없는 지역의 문제와 어려움 때문이었다.

이러한 사실을 알게 된 것은 지역사회를 방문하기 시작했을 무렵이었다. 공터 세 곳과 버려진 건물 두 채, 그리고 석회암으로 지은 집들이 늘어선 곳에서 활발하게 마약 거래가 일어나고 있는, 그러나 비교적 안정적인 동네에 오랫동안 살고 있던 한 주민이 우리를 그녀가 사는 동네로 이끌었다. 그녀는 현관 앞 계단에 앉아 주변에 사는 사람들의 이야기를 풀어놓기 시작했다. "이 동네 사람들은 내가 훤히 알지." 그녀는 큰소리쳤다. 그녀는 이 거리에서 여러 세대에 걸쳐 지켜봤던 사람들의 사연을 알고 있었다. 사실, 이웃 사람이나 동네에서 벌어지는 일을 주의 깊게 살피는 것은 폭력을 비롯한 기타 사회 문제에 대한 취약성을 감소시키고 믿을 만한 사람이 누구인지 가늠하기 위해 노스론데일 주민들이 사용하는 전략 중 하나였다. 중요한 차이점은 주민들이 노인들과 친해질 이유가 별로 없다는 것이었다. 집 밖에 나가지 않고 은둔하는 것은 다른 사람에게 해를 끼치지 않기 때문이었다. 많은 주민의 입장에서는 폭력적인 지역에 살기 위해서는 동네 상황을 잘 파악하는 것이 필요한데, 이처럼 실용적인 지식은 그런 상황을 피하는 것뿐 아니라 공공생활에 참여하는 데도 도움이 된다.

노스론데일 전역에서 공동체 활동에 참여할 수 있는 공식적인 방법은 두 가지다. 바로 교회와 자치방범대다. 주민들은 이 동네에 두 집단이 그렇게 많이 존재하는 걸 보면, 누군가는 이곳이 세상에서 가장 성스럽고 조직화된 곳인 줄 알 거라며 농담을 한다. 1998년 지역 공동체 조직에서 만든 노스론데일 지역 정보 서비스에 따르면, 이 지역 주변에 교회는 120곳이 있었고, 자치방범대는 73곳이 있었다.[50] 그렇다면 이들 집단이 대다수의 취약한 주민들을 폭염에서 보호해주지 못한 이유는 무엇일까?

교회와 자치방범대

아프리카계 미국인 교회는 수천 명의 신도가 다니는 대형 교회에서 중간 규모의 동네 교회, 소수의 신도가 모이는 상가를 개조한 소규모 교회까지 다양하다. 일반적으로 이들 교회는 오랫동안 흑인 도시 공동체에서 사회생활을 돕는 주요 버팀목 노릇을 해왔다. 시카고의 흑인들에게는 특히 그러하다.[51] 1990년대 중반부터 복지개혁법안 및 기타 도시 정책에서 도시 빈민을 위한 연방 정부의 지원이 빠지고 지역 자치 조직에 책임이 위임되면서, 교회는 저소득 흑인 도시 공동체가 부흥할 수 있는 대안으로 여러 정치적, 학문적 토론에 다시 등장했다.[52] 노스론데일의 사회 지원 시스템에서 교회가 하는 역할을 상세히 들여다봐야 할 이유가 있다. 종교 기관이 가난한 주민을 도우려고 할 때 직면하는 과제를 파악하여 도시의 안전과 빈곤 문제를 신앙을 기반으로 해결하는 것의 장단점을 알 수 있기 때문이다.

노스론데일처럼 교회가 많은 지역에서도 모든 주민이 지역 교회의 신자인 것은 아니다. 비록 지역 교회들이 신자가 아닌 사람에게도 도움을 주긴 하지만, 돕고 싶다고 해서 도움이 필요한 사람을 자발적으로 찾아내는 것은 쉬운 일이 아니다. 거동이 불편하거나 도움이 절실한 사람을 보호하고 도와주는 것은 공식적으로 그런 일을 하기 위해 만들어진 조직에게도 어려운 일이다. 시장 직속 위원회가 폭염에 대해 검토하고 내린 결론처럼, 복지 단체가 가장 효율적인 경우는 "이미 알고 있거나 믿을 수 있는 네트워크를 통해 도움이 가장 필요한, 고립되고 두려움에 떠는 사람들을 도와주었을 때"였다.[53] 하지만 지역 교회 같은 조직은 재정적·물질적 지원이 없으면 이런 일을 효과적으로 할 수 없다.

다른 조건들은 교회를 이용하여 취약한 주민을 보호하는 일을 더욱 복잡하게 만든다. 노스론데일 주민들은, 다른 도시의 주민들처럼 근처 교회가 아닌 타지역 교회에 나가는 경우가 많다. 마찬가지로 노스론데일 교회들에도 타지역에서 온 신자들이 많다. 지역활동을 왕성하게 하는 주민들은 일반적으로 지역사회 일에 관여하는 가까운 지역 교회 지도자들과 알게 되어, 노스론데일 외부의 신자 및 지역 종교 지도자 모두와 유대관계를 유지하게 된다. 하지만, 직업적으로 든 아니면 봉사 차원에서든 다른 사람을 돕고 보호하는 이들 지역활동가는 대개 교회의 도움이나 보호를 필요로 하는 사람들이 아니다. 반대로 지역 외부에 있는 교회에 다니면서 지역활동에 참여하지 않는 주민들은 집 가까운 곳에 있는 교회 네트워크에 느슨하게 연결되어 있을 뿐이다. 왕성하게 활동하는 종교 공동체가 평상시뿐 아니라 폭염 같은 위기 상황에서 사회적 지원을 하기에는 너무 멀리 떨어져 있을 때, 지역 교회가 그들을 보살필 가능성은 낮다.

그러나 일반적으로 지역사회에 대한 교회의 기여를 약화시키는 것은 사회적 헌신이 부족해서라기보다 시간이 없어서다. 대다수 교회의 성직자들은 전업 종교인으로 급여를 받지 않는다. 교회 지도자들은 각자 나름대로 바쁜 사람들이다. 종교인과 활발하게 활동하는 교인들은 다른 일을 하면서 여가 시간에 '주님의 사명'을 떠맡는 것이다. 극심한 가난에 시달리는 사람들과 쇼핑, 요리, 청소 등 도움을 요하는 독거노인에게 적절한 지원을 하려면 대다수 교회가 제공하는 것보다 더 많은 시간과 관심이 필요하다.

노스론데일의 교회와 교회 기반 네트워크는 폭염 기간 중 지역의 노인과 환자들을 도와주었고, 그들의 노력이 여러 취약계층 주민들에게 도움이 된 것은 분명하다. 하지만 교회가 처한 여러 조건(다수의 신자들의 불참, 서로 다른 종교 공동체와 지도자들의 분산, 극단적인 빈곤, 공공생활을 위태롭게 하는 위험한 환경 등) 때문에 이러한 단체들이 시의 사회복지 네트워크에서 발생하는 간극을 채우지는 못한다.[54] 교회는 지역의 사회적, 정치적 활동은 물론 경제적 활동까지 지원할 수 있는 중요한 역할을 맡고 있지만, 다른 지역 조직이나 정부 기관과 함께한다면 더욱 효과적일 수 있다. 하지만 이러한 핵심적인 지원을 충분히 제공하려면 추가 임무까지 해야 하는 종교 조직이 제공하기 어려운 인적, 재정적 자원이 요구된다.

지역사회 네트워크를 지원하는 또 다른 주요 단체로는 자치방범대가 있다. 자치방범대는 오랫동안 시카고 지역사회의 핵심이었는데, 최근 지역 정부가 활발하게 홍보하면서 더욱 널리 알려졌다.[55] 지역 자치의 권리 행사, 행동 규범의 확립, 재산 관리 등의 수단으로서 조직된 자치방범대는 지역사회의 단결을 구축하는 데 핵심 자원이 될 수 있다. 이들은 주민들이 폭염 같은 비상시에 서로의 안전을 확인하거나, 다양한 사회 문제를 공동으로 처리할 수 있게 하는 공식 조직을 제공한다. 수많은 노스론데일 자치방범대를 하나의 통합된 조직으로 만든 한 지역 지도자는 설명했다. "우리는 한데 모여 네트워크를 구성하고, 지역사회에 복지 서비스를 제공하며 요구 사항을 처리합니다." 하지만 자치방범대가 성공하려면 특정한 조건과 인적 자원이 필요한데, 그러한 조건은 노스론데일처럼 이사가 잦고, 빈곤과 폭력이 만연한 지역에서는 충족되기 어렵다.

강력한 자치방범대를 만드는 데 필요한 가장 기본적인 자원은 자기가 사는 지역에 뿌리를 내리고 자신의 지역을 통제하기 위해 거리의 위협적인 존재에 대항하며 시간과 에너지를 기꺼이 쏟아부을 만큼 헌신할 수 있는 능동적 주민으로 구성된 핵심 집단이다. "거리를 다시 우리 것으로 만들자"며 주민들을 응원하는 지역사회 조직 모델의 지지자들은 할머니들이 모여 만든 작은 집단이 접이식 의자에 앉아 동네에 돌아다니는 자동차 번호판에 있는 숫자를 모두 적어 마약상을 거리에서 몰아낸 이야기를 자주 한다. 어느 지역 개선 프로그램의 지지자는 주장했다. "헌신적인 사람 몇 명만 있으면, 마약상들을 쫓아내고 지역사회를 재건할 수 있습니다."

비록 지역사회를 개선한 성공적인 캠페인이 많긴 하지만,[56] 거리를 되돌리는 것은 쉽지 않으며, 주민들이 싸우려면 강한 동기부여가 있어야 한다. 주민들이 자기 영역을 소중히 여기지만 그곳에 살지 않는다면, 마약상들은 온갖 방법을 이용해 주민들을 위협함으로써 자치방범대에 보복을 가할 것이다. 현지 조사를 하면서 여러 차례 봤던 술책 중 하나는 자치방범대의 간판을 떼어내 거리를 되찾으려는 지역 주민들의 요구를 상징적으로 거부하는 것이었다.[57] 안정된 블록에 사는 도러시 그레이엄은 거리에 있는 공터 한 곳을 정화하여 정원으로 만드는 프로젝트를 어떻게 시작하게 되었는지 내게 말해주었다.

목초와 잡초가 1, 2미터는 족히 자랐기에 저는 톱과 잔디 깎는 기계를 이용해 베어내기로 했지요. 그런데 이웃집에 있는 전동 기구가 있어야 목초를 베어낼 수 있겠더라고요. 그만큼 많이 컸어요.

그래서 풀을 베어내고 청소도 하고 있는데, 그때 어떤 사람이 슥 다가오더니 그만하라고 하지 뭐예요. 자기네한테는 풀밭이 우거져 있어야 일을 할 수 있다나. 그러면서 이렇게 말했어요. "풀을 베어내면 안 됩니다."

그래서 내가 말했죠. "왜 안 돼요?"

그는 대답했어요. "우리한테는 풀이 있어야 된다니까요."

그들은 노출되어 있으면서, 풀이 우거져 지저분해야 마약을 숨길 수 있다고 했어요. 그리고 이렇게 해놓으면 경찰이 와서 잡으려고 할 때, 몸을 피하거나 마약을 찾을 수 없어요. 당시에는 마약 거래나 매춘, 자동차를 타고 다니며 총격을 가하는 사건이 굉장히 많았지요. 저 역시 다른 사람처럼 남의 일이라 생각하고 관심을 두지 않았어요. 하지만 그때는 화가 나더군요.

그래서 그 젊은이를 쳐다보며 말했죠. "자네가 뭘 요구하든 난 상관없네만, 여기는 자네 영역이 아니야. 자넨 자네가 필요한 걸 갖고, 우리는 우리가 필요한 걸 갖겠네. 이제 우리는 깨끗한 동네를 만들어야겠어. 이걸 베어내는 게 자네한테 문제가 된다면 사과하겠네. 하지만 난 계속할 거야."

그 젊은이는 재미있다는 듯 나를 쳐다보더니만, 그냥 가버렸어요.

지역에 대한 헌신뿐 아니라 이런 식으로 젊은이에게 맞서는 용기도 필요하다. 도러시에게 저 정도로 헌신할 생각이 없었다면 일을 하려고 하지 않았을 것이다.

노스론데일에 있는 일부 동네의 문제점은 주민들이 이사하는 비율이 높아서 지역과 정서적으로나 재정적으로 강한 유대관계를 맺으려는 토박이가 유입되지 않고, 지역사회 네트워크가 불안정하며 느슨해서 지역 주민들이 다른 지역만큼 서로 사적인 애착을 느끼지 못한다는 것이다. 도시사회학자와 도시계획가들에 따르면, 주민 안정성이 지역사회 단결의 열쇠인데, 그 이유는 소속감과 의무, 집단 행동이나 사회적 지원을 할 만큼 충분히 동기부여가 될 정도로 강한 상호호혜를 발전시키려면 시간이 많이 들 뿐 아니라 다양한 사건과 문제를 함께 경험해야 하기 때문이다.[58] 수십 년 동안 인구가 유출되고 경제적 혼란으로 지역사회가 불안정해졌으며, 가구의 77퍼센트가 세입자인 노스론데일에서 강한 지역적 연대를 구축하려는 노력은 가장 안정적인 거리에서만 가능하다.

강력한 자치방범대는 화합을 확고히 하고 지역 통제를 주장하는 노력에 버팀목이 되어줄 수 있지만, 도움이 가장 필요한 노인과 젊은이의 참여가 거의 없기 때문에, 그들을 돕기 위해서는 선별적인 노력이 요구된다. 내가 찾아갔던 동네 회의는 대부분 40대에서 70대 사이의 여성들이 주요 참석자였다. 소수의 중년 남성과 젊은(20대와 30대) 여성들도 함께했지만, 35세 이하의 젊은 남성이나 노인들은 보이지 않았다. 윈터 부인은 나이 든 이웃을 동네 회의에 참석시키려고 애썼다. 왜냐하면 "사람들은 무서워서 밤에는 절대 밖에 나오지 않아 회의에 참석할 사람이 모자랐기 때문이다". 몇 블록 떨어진 곳에 사는 도러시가 이 지역에 아주 강력한 자치방범대를 구축하는 데 도움을 주었다. 하지만 윈터 부인은 이렇게 지적했다. "정기적으로 동네 회의를 하지는 않아요. 노인들이 늘 나올 수 있는 게 아니거든요. (…) 밤에는 안 나와요." 자치방범대는 노인들을 위한 좋은 대책이 될 수 있지만 누굴 도와야 하는지, 어떻게 효율적으로 도울 수 있는지 알아야만 한다. 1990년대에는 노스론데일에서 가장 활발하게 활동하는 지역 단체들도 웨스트사이드 지역의 일상생활 문제를 감당할 수 없었다. 더구나 1995년의 폭염은 통제하기에는 너무 위험했다.

사우스론데일: 리틀빌리지의 성장

노스론데일에서 길 하나만 건너면 갑자기 풍경이 바뀐다. 사우스론데일(리틀빌리지)의 통계 자료를 보면 빈곤층 노인의 비율, 독거노인, 소득이 최저생계비의 두 배 이하인 사람들 등 노스론데일과 많은 부분 유사하긴 하지만, 두 지역의 사회 환경은 뚜렷이 구별된다. 공터와 버려진 건물이 널려 있는 아프리카계 미국인 지역(노스론데일)은 사람들로 붐비는 인도, 왕성한 활동이 이뤄지는 상업지구, 거주 가능 인원보다 더 많은 주민이 사는 주거지역(사우스론데일) 앞에 무릎을 꿇고 만다. 사람들은 두 지역을 비교할 때 다수를 차지하는 민족 및 인종 정체성에 대해 주로 말하지만, 리틀빌리지와 노스론데일은 공공장소 면에서도 극단적인 차이를 보인다. 노스론데일의 사회적 형태는 집단생활의 기반을 허물어뜨리는 반면, 리틀빌리지의 붐비는 거리, 높은 인구밀도, 지근거리에 거주하는 가족, 호황을 누리는 상업지구 등을 떠받치는 물질적 토대는 공공활동 및 주민들의 비공식적 상호 부조에 영향을 미치고 있다. 많은 주민이 범죄에 대해 걱정하는 데다 실제로 지역의 폭력 조직이 활발하게 활동하고 있지만,[59] 1994년과 1995년 리틀빌리지는 총 폭력범죄 비율에서 시카고의 77개 커뮤니티 가운데 59위를 차지했고(이는 노스론데일의 범죄율보다 세 배나 낮고, 시카고의 평균 범죄율보다 두 배나 낮은 수치다), 평상시에 폭력 때문에 공공생활에 심각한 타격을 받지는 않았다.[60] 노인들은 이러한 환경 조건에서 특별한 혜택을 얻는다. 주변에 생활편의 시설이 생기고 공공장소가 활성화되면 노인들은 집에서 거리로 나갈 수 있기 때문이다. 이렇게 공공장소에 나가면, 노인들은 이웃 사람, 상점 주인, 사회 단체, 복지 단체 등과 소통할 수 있게 된다. 집 안에만 갇혀 있을 때는 할 수 없는 일이다.

폭염 기간 중 리틀빌리지의 노인들은 고립의 위험에서 이중으로 보호를 받았다. 첫째, 거리활동이 많아지고 비교적 안전해지자 노인들이 공적인 장소에 많이 나오게 됐고, 공적인 장소에서는 원하기만 하면 도움을 받기가 쉬웠다. 둘째, 상점과 은행 등이 모여 있는 지역에는 안전하고 냉방시설을 갖춘 장소가 있어 노인들이 더위를 피할 수 있었다. 노인들은 이곳에 가면 편안했기 때문에 자주 찾았다. 이는 폭염 기간 중 시에서 그곳을 냉방시설로 지정했기 때문이라기보다는 으레 일어나는 일상 행위였다. 주로 라틴계가 거주하게 된 리틀빌리지에 사는 백인 노인들은 폭염 중 가장 취약한 계층이었지만, 그들 역시 지역 환경에 의해 보호를 받았다. 건강한 공공생활은 병약한 주민들을 제외한 모든 주민이 집 밖으로 나오게 만들어 사회적 교류를 하고 유대관계를 쌓으며 건강한 행동을 하도록 고취했다.

리틀빌리지와 노스론데일의 생태학적 기반의 차이는 두 지역 사이에 민족 및 인종 구분을 심화시키는 단단한 물리적 경계가 세워지는 데 일조했다. 리틀빌리지 주민들은 "우리와 노스론데일 사이를 가르는 움직이지 않는 선이 있다"고 설명한다. 정치활동가와 교회 지도자, 경제개발업자들도 비슷하게 지적했다. "(노스)론데일 근처나 론데일 내부에 행사를 기획하면, 사람들이 오지 않아요. 길 건너 론데일에 가는 건 마치 외국에 가는 기분이라면서 말이에요." 두 지역의 민족 및 인종의 차이와 환경적 차이를 연관시키는 상징적 구분도 있다.[61] 1950년대 앨버트 헌터가 썼던 것처럼, 사우스론데일의 백인 주민들은 커뮤니티의 이름을 리틀빌리지로 바꾸려고 사람들을 동원했다. "커다란 표지판에 글을 써서 많은 철로가 지나는 교차로에 걸어놓았는데, 거기에는 '리틀빌리지에 오신 것을 환영합니다'라고 쓰여 있었다. 인근에 있는 노스론데일과 차별화하려는 시도였다."[62] 노스론데일로서는 피하고 싶은 오명이다. 1950년대 이후 지역이 백인 위주에서 라틴계 위주로 바뀌자, 주민들은 더 적극적으로 론데일과는 다른 이름으로 표기되길 바랐다. 리틀빌리지로 표기한 여러 표지판이 있지만, 그중 가장 큰 것은 커뮤니티의 주요 상업시설과 연결되는 간선도로인 26번가(또는 멕시코 대로)의 동쪽 진입로에 있는 대형 아치형 표지판으로 "리틀빌리지에 오신 것을 환영합니다Bienvenidos a Little Village"라는 인사로 방문객들을 맞이하고 있다.

아치형 표지판 너머로 몇 걸음만 걸으면 커뮤니티의 모습, 특히 번화한 상업지구가 상점과 사람, 활기로 가득한 모습을 볼 수 있다. 26번가(그림 31)는, 지역 후원자와 경제개발업자들이 내게 열을 올리며 말했던 것처럼, 어떤 측면으로 보면 시카고에서 미시간가에 이어 두 번째로 붐비는 곳이다. 노스론데일 주민들은 16번가처럼 한때 잘 나갔던 번화가를 "폭격"이라는 말로 표현했지만, 리틀빌리지의 거의 모든 정보 제공자는 "호황"이라는 단어를 써서 (16번가에서 불과 10블록 떨어진) 26번가와 그 주변의 분위기를 전하려 했다. 현지 조사를

상업활동은 26번가의 북적이는 거리생활에 기여하고 있다. 사진: 로나 탤컷.

하면서 주민 미겔 라미레스의 말이 사실임을 확인할 수 있었다. "이 거리는 늘 붐빕니다(그림 32). 아침 9시 30분부터 사람이 모여들거든 요." 지역 신문 편집인 대니얼 나디니 또한 지적했다. "빈 공간이 없을 정도예요." 주말에는 쇼핑객과 관광객이 몰려 교통 체증이 심해 한

시간 동안 몇 킬로미터밖에 움직이지 못한다. 가장 추운 달을 제외하면 인도에는 거의 늘 노점상이 늘어서서(그림 33) 과일과 꽃, 신선한 물, 아이스크림, 추로스 등 온갖 물건을 판다. 노점상이 너무 많아 지역 업체 주인들은 자기네 매출이 줄지 않을까 걱정하며 거리에서 노점상을 몰아내는 캠페인을 계획하고 있다.

"26번가는 지역의 심장부입니다." 리틀빌리지의 큰 부분을 차지하는 구의 시의원 리카르도 무뇨스는 설명했다. "26번가는 커뮤니티 경제에 활력을 불어넣습니다. 주민들은 혈관에 퍼지는 피라고 할 수 있죠." 리틀빌리지 상공회의소 소장 프랭크 아길라의 말에 따르면, 26번가의 상점과 기업에서 고용한 노동자는 1만5000명이 넘고, 그들의 임금은 다시 지역 경제로 흡수된다. 사람과 재화의 활발한 순환으로 주변 거리 역시 활기가 넘쳤다. 1990년 후반까지 상점과 소규모 기업, 지역 단체 등이 상당수의 주거지역을 포함해 지역 전반에 걸쳐 활동하기 시작했다. 분명한 것은 나디니의 말처럼 "사람들이 늘 오가며 물건을 산다"는 것이다.

사우스론데일은 오랫동안 보잘것없는 작은 마을이었다. 어느 지역 역사가에 따르면, 사우스론데일 커뮤니티는 "논쟁의 여지는 있지만, 시카고의 가장 오래된 노동자 계급 거주지역으로 그 기원은 1830년대까지 거슬러 올라간다". 그러나 이 지역은 대부분 1869년과 1889년에 시 정부에 공식적으로 편입됐다.[63] 지역사회의 민족적 단결은 시카고의 유명한 민주당 정당 조직political machine의 탄생과 부흥을 가능하게 했으며, 이는 리틀빌리지 22구에 사는 지역의 영웅 시카고 시장 앤턴 서맥에 의해 꾸려졌다. 당시 리틀빌리지는 대부분 체코인과 독일인(1910년 이후에는 폴란드인)으로 구성되어 있었다. 이들 이주민은 몇 블록 떨어진 곳의 노스론데일 사람들이 그랬듯이 매코믹 리퍼 공장이나 웨스턴일렉트릭사의 일자리를 얻으려고 사우스론데일로 모여들었다. 첫 번째 부흥기는 19세기 말과 20세기 초에 찾아왔지

그림 33 노점상들이 쇼핑객들을 밖으로 나오게 만든다. 사진: 로나 탤컷.

그림 34 어느 더운 날 한 가족이 마당에서 휴식을 취하고 있다. 사진: 로나 탤컷.

만, 1890년 고가철도의 더글러스파크 지선이 들어와(1902년 서북 지역에 또 다른 역이 개통했다) 도심지와 다른 지역으로의 접근이 용이해지면서 호황을 누렸다. 1920년까지 주민 수는 8만4000명이 넘었고, "서남 지역에만 약간의 공지가 남아 있을 뿐"이었다.[64]

사우스론데일의 백인 인구는 1950년대와 1960년대 교외로 이주해서 정부 보조금을 받을 기회를 이용하려는 시카고 주민들에게 따라잡혔고, 그 과정에서 노스론데일과 리틀빌리지의 일부 지역으로 이주하는 아프리카계 미국인과 거리를 두게 되었다(표 7). 리틀빌리지의 인구 유출이 노스론데일보다 느리게 진행된 부분적인 이유는 1940년대 리틀빌리지의 주택 소유 비율이 36퍼센트로, 전체 가구의 16퍼센트만 집을 소유했던 노스론데일보다 두 배 이상 높았기 때문이다.[65] 비교적 느리게 진행된 리틀빌리지의 인구 유출은 이 지역이 노스론데일만큼 아프리카계 미국인에게 문을 개방하지 않았다는 것을 의미한다. 대신 지역의 부동산 업자들은 점점 늘어나던 멕시코

표 7. 1950~1990년 사우스론데일(리틀빌리지) 인구

연도	인구	인구 변화(%)	백인 인구(%)*	라틴계 인구(%)
1950	6만6697	–	98	–
1960	6만940	-9	94	–
1970	6만2895	+3	86	–
1980	7만5204	+20	45	74
1990	8만1155	+8	27	85

* 라틴계 항목은 1980년 인구조사에서 처음 사용됐고, 사우스론데일의 라틴계 주민 대다수는 이런 변화가 생기기 전까지 백인으로 분류됐다. 1980년과 1990년 인구조사 응답자들은 스스로를 백인으로도 라틴계로도 모두 답할 수 있었다.

계 미국인과 멕시코 이주민들에게 주택을 팔았다. 1950년대 중반이 되면서 도시 재개발 프로그램과 고속도로 신축 공사로 니어웨스트 및 노스사이드에서 쫓겨난 멕시코계 미국인들이 리틀빌리지에 자리를 잡았고, 1960년대 말까지 리틀빌리지는 라틴계의 정체성을 확고히 구축하게 되었다. 이러한 변화를 나타내는 징후로 볼 수 있는 사건은 1896년 설립되어 공동체의 주요 단체 역할을 해왔던 '보헤미아 사회복지관'이 1970년 '멕시코인의 집Casa Aztlan'으로 이름을 바꾼 것이다.[66]

리틀빌리지가 노스론데일을 비롯한 시카고의 아프리카계 미국인 공동체의 운명을 피할 수 있었던 이유는 최소한 두 가지다. 첫 번째 이유는 우리가 관습적으로 인종주의라고 부르는 배제 및 억압과 관련 있다. 하지만 여기서는 더 구체적으로 다루려 한다. 중의적인 표현으로는 식별 가능한 사회적, 제도적 행위를 가리킬 수 없기 때문이다. 더글러스 매시와 낸시 덴턴은 노스론데일이 불모지가 되어가는 반면, 리틀빌리지는 노스론데일의 "인종분리" 때문에 "활발한 상업활동의 중심지"로 발전하고 있다면서 그 과정의 일부를 정확히 포착하고 있다.[67] 그러나 두 지역의 차이점(두 지역 모두 주로 소수 인종이 살고 있고, 백인은 거의 살지 않는다)이 인종분리뿐이라고 할 수는 없다. 노스론데일을 비롯하여 시카고의 다른 커뮤니티 지역의 아프리카계 미국인과는 달리 리틀빌리지의 라틴계는 슬럼화ghettoization나, 단체 혹은 개인에 대해 급속도로, 지속적으로 이뤄지는 방치, 방화, 폭력 등 지역사회 환경을 파괴하는 행위를 경험하지는 않았다.[68] 리틀빌리지가 상업 및 주거의 중심지로 발전한 두 번째 중요한 이유는 1960년대 이후 멕시코인과 중앙아메리카 이주민뿐 아니라 이미 시카고에 사는 멕시코계 미국인까지 끌어들여 이들 집단의 수는 급증한 반면 백인과 흑인의 인구는 줄어들었다는 점이다.[69] 멕시코계 미국인들의 지속적인 유입으로 인적 자원이 다시 늘어났고, 식료품점, 여행사, 의료 서비스업, 통신 기업 같은 소매상과 소규모 기업이 되살아났다. 노스론데일의 인구가 1970년과 1990년 사이에 절반이 줄어든 반면, 리틀빌리지는 약 30퍼센트가 늘었다. 『시카고』지가 시카고에서 "가장 잘나가는 부동산 시장"이라고 부른 리틀빌리지에는 빈 건물과 공터가 손에 꼽을 정도밖에 안 되며, 그나마도 곧 개발될 것이 확실하다.[70] 프랭크 아길라는 내게 이렇게 말했다. "리틀빌리지에는 빈 공간 같은 것이 없습니다." 폭염이 있었던 1995년에는 상업시설 공실률이 약 2.5퍼센트였고, 도심지의 공실률은 그보다 네 배가 높았다. 공간이 많았던 노스론데일은 이보다 몇 배 더 높았다.

"이곳의 거리는 늘 붐빕니다"

리틀빌리지의 활기찬 거리는 노인과 젊은 주민을 밖으로 끌어냈다. 이곳 거리에서는 서로 격의 없이 교류하며 한가로이 지나다니는 사람들을 구경하는 모습이 사회적 화합의 전형적인 형태다. 내가 인터뷰했던 많은 노인은 폭염이 오자 평소와 마찬가지로 26번가에 있는 냉방시설이 된 상점에 가서 더위를 피했다. 리틀빌리지의 노인들은 노스론데일 주민들처럼 인도나 거리에 대한 공포심이 별로 없었을 뿐 아니라, 오히려 밖으로 나가 더위를 피할 수 있는 곳에 가려고 했다. 다양한 상업시설과 풍부한 거리 문화는 지역 전반에 활기를 불어넣었고, 현지 조사를 할 때면 거리에는 늘 식료품과 물건을 담은 작은 봉투로 가득한 손수레를 밀고 가는 노인과 사람들이 있었다. 제럴드 서틀스의 주장처럼 "거리의 생활은 지역의 소통을 이어주는 중요한 관계이며, 결과적으로 주민들이 서로를 이해하는 데 많은 영향을 미친다".[71] 이는 지금도 마찬가지다. 리틀빌리지의 인도는 사회적 접촉과 통제를 위한 주요 통로다. 이처럼 안전한 공공장소 덕분에 (백인 노인들을 포함한) 리틀빌리지 주민들은 이웃과 관계를 맺고 공동체 행사에 참여할 수 있다.

하지만 안전한 인도, 지역 소매상, 식료품점, 활기 넘치는 공공활동은 사회적 통합을 촉진하는 도구로서의 역할 외에도 지역 주민들(특히 노인)에게 겉으로는 드러나지 않는 건강과 복지 혜택을 제공한다. 지역 의사인 존 허먼은 이렇게 설명했다. "이곳 사람들은 많이 걷습니다. 건강에 좋은 일이죠. 햇빛을 많이 쬐어서 비타민 D도 많이 흡수해 골다공증도 적게 나타납니다. 기분도 좋아지고요." 노스론데일의 의료인들은 노인들에게 운동을 시키기가 어려웠다. 노인들이 집 밖에 나서길 두려워하기 때문이었다. 반면 리틀빌리지에서는 내가 인터뷰했던 대다수의 노인에게 걷기는 일상이었고, 날씨가 따뜻해지는 계절에는 특히 그러했다. 많은 주민이 교외나 리틀빌리지에 차를 몰고 가서 쇼핑을 하는 노스론데일과는 달리, 리틀빌리지의 노인들은 집 밖에 나갈 이유가 충분했다. 리틀빌리지 상공회의소가 발간한 기업 명부에 따르면, 1998년 이 지역에는 다양한 규모의 식료품점 71곳, 제과점 15곳, 음식점 96곳, 할인점 30곳, 백화점 2곳이 있었다. 보건 의료 서비스업 또한 활기차고 현금 중심의 시장이 형성되어 있을 뿐 아니라 대여섯 곳의 비영리 단체가 수십 곳의 의료소 및 대안적인 의료기기 업체와 함께 건강보험에 가입되지 않은 주민들에게 의료 서비스를 제공하고 있다. 상업활동은 특히 노인들에게 중요하다. 물건이나 서비스가 필요할 때 밖에 나갈 수 있을 뿐 아니라, 외롭고 심심할 때 외출할 구실을 주기 때문이다.

몇몇 지역 주민은 시카고 최대의 상업지구 한 곳과 멕시코 물건을 파는 특별 시장이 있는 리틀빌리지를 "일종의 자급자족 공동체"라고 했다. 이 지역에 오래 거주한 어느 주민은 이렇게 설명했다.

> 특별한 이유가 있지 않은 이상 사람들은 리틀빌리지를 떠나지 않으려 해요. 그중에는 나이 든 백인들도 있지요. 우리 이웃에도 한 분 있었어요. 돌아가시기 한 달 전 제 아내가 시내에 데려갔는데, 시내에 가본 게 1940년 이후 처음이라더군요. 55년 동안 시내에 가지 않은 거죠. 그 할머니는 92세였어요.
> 사람들이 이곳을 떠나지 않는 이유는 걸어서 상점에 다니는 것을 좋아하기 때문입니다. 식료품도 사고, 빵집에도 가죠. 리틀빌리지에는 은행이 많아서(1998년 26번가에만 주요 은행이 7곳 있었고, 그 외의 은행도 6곳이 있었으며, 다른 곳에도 은행이 여러 곳 있었다) 저축을 하기에도 좋지요.

이런 이유로 사람들은 모두 거리로 나왔다. 그린 신부의 지적처럼 "아이들도 나오고, 노인들도 밖에 나와 쇼핑을 합니다. 상권의 매력이 그야말로 놀라울 정도입니다. 정말이지, 차를 타고 어디 갈 필요가 없어요. 걸어다니면서 모든 일을 할 수 있고, 또 그렇게 하고 있습니다."

높은 인구밀도와 활발한 상업지구 때문에 생활 구역이 줄어들고 교통 체증이 심해져 부담을 느끼는 주민도 있지만, 반대로 가족과 이웃 사이에 사회적 관계가 긴밀해지고 이전보다 안전한 공공 환경 구축에 도움이 되기도 한다. 노스론데일과는 극명하게 다른 리틀빌리지의 지역 환경은 이주 때문에 약해질 수도 있었을 가족과 친구와의 유대관계를 강화하고 있다. 가까운 곳에 산다는 조건은 사회적 유대를 촉진할 뿐 아니라 강제하기도 하기 때문이다.[72] 라틴계 주민들이 모두 높은 인구밀도와 붐비는 거리를 바람직하다고 여기는 것은 아니다. 하비에르 몬테스는 이렇게 말했다. "이곳은 사람이 너무 많아 발 디딜 틈도 없어요. 미어터집니다." 태어나서 이곳에서만 산 20대 여성 로사 에르난데스는 불평했다. "때로는 내가 이 지역에 갇혀 있다는 느낌이 들어요. 여길 벗어나지 않으면 숨이 막힐 것 같아요." 심지어 현지 조사를 하던 어느 날에는 노스론데일의 한 지역 지도자가 공터가 지역에 많은 문제를 일으키고 있다고 설명한 반면, 몇 분 후에는 리틀빌리지 상공회의소장이 "리틀빌리지의 가장 큰 문제는 기본적으로 빈 공간이 없다는 것입니다"라는 견해를 밝히기도 했다.

최근에 이주해온 일부 주민은 고향이 먼 곳일수록 리틀빌리지에서 옛 친구compadres를 많이 만나게 된다는 역설적인 사실을 지적했다. "사람들은 가족이나 친구 때문에 오래된 마을이나 도시를 떠나

이곳에 옵니다." 그 자신 역시 이주민인 모랄레스 신부가 말했다. "스스로 오는 경우는 거의 없어요." 그러나 이러한 조건이 허약하고 병들거나 가난한 가족 혹은 가족처럼 친한 사람들compadrazgo과 친구 등을 돌보는 것을 가능케 하는 환경적 토대가 되기도 한다. 3대에 걸쳐 이 지역에 살고 있는 가족의 두 번째 세대인 한 30대 남성 주민은 자기 친구들은 모두 부모 집에서 나와 산다고 말했다. "하지만 가족과는 아주 가깝게 지냅니다. 아이들이 대학을 졸업하고 바로 집을 떠나 사라져서 절대 돌아오지 않는 것과는 다르게 말입니다. 아, 저는 어머니 집에서 두 블록 떨어진 곳에 삽니다. 아버지는 몇 블록 떨어진 곳에 사시고요. 부모님이 헤어지셨거든요. 그래서 이곳에 사십니다."

조부모들은 리틀빌리지 라틴계 가족에서 특히 중요한 역할을 한다. 부모들은 오랜 시간 일을 하므로, 아이를 돌보거나 다른 가족활동을 할 시간이 거의 없다.[73] 취업 가능 연령대의 주민들은 한 곳 이상에서 저임금 노동자로서 힘들게 일하기 때문에 아이를 돌보거나 가사일을 하는 데 조부모를 비롯한 다른 가족 구성원의 도움을 받는다. 노인과 자식, 손주, 증손자가 함께 생활하는 이유는 어느 라틴계 노인복지사의 말처럼, "함께 지내는 것이 노인에게 좋다"고 생각하는 문화적 가치 때문이기도 하지만, "노인들이 가족을 위해 기여할 수 있는 일이 있기" 때문이기도 하다. "이곳의 가족들은 노인들만 따로 살게 할 여력이 없다"며 이 지역에 몇 안 되는 라틴계 성직자 중 한 사람이 말했다. 리틀빌리지에서 가장 큰 가톨릭교회의 그린 신부는 "엄청난 수의 노인이 아이들이 학교를 마치길 기다렸다 집에 데

려갑니다"라고 말했다. 이러한 현상에는 단점도 있다. 일부 정보 제공자는 이들을 둘러싼 저임금 경제로 인해 그들의 어머니가 "임금을 받지 않는 일종의 노예"가 되는 일이 불가피하게 발생한다며 비판했다. 하지만 낙관적으로 보는 이들도 있었다. "할머니들은 사실 그 일을 좋아합니다." 미겔 라미레스의 설명이다.

비록 리틀빌리지에서는 전통적인 성별 분담 때문에 할머니가 할아버지보다 임금을 받지 않고 가사노동을 하는 경우가 훨씬 많았지만, 내가 만났던 노인들 중에는 가족에 의해 혹사당한다고 불평하는 이는 거의 없었다. 노인들은 서로 돌보는 문화가 부담을 줄 때도 있긴 하지만 사회적 지원을 촉진하는 환경과 경제(여러 세대가 모여 사는 가정, 붐비는 거리, 비교적 안전한 동네 등)에 어떻게 스며드는지 경험적으로 알고 있다. 폭염 기간에도 집단의 문화적 기질과 지역 환경이 상보적 관계를 형성하면서 리틀빌리지 주민들은 집을 나와 병약한 주민들의 안전을 확인하며 더위의 영향을 최소화했다.

범죄에 대한 두려움과 낙후된 공공장소가 부담스러워 노인들이 밤은 물론 낮에도 집 밖으로 나오지 못하는 지역이 시카고에는 많다. 하지만 리틀빌리지에서는 노인을 비롯한 병약한 주민들도 한밤중을 제외하면 밖에 나오는 데 부담이 없었다. 제이컵스의 주장처럼, "도시의 거리는 잘만 활용하면 안전해질 수 있다. 버려진 거리는 위험해지기 쉽다. (…) 거리에는 지켜보는 사람들이 있어야 한다".[74] 폭염 기간 중 집에 머물러 있었다면 위험했을 노인들이 용감하게 밖으로 나가 상점이나 이웃을 방문해 보살핌을 받을 만큼 리틀빌리지는 안전했다. 어느 가톨릭교회 지도자는 이렇게 회상했다. "한낮 가장 더운 시간대에는 주저하지 않고 밖에 나갔어요. 밤에 나가기가 두려워 집 안에 갇혀 있는 사람들 이야기를 듣기로 했지요. 하지만 이곳의 여름과는 전혀 맞지 않는 얘기예요. 거리는, 특히 여름날의 거리는 아주 안전합니다. 가끔씩 사고가 있지만, 밤 10시 전까지는 활기가 넘치죠."

우리는 이미 1994년과 1995년 리틀빌리지의 범죄율이 노스론데일보다 3배 낮고, 시카고 전체보다는 두 배 낮다는 사실에서 리틀빌리지가 다른 도시 지역보다 주민들이 두려움을 덜 느끼는 사회 환경이라고 결론 내린 바 있다. 이런 경향은 폭염 기간 일주일 동안 리틀빌리지를 포함(그리고 노스론데일 일부)한 경찰 관할 10구역과 노스론데일의 대부분을 포함한 11구역 사이에 범죄율이 엄청나게 차이 난다는 사실에서 드러난다. 1995년 7월 12일에서 19일 사이에 10구역에서는 주민 10만 명당 구타 83건, 강도 17건, 폭행 20건, 강도 미수 1건, 살인 0건이 발생한 반면, 11구역에서는 구타 181건, 강도 25건, 폭행 51건, 강도 미수 4건, 살인 2건이 발생했다(그림 30).[75] 리틀빌리지 주민들에게 범죄나 두려움이 없는 것은 아니지만, 시카고의 다른 지역보다 훨씬 안전하다고 느낄 만한 충분한 이유가 있었다.

내가 알게 된 지역 주민에 따르면 그들이 마음 편히 거리를 걷거나 거리에서 시간을 보내는 이유는 폭력에 대한 뚜렷한 시간적, 공간적 질서가 있기 때문이다. 대부분의 사건은 밤에, 주요 도로로부터 떨어진 동네에서 일어난다. 어느 주민이 커뮤니티 회의에서 경찰관에게 설명한 것처럼 "대부분의 폭력은 밤에 일어나"고, 내가 인터뷰했던 몇몇 노인은 점차 폭력배의 폭력에 두려움을 느껴 어두워지면 밤에 나가지 않게 됐지만 다른 많은 사람에게는 이런 일반적인 자기방어 전략조차 불필요하다. 리틀빌리지에 오래 거주한 백인 노인 프랭크 크룩은 이렇게 주장했다. "저는 제가 사는 지역이 두렵지 않습니다. 우리는 한밤중에도 걸어서 집에 갑니다." 프랭크가 사는 곳이 커뮤니티에서도 안전하고 중산층이 많이 사는 서남 지역이라는 사실은 그의 자신감이 어디서 비롯됐는지 설명해준다. 진짜 문제는 라틴계와 흑인 젊은이들이 밀집해 있고 폭력배들이 활발하게 활동하는 북부 지역에 있다고 그는 설명했다.

내가 리틀빌리지에 있는 동안 주민들은 폭력배의 활동이 증가하여 커뮤니티의 가장 시급한 문제가 되었다고 믿었는데, 그때는 마침 지역 경제가 호황을 누리고 부동산 가치가 올라가기 시작한 때였다. 내가 참석했던 몇몇 커뮤니티 치안 회의에서 주민들은 날이 어두워지면 총소리가 들려오고, 어느 한 어머니의 말처럼 "폭력배들이 밤거리를 장악했다"며 우려를 나타냈다.[76] 그러나 곳곳에서 벌이는 "훌륭한" 공공활동 덕분에 위험과 무질서의 위협이 상쇄되어 이따금 발생하는 사고 외에 대부분의 시간에는 안전한 환경을 유지할 수 있었다. "폭력배들이 있긴 하지만 사람들은 여전히 맘 놓고 거리를 다닌다"며 극소수의 라틴계 가톨릭 종교 지도자 가운데 한 사람인 모랄레스 신부는 말했다. "여기저기 걸어다니다보면 어느 곳이나 현관 앞 계단에 사람들이 앉아 있는 모습을 볼 수 있습니다." 한가로이 거리를 걷는 사람들의 시선이 감시 역할을 하기 때문에 지역의 안전이 가능해진다고 제이컵스는 주장한다. "우리가 사는 곳을 서로 주의 깊게 살핍니다." 역시 오랫동안 이 지역에 거주한 백인 제임스 그래보위츠가 전했다. "무슨 일이 벌어진다 싶으면 살펴보고 서로에게나 혹은 경찰에게 연락할 겁니다."

활동의 중심이 된 교회

리틀빌리지 주민들을 이어주는 비공식적 유대관계 외에도, 교회의 강력한 네트워크는 지역 주민들을 보호하는 중요한 조직이 되어준다. 교회는 폭염 중 노인을 보호하려는 지역활동에 도움을 주었지만, 리틀빌리지의 특성상 종교 조직이 없어도 더위와 관련한 문제는 노인들에게 그다지 위협이 되지 않았다. 20여 곳의 교회가 있는 리틀빌리지에는 노스론데일만큼 많은 종교 조직이 존재하진 않는다.[77] 하지만 리틀빌리지의 상대적인 크기와 부, 중심적 역할을 한 조직 덕분에 교회 네트워크는 다수의 지역 주민을 끌어들여 많은 도움을 줄 수 있었다. 노스론데일의 교회가 고립된 노인들에 대해 알게 된 후 그들을 교회로 나오게 하는 데 어려움을 겪었던 것처럼, 리틀빌리지의 교회들도 혼자 사는 백인 노인은 물론 한때 활발하게 활동했던 사람들을 통합하는 데 어려움을 겪었다.

지역 종교 단체의 민족 및 인종 구성은 지역 주민에 따라 바뀌었다. 오랫동안 폴란드인, 체코인, 슬라브인의 공동체 생활을 뒷받침하는 장소였던 건물이 라틴계 위주의 장소로 바뀌면서 스페인어가 주 언어가 되고, 라틴계 미국인 스타일로 서비스하며, 라틴계 전통에 따른 문화 행사가 열리게 됐다. 비록 라틴계 교회 지도자는 드물었지만, 대부분의 사제와 관리인은 유창하게 스페인어를 구사했다. 많은 교회에서 여전히 종교생활에 참여하는 소수의 백인 신도를 위해 영어 혹은 폴란드어로 특별 예배와 행사를 진행했지만, 교회 지도자들은 지역의 변화 때문에 오래 거주한 노인들과의 관계가 소원해졌다는 점뿐 아니라 성직자에게 독거노인의 어려움을 나누는 데 필요한 인적 자원이나 문화적 자원이 없다는 사실에 우려를 표했다. "이곳에는 독거노인이 많습니다." 모랄레스 신부가 설명했다. "남미인보다 노인들이 더 많습니다. 그들을 도와주지 못하는 건 슬픈 현실입니다. 그런 유형의 봉사는 아주 중요합니다만, 한계가 있을뿐더러 우리도 인력이 없으면 할 수 없죠. 자원봉사자만으로는 정말 어렵거든요." 노스론데일의 교회와 마찬가지로, 리틀빌리지에 있는 대다수의 교회는 지역 노인들을 도우려고 열심히 일했지만 결국 그들이 제공할 수 없는 시간과 돈, 조직, 노동력이 필요하다는 사실을 깨달았다.

노스론데일의 교회들처럼 리틀빌리지의 교회들도 지역생활의 여러 영역에서 기여를 했는데, 리틀빌리지의 종교 단체들은 이민자와 스페인어를 사용하는 사람들이 시카고에서 생활하고 일하는 데 겪는 부담과 요구 사항을 해결하는 데 중점을 두었다. 노스론데일 교회에서 제공했던 사회, 정치, 직업, 건강 관련 서비스와 프로그램 외에도 리틀빌리지 종교 조직은 외국인을 위한 영어 교육과정을 제공했고, 최근에 이민 온 사람들이 사회적·경제적 관계에 잘 적응하도록 도움을 주었으며, 도시 환경에 적응하기 어려워하는 시골 지역 출신 새내기들에게 상담을 해주었다. 일반적으로 정치 단체와 커뮤니티 조직들이 이민자들에게 낯설고 위협적으로 느껴지는 도시에서 가톨릭교회는 새로 이주해온 사람들에게 안정과 도움을 줄 수 있는 가장 익숙하고 믿을 만한 곳이다.

노스론데일과 리틀빌리지의 종교 단체가 보이는 가장 의미 있는 차이점은 라틴계 교회가 얼마나 집중되어 있는가이다. 이들은 대부분 가톨릭교회이며, 시카고 대교구와 밀접한 관계에 있고 그들의 지원을 받는다. 비록 사제들은 대개 지난 수십 년 사이에 지역에 이주해온 백인이었지만, 교회 지도자, 신도, 지원 네트워크 등은 노스론데일의 여러 종교 중심지보다 커뮤니티 생활에 더 깊이 뿌리를 두고 있었다. 대다수의 교회 관계자, 사제, 관리인 등은 지역에 거주했고, 교회에서 도보로 다닐 수 있는 거리에 살면서 장소 기반의 프로젝트에서 환경적 기반을 제공하며 다양한 지원 서비스의 진행을 도왔다. "교회는 사교의 중심입니다." 모랄레스 신부가 말했다. "사람들은 교회에서 친구를 사귀지요."

하지만 지역 교회와 대형 가톨릭교회 사이의 소속 관계에서 오는 혜택도 있지만 손실 또한 있다. 노스론데일의 여러 작은 교회와는 달리, 리틀빌리지의 가톨릭교회들은 중앙 대교구에서 상당한 자원을 지원받았다. 힘겨운 시기에 이런 자원은 가치를 따질 수 없을 만큼 소중했고, 신도 수가 적은 지역 종교 조직이 봉사활동과 프로그램을 유지하는 데 도움이 됐다. 하지만 대교구의 지원엔 대가가 따랐다. 리틀빌리지의 가톨릭교회는 대형 종교 단체를 대표하여 책임을 지면서, 지역 주민들의 까다롭고 변덕스러운 요구에 작은 풀뿌리 교회들처럼 빠르게 대응하려고 애썼다. 내가 만났던 리틀빌리지의 일부 주민은 복음주의 교파를 선호하여 가톨릭교회를 떠났다. 새로운 교회들이 그들의 요구에 더 부응한다고 생각했기 때문이다. 하지만 내가 현지 조사를 할 때 이런 개종자들은 독실한 가톨릭 리틀빌리지 종교 공동체에서 소수였다.

대형 가톨릭교회는 지역 전체에 퍼져 있어, 주민들은 종교활동이나 때론 사회활동의 근거지로 삼을 만한 곳을 쉽게 찾을 수 있다. 대부분의 교회는 일주일 내내 바쁘다. 교구 학교를 운영하면서 여러 행사와 프로그램을 개최하기 때문이다. 수천 명의 신도를 관할하는 제임스 신부는 교회 학교 밖에 앉아서 이렇게 설명했다. "우리는 밤마다 교회 밖 회관에서 여덟 가지 활동을 진행하고 있습니다. 그리고 많은 사람이 우리에게 연락을 해옵니다. 일요일 아침에는 폴란드어 미사를 진행하는데, 규모가 무척 작지요. 영어 미사도 진행하는데, 그건 규모가 약간 커서 100명 정도 참석합니다. 스페인어 미사도 두 번 있고요. 스페인어 미사의 규모가 가장 크죠. 4500명 정도 참석합니다." 일요일마다 열리는 주간 미사에는 1만 명 이상이 오는데 대부분 리틀빌리지 주민이며, 이들은 집에서 나와 지역 교회에 간다. 성미카엘 교회의 그린 신부에 따르면, "우리가 대교구에서 가장 큰 남아메리카계 가톨릭교회이자 네 번째로 큰 교구입니다. 일요일이면 약 5000명이 옵니다. 오전 7시 30분부터 오후 4시 30분까지 한 시간 반마다 미사가 있습니다. 부활절에는 1만 명 정도 되지요. '재의 수요일'에는 1만5000명 정도 오고요. 이 모든 미사가 하나같이 중요합니다."

하지만 취약한 주민이 폭염과 같은 긴급사태에서 살아남을 수 있는지, 도시의 변경에 살고 있어 감수해야 하는 일상의 부담을 견뎌낼 수 있는지를 결정하는 데 가장 중요한 것은 결국 교회의 크기가 아니라 문제의 심각성에 달려 있다. 공통점이 있긴 하지만 리틀빌리지에서의 가난과 관련된 문제는 노스론데일 주민들이 겪는 문제와 다르다. 리틀빌리지에는 독거노인 수가 노스론데일보다 많지만, 그들이 겪는 문제는 노스론데일의 노인들처럼 안전이나 공포스러운 거리, 자원의 부족, 고립 등의 위협이라기보다는 언어적 고립과 신분의 변화(소수민족으로 바뀌면서 겪는)에 있다.

리틀빌리지 커뮤니티 지도자들이 공식적으로 라틴계 노인들의 사회적 네트워크를 구축해야 할 근거는 충분하다. 1990년대 라틴계 주민들은 시카고의 다른 민족들이 이미 목격한 것을 직접 경험하고 있었다. 가족은 점점 흩어지고, 교외화sub-urbanization가 일어나며, 노인과 젊은 세대 사이의 사회적, 공간적 거리는 벌어졌다. 시카고의 여타 대다수 커뮤니티에서 그러하듯 사회적 관습과 이주 전략은 이곳에도 수용돼, 리틀빌리지의 라틴계 노동 가능 인구는 교외로 이주하고 아메리칸드림을 실현하기 위해 부모와 나이 든 친척을 떠나기 시작했다. 시카고 사회복지사들은 인터뷰 도중 라틴계 가족의 세대 간 유대에 관한 문화적 통념 때문에 그들이 일하면서 목격한 라틴계 미국인의 고립이 증가하는, 반박할 수 없는 인구통계학적 경향이 눈에 띄지 않거나 언급되지 않는 현상을 우려했다.[78] "남아메리카계 미국인 노인 세대는 가족들로부터 떨어져 혼자 살기 시작했다"고 복지 기관의 임원은 설명했다. "그리고 그들은 그런 사실에 대해 말하지 않기 때문에 오히려 더 위험하다." 1995년 폭염 때는 가까운 곳에 사는 가족과 친구들의 보호를 받았지만, 앞으로 다가올 세대에서는 라틴계 노인들이 그렇게 유리한 입장에 있을 것 같지 않다. 라틴계의 민족적 기질이 최근 세대까지 함께 리틀빌리지 같은 곳에 모여 사는 데 도움을 주었을 수도 있다. 하지만 라틴계 가족의 사회적 궤도와 공간적 분산을 보면 이미 그런 돌봄 문화가 위협받고 있다는 것을 알 수 있다.

사례대조군 연구를 수행했던 질병통제예방센터의 역학자들처럼, 시카고의 웨스트사이드 지역에 대한 현지 조사를 마쳤을 때 노스론데일과 리틀빌리지에서 관찰했던 위험과 보호의 원인이 다른 지역에서도 같을지 판단하는 방법을 찾아보았다. 다른 지역을 대략 훑어보니 폭염 사망률이 높은 지역은 생태적으로 쇠퇴해 있었고, 생존율이 높은 지역은 사회적 형태가 비교적 탄탄해 보였다. 폭염 관련 사망률이 높았던 세 커뮤니티 지역에서 한 메모를 보니, 상업지구와 공공장소에 대한 묘사가 노스론데일의 풍경에도 잘 어울렸다.

지역 1: 상업활동이 거의 없는 작은 지역으로 소매상도 거의 없다. 대부분의 블록에는 창문을 판자로 막아놓은 허물어져가는 버려진 건물과 돌무더기와 쓰레기로 가득한 공터, 상점을 개조한 소규모 교회가 늘어서 있었다. 상업지구가 유일하게 하나 있었는데, 수표를 현금으로 바꿔주는 서비스를 제공하는 곳과 빈 상점 몇 군데뿐이었다.

지역 2: 주요 상업지구는 쇠퇴하고 있지만, 몇몇 소규모 소매상점과 오래된 공장들이 있다. 거리는 넓지만, 거리에서 일어나는 활동은 거의 없다. 빈 상점이 많고, 창문에 판자를 댄 건물들, 널찍한 공터가 여럿 있다.

지역 3: 많은 건물이 한때 상업적 용도로 쓰였지만, 창문은 판자로 막혀 있으며 간판은 낡고 색이 바래 다 쓰러져가고 있다. 상점이라고는 작은 식료품점과 수표를 현금으로 바꿔주는 가게뿐이다. 그 외에는 사실상 상점이 없고, 공터만 여러 군데 있다. 버려진 것처럼 보인다. 거리의 한쪽은 놀라울 정도로 황폐해서 폭격이라도 당한 것 같다.

이런 표면적인 묘사는 주의 깊게 봐야 한다. 노인이나 다른 주민들

표 8. 시카고에서 폭염관련 사망률이 가장 낮은 커뮤니티 지역

커뮤니티 지역	10만 명당 폭염 관련 사망자	1960~1990년 인구 감소 비율	흑인 비율	전체 폭력범죄 순위 (77개 커뮤니티)
베벌리	0	10	24	70
애슈번	0	4	10	62
리버데일	0	5	98	11
이스트사이드	0	11	0	54
캘러멧하이츠	0	10	93	39
몬트클레어	0	10	0	61
오번그레셤	3	0	99	19
가필드리지	3	16	13	60
웨스트론	4	13	0	65
사우스론데일 (리틀빌리지)	4	-33	9	59
시카고시	7	22	39	–

출처: 일리노이 보건부(1997), 시카고 통계백서 컨소시엄(1995), 시카고 보건부 등에 있는 521건의 폭염 관련 사망자 데이터를 바탕으로 했다.

이 공간을 어떻게 사용하는지에 대한 깊은 지식이 반영되어 있지 않기 때문이다. 모든 시카고 커뮤니티 지역을 대상으로 민족지학적 연구를 집중적으로 하는 것은 불가능하지만, 환경적 배경과 사회적 과정을 조합하면 어떻게 공간에 따른 조건이 폭염 사망률에 영향을 미치는지 추측할 수 있다. 게다가 버려진 지역과 빈곤의 광범위한 생태적 영향이 많은 시카고 커뮤니티의 사회적 환경을 어떻게 변화시켰는지에 대한, 인구 데이터만으로는 드러나지 않는 의미를 알려준다.

우리가 이러한 사회 환경 조건을 파악하기만 하면 관련 조건의 의미를 숙고할 수 있는 더 많은 표준 인구통계적 단서를 통합하는 게 가능하다.[79] 예를 들어, 표 3은 풀러파크, 우드론, 워싱턴파크, 엥글우드 같은 지역에서 공통적으로 심각한 수준의 인구 유출이 발생하고 (일부 지역은 1960년과 1990년 사이에 주민의 3분의 2를 잃었고 15개 지역 중 10개 지역은 주민의 3분의 1이 떠났다) 노인의 공공생활을 위협하는 폭력범죄가 일어난다는 사실을 보여준다. 표 8에서는 반대 현상을 볼 수 있다. 1960년과 1990년 사이에 21퍼센트 이상의 주민이 떠나간 시카고 지역 가운데 폭염 사망률이 가장 낮은 커뮤니티 10곳 중 두 곳을 제외한 커뮤니티가 11퍼센트 이하로 인구가 줄었다. 나머지 두 곳은 각각 16퍼센트, 13퍼센트가 감소해 여전히 시의 평균보다 낮았다. 게다가 이례적으로 낮은 사망률을 기록한 아프리카계 미국인이 주로 사는 세 커뮤니티 지역인 리버데일, 오번 그레셤, 캘러멧 하이츠 등은 폭염이 있기 전 수십 년 동안 0퍼센트에서 10퍼센트 사이의 인구 감소율을 나타냈다. 시카고의 아프리카계 미국인 지역 중에서는 보기 드문 패턴이다.

질병통제예방센터의 역학 연구에서 폭염 사망률에 영향을 미치는 개인 수준의 위험 요인을 찾아낸 것처럼, 커뮤니티 수준의 사회적 환경이 어떻게 시카고 지역의 생존율에 영향을 미쳤는지에 관한 민족지학적 평가는 이례적인 사건과 평상시의 위험도를 높이는 장소에 기반한 일련의 사회 환경 조건을 찾아냈다. 사망률이 낮은 지역이 눈에 띄는 건 그 지역의 민족적, 인종적 구성 때문이 아니다. 표 8에서 유추할 수 있듯이, 가장 높은 생존율을 기록했던 10개 지역 중 세 곳은 아프리카계 미국인이 90퍼센트 이상을 차지하는 곳이었고, 두 곳은 공식적으로 라틴계가 39퍼센트 이상인 곳이었으며, 다섯 곳은 주로 백인이 사는 지역이었다. 하지만 대부분의 경우 자원의 고갈이나 기반시설과 상업의 붕괴, 인구 감소, 높은 폭력범죄율 등에 시달리지는 않았다.[80] 그리고 리틀빌리지 같은 곳은 다른 지역이 쇠퇴하는 동안 활기를 되찾았다.

사망률이 높은 지역들은 눈에 띄는 구성적, 환경적 특징도 가지고 있다. 폭염 사망률에 관한 이전 연구에서 빈곤율이 높거나, 노인이 많이 모여 살거나, 주택 환경이 열악하거나, 녹지대가 적은 지역의 주민들이 특히 극단적인 여름 기후에 취약하다는 사실을 보여주었다. 그리고 일리노이 보건부는 범죄율이 높은 지역의 주민들은 1995년 참사에서도 사망률이 높았다는 사실을 발견했다.[81] 이러한 분석은 장소에 따른 몇 가지 위험 요인을 추가한다. 그중에는 공공장소의 특성, 거리에서 벌어지는 상업활동의 활기, 지원 네트워크와 지원 단체의 중심적 역할, 지역의 사회적 형태에 대한 관심, 그 외에도 주민의 감소, 독거노인의 증가, 인구 조건에 대한 관심 등이 있다.

이러한 접근을 통해 서로 다른 커뮤니티 지역과 집단이 폭염 기간 중 그토록 이질적인 경험을 한 이유를 깊이 이해할 수 있다. 현대 보건 연구와 공공 정책 담론에서 일반적으로 그러하듯, 폭염 기간 중 집단에 따른 건강에 대한 토론의 대부분은 민족 혹은 인종적 틀 안에서 인종적 차이나 문화적 다양성을 들어 민족의 사망률을 설명했다. 지역 이야기는 아프리카계 미국인이 시카고의 폭염 기간 중 높은 사망률을 기록한 핵심적인 이유가 그들이 유일하게 시카고에서 분리되어 폐건물과 공터가 있고, 상업적 기반시설이 부족하며 인구가 감소하고, 낙후된 인도와 공원, 거리와 가난한 단체가 있는 커뮤니티 지역에 게토화되어 사는 집단이기 때문이라는 것을 의미한다.[82] 이러한 환경 조건에서 불거진 폭력범죄와 거리의 활발한 마약 시장은 공공장소의 이용과 효과적인 지원 네트워크의 조직을 더욱 어렵게 했다. 폭염 기간 중 가장 고립되고 위험을 느꼈던 노스론데일 같은 곳의 주민들이 고생한 이유가 커뮤니티 구성원들이 그들을 돌보지 않았기 때문이라는 단서는 거의 없다. 그러나 시카고에서 가장 빈곤하고, 많은 사람이 떠나 위험한 지역의 주민들이 고독사한 데에는 그들이 좀처럼 집을 떠나지 못하도록 만드는 사회적 환경에서 살았기 때문이라고 여길 만한 합리적인 근거가 있다. 그들은 안전한 집에서 은둔함으로써 고요하고 부유한 동네에선 찾아보기 힘든, 사회적 보호를 가로막는 장애물을 양산했다.

시카고의 관료들은 1995년 폭염이 닥쳤을 때 사우스사이드와 웨스트사이드 주민들의 건강을 위협하는 사회적·환경적 조건을 파악하지 못했을지도 모르지만, 적어도 극단적 환경이 치명적인 피해를 안길 지역은 예측할 수 있을 만큼 건강과 취약성의 전형적인 패턴은 충분히 인지하고 있었다. 시카고 주민과 커뮤니티들이 참을 수 없는 기후를 견디기 위해 급한 대로 생존 전략을 꾸리는 동안, 시의 기관들은 허점을 메꾸려는 정치적 대응을 시작했다. 성공적인 공중보건과 정부의 개입을 위해서는 긴급 의료 서비스와 복지 서비스를 제공하는 통합 프로그램이 필수다. 하지만 다음 장에서 보듯이 그러한 캠페인의 기획을 가로막는 장애물은 대부분의 시 기관이 극복하기에는 너무 크다.

3장

재난의 상태

: 권력 이양기 도시의 복지

시 정부가 폭염의 위험을 인지하지 못해 제때 예방 조치 프로그램을 시작하지 못하곤 하기 때문에, 폭염 기간 중 재난 관리가 이뤄지는 것은 보통 긴급한 의료 요청과 사망 사건 신고에 구급대원 및 경찰관이 대응하면서부터다. 열 스트레스와 열사병의 피해자에게는 얼음찜질이나 정맥주사 치료처럼 간단하면서도 빠른 조치가 요구된다. 과열되거나 탈수 상태로 오래 있을수록 사망 또는 영구적인 신체 손상을 입을 가능성이 커지기 때문이다. 보건부나 소방부의 공무원들은 이상 기후를 감지하거나 응급 서비스 네트워크에 평소보다 많은 전화가 걸려오면 시 정부의 지휘 본부에 알리고, 필요할 경우 특별 지원을 요청해야 한다. 미국의 다른 도시들과 마찬가지로 시카고 소방부에서는 응급부서를 두고 비상시 응답 프로그램을 운영하고 있다.[1] 소방대와 경찰서 직원들은 서비스 시스템의 최전방에 있기 때문에 긴급한 위기를 가장 먼저 발견하곤 한다. 그들의 과제는 고위 공무원, 여론 주도층, 시의 기관 등이 문제를 인식하고 자원을 동원하여 적절한 대처를 하게 하는 것이다. 그러려면 취약한 시민들을 지원하는 과정에서 지속적으로 발생하는 장애물을 극복해야 한다. 이러한 장애물들은 폭염의 정치사에서도 많이 볼 수 있다.

클라크 스태튼은 은퇴한 소방 지휘관으로 20년 동안 시 구급대원으로 일하며 1983년, 1986년, 1988년 폭염 기간 중 응급 구조에 참여했다. 그는 1995년 참사를 생생하게 기억한다. 1995년 스태튼은 지역 전문가들이 모여 응급 서비스 프로그램을 평가하고 시카고의 응급치료 네트워크를 감시하는 응급대처연구소 임원으로 일하고 있었다. 폭염 기간 중 구조에 참여했던 많은 구급대원은 소방부와 시 정부의 서비스 전달 프로그램 사이의 해묵은 불화가 최악의 비상 대처로 드러난 결과로 여긴다고 그는 설명했다. "폭염이 다가올 때 텍사스와 네브래스카에 있는 사람들과 이야기를 나누고 있었어요. 우리는 문제점을 추적했죠. 특정 기후 패턴에 의해 폭염 사망자가 산발적으로 나타났고, 그러한 기후가 이동하는 가운데 이곳에 머물게 되었다는 사실을 알게 되었어요." 7월 13일 목요일, 첫 번째 폭염 사망자가 알려지기 전 스태튼의 연구소는 보도자료를 배포하여 큰 문제가 발생할 수 있다며 시민들과 시 기관에 경고했다. "기온과 습도가 위험한 수준이었고, 일부 지역에서는 대기의 질이 점점 나빠져 그 끝을 알 수 없을 정도였습니다. 응급대처연구소는 극도로 주의할 것을 강력히 권고했습니다. (…) 그때 이미 폭염으로 미국 중서부와 서남부 지역에서 여러 사람이 불시에 사망했고 더 많은 부상자나 사상자가 나타날 것으로 예측됐습니다."[2] 2년 동안 공보관으로 시카고 소방부에서 일했던 스태튼은 보도자료를 배포했다. 경험적으로 "언론에서 먼저 폭염 이야기를 다루면 시에서 반응을 보일 거라고 생각했습니다. 우리가 언론에 이야기한 것은 금요일 전이었지만, 그들은 결국 아무런 보도도 하지 않았지요."

금요일, 스태튼은 구급대원과 연락을 유지하며 그들의 반응을 살폈다. 소방부는 그날 1000건이 넘는 요청을 처리했고, 모두 마쳤을 때는 188명의 시카고 시민이 더위로 사망한 후였다. 스태튼은 이렇게 말했다. "처음에 폭염 비상사태가 발생한 것을 발견한 사람은 아마 응급의료 서비스 감독관이었을 겁니다. 왜냐하면 여러 팀에서 비슷한 보고서를 받았거든요. 저는 무전기를 듣고 있었는데, 이런 소리가 반복해서 들렸습니다. '죄송합니다, 구급차가 없습니다.' 그리고 구급대원들은 이렇게 말했죠. '여기는, 이미 사망했습니다. 여기도 이미 사망했습니다. 여기도 이미 사망.' 그리고 이런 소리도 들립니다. '죄송합니다. 몇 시간은 있어야 응급차를 보낼 수 있습니다.' '시체안치소에 와 있습니다. 줄을 서 있는데, 17번째입니다.'"

몰려드는 응급 서비스 요청과 쿡 카운티 시체안치소의 정체가 맞물려 시의 응급치료 시스템에는 과부하가 걸렸고, 서비스 지체 현상이 일어났다. 시카고의 보건시설을 지켜본 사람들은 지역 서비스의 기반시설에 적어도 두 가지 문제점이 있다고 오랫동안 경고해왔다. 첫째, 56대의 구급차와 약 600명의 구급대원으로는 통상적인 요청은 물론 이례적인 요청에도 제대로 대응하기에 역부족이라는 것이다. 일반적인 응답 시간은 7분이라고 했지만 평상시에도 20분이 넘어가곤 했다.[3] 소방관 수가 구급대원보다 7배나 많고, 행정부와 시청이 자신들에게 차별 대우를 한다는 구급대원들의 불만에서 야기된 소방부 내부의 해묵은 분열 탓에 구급대원들은 소방관보다 50퍼센트 이상 요청을 더 많이 처리하지만 새로운 자원을 지원받는 경우는 극히 드물었다.[4] 둘째는, 시립병원과 외상치료센터들이 노스사이드에 집중되어 있어 의료 서비스의 지역적 분리 현상이 발생해, 상대적으로 빈곤하고 오염된 사우스사이드와 웨스트사이드처럼 긴급하거나 지속적인 의료 서비스가 필요한 지역의 취약성이 더 커졌다는 것이다. "우리는 오랫동안 이 점에 대해 항의했습니다." 어느 구급대원이 설명했다. "병원에 자리가 없어 응급실을 닫고 새로운 환자를 받지 않으면, 우리가 문제를 해결해야 하니까요."

더위가 시카고에 상륙하여 이를 처리해야 할 구급차와 구급대원이 부족해지자, 소방부는 장비와 소방관을 거리로 보내 보건 지원을 하게 했다. 대형 의료 기관의 응급의료 장비가 수용 한계를 넘어섰고, 45개 병원 가운데 23곳의 병상이 가득 차 열사병 환자는 즉시 치료를 받지 않으면 심각한 결과가 초래될 수 있는데도 응급치료를 받으러 온 환자를 돌려보내고 있었다.[5] 사우스사이드와 사우스이스트사이드 지역이 특히 심각했다. 이들 지역에서는 열사병이나 열 스트레스 환자들이 평상시보다 더 큰 어려움에 직면해 있었다. 일리노이 상원 보고서에 따르면, "1995년 7월 13일에서 16일 사이 23개 병원이 저마다의 간격으로 바이패스 상태(보건 기관이 관내 응급의료 시설에 병상이 꽉 차 일시적으로 환자를 받을 수 없음을 알린 상태―옮긴이)에 들어갔고, 사우스사이드와 사우스이스트사이드 지역에서는 극소수의 병원만이 구급차에 실려온 환자를 받을 수 있었다."[6]

폭염 기간 중 사우스사이드의 응급 서비스를 감시하는 책임을 졌던 구급대 본부장 보좌 로버트 스케이츠는 시 정부가 하는 일을 믿을 수 없었다.

무전을 듣고 있던 나는 상황이 매우 긴급하게 돌아간다는 것을 알 수 있었다. 갑자기 전화가 빗발치듯 걸려오기 시작했고, 신고를 한 사람의 집으로 소방차와 소방트럭이 배치되고 있었다. 구급대원들은 구급차에 올라탔고, 다음 날 아침까지 소방서를 보지 못했다. 아침 8시부터 다음 날 아침 8시까지 정규 소방 소대의 일은 계속됐다. 하지만 일부는 26, 27, 28시간 이상 일을 했다. 즉 40도가 넘는 무더운 날씨 속에서 쉬지도 못하고 일을 했다는 뜻이다. 구급차의 냉방장치는 작동되지 않았다.

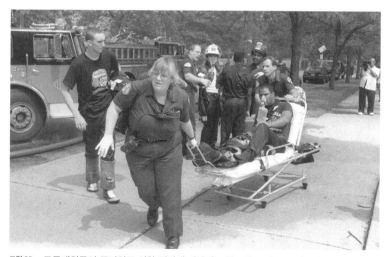

<u>그림 35</u>　구급대원들이 무더위로 인한 질병에 시달리는 동료를 도와주고 있다. 출처: 『시카고 선타임스』. 사진: 브라이언 잭슨. 『시카고 선타임스』의 특별 허가를 받아 재판에 수록. ⓒ 2002

여기저기 상처를 입으면서 뛰어다녔고 땀을 비 오듯 흘렸다. 사우나에서 일하는 것보다 더 열악했다.

시 전역에 있는 병원 직원들은 고된 노동으로 대원들이 타격을 받고 있다는 것을 알았다. 노스사이드 병원의 관리자는 이렇게 말했다. "환자를 데려온 구급대원들은 탈수 현상이 심해서 그들이 환자가 되기 일보 직전이었다."[7](그림 35)

지금은 지역 소방관 조합의 응급의학 서비스 소장으로 일하고 있는 30년 경력의 베테랑 스케이츠는 긴급대응 시스템이 이런 상황에서 무엇을 해야 하는지 잘 알고 있었다.

다음은 소방부가 할 수 있는 것들이다. 먼저 복귀 명령이다. 비번이었던 모든 사람을 소환하라는 명령을 내렸어야 했다. 그리고 더 많은 구급차를 보낼 수 있었다. 당시 구급차는 59대였지만 그중 3대는 오헤어 국제공항에 고정적으로 배치되어 있었기 때문에, 시에서 사용할 수 있는 구급차는 56대밖에 없었다. 시에서는 15대를 더 사용할 수 있었다. 그것으로 부족하다면 MABAS(상호 공조 경보 시스템)라는 시스템을 활용해 교외지역에서 70대의 구급차를 구할 수 있었다. 노스웨스트사이드 교외지역에서 30대, 사우스웨스트사이드에서 40대를 구할 수 있었다. 따라서 총 145대의 구급차를 보낼 수 있었다. 화재보험 회사의 도움을 받을 수도 있었다. 적어도 식용수는 많이 있었으니 사람들을 시원하게 해줄 수는 있었다. 하지만 누군가 이 일을 시작할 사람이 있어야 했다.

관련 기관의 종사자인 내가 한 일은 직속 상관인 구급대 본부장 및 소환과 MABAS 이용 등을 지시할 권한이 있는 응급의료 서비스 소방감에게 전화를 건 것이었다. 소방총감 레이먼드 오로스코는 당시 휴가 중이어서 도시를 떠나 있었다. 그래서 나는 보고서를 준비하기 시작했고, 구급대 본부장에게 전화를 받았다. 그는 소방감이 내게 이유 없이 불안해하지 말라고 하며, 내가 떠들고 다니는 만큼 사태가 심각한 게 아니니 직원들을 소환하지 않을 것이라고 했다고 알려주었다. 그리고 정말 아무 일도 일어나지 않았다. 아무런 조치도 취하지 않은 것이다. 구급대원들은 무전으로 이런 대화를 주고받고 있었다. "생명이 위태로운 사람이 있습니다." "문을 부수고 집에 들어갔더니, 한 사람이 더위로 사망해 있었습니다." 그래서 다시 전화를 걸었더니 구급대 본부장은 말했다. "내가 다시 말해보겠네." 그리고 나는 똑같은 답변을 들었다. "호들갑 좀 그만 떨라고 하시네." 그래서 이번에는 내가 소방감에게 직접 전화를 걸었다. "소방감님……." "밥, 자네가 전화할 줄 알았네. 하지만 난 자네가 말한 대로 하지 않을 걸세." 그리고 그는 전화를 끊었다. 딱 그렇게 할 말만 하고.

시의 비상응답 프로그램이 제대로 작동하려면 관리자들이 현장에서 올라오는 보고를 신뢰해야 할 뿐 아니라, 생생한 정보를 지휘센터의 상위 책임자에게 잘 전달해주어야 한다. 폭염 기간 중 구급대원들의 불만은 소방부의 내부 부서와 공중보건 위기 관리 경험이 부족한 관리자 사이에 소통이 되지 않아 응급대처가 늦어지는 일이 일어났다는 것이다.

현장의 구급대원들이 시의 활동을 확대할 수는 없었지만, 라디오와 텔레비전에서 대규모 사망을 보고하자 리처드 M. 데일리 시장이 관심을 갖기 시작했다. "불만이 본격적으로 접수되기 시작하고" 언론에서 사망자 수를 보도하자 "데일리 시장은 전화를 걸어 플로리다에서 휴가를 보내고 있던 오로스코 소방총감에게 돌아올 것을 지시했다. 하지만 사망자 중 일부를 죽기 전에 구할 수 있었다는 게 중요하다. 더 많은 사람을 투입해서 물을 뿌리고 더위를 식혀줄 수 있었다." 대처가 늦어진 데에는 몇 가지 원인이 있었다. 소방부에는 서비스 요청 건수와 내용을 모니터링하는 중앙 시스템이 없었다. 분산된 구조 때문에 각 부서가 독립적으로 돌아가 상위 관리자와 정보를 공유하지 못해 경보를 울리지 못하고 말았다. 그리고 몇몇 구급대원은 당시 소방관들이 담당했던 소방부 지도부가 현장에서 대원들이 올린 보고서를 믿지 못해 소환 명령을 내리거나 시 정부에 추가 자원을 요청하지 않았다고 주장했다. 스태튼은 이렇게 설명한다. "문제는 그들이 위험을 인식한 대원들의 말을 주의 깊게 들었는가입니다. 그들은 듣지 않았습니다. 의심스러운 대목은 그들이 과연 이메일 보고서를 진지하게 받아들이기나 했냐는 것입니다."

소방부 고위 관료들의 이야기는 달랐다. 폭염과 관련하여 개최된 상원 청문회에서 시카고 소방부의 소방총감은 비상대처가 늦어진 이유에 대해 구급대원과 경찰관 등 일선 관료들이 태만하여 위기 상황을 신고하지 않았기 때문이라며 명확하게 진술했다. 그는 상원에 이렇게 말했다. "인력이나 자원이 필요하다고 한 사람은 없었습니다. 현장 감독관은 '우리는 자기 자리를 지키고 있다'고 말했습니다. 우리는 정해진 절차를 시작할 뭔가가 필요했습니다. 누구도 먼저 나서지 않았습니다."[8] 부서 외부 사람 중에는 이러한 이야기에 의문을 표한 사람이 거의 없었지만, 폭염 발생 일주일 동안 근무했던 몇몇 구급대원의 증언은 달랐다.

일리노이주 상원의원이자 구급대원인 로버트 라이카는 소방총감의 말을 일축했다. "그들은 '우리 잘못'이라고 말하지 않고, 거리에서 일하는 사람들의 잘못이라며 비난했습니다. 지휘 단계에 총체적인 소통의 문제가 있는 것 같습니다."[9] 구급대원들의 주장 가운데 가장 심각한 것은 시카고 관료와 소방부 임원들이 구급차 지원과 의료 지원 인력 요청을 거부한 이유가 "새로운" 시 정부가 어떤 긴급한 요청이든 거부할 수 있도록 관리자들 사이에 긴축재정이 최선이라는 의식이 깔려 있었기 때문이라는 것이다. 스케이츠는 시의 관료들이 "사람의 생명이 걸려 있는 일에도 돈을 아끼려" 한다며 맹비난하면서, "시민들의 안전에 무관심"했다는 혐의로 소방부 관리자들을 고발했다. 스케이츠와 스태튼 등 구급대원들은 시에서 응급 지원 시스템을 개선하거나 확장하지 않고, 비번인 대원들을 소환하지 않으려 한 점, 폭염 기간 중 구급차를 추가로 투입하지 않으려 한 점 등은 생명을 지키는 일보다 비용을 아끼는 것을 우선시하는 시스템을 드러내는 것이라며 불만을 표했다. "우리는 돈을 쓰지 않을 것이고, 최소한의 인력으로 최대한의 성과를 올리길 바란다는 건데, 공공의 안전을 다루는 입장에서는 정말 웃긴 소리입니다. 적절한 인력을 투입하지 않으면 건물을 잃고 말 테니까요. 소방부에는 예산의 최소 5퍼센트를 절약해야 좋은 관리자라는 믿음이 있습니다. 그 말을 지켜 예산을 절약해 되돌려주면 시장이 머리를 쓰다듬어주겠죠." 스케이츠와 그의 동료들은 그러한 관행이 자신이 속한 기관의 사명을 더럽히고 있다고 확신했다. "우리 일은 환자를 돌보는 거죠. 우리가 소방부입니다."

그러나 당시 보건부장이었던 실라 라인에 따르면 소방부의 무대응은 시의 비상대응에 거의 영향을 미치지 않았다. "구급차가 현장에 늦게 도착해 소방부가 비난을 들었지만, 큰 문제가 되지는 않았다. (…) 일찍 도착했더라도 사망했을 거라고 본다." 시의 다른 관료들도 응급의료 대응 시스템의 문제로 인하여 야기된 부정적인 결과는 거의 없을 것으로 추측했다. 그러나 그들의 입장은 신속하고 적절하게 더위 관련 질병을 치료했더라면 여러 생명을 살리고 열사병에서 회복할 가능성을 높일 수 있었으리라는 최근의 역학 조사 결과와는 상충된다. 『내과의학연보』에 게재된 글에 따르면, 1995년 폭염 때 시카고 보건 공무원과 의사들은 더위 관련 질병을 치료하기에는 교육을 충분히 못 받은 상태여서, 많은 환자가 의료시설에 수용되자 적절한 치료를 하지 못했다.[10] 시에서 즉각적인 대처를 제도화하지 못해 심각한 결과가 초래됐다. 재난 관리에 책임이 있는 소방부에서 아무런 경고를 하지 않아 시 정부는 위기를 인지하지 못했고 결과적으로 사망자가 늘어나기 전에 여러 기관이 합동으로 비상 대응을 하는 조직을 꾸리지 못했다. 질병통제예방센터의 연구는 더위에 취약한 시카고 시민들을 찾아 지원하는 일을 전면적으로 실시했더라면 많은 생명을 구할 수도 있었을 것이라고 보고 있다. "시카고 사회복지 공무원들과 연락했던 사람들은 사망률이 낮았다." 하지만 시 정부는 충분한 수의 일선 관료들을 거리에 투입하지 않았다.[11]

지역 기자들에 따르면 데일리 시장은 폭염이 시작된 첫날, 미시간에 있는 별장에서 가족과 휴가를 즐기고 있었다. 처음에는 누구도 폭염 사상자에 대해 그에게 알리는 사람이 없었다. "우리가 과연 어떻게 해야 했을까요?" 데일리의 최측근이 기자들에게 물었다. "우리는 할 수 있는 건 다 하고 있었습니다."[12] 보건부와 소방부 등 여러 부서의 고위 관료들도 재난이 시작된 지 얼마 지나지 않아 휴가에서 돌아왔지만, 언론에 알려진 것 이상의 상황은 알 수 없었다. 보건부장 라인의 기억에 따르면, 누구도 행정부를 비상시 태세로 전환하지 않았다.

　　나는 그 주에 휴가 중이었다. 하지만 그리 멀지 않은 곳에 있었다. 금요일 저녁에 시카고로 돌아와 뉴스를 봤다. 하지만 나는 이해가 가지 않았다. 금요일 저녁에는 말이다. 토요일에는 사무실에 나와 있었다. 누구도 내게 전화하거나 말을 걸지 않았다. 일요일에 나는 출근해서 상황을 이해하려고 애썼다. 시장 사무실의 누군가가 전화해서 사무실을 더위를 식히는 장소로 사용하자는 의견에 대해 물었다. 하지만 그런 말이 내게는 잘 와닿지 않았다. 월요일 오전 사무실 책상에는 홍보 담당자로부터 공지가 하나 와 있었다. 많은 사람이 사망했다는 사실을 그때 모두들 알게 됐기 때문이다. 솔직히 말하자면, 아직도 이해가 잘 가지 않는다.

　　7월 15일 토요일, 쿡 카운티 검시소의 광경은 신문 기자들의 이목을 끌었다. 초기에 응급대처연구소의 경고를 가볍게 흘렸던 바로 그 신문 기자들이었다. 그리고 시 공무원들도 기사를 읽고 나서 자신들이 조치를 취해야 했다는 사실을 깨달았다. 주말이 끝날 때까지 소방부는 대원과 구급차 추가를 요청했지만, 이미 많은 피해가 발생한 뒤였다. 언론 보도는 정치적인 반응을 이끌어내는 데 중요한 역할을 했다. 구급대원과 경찰관들은 이전부터 지원을 요청하고 있었지만, 보건부의 고위 인사들은 "TV에서 순찰차들이 시체와 함께 시체안치소로 줄지어 가는 모습을 보여주자, 모두 진지하게 이 사건을 바라보기 시작했다"고 말했다. 하지만 그 당시에도 시 정부가 공개적으로 취한 조치는 검시소에서 나온 사인을 거부하고, 서비스 전달 체계를 옹호하며, (폭염 피해자를 포함하여) 도시 공동체의 다른 구성원들에게 위기의 책임을 묻는 홍보 캠페인을 시작하는 것이었다.

7월 18일 화요일, 『시카고 선타임스』는 "시에서는 명백히 폭염 경보 선언에 관한 자체 지침을 무시한 채 일요일, 즉 쿡 카운티 시체안치소에 시체가 쌓일 때까지 기다린 후에야 폭염 경보 계획을 실행했다"고 보도했다.[13] 몇몇 관료는 시카고에 극단적인 더위로 인한 위기 상황이 있다는 것을 아는 사람이 없었다고 주장하긴 했지만, 수년 전부터 보건부가 수립해놓은 폭염 응급 계획을 막상 재난이 닥치자 따르지 않은 것이었다. 시 정부의 대처에 전반적으로 문제가 있자, 일부 시민과 활동가, 정치인은 격분했다. 스케이츠는 소방부가 책임을 지지 않으려 하자 분노하여 시를 "정책에 의한 살인" 혐의로 고발했고, 구급대 본부장과 함께 사임했다.[14]

국립기상청은 폭염에 관한 공식 보고서에 대해 조금 누그러지긴 했으나 여전히 비판적인 평가를 내렸다. "기상청의 시의적절한 경고와 예보, 주의보, 발표 등과 언론의 충분한 보도에도 불구하고, 무더위로 인한 사망을 예방할 수 있는 사람들에게 정보가 제대로 전달되지 않거나, 효과적으로 이용되지 못했다. (…) 시 공무원들은 경험이 미숙했거나 폭염의 물리적 특성이 인간에게 어떤 영향을 미치는지 이해하지 못해 긴급하게 대처할 능력이 없었다."[15]

긴급 의료원이자 공화당 상원의원인 로버트 라이카는 참사가 발생한 일주일 뒤, 시카고 소방부의 동료들이 제출한 보고서를 보고 분노하여 정부의 위기 대응을 평가하기 위한 공개 청문회를 소집했다. 라이카 상원의원은 시카고 시장실, 보건부, 경찰서, 소방부, 교통국, 주택공사, 공원 부서, 코먼웰스에디슨(전력공급 업체), 민간 구급차 기업, 일리노이 보건부, 일리노이 비상관리청, 쿡 카운티 병원 등의 대표자를 소환했다. 몇몇 커뮤니티 단체와 시민단체도 발언 기회를 얻었다.

위원회의 결과를 소개하는 공개서한에서 상원의원 라이카는 이렇게 말했다. "시카고 소방부의 구급대원이자 일리노이 상원 공중보건과 복지위원회 회장으로서 많은 사상자가 발생한 것에 크게 우려하며 공청회를 개최하여 폭염 위기 때 무슨 일이 있었는지 판단해야 한다고 생각했습니다. 공청회의 목적은 시 정부의 관료와 의료인들이 폭염 위기 때 어떤 조치를 취했고 앞으로 일어날 비극적인 사건을 예방하려면 어떤 조치를 취할 수 있는지 판단하기 위해서입니다."[16] 최종 보고서는 얇은 문서로, 위원회가 폭로한 21가지 상황과 앞으로 이런 상황을 처리하기 위한 정책적 권고를 담고 있었다. 보고서에서는 시가 위기에 대처하는 과정에서 나타난 여러 결점과 단점을 분명하고 신랄하게 설명하면서 비상 상황에 대한 준비가 미흡했던 지역 정부를 묘사함과 더불어 어떤 기관들이 서로 협력하지 못했는지까지 지적하고 있었다. 결론 부분에서는 다른 사건에서는 잘 드러나지 않았던 시의 서비스 전달과 의료 지원 시스템의 여러 문제점을 강조했다. 다음은 보고서에서 드러난 시급한 문제점들이다.

- 시카고 경찰 등 일부 부서는 주말에 위기 상황에 투입될 추가 인력을 요청했다. 시카고 보건부와 소방부는 모두 추가 인력을 요청하지 않았다고 증언했다.
- 소방부는 비상사태를 선언하지 않았고, 추가 인력도 요청하지 않았다. 자동으로 위기 대처에 들어가는 메커니즘이 없기 때문이다.
- 구급차 응답 시간이 30분 이상이었던 사례는 최소 55건이 발생했고, 그중에는 70분이 지나서 대처한 사례도 있다.
- 1995년 7월 13일에서 16일 사이에 병원 23곳이 우회 상태(응급실에 새로운 환자를 받지 못하는 상태)인 적이 있었다. 구급차는 환자를 받을 수 있는 병원에 환자를 이송하기 위해 정상 영역에서 몇 킬로미터 이상 떨어진 곳까지 가야 했고, 이는 응급의료 서비스 시스템에 큰 부담을 주었다.
- 폭염 기간 중 시카고의 병원 18곳이 동시에 우회 상태였다. 시카고 소방부는 그렇게 많은 병원이 동시에 우회 상태였다는 사실은 인지하지 못했다고 증언했다.
- 폭염 기간 중 시카고 소방부에서 냉방장치가 구비된 대중교통 버스를 학생을 비롯한 시민들이 체온을 식히는 장소로 이용할 수 있게 해달라고 요청한 사례가 있었다. 하지만 버스는 대개 사용할 수 없거나 오래 시간이 지난 후에야 도착했다.

- 시카고 보건부는 7월 15일에서 16일 주말 동안 지역 병원의 위기 상황의 규모를 잘 모르는 것처럼 보였다.
- 쿡 카운티 검시소에는 너무 많은 시체가 몰려 조사를 할 수가 없었다. 시카고 경찰은 시체를 시체안치소로 옮기는 일을 지원해달라는 부탁을 받았지만, 현장의 경찰관들은 대부분 이런 일을 할 준비가 되어 있지 않았다.

이러한 결과를 종합하여 위원회는 "쿡 카운티 주민들의 건강과 안전을 지키기 위해 상당히 많은 개인의 노력이 들어갔지만, 시스템이 전반적으로 제대로 작동하지 않았다"고 결론 내렸다.[17] 일부 관료는 지난 일을 떠올리며 이러한 평가에 동의했다. "모두가 정신없이 바빴습니다." 시카고 보건부 차장이자 기상이변에 관한 시장 위원회 회장 존 윌헴은 설명했다. "경찰도 바빴고, 소방대도 바빴고, 우리도 바빴고, 복지부도 바빴습니다. 하지만 각자 따로 움직였죠." 보건부 부장 실라 라인은 이런 의견에 동의했다. 그녀는 홍보 담당 직원의 상황 보고를 듣고 나서 한 말을 기억했다. "이렇게 말했던 기억이 나요. '우리가 제대로 하고 있는 건지 모르겠어.'"

재난의 상태

폭염 위기에 대한 시카고시의 대응이 이례적으로 문제가 많은 것처럼 보일 수도 있다. 하지만 지역 정부가 평소에 빈곤과 취약성에 대해 어떤 식으로 접근하는지 알게 된다면 폭염 재난 때 일어났던 일은 그리 놀랍지도 않을 것이다. 시의 대응은 도시 문제를 관리하는 지역 정부의 방법론에 대한 근본적인 특성을 보여준다. 이들 가운데 몇몇은 민간 부문에서 개발한 기술과 시스템을 최근 공공 기관에 적용한 새로운 시 정부의 시대에만 볼 수 있는 특별한 것이다. 재화와 서비스가 경쟁 시장에 있는 상황이므로 기업가적인 정부는 고위 관료, 관리자, 직원, 하청 업체, 심지어 서비스를 받는 시민까지 시스템에 속한 사람이라면 누구나 적극적으로 행동해야 한다고 요구한다. 1990년대 중반의 시카고시 정부는 기업가적인 정부의 전형적인 사례다. 기업가적인 정부의 특징은 (1) 품질 관리와 효율성을 중시한다. 그러기 위해서 (2) 민간 단체에서 유례없이 많은 부분의 서비스를 아웃소싱한다. 이를 통해 (3) 시민을 공공 재화 시장의 고객이나 소비자로 대한다. 이런 경영 전략은 (4) 주민들이 시의 서비스를 '영리하게 구매하는 소비자'가 되어야 한다고 요구하며, (5) 정부 프로그램과 정책에 대한 정보에 접근하여 숙지하는 주민에게는 보상을 해준다. 하지만 (6) 이미 사회·문화적 자본의 형태로 관료주의 시스템을 헤쳐나가는 데 필요한 권력을 보유하고 있는 주민에게 과도한 권력을 줄 수도 있다. 반면 재화와 서비스를 절실하게 필요로 하는 사람들이 그것을 얻는 데 필요한 사회적 능력과 자원을 결여하고 있다면 사실상 그들에게는 고통이 된다. 여론 관리가 통치의 주요 목표가 되어버린, 철저한 언론 검증 시대에 운영되는 새로운 지역 정부는 대중에게 보여지는 이미지와 공공장소에서의 이미지에 특히 관심이 많다. 홍보 전문가와 도시계획 설계자들은 지역 정부에서 핵심적인 역

할을 맡고 있으며, 그들이 하는 일은 도시 정치에서 핵심 요소다.[18]

시카고의 과거 시스템이 더 효과적인 위기 대응을 했을 것이라고 믿을 만한 근거는 별로 없다. 그렇다면 결정적인 비교는 새로운 정부와 과거의 정치 조직 사이가 아니라 현재의 계획 관리 기법과 취약 계층의 위험 및 요구 사항 증가 사이에서 이뤄져야 한다.

재난을 다룬 일반적인 이야기에서 정부는 대참사가 발생하거나 위험의 정체가 드러나야만 움직이는 모습으로 비춰진다. 그러나 복지 정부는 조직을 여러 층의 구조로 바꾸어 분열과 불안을 낳는 원인을 자초하기도 한다. 비록 사회적 안전을 제공하기 위해 한 것이지만 말이다. 역사적으로 정부는 다수의 인명 피해를 일으키는 극한적인 환경 재해의 위험을 높이기도 했지만, 최소화하는 데에도 주요한 역할을 했다.[19] 정부의 여러 기관이 폭염 기간 중 무엇을 했고 무엇을 하지 않았는지 조사하면 도시 정치와 재난 사이의 가장 가시적이고 직접적인 관계만 드러날 것이다. 시에서 폭염 사망의 책임을 어떻게 함께 분담했는지 이해하려면, 1990년대 시카고의 일반적인 통치와 사회적 안전에 관한 맥락에서 시카고의 재난 관리 기법을 바라봐야 한다.

1995년 폭염이 시카고를 강타했을 때, 시 정부는 개혁의 모범 사례로 지역의 지지와 국제적인 찬사를 받고 있었다. 시청은 외부 민간 부문에 하청을 주어 계약한 직원이 사내에 전일제로 근무하여 서비스를 제공하고 새로운 프로그램을 맡게 함으로써 몇몇 조직을 효율적으로 축소했다. 또한 시카고는 효과적인 마케팅 캠페인을 만들어 관광객이나 행사 기획자, 기업 등에 홍보했다. 1990년대 내내 지속될 경제호황이 막 시작된 참이었고, 시카고의 부흥기 조짐 또한 나타나고 있었다. 1996년 민주당 전당대회를 준비하면서 시 정부는 도심의 거리와 인도, 공원 등을 단장하는 대규모 미화 프로그램을 시작해 길마다 유명 디자이너가 만든 가로등을 설치하고 주요 도로 중앙부에는 화단을 꾸몄다. 데일리 시장은 과거 시카고 시장을 지낸 아버지와 마찬가지로, 이면에서는 무슨 일이 일어나든 관계없이 시카고를 깨끗하고 잘사는 도시처럼 보이게 하려고 했다.[20]

아마 가장 중요한 것은 데일리 시장이 시작한 두 가지 대규모 도시계획으로 구성된 주요 개혁이었을 것이다. 그중 하나는 『시카고 트리뷴』지가 1992년 공개한 책 한 권 분량의 조사보고서에서 "미국 최악"이라는 수식어를 붙였던, 숱한 비판을 받은 공공 교육 시스템이었고, 나머지 하나는 데일리의 임기 중 인권 단체인 국제사면위원회의 조사를 받게 된 경찰부였다. 데일리는 참된 기업가 정신에 따라 교육 시스템의 새로운 수장을 교육감인 아닌 최고경영자로 칭하며, 고위 관리자 대부분을 해고하여 조직의 규모를 축소했다. 1995년 3월 『이코노미스트』는 "최고의 관리자"라는 특집 기사를 내 리더로서의 능력을 보이고, 개혁을 통해 스탠더드앤푸어스 평가 시스템에서 더 나은 평가를 받으며 견인 서비스 등을 민영화하여 수백만 달러의 매출을 올릴 뿐 아니라 재정적으로 책임감 있는 관리자임을 입증한 데일리에게 찬사를 보냈다. 1995년 여름, 시카고는 제자리에 돌아온 도시처럼 보였다.[21]

그러나 공공 프로그램이 빈곤이나 고통에서 벗어난 사람의 수가 아니라 해고된 직원의 수에 따라 효율성을 평가받기 시작하자, 경기

호황에서 혜택을 받지 못한 시카고 주민들에 대한 우려를 내세워 지역 정치 풍조는 호도됐다. 시에서 도심지 미화 사업에 수백만 달러를 쏟아붓자, 지역 정책연구 단체는 그로 인해 "저소득층과 중간소득층의 경제적, 사회적 우선순위를 검토하는 데 중요한 프로그램"에 대한 인적 예산이 줄어든다고 주장했다. 1990년 인구조사 통계에 따르면, 시카고 시민 중 약 39만6000명이 빈곤율 40퍼센트 이상인 지역에서 살고 있어, 시카고는 미국에서 세 번째로 빈곤이 집중된 곳으로 꼽혔다. 연방 정부와 주 정부에 의해 주어진 시 정부의 자원으로 그러한 불평등을 적절하게 조정하는 것은 불가능하다. 그리고 데일리 정부가 자체적으로 빈곤과의 전쟁을 벌이길 기대하는 것도 비합리적이다. 하지만 시의 예산 운용을 감시하고 재분배 문제를 논하는 지역 조직인 지역자본예산집단이 공개한 연구에 따르면, 1990년대에 시 정부는 충분한 여유가 있었음에도 도시 빈곤층에 대한 재정 지원을 할 의지가 없었다. 예를 들어, 한 연구에서는 시카고의 50개 구에서 49곳이 "가장 기본적인 기반시설을 보수하는 데 들어가는 자금도 충분히 받지 못할 것이다. (…) 시에서 세운 계획에 따르면 경제개발 자금의 거의 절반이 10개 구에서만 쓰인다. (…) 반면 하위 10개 구가 받는 예산은 5퍼센트 미만이다"라고 밝혔다. 그러나 이 소식은 대중의 관심을 거의 이끌어내지 못했다. 1990년대에 도시 불평등을 다루는 방법은 눈에 띄지 않게 처리하는 것이었던 듯하다.[22]

1990년대에 풍요롭던 시카고에서 집단적으로 빈곤과 고립 문제를 외면했던 것은 폭염을 둘러싼 문화적, 정치적 상황의 중요한 구성 요소였다. 시카고의 고위 관료들과 위원회 보고서는 폭염 비상사태에 시 정부가 제대로 대처하지 못한 것을 기후에 의한 위험을 인지하지 못해 나타난 치명적인 결과로 설명했다. 효과적인 공중보건 대책을 세우려면, 외부 위협에 따른 잠재적인 위험뿐 아니라 사람들을 위험으로부터 보호할 대책에 대해서도 숙지하고 있어야 한다. 그러나 여러 기관의 관리자와 시청은 (국립기상청과 공중보건 기관에서 경보를 발령했음에도) 시가 직면하고 있는 위험에 대해 알지 못했다. 시카고 보건부의 어느 고위 관료는 설명했다. "과거에는 한 번도 일어난 적이 없습니다. 우리가 모르는 것이었습니다." 재난에 관한 국립기상청의 연구 결과 시 정부가 보건 위협이 다가오는 것을 인지하지 못한 것이 폭염에 대처하지 못한 이유였다. 보고서에서는 이렇게 기술하고 있다. "7월의 폭염으로 피해를 입었던 사람들이 전반적으로 그에 대응할 준비가 되어 있지 않았던 한 가지 이유는 지역 공무원이나 커뮤니티가 극한의 더위가 그렇게 치명적일 수 있다는 사실을 대부분 인지하지 못해서였다."[23]

시카고 시 정부의 최고위층 관료들이 극단적인 기후와 사회적 환경이 맞물려 나타날 수 있는 잠재적인 위험을 이해하지 못했을 가능성은 없다. 하지만 시의 위기관리 전략을 자세히 살펴보면 대도시 정부의 구조적인 조건이 재난에 대한 모든 정치적 반응을 잘 설명하는 것을 알 수 있다. 그러한 정치적 반응에는 관료주의적으로 만들어진 폭염에 의한 사망과 관련된 공식적 지식, 대참사에 대한 대중의 표현을 관리하려는 조직적인 노력, 관례적인 보건 업무 등이 있다.[24] 현재 도시의 통치에서 가장 핵심적인 특징 다섯 가지가 폭염 위기에서 특히 중요했다.

1. 보건과 지원의 주요 서비스를 소방부나 경찰부 같은 준군사 조직에 위임하기. 이러한 부서의 관리 시스템과 고위 관료들이 늘 "민간 지원 업무soft service"에 적응하는 것은 아니다.[25] 정치적 업무를 이렇게 분리하는 것은 건강과 복지 계획처럼 중요한 일을 관리하는 조직 사이에 능력과 책임의 부조화를 일으킨다.

2. 서로 다른 도시, 카운티, 주, 연방 기관 등의 서비스 프로그램을 조직하고 통합하는 효율적인 시스템이 없기 때문에 결과적으로 중요한 기능은 다시 만들고 책임 소재는 불분명한, 복잡하면서도 분리된 정치 구조가 나타난다.[26]

3. 가난이나 노쇠함 때문에 도움이 필요한 주민들을 보호하는 데 들어갈 기본적인 자원을 제공하겠다는 정치적 의지 혹은 공약이 없어졌다. 하지만 그러한 조건은 특별하거나, 사회적으로 받아들일 수 없는 것이 아니라 도시생활에서 자연스럽게 볼 수 있는 특징이 되었다.

4. 나이 들고 병약한 사람들을 포함한 도시 주민들이 공공 재화의 능동적인 소비자가 될 것이라는 기대감. 능동적인 소비자란 사회적 보호를 받을 권리가 있는 '시민'보다는, 시장에서 사용할 수 있는 시의 서비스를 전문적으로 소비하는 이들을 말한다. 이러한 통치의 시장 모델은 서비스의 구조적인 부조화를 발생시켜, 가장 약하고 도움을 요하는 사람은 지원을 받지 못할 가능성이 커진다. 시카고에서는 또한 가난한 노인들이 일상의 에너지 위기도 겪고 있다.

5. 시의 문제에 대한 관심을 분산시키기 위해 선전과 이미지 메이킹에 의존하는 통치 행위. 이는 폭염 같은 일부 사례에서 공식적인 부인의 형태로 나타난다. 다양한 상황의 심각성을 공식적으로 모른 척하

는 것은 문제를 해결하고자 하는 시 관료들을 방해하는 동시에 고통받는 시민을 위험에 방치하는 것이다.

재난의 정치에 관한 이런 분석은 두 부분으로 나뉜다. 이 장에서는 위에서 나열한 통치의 첫 네 가지 형태가 폭염 기간 중 시카고 주민들에게 효과적인 지원을 제공해야 하는 시 정부의 능력을 어떻게 약화시켰는지 조사한다. 국가의 얼굴을 나타내는 시 노동자들과 함께 한 현지 조사를 통해, 시 기관의 일상적인 관료주의적 서비스 업무가 주민 보호의 의무를 진 지역 정부에 어떤 제약이 되었는지 보여준다. 4장에서는 통치 형태의 다섯 번째인 선전에 의한 정치를 면밀히 조사한다. 이를 위해 시가 재난을 어떻게 재현하는지 추적하고, 위기에서 벗어나기 위해 어떻게 캠페인을 이용하는지 유사한 정치적 맥락에서 비교한다.

폭염에 의해 곧바로 제기된 정치적 과제가 응급치료 제공과 취약계층 지원에 관한 것이었다면, 더 근본적인 질문은 가족이나 친구의 부재, 경제 사정 등으로 사회적 욕구 및 의학적 문제를 해결하지 못하는 원자화되거나 고립된 시민들로 구성된 고령화 사회에 대처하는 현대 정부 기관의 능력과 관련 있다.[27] 오늘날 도시의 노인들에게 새롭게 등장한 수많은 위험, 이를테면 사회적 지원의 부족, 가족과의 연락 부재, 전문적 의료 서비스 부재, 고가의 약품, 주문형 대중교통의 부재 등은 지역 정부나 연방 정부가 이러한 문제를 해결하려고 설계한 프로그램의 수준을 크게 벗어나 있다.[28]

마지막으로, 폭염을 둘러싼 정치적 논쟁이 보여주는 것은 정부가 어느 정도까지 노인과 취약계층을 보호하고 지원해야 하는가에 대한 의견이 일치하지 않는다는 점이다. 전면적 '복지 개혁'의 시대에 시민과 정부 관료들은 정부가 어느 선까지 대중의 건강과 복지를 책임져야 하는지에 대한 근본적인 의문을 재고해보라는 요구를 받고 있다. 예를 들어 니카라과에 홍수가 나 1000명에 가까운 사람이 사망하자, 대통령이 오랫동안 재난 문제로 골치를 앓았던 마을을 방문해 상징적인 도움을 주려고 했을 때 시민들은 한데 모여 대통령에게 "살인자"라고 외쳤다. 하지만 시카고를 비롯해 재해로 큰 타격을 입은 미국의 다른 도시들에서는 개인적인 책임을 중시하는 정치 문화가 주류를 이뤄 니카라과처럼 재난을 받아들이는 일은 없었다. 그럼에도 "폭염은 미래에 우리가 겪게 될 온갖 공공보건 문제를 유발할 것이다. 우리에게는 독거노인이 많기 때문이다".[29] 미국공공보건협회 전임 회장이자 시카고 주민 퀜틴 영의 주장이다. 고립의 증가, 극단적 불평등, 흩어지는 가족, 주거 불안정 등의 추세가 노인들 사이에 지속된다면 시카고 같은 도시의 주민들은 어떤 유형의 위험을 감수하고 어떤 유형의 정부 보호를 기대할 것인지 결정해야 할 것이다.

폭염이 닥쳐오다: 책임의 정치학

지역 언론의 유명 인사 등 발언권이 센 수많은 시카고 시민에 따르면 시 정부가 재난에 대해 일부 책임을 져야 한다는 생각은 어이없는 일이며 비도덕적이라 할 수 있을 정도다. 폭염 기간 중 시청 담당으로 일했던 『시카고 트리뷴』의 칼럼니스트 존 카스는 논평에서 정부의 대처를 비난하는 사람들은 단지 자신이 책임을 저버린 사실에 대한 불안을 투영하는 것뿐이라고 했다. "시 공무원을 대상으로 우는소리를 해서 노인을 혼자 살게 했던 죄책감을 없애려는 것이다. (…) 시장이 신처럼 행동하지 못했다고 비난하는 것은 공평하지 않을 뿐 아니라 논쟁의 구도를 부당하게 설정하는 정의롭지 못한 짓이다. 문제는 정부가 무슨 일을 할 수 있었다고 생각(이는 논란의 여지가 있다)할 뿐 아니라, 재난을 피하기 위해 무언가를 했어야 한다고 주장한다는 것이다."[30] 『시카고 선타임스』 편집국의 신디 리처즈도 비슷한 입장을 취했다. "이웃끼리 서로 돌봐주던 시기가 있었죠. 위층에 사는 여성을 지켜봐주고, 같은 동네에 사는 형편이 어려운 집에 식료품을 사주기도 했고, 언니가 자녀를 돌보지 못할 때에는 대신 맡아주기도 했어요. 이제는 그렇지 않아요. 수많은 노인이 무더위에 쓰러졌을 때, 주민과 지역 활동가들은 사망자를 줄이기 위해 어떻게 해야 했나 묻지 않았어요. 그들이 물은 것은 시에서 더 노력하지 않은 이유가 무엇인가 하는 거였죠. 안타깝게도 우리는 끊임없이 성장하는 정부에 오랫동안 길들여져 있어 빅브라더가 모든 일을 알아서 해주길 기대하고 있습니다. (…) 이웃과의 관계는 우리가 다시 습득해야 하는 기술인 것 같아요."[31]

1995년 데일리의 반대 세력이 성공할 가능성은 거의 없었다. 데일리 시장이 시카고를 근거지로 삼고 있어 강력한 반대 목소리가 나오긴 어려웠다. 재난에 대해 우려했던 정치 활동가들은 가족과 지역 공동체가 취약계층을 보호하는 데 많은 책임을 져야 한다는 주장에 반대 의견을 내지 않았다. 하지만 정치적으로 반대 의견을 지닌 소규모 정당과 그들의 유권자는 정기적으로 닥치는 이례적인 위험을 극복하고자 성실하게 일해왔다고 주장하며, 정부가 책임을 회피하도록 그냥 두지 않았다. 폭염에 가장 많은 피해를 입은 사람들을 대변해주는 커뮤니티 집단과 활동가들은 시 정부가 주민을 보호하고 공공보건을 유지하는 책임을 등한시해왔다고 주장했다. 이러한 주장을 펼치는 이들은 "정부" 혹은 "국가" 등 시에 요구하는 시민들이 흔히 구사하는 정제되지 않은 언어를 사용하는 사람들에서 통치 체계를 구성하는 여러 행위자actor와 행위능력agency에 따라 구별해가며 정제된 용어를 사용하는 사람들까지 다양했다.

시카고 같은 도시에서 탈중심화된 시 정부 조직의 복잡함과 시, 카운티, 주, 연방의 책임이 중첩된 관료주의의 무책임함이 맞물리면 정치적인 책임 소재를 정확히 따지기가 어려워진다. 게다가 찰스 페로가 보여주었듯이, 그러한 복잡함 자체가 대중의 안전에 위협이 된다. 왜냐하면 사고와 예기치 못한 일이 생길 가능성이 높아져 처참한 결과로 이어지기 때문이다.[32] 예를 들어 폭염 때 쿡 카운티 검시소는 사망의 의료적인 원인을 분석하여 공식 사망보고서를 확증했다. 시카고의 노인부는 더위를 피하려는 노인들을 위한 냉방 센터를 개설했다. 일리노이주 상원은 청문회를 개최하여 비상응급 프로그램의 본질을 파헤쳤다. 국립기상청은 재난이 발생하기 전에 폭염 경보를 발령했다. 이런 모든 행위는 더위에 대한 정부 대책의 일부였다.

이처럼 복잡한 정치 조직 구조 때문에, 재난에 대한 지역 정부의 책임을 평가하려 했던 단체들은 복지국가가 국민을 어떻게 보호해야 하는가에서 어떤 정부 기관과 행위자가 의무를 완수하지 못했는가의 문제로 토론의 관점을 조정했다. 1만여 명의 노인으로 구성된 '대도시노인행동Metro Seniors in Action'이라는 시민단체는 시 기관이 폭염 기간 중 특별지원 프로그램을 실행해달라는 그들의 탄원을 무시했을 뿐 아니라, 시에 자원봉사자를 지원해주겠다는 제안마저 거절했다며 불만을 터뜨렸다. 대도시노인행동의 대변인으로 활약 중인 시드니 빌드는 "우리는 시에서 무슨 일을 하고 있는지 알고 싶었고 그들에게 온갖 방법을 동원해서 노인을 찾아가라고 촉구하기 위해 시에 연락했다. 독거노인들이 점점 많아지고 있어 개인적 책임은 당연한 것이다. 하지만 그 외에도 도시 환경에서 혼자 하지 못하는 것들이 분명히 존재한다. 이러한 환경에서 시민단체가 할 수 있는 일은 거의 없다. 시에서 시민단체를 찾아와 "우리는 여러분과 함께하겠습니다. 어떻게 하면 될까요?"라고 말해야 한다. 시민단체에는 프로그램이 없다. 하지만 우리는 사람들을 찾아갈 의지가 있고, 그렇게 했다." 빌드는 시에서 치명적인 더위에 대해 잘 알고 있고 비상계획까지 있는데도, 앞장서서 일관된 정책적 대응을 지시하는 지도자는 없었다고 주장했다. "협력하려는 시도는 했지만, 그 모습은 한 편의 슬랩스틱 코미디를 보는 것 같았다"고 그는 말했다.

대도시노인행동은 특히 경찰이 노인을 위해 훈련받은 노인 전담 경찰과 25개 지역 모두 운영하겠다고 약속했던 지역 경찰을 활용하지 못한 데 대해 분통을 터뜨렸다. 빌드는 말했다. "노인 경찰은 말 그대로 노인의 복지와 안전, 건강을 위해 노인에게 할당된 경찰이에요. 이 모든 게 그들이 하는 일이며 종합적인 임무죠." 대도시노인

행동은 소식지에서 1995년 2월 폭염이 발생하기 약 4개월 전에 열린 회의에서 "경찰서장은 노인 부서가 자기 임무에 복귀할 것이라고 약속하며, 훈련받은 노인 경관들이 모든 지역에서 노인 문제 해결에만 전념할 것이라고 했다. 아울러 노인 경관들은 한 달에 한 번씩 모임을 하고, 조지프 마라토 경사가 경관들의 업무를 조율할 것이라고 약속했다. 경찰서장은 단지 우리를 달래려고 한 것이었다"라고 말했다. 대도시노인행동 범죄위원회 회장 아이린 닐슨은 폭염 위기가 "우리가 가장 두려워하던 일을 확인시켜주었다"고 설명했다. 폭염 전에 노인 경관 부서가 약속대로 운영되지 않는다는 말을 들었기 때문이다. "어느 노인 경관에게, 경찰서장의 약속과는 상관없이, 실제로 노인 경관 부서가 없다는 말을 들었습니다. 많은 사람이 여전히 노인과는 무관한 일을 하고 있고 심지어 마라토 경사는 만난 적도 없다고 하더군요."[33]

시에서 관리자는 물론 경찰관도 맡으려고 하지 않는 임무를 경찰에 할당하는 불균형적인 조직 배치로, 계획을 실천하는 데 장애물이 되었고, 대도시노인행동이 애써 널리 알리려던 중요성 또한 차질을 빚었다. 대도시노인행동은 소식지에서 "노인 시민경찰이 7월에 제대로 운영되었다면, 수백 명의 폭염 사망자가 목숨을 구할 수도 있었을 것"이라고 주장했다. 경찰이 거리에서 폭염의 위험성을 주민들에게 전하면서 이웃의 노인들에게도 이 사실을 전해달라고 했을 것이기 때문이다.[34] 하지만 또 다른 준군사 조직으로 지역 정부가 보건 및 사회 지원 서비스에 점점 더 많이 이용하고 있는 소방부와 마찬가지로, 경찰에서 긴급 예방 프로그램을 시행한 사람은 아무도 없었다. 대도시노인행동은 노인 경찰 부서가 운영된 적이 있는지조차 모르겠다고 의심을 갖게 되었다.

부적절한 부서 할당:
사회적 보호와 지역 경찰

지역 정부에 비판적인 사람들에 따르면, 경찰부가 예방 보건과 안전 업무를 수행하는 노인 경찰을 제도화하여 활성화하지 못한 것은 시카고의 대안적 치안 전략Chicago's Alternative Policing Strategy, CAPS(지역 공동체 치안 시스템)에도 문제가 있다는 사실을 드러낸 것이다. 경찰관은 시카고의 거리와 인도에서 가장 많이 눈에 띄는 정부의 얼굴로서 시각적으로 정부를 대표하며, 도시의 일상에서 법적 기준을 강제하는 공적 대리인이다. 경찰은 역사적으로 주민을 보호하는 중요한 역할을 해왔으며, 역사가 에릭 몽코넨은 경찰이 특히 도시 빈민을 통제하고 규제하는 일과 관련 있었다는 사실을 보여주었다.[35] 구급대원과 마찬가지로 시카고 경찰은 폭염 중 시가 재난에 대처하는 최전선에 있었다. 조사해야 할 사망 사건이 수백 건이었고 시체를 시체안치소로 옮기는 일을 해줄 다른 기관이 없었기에, 시카고시는 사망을 기록하고 시체를 처리하는 힘든 업무를 경찰에 위임했다. 재난 처리와 관련된 업무를 하게 된 경찰관들은 "지금까지 했던 업무 가운데 가장 힘든 일"이고 "기분 나쁘고 무서운 일"로 기억한다고 말했다.

경찰부는 평소에 했던 사망 사건 조사처럼 사건마다 경관을 배치했다. 하지만 폭염 중에는 경찰이 너무 바빴다. "그때 그 일주일은 잊지 못할 거예요." 사우스사이드에서 근무했던 한 경관이 말했다. "몇 번인가 현장을 방문했죠. 아마 세 번이었을 거예요. 창문은 닫혀 있고, 문은 체인으로 잠가놓은 아파트였어요. 에어컨도 없고 선풍기도 없었죠. 아주 역한 냄새가 났어요. 시체 냄새요." 경찰이 사망자의 집에 도착하면, 담당 경찰관은 표준 절차에 따라 이웃과 친척에게 마지막으로 희생자를 본 것이 언제인지 질문하고, 사회활동이나 병력 등에 대해 묻는다. 방을 수색하고 살인 사건의 징후는 없는지도 조사한다. 경찰은 조사 결과를 공식 경찰 보고서에 기록해야 할 책임이 있고, 복사본은 나중에 검시소에 전달된다.

조사가 끝나면 경찰관은 시체를 수거해 시체안치소에 전달해야 했다(그림 36). 이 일은 육체적으로나 감정적으로 늘 힘들었지만, 시체의 상태와 더위의 정도에 따라 더 불쾌해지기도 했다. 시체안치소(그림 37)에 처리해야 할 시체가 많으면 또 다른 어려움이 더해졌다. 검시소 직원에게 시체를 전해주고 보고서를 작성하는 데 몇 시간씩 걸릴 수도 있기 때문이었다. 한 취재 기자는 "살인 사건도 보고 특이한 사건도 접해봤지만, 이런 사건은 정말 처음입니다. 제가 도착했을 때 경찰이 시체를 운반해왔어요. 20분쯤 들락날락하다가 가버렸죠. 오늘은 한 시간 반 만에 기다리는 줄이 주차장 전체를 둘러쌌습니다"[36]라고 말했다. 그들이 기다리는 동안, 경찰관 대부분은 자원하여 시체안치소 직원이 시체를 카트에 실어 건물 안으로 옮기는 것을 도왔다. 일은 끝없이 이어졌고, 이 일은 시의 재난 관리에서 가장 중요한 부분이었다. 경찰의 명시적인 업무가 희생자의 유산을 처리하는

<u>그림 36</u> 쿡 카운티 시체안치소에서 냉동트럭에 시체를 보관하고 있다. 많은 희생자를 운반한 것은 경찰이었다. 출처: 『시카고 선타임스』. 사진: 밥 데이비스. 『시카고 선타임스』의 특별 허가를 받아 재판에 수록. ⓒ 2002

<u>그림 37</u>　쿡 카운티 검시소로 희생자를 카트에 실어 운반하고 있다. 출처: 『시카고 선타임스』 자료 사진. 『시카고 선타임스』의 특별 허가를 받아 재판에 수록. © 2002

것이라면, 희생자가 사망할 때의 상황에 대한 공식적인 정보를 남기는 것 역시 드러나지는 않지만 중요한 일이었다. 이런 정보는 과학적으로나 정치적으로 재난을 조사할 때 중요하게 활용된다.

　　그런데 경찰에 할당된 일의 범위가 평소보다 커졌던 반면, 일의 성격은 다르지 않았다. 특히 지역 치안을 다루는 새로운 시스템 안에서는 시카고 경찰이 법을 집행하는 것 이상의 많은 것을 해주길 기대하고 있었기 때문이다. 1990년대에 시카고는 미국의 다른 도시와 함께 경찰이 공들여 계획하여 법과 질서를 강조하는 정부 측 지지자와 경찰 개혁을 위해 싸워온 풀뿌리 공동체 양쪽 모두의 요구를 들어주는 지역 치안 프로그램을 개편했다. 지역중심치안 서비스는 1994년 범죄 법안의 일환이자 수십억 달러의 연방 자금이 제공되는 프로그램으로, 도시가 지역 치안 프로그램을 개발할 능력과 관심이 있다면 풍부한 연방 정부의 자원을 사용할 수 있도록 했다. 따라서 1980년대와 1990년대 연방 정부는 도시의 다른 서비스에 대한 자금 지원을 줄이고 빈곤층 지원 프로그램을 새로 만들거나 지속하지 못하게 만든 한편, 새로운 재정 장려금으로 치안 능력을 확대하고 사법 기관을 재건했다. 시카고시는 이러한 연방 자금을 성공적으로 활용하여 경찰의 연간 예산을 1991년 6억2900만 달러에서 1995년 8억 1700만 달러, 1998년에는 9억2300만 달러까지 끌어올렸다. 1990년대에 다른 기관이 상임 직원의 수를 줄이고 서비스를 아웃소싱한 것과는 극명한 대비를 이루었다. 경찰은 이러한 자원을 이용하여 상근 직원 수가 10년 동안 1000명 이상 늘어났다(표 9).

시카고의 대안적 치안 전략CAPS이 다른 많은 새로운 커뮤니티 치안 프로그램과 유사하긴 하지만, 시카고 시스템만의 두드러진 특징은 광범위한 서비스와 지역 경찰관에게 할당된 커뮤니티 사이의 관계에 대한 책임이다. CAPS는 커뮤니티의 경찰관이 기반시설 보수, 버려진 건물과 공터를 폐쇄하고 깨끗하게 정리하기, 낙서 지우기 등과 같은 기본적인 서비스를 제공하도록 하는 중개인 역할을 할 뿐 아니라 경찰관과 주민들이 얼굴을 마주하며 접촉하도록 계획됐다. 시카고 프로그램에서는 특별 부서만이 아닌 모든 경찰관이 CAPS의 일부였다. 그리고 전통적인 법 집행 업무에 더하여 지역계획자, 공동체 리더, 다른 시 기관의 연락원, 필요하다면 서비스를 제공하는 역할까지 해야 한다. 이런 서비스 가운데 핵심은 특별한 관심과 도움을 요하는 노인 및 취약층을 보호하는 것이다. 시카고 경찰은 노인복지부를 만들었던 1982년부터 특별 부서를 운영하여 노인들을 보살펴왔

표 9. 1990년대 시카고시 기관의 상근 직원 수

기관	1991년	1995년	1998년
경찰	1만6243	1만7441	1만7752
보건	2160	1750	1684
복지	1074	580	474
주택	345	255	195

출처: 알렉산더 1998.

다. 하지만 CAPS가 시작되자 경찰은 노인과 긴밀한 유대관계를 확립하여 위기 상황에서 노인을 보살피겠다고 약속했다. 경찰관이 순찰하는 지역의 역학관계에 대해 잘 알게 되고 주민과 인간적인 관계를 맺도록 하는 경찰 업무의 구조조정은 CAPS의 정치적 합법화에 주요한 역할을 했다. 지역 경찰관을 경비원이나 보초(과거 기계공이 선거구위원장을 했던 것과 같다)로 여기는 통념은 프로그램이 널리 알려지는 데 중요한 역할을 했다. 이러한 프로그램의 첫 번째 주요 시험대가 됐던 폭염은 경찰 업무를 재조정하여 실행에 옮기는 게 얼마나 어려운 일인가를 보여주었다. 그리고 후속 연구에서는 과제가 여전히 해결되지 않았음을 보여주고 있다.[37]

시카고는 1993년 4월 경찰 지구대 4곳에서 실험적인 프로그램을 시작하며 CAPS를 발족했다. 1994년 12월, 폭염 6개월 전까지 시스템은 지구대 15곳 모두에서 실행되고 있었다. 원칙적으로 지역 경찰관, 그중에서도 노인부서의 경찰관은 지역 사회단체와 노인 등 자신의 인맥을 활용해 도움이 필요한 사람을 알고 있어야 했다. "그게

CAPS가 해야 하는 일이죠." 노스론데일 출신 시의원 마이클 챈들러는 설명했다. "시의 서비스를 이용해 이런 사람들을 확인할 수 있었습니다. 도움이 필요한 노인들을 알고 있는데, 폭염이 닥칠 때까지 마냥 기다려서는 안 되죠." 그러나 폭염이 닥치자 누구도 취약한 시민을 보호하는 것이 부서의 의무라는 것을 생각하지 못했다. 전통적인 사법 집행의 범위에서는 벗어난 일이지만 새로운 프로그램에서는 해야 하는 일이었다. "우리가 시스템을 가동하지 못한 이유는 시스템을 이해하지 못했기 때문입니다." 어느 CAPS의 리더가 말했다. 재난이 휩쓸고 지나간 뒤 소방총감이 했던 말과 놀랍도록 비슷했다.

폭염을 겪으면서 시가 배운 것은 지역 경찰관이 서비스 제공자와 지역 일꾼으로서의 역할을 성공적으로 수행하려면 위험한 사회적 상황을 인식하고 적절하게 대처하는 법을 습득해야 한다는 점이다. 이는 전통적인 치안 전략의 범위에서 벗어나는 일이었다. 시카고시는 이미 치안활동의 범위를 넓히려는 재교육 프로그램을 개발했다. 하지만 프로그램을 종합적으로 분석했던 사람들은 이렇게 보고했다. "우리가 인터뷰했던 거의 모든 전문 강사가 사흘간이라는 기능 교육 시간에 대해 부정적으로 말했다." 시카고 경찰관들이 지역 치안 프로젝트에 불만을 갖게 된 이유는 대다수가 "자신이 하기로 한 일만 하려들기 때문이다. 경찰관은 '길에서 개똥이나 치우는 경찰'이 되고 싶어하지는 않으며, 그들도 그렇게 말했다. 처음부터 사람들의 걱정거리를 처리한다는 말은 사회복지 업무와 너무 비슷하게 들렸고, 사람들의 문제를 모두 그들에게 맡긴다는 말은 업무 과부하처럼 느껴졌다."[38]

내가 현지 조사를 하면서 만났던 경찰관 대다수는 지역 경찰로서의 새로운 임무가 주어지는 데 대해 회의적이었고, 옛날 방식을 버리라는 압력에 저항하고 있었다.[39] 경찰관들은 대부분 "좋은 일을 하려고" 혹은 "사회에 도움이 되려고" 경찰이 되었다고 말했다. 그러나 여성 사회복지사들이 하는 가벼운 노동으로 여겼던 지역 관련 업무를 기대하거나 원한 사람은 거의 없었다. 경찰 조직은 경찰관들에게 남성적인 강인함과 위험을 두려워하지 않는 기질을 갖추길 바란다. 그런데 지역 서비스에 관한 책임까지 더해지자 그런 스타일을 유지하는 것이 별로 중요하지 않게 됐다. 사실 경찰의 구성원으로서 거리치안이라는 위험한 업무 위주의 문화에 적응되면, 지역 관계 유지와 노인 서비스 프로그램 등의 업무를 맡을 가능성은 낮아 보인다. 새로운 시스템에서 경찰관들이 두려워하는 것은 과거에는 냉정하게 거절하지 못하는 경찰관이나 복지 부문의 직원에게 할당되던 업무가 모든 사람에게 배정될 수 있다는 것이다.

그렇지만 실제로는, 가장 폭력적이고 범죄가 들끓는 지역(정확히 말하자면 노인 그리고 무서운 주민을 피해 고립을 택하거나 다른 곳으로 이주하는 사람들이 늘어가는 지역)의 경찰 인력은 법과 질서를 지키는 전통적인 치안에 대한 요구가 너무 많아서 지역 관련 업무를 하기가 거의 불가능했다. 지역 치안에서 가장 기본적 조건인 관할 구역을 (수 제곱킬로미터 안에 머물면서) 온전하게 관리하는 일조차 쉽지 않았다. 경찰 지구대에 따라 범죄율에 큰 차이가 있었지만, 시카고 경찰은 범죄 발생의 분포에 따라 인력을 배치하지 않아서 범죄율이 높은 지역에 배치된 경찰은 자기 능력을 넘어서는 치안에 책임을 져야 했다. 노스론데일에서 근무하는 한 경관의 설명처럼 말이다. "우리가 원한다면, 근무를 시작하는 시간부터 끝날 때까지 검거할 수 있습니다. 하지만 여기서 계속 그렇게 할 수는 없어요. 할 일이 너무 많거든요."

경찰관의 정규 근무 시간에 나는 나란히, 혹은 뒷좌석에 동행해 아무리 선의를 가진 경찰이라도 범죄율이 높은 지역에서 치안활동을 하며 동시에 지역 감시와 커뮤니티 리더로서의 역할을 수행하는 것은 어렵다는 것을 피부로 느낄 수 있었다. 문제 중심의 지역 치안이란 경찰관이 고립된 노인이나 특별한 도움을 필요로 하는 사람들, 지역에 새롭게 나타난 문제를 파악하게 하는 것인데, 그러려면 경찰관에게 충분히 준비할 시간이 주어져야 하고 관할 구역이 정해져 있어 그 지역 주민들과 친해질 수 있어야 한다. 범죄율이 높은 지구대의 경찰관들은 통제센터에서 순찰차의 무전을 통해 끊임없이 날아오는 범죄 신고와 응급 서비스에 대응하는 데 근무 시간을 써버린다. 황급히 관할지역 경계를 지나 긴급 신고에 대처하다보면, 지역 경찰관에게 주어진 복지 서비스의 책임을 완수할 시간도 공간도 없다는 것이 분명해진다. 조수석에 앉은 경찰관이 내게 말했다. "다른 지구대는 관할지역에 머물러 있어서 조금 나을 수도 있어요. 하지만 여기는 신고를 받는 곳에 따라 모든 지역에 다 출동해야 해요." 우리는 8시간 근무 동안 두 건의 신고를 처리했고, 나머지 시간에는 다른 지역에서 일을 했다.

분명한 것은 경찰관들이 지역 관계 치안 업무를 할 수 있는 여러 토론회가 있다는 점이다. 주요 토론회로는 시카고의 279개 관할지역에서 개최되는 월례 회의가 있다. 이 회의는 시 정부와 시민 혹은 시 정부와 지역 단체 사이에서 중재 및 공동 기획을 하며 가장 꾸준하게 활동하고 있고, 경찰 지역 사무소의 후원을 받는 공식 행사다. 하지만 최근 연구에 따르면, 경찰의 조직 문화와 직업적인 문제로 경찰 인력에게 복지 서비스나 감시 업무에 대한 열정을 이끌어내기란 쉽지 않다. 스코건 연구팀의 보고에 따르면, "많은 경찰관이 비범죄 사건에는 유난히 관심을 보이지 않고 전통적인 경찰 업무를 고집한다. 그들에게 문제 해결은 전혀 '진정한 경찰 업무'로 보이지 않았다".[40] 지역 경찰과 노인 경찰이 폭염 때 고립되고 취약한 노인을 보호하는 데 실패한 것은 단지 경찰이 문제의 심각성을 인지하지 못하고 적절한 대처를 하지 못해서가 아니었다. 이 역시 이론적으로는 구현이 가능하지만 실제로는 난관에 봉착한 서비스 전달 시스템 CAPS의 잠재된 문제점에서 비롯된 증상 중 하나다. 이제는 조직의 중심이 된 구급대원 관리와 보건 업무를 위해 싸웠던 소방부 관리자들처럼, 새로운 서비스 요구를 충족하기 위해 준군사 조직을 어쩔 수 없이 개혁해야 했던 경찰관들은 제때에 적응하지 못해 위기를 막을 수 없었다.

악의적인 방치:
빈곤을 모르쇠하려는 정치적 의지

대도시노인행동이 경찰에 대해 구체적으로 우려의 목소리를 내자, 사우스사이드 커뮤니티의 지도자들은 시의 대처에 대해 전반적인 비판을 가하며 오래전부터 서비스 전달이 불만스러웠다고 주장했다. 흑인이 많이 사는 6구의 시의원 존 스틸은 폭염 위기가 닥치기 전과 닥쳤을 때 시에서 그의 지역 주민들의 건강과 복지를 무시했다며 불만을 터뜨렸다. 하원의원 보비 러시는 시청을 "오만한 권력"이라고 비판하며, "데일리 시장의 남 탓하는 사고방식이 시카고 노인 안전망에 끝도 보이지 않는 커다란 구멍을 냈다. 시에 치명적인 폭염을 경고하는 절차가 없어 노인들이 아파트에서 죽어가는 동안, 냉방장치는 쓸데없이 자리만 차지하고 있었다"고 주장했다.[41] '흑인 정치세력화를 위한 대책위원회'와 다수의 아프리카계 미국인 정치인은 함께 시 당국이 사우스사이드의 보건 위기 해결을 거부했다며 소리 높여 비난했다. 노스이스턴 일리노이대학 도시 연구 프로그램의 교수 로버트 스타크스는 시 위원회가 더 많은 아프리카계 미국인 노인에게 응급 보건 서비스를 제공하지 않은 데 대해 격분했다. 『시카고 스탠더드뉴스』 사설에서 스타크스는 "우리 커뮤니티에서 시가 이런 위기 상황에 무관심으로 대처한 것은 범죄 행위에 해당된다"고 견해를 밝히며, 몇몇 기관의 위원들에게 사퇴를 촉구했다.[42] 후속 토론회에서 그는 "그것은 단지 일부 책임자가 자신의 책임에 냉담했기 때문이다. 그들은 무슨 일이 일어나고 있는지 모른다며, 아무런 경고도 받지 못했다고 말했다. 하지만 누구나 아는 사실이다. 우리도 알고, 우리 지역 사람들도 다 안다. 단지 시에서만 들으려고 하지 않는다"라고 말했다.

　사우스사이드의 지도자들은 분노했지만, 놀라지는 않았다. 폭염 기간 중 아프리카계 미국인 노인의 목숨에 대한 시의 무관심을 느꼈기 때문이다. 이렇게 방치하는 것은 점점 늘어가는 고립된 흑인 노인을 보호하는 데 필요한 자원을 쓰지 않으려는 정부의 전형적인 방식이었다. 그들은 많은 경관과 일선에서 일하는 노인부 직원들이 이 방식에 동의했다는 사실을 알았더라면 아마 놀랐을 것이다. 1989년 부서장이 되어 1995년에도 근무 중이었던 돈 스미스에 따르면 1990년대 중반 노인부는 연방 정부에서 지원하는 자금은 줄어들고 노인의 수와 독거노인의 수는 늘어나 부서의 부담이 가중돼 힘든 시기를 보내고 있었다. 미국의 지역 정부 부서 중 최초로 도시 노인에게 주목한 시카고 노인부는 폭넓은 지원 범위와 혁신적인 프로그램을 운영하고 있다. 그러나 노인부가 충분한 자원을 모으기 위해 애쓰고 있음에도 증가하는 노인 인구를 따라잡지는 못하고 있다.

시의 서비스 직원들은 보통 어려운 상황에서 일하고 있고, 대개 그들이 처리해야 하는 요구 사항을 모두 해결하지는 못한다. "우리 부서는 한 달에 8000건의 사례를 처리합니다." 어느 정보 지원 직원은 말했다. "그러니 우리가 얼마나 많은 일을 해야 하는지 이해하실 겁니다."[43] 1990년대에 지원금이 삭감되자 노인부는 어쩔 수 없이 민간 재단을 비롯해 보조금을 받을 수 있는 조직에 대한 의존도를 높였다. 그럼에도 1990년대 중반과 후반에는 재분배 프로그램에 대한 외부 자금 지원이 부족해져 시카고의 일부 부서는 재정이 부족한 상태가 되었다. 주 정부와 연방 정부는 예산이 남아돌았는데도 말이다. 정책연구활동그룹이 시 예산을 연구한 바에 따르면, "시카고의 프로그램들은 공공안전을 제외하면 저소득층에 우선순위를 두도록 계획되었는데, 주 정부와 연방 정부, 재단 등의 보조금에 지나치게 의존하고 있다. 안타깝게도, 저소득층과 중간소득층 주민이 도움을 받는

보조금의 수준은 지난 몇 년 사이에 크게 감소했다."⁴⁴

경찰은 전례없이 규모가 확대되었지만, 노인부는 상근 직원을 줄이고 값싼 비상근 임시직을 고용했다. 시 정부는 오랫동안 많은 복지서비스를 민간 조직에 하청을 줘왔고, 1990년대에 시카고 노인부 역시 더 많은 주요 프로그램에 쓸 수 있는 예산이 한정되어 있는데도 정부 일을 하기로 동의한 민간 비영리 단체에 위탁되었다. 나는 사회복지사 및 자택요양복지사와 함께 노인들과 시간을 보내면서, 시카고의 빈곤층 노인들이 마땅히 받아야 할 서비스를 누리지 못하는 것은 구조상 어쩔 수 없는 일이며 일상의 규범이 되었음을 분명히 알 수 있었다. 시와의 계약을 따내려는 경쟁 시장이 형성되자, 서비스 비용은 지나치게 낮게 평가하고 서비스를 제공하는 자신들의 능력은 지나치게 높게 평가하려는 그릇된 의도가 드러났다. 내가 봤던 기관들은 힘든 일을 누가 맡을 것인지 자기네끼리 흥정하고, 그들이 감당할 수 있는 것보다 더 많은 능력이 필요한 일을 떠맡거나 물려받았다. "대다수의 기업형 정부는 서비스 제공자 사이에 **경쟁**을 도입한다." 데이비드 오즈번과 테드 게블러는 『정부 혁신의 길: 기업가 정신이 정부를 변화시킨다Reinventing Government』에서 이렇게 썼다.⁴⁵ 어떤 조건에서는 더 많은 공공 서비스를 민간 부문에 위임하는 것이 지원의 규모를 늘릴 수 있다. 하지만 경쟁은 효율성을 높이면서 빠른 시간 안에 적은 인적 자원으로 우수한 품질을 제공하려 하기에 서비스 제공자의 노동 조건을 악화시킬 수 있다. "제가 담당하는 노인들은 저를 보고 싶어해요." 20대 후반의 아프리카계 미국인 여성 사례관리자 맨디 에버스는 말했다. "문제는 시간이 부족해서 노인들을 찾아가지 못한다는 거죠. 제가 관리하는 사람이 몇 명인지 아마 들어도 믿지 못하실 거예요."

맨디와 시카고 최대의 사회복지 단체에서 일하는 그녀의 동료들에 따르면, 도움을 거부한다고 알려진 고립된 노인들은 대부분 인간적 교류, 관심, 도움을 간절하게 바란다. 이들 사회복지사는 독거노인이 대개 낯선 사람을 경계한다든가 자신을 해치는 사기꾼 혹은 범죄자일 수 있다고 우려한다는 사실을 인정하며, 그들의 고객인 노인들의 신뢰를 얻기 위한 전략을 개발했다. (전화만 있더라도) 정규적인 통신 방법은 연락을 취하고 느슨한 신뢰관계를 유지하는 게 핵심이다. 문제는 그들의 조직이 시와 맺은 계약 때문에 적은 수의 직원으로, 어느 사례관리자의 말에 따르면, "우리가 처리할 수 있는 고객보다 두 배 더 많이" 서비스해야 한다는 것이다. 1년에 최소 두 번 고객을 방문할 책임이 있지만, 내가 따라다니면서 알게 된 사례별 사회복지사들은 대부분 기껏해야 1년에 한 번 찾아간다고 했다. 노인들도 적극적으로 시나 서비스 기관에 부탁한다면 더 많은 관심을 받을 수 있지만, 맨디와 그녀의 동료가 돌본 사람 중에는 그렇게 적극적으로 부탁하는 기질을 가진 사람이 거의 없었다.

사회 지원 단체의 부족한 자금과 인력 때문에 고립되어 집에서만 생활하는 노인들은 공식 지원 네트워크의 주변부로 밀려났다. 게다가 시의 표준 운영 관행과 민간 서비스 직원은 악명 높은 아프리카계 미국인 지역 주택단지에 사는 노인들을 더욱 변방으로 몰아냈다. 시카고의 다른 산업 분야나 기관들과 마찬가지로 노인을 위한 사회복지 노동자와 사례관리자들은 일반적으로 시카고에서 가장 평판이 안 좋은 흑인 지역을 방문하는 것을 두려워했다. 실제로 이런 일상적인 우려 때문에 취약층과 가난한 아프리카계 미국인(특히 노인과 장애인)을 지원하는 시의 능력은 제한되었다. 바꿔 말해, 현장에서 정책을 만드는 일선 관료주의에 의해 지역 정부가 보건과 복지 서비스에 사용하는 자원의 양이 감소했다.

아프리카계 미국인을 포함하여 내가 알게 된 일부 사례별 사회복지사는 이러한 '출입금지' 지역에서 일하는 것을 꺼렸다. 개인적인 안전에 대한 위협이 너무 크다고 생각해서였다.[46] 비록 기관은 혜택을 받을 자격이 있는 사람 모두에게 복지 서비스를 제공해야 하지만, 직원 개인에게는 서비스 대상자를 선택할 수 있는 재량권이 있다. 기관이나 동료로부터 많은 도움을 받아본 사회복지사들이라면 너무 위험하다고 생각하는 일은 기피할 것이다. 내가 만났던 여러 사회복지사는 시카고의 위험지역에 사는 고객을 기꺼이 방문한다. 하지만 구체적인 조건을 내세운다. 즉 아침에 방문하는 일을 고객이 허락해야 한다는 것이다. 내가 만났던 모든 기관은 아프리카계 미국인이 주로 사는 주택단지나 극빈층 흑인 거주지역을 방문할 때는 오전에 방문하는 것이 불문율이었고, 일부 직원은 오전 10시가 지나면 방문하지 않으려고 했다. "이 지역에 올 때면 늦어도 오전 8시에는 떠납니다." 맨디는 8시에 나를 만나 니어웨스트사이드의 어느 저층 주택단지로 운전해 가면서 말했다. "일찍 빠져나오면 조직폭력배나 골치 아픈 일을 피할 수 있다고 생각하는 거죠. 그들도 전날 밤의 피로를 풀고 싶어할 테니까요. 하지만 점심때가 되면 다시 나올 테니 저도 나와야죠."

다른 사회복지사도 아침 일찍 방문하는 모습을 보고 나는 관리자에게 부서에서 아침에 방문하는 것을 추천하는지 물었다. "네, 불량배들이 밖으로 나오기 전이라고 생각하는 거죠. 그리고 확실히 효과가 있습니다." 그녀의 답변이다. 이러한 서비스 전달 전략은 비슷한 방식으로 외출하는 시카고 노인들에게는 당연한 것이었다. 그러나 아침에만 방문하는 정책은 위험한 흑인 거주지역에 사는 주민들에게 서비스를 누릴 선택권이 줄어들게 했다. 시카고에서 문제가 가장 많은 지역에 사는 노인과 그들을 도와야 할 책임이 있는 기관 사이의 사회적 거리는 폭염 중 복지 노동자들과 고립된 노인을 갈라놓았던 이해도의 차이를 설명하는 데 도움이 된다. 또한 사우스사이드의 정치 지도자들이 시를 상대로 그들의 커뮤니티를 도와주지 않은 것을 비난하며 그 사건을 포기하지 못했던 이유를 설명해준다.[47]

분권 시대의 서비스 선택

시카고 정부의 반대파 정치인들이 사용하는 '포기'와 '취약성'이라는 표현은 시 정부가 발표한 '권력 분산'과 '소비자주의'라는 말과 극명한 대비를 이룬다. 시 기관들은 스스로를 시의 서비스와 프로그램을 시민에게 전달하여 공공 재화를 현명하게 선택하도록 돕는 정보 전달자로 홍보하고 있다. 정보를 기반으로 좋은 선택을 해야만 시의 서비스를 누리는 소비자들이 효율적으로 행동할 수 있다는 논리에 따라, 시의 기관들은 정기적으로 고액을 들여 광고와 마케팅 기업에 그들의 일을 홍보하도록 맡긴다.[48] 정부 관료들이 설명하는 것처럼, 공적 지원이 필요한 시카고 주민들은 지원 네트워크를 가동하여 원하는 서비스와 선호하는 프로그램을 올바르게 선택할 줄도 알아야 한다. 원칙적으로는 이런 개념이 구시대의 정치적 관료주의에 신물 난 시민들의 마음을 끌겠지만, 결국 정부의 시장 모델이 고객이 활동가가 되기를 요구하는 서비스 전달 프로그램이 되며 점점 늘어나는 (고립과 쇠약으로 자신이 필요한 지원을 요구하는 데 어려움을 겪는) 노인들 사이에 정치적 불균형이 나타나게 하리라는 게 노인 서비스 제공자들의 확신이다.

도시 정치와 공중보건 프로그램에 관한 연구에서는 지역 정부가 접촉하는 단체들이 자원도 없고 영향력도 없는 시민보다는 엘리트 유권자의 요구에 더 많이 반응한다는 사실을 일관되게 보여주었다.[49] 지역 사회복지사와 사례관리자에 따르면, 교육 수준이 낮고 정부 기관이나 교회 같은 주류 단체에 아는 사람도 없을뿐더러 자산도 없는 시카고 주민일수록, 받을 자격이 되는데도 공적 혜택(약 처방에 대한 의료 지원이나 사회보장 연금 등)마저 잘 받으려고 하지 않는다. 복잡한 관료주의의 장벽을 뛰어넘는 능력의 형태로 나타나는 문화 자본과, 복지 단체와 사회 지원 시스템과 맺는 관계의 형태로 나타나는 사회적 자본은 기업가적 정부에서 값을 매길 수 없는 자산이다. 하지만 쇠약하고 궁핍한 노인에게서 잘 볼 수 없는 사회적 특징 역시 커다란 자산이다. 그러한 특징이란 공공의 재화를 자신의 권리라고 생각하고 적극적으로 요구하는 기질, 그리고 첫 번째 시도에서 거절당한 뒤 더 적극적으로 요구하기, 복지 단체의 눈에 잘 띄고 가능한 한 프로그램에 대한 정보를 얻을 수 있는 사회적, 공간적 위치짓기 등이다. 복지역사학자 로버트 할펀은 "도움을 가장 요하는 사람들이 바로 지원 서비스를 접하거나 참여할 가능성이 가장 낮은 사람들이라는 것이 너무나 자명해졌습니다"라고 주장했다.[50] 가장 능력 있는 사람에게 보상을 해주는 서비스 전달 체계는 이러한 불평등을 더욱 심화시킬 위험이 있다.

오랫동안 시카고 노인 단체 활동가이면서 1990년대 노인들이 주택이나 에너지 같은 기본적인 재화를 확보하는 데 많은 도움을 주었던 스테이시 기어는 기업가적인 서비스 시스템과 고립된 노인 사이의 정치적 불균형이 폭염 기간 중 시카고 노인들의 취약성을 높였다고 주장한다. "서비스 전달 프로그램의 역량은 능동적으로 복지 서비스를 찾는 노인들, 가족이나 교회, 이웃 혹은 노인들을 돕는 사람과 관계를 맺고 있는 노인들에게만 실현될 수 있다"고 그녀는 지적했다. 일부 환경에서는 노화가 진행되면 평생 건강하고 재정적으로 안정되게 살아온 노인들마저 힘들어질 수 있다. 기어는 "노인은 쇠약해지면서 인간관계가 끊어집니다. 욕구는 커지지만 욕구를 충족시킬 능력은 점점 사라지죠. 노인부, 전미퇴직자협회, 교회 노인클럽 등과 연결되어 있는 사람들이 구전 네트워크를 형성하고 서로의 말을 듣습니다. 단지 노인 공동체를 조직하는 일을 한 경험이 있을 뿐이지만, 여러 단체에서 계속 마주치는 사람들이 있습니다. 그들은 어느 단체에서나 활동적이죠."[51] 몇몇 노인부 직원을 비롯한 시의 관료들은 그토록 적극적인 노인들은 무더운 여름날 냉방 센터에 가거나 친구를 부르거나 지역 단체에 도움을 요청한다는 데 동의한다. 그러나 평상시에 새로운 소식을 접하지 못하는 사람들은 위기가 닥쳤을 때에도 소식을 듣지 못할 가능성이 크다. 이런 일은 폭염 중에 실제로 일어났다. 비교적 능동적이고 많은 정보에 익숙한 노인들은 시가 설치한 공공 냉방시설을 이용한 반면, 수동적이고 고립된 노인들은 집을 떠나지 않았다. 그리고 보조금을 지원받는 호텔에 살며 비교적 보호를 받았던 주민들이 영리 목적의 건물에 살았던 주민들보다 더 많은 관심과 보살핌을 받았다.

일상의 에너지 위기

그러나 1990년대에는 최고의 인맥을 가진 주민들도 가장 기본적인 재화인 가정용 에너지와 물을 구하려면 어디에 도움을 청해야 되는지 알지 못했다. 연방 정부 예산을 지원받는 LIHEAP(저소득 가정 에너지 지원 프로그램)의 예산이 삭감된 데다 시장 모델 경영 전략에 따라 연체료 제도가 생기자, 가난한 노인들은 영구적인 에너지 위기에 빠졌다. 에너지 비용이 상승하고(2000년 가격 급등이 일어나기 전이었음에도) 정부 보조금은 감소한 데다 수입은 그대로인 노인들은 시 전역에서 공과금 비용을 크게 걱정하며 요금을 적게 내려고 애를 쓰고 있었다. 일리노이주의 평균적인 가정이 수입의 약 6퍼센트를 겨울철 난방 시설 관련 공과금으로 쓰는 반면, 저소득층 가정은 수입의 거의 35퍼센트를 쓰고 있었다.[52]

내가 알게 된 가난한 노인들은 만일 에어컨이 있었다면 여름철 공과금 비용을 감당할 수 없었을 것이라고 생각했다. 질병통제예방센터의 역학 조사원들은 "각 가정에 에어컨이 작동하고 있었다면 폭염 관련 사망 가운데 50퍼센트 이상은 막을 수 있었"으리라 추정했고, 이는 분명 효과적인 폭염 대응 전략이 될 수 있었을 것이다.[53] 하지만 근근이 먹고사는 노인들은 에어컨이 있더라도 전기료를 감당 못 해 사용하지 못했을 것이라고 설명한다. 당장 에어컨을 구입할 현금이 없기도 했지만, 가난한 사람들에게 에어컨을 공급하는 시범 계획의 수혜자들이 에어컨을 설치도 하지 않은 채 팔아버리는 이유는 주로 전기세 때문이었다. 하지만 일상의 에너지 위기는 기온이 온화할 때도 시급했다. 내가 방문했던 빈곤층 노인들은 낮에 불을 켜는 대신 변함없는 친구가 되어주는 텔레비전에서 나오는 빛으로 방을 밝히고 있었다. 사용료를 내지 않으면 에너지를 공급받지 못할 것이라는 두려움 때문에 노인들은 불안과 위협 속에 살아가고 있었다. 하지만 정책 입안자와 대중이 이를 눈치채기는 어려웠기에 이러한 일상의 위기를 의식하는 사람은 거의 없었다.

1978년 미국 보건복지부에서 시작해 1980년 전면적으로 시행된 LIHEAP은 자격 기준을 자체적으로 개발하고 추가적인 자금을 지원하는 주에 실행되었다. LIHEAP 예산이 21억 달러로 가장 높았던 1985년에는 주 정부에서 빈곤층 가정용 난방비와 냉방비를 지원해주었다.[54] 하지만 1980년대에 접어들면서 프로그램에 대한 정치적 지원이 약해지자 결국 할당된 실질 예산은 줄어들어 폭염이 발생했던 해에는 약 10억 달러까지 떨어졌고, 의회의 예산 삭감 대상이 되고 말았다. 겨울 추위가 극심한 주 가운데 하나인 일리노이주는 여름철에 에너지 보조금을 지원하지 못했을 뿐 아니라 겨울철에 지원할 자금도 일찍 바닥난다. 시카고시 노인부 직원들의 말에 따르면 LIHEAP은 거의 모든 노인에게 필요하지만 결코 지원은 받을 수 없는 프로그램이었다.

LIHEAP 같은 프로그램은 전통적으로 무엇을 할 수 있게 도와주는 정책이라기보다는 재화를 제공하는 정책의 범주에 속한다. 따라서 재분배를 통한 사회적 지원 정책에 비판적인 사람들, 특히 공화당원들은 오랫동안 빈곤층에 지급하는 에너지 보조금을 없애야 한다는 캠페인을 벌여왔다. 1995년 7월 17일이 포함된 일주일 동안 폭염 사망자는 여전히 늘어가고 있는데, 미국 상원은 LIHEAP 프로그램을 종료하는 투표를 시작했고 결국 10퍼센트인 1억 달러를 예산에서 삭감하는 타협안에 동의했다. 그리고 7월 19일 일리노이 통상위원회는 공청회를 개최했고, 공청회에서 주의 관료들은 일리노이주의 그해 겨울 LIHEAP 자금을 연방 법안과 무관하게 25퍼센트 삭감하겠다고 발표했다. 수개월 뒤 미국 하원은 상원 의원들과 함께 LIHEAP를 완전히 없애지 않는다면 교육부, 보건부, 복지부, 노동부의 2500억 달러 예산안 표결을 거부하겠다고 밝혔다. LIHEAP는 결국 추가적인 자금 삭감을 하는 대신 의회에서 살아남았다. 환경역사학자 테드 스타인버그에 따르면, 얄궂게도 같은 회기에 의회는 빈곤층을 대상으로 하는 에너지 지원을 삭감하면서, 재난으로 재산 피해를 입은 보험 회사와 집 소유주에 대한 연방 정부의 지원은 확대했다. 지원을 하려면 사회 보호 프로그램으로 직접 환원해야 하는데도 말이다. 스타인버그는 "새 예산안 계산법은 빈곤층이 자연재해에 대해 비용을 이중으로 지불한다는 것을 뜻합니다. 고통을 경감해주는 문제에서는 여전히 배제된 채 사회적 지출을 통해 부담을 완화하는 데에는 똑같은 비용을 감수해야 하기 때문이죠"[55]라고 지적했다.

1995년 이미 에너지 부족 문제를 단념한 상태에서 폭염 사태를 겪는 와중과 그 이후에 더 근본적인 문제가 나타나 시카고의 빈곤층 노인에게 긴급한 사안이 되었다. 바로 물 부족 문제였다. 다른 냉방법이 없었기에 시카고의 저소득층 지역의 젊은이들은 폭염 기간에 3000개 이상의 소화전 뚜껑을 열었고, 지역 경찰은 이에 전투적으로 대응하기 시작했다. 약한 물줄기가 나오는 특별 소화전 뚜껑이 설치되지 않았던 1995년, 시에서는 경찰의 반복된 경고에 따르지 않는 십대 청소년들을 엄중히 단속하라는 명령을 내렸다. 그로부터 얼마 지나지 않아 지역 언론사 기자들은 "물 전쟁"이 일어났다고 선언했다.[56] 100명이 넘는 패거리가 뚜껑이 열린 소화전을 찾아 시카고를 떠돌아다니며, 경찰과 가장 기본적인 공공 재화를 놓고 총격전을 벌였다. 수도국은 가장 피해가 컸던 지역의 수압을 유지하지 못해, 치명적인 열기가 거리를 불사르는 동안 물 없이 주민들을 방치했다. 비슷한 물 부족 문제가 시카고주택공사 주택단지에서도 일어났다. 정전으로 전기 물펌프 전원이 내려가 단지에 전기와 물이 들어오지 않은 것이다. 니어웨스트사이드의 록웰가든 단지 주민들은 하루 이상 물을 쓸 수 없었고, 사우스사이드의 랜돌프타워에 사는 일부 주민은 사흘 연속으로 물이 나오지 않았다며 불만을 터뜨렸다. 사우스사이드에 있는 수도시설의 펌프가 고장 나서 인근 지역에 수도 공급이 중단됐던 것이다. "몹시 흥분되고 덥습니다!" 어느 아프리카계 미국인 여성이 모건파크에서 지역 텔레비전 기자에게 말했다. "이것 보세요. 정말 어처구니가 없어요. 마실 물도 없고, 화장실 물도 없어요. 아무것도 할 수가 없다고요."(그림 38)

누구도 예상하지 못했던 일은 물 공급이 원상복귀되고 나서 한참 뒤 지역 정부가 수도 요금을 내지 못하는 시카고 주민들에게 수도 공급을 중단하기 시작했다는 것이다. 고정 수입이 너무 낮아 수도 요금을 낼 수 없었던 가난하고 병든 노인들도 그런 조치에서 구제받지 못했다. 기업가적인 정부의 순수한 정신에서 1990년대 말 시카고 수도국은 요금이 연체된 사용자에 대응하는 가장 효율적인 방법이 수도 공급을 중지하고 무거운 과태료를 벌금으로 부과하는 것이라고 결정한 것이다. 시의 관료들은 주차 요금을 징수할 때 썼던 것(그동안 제대로 관리하지 못했던 채무자의 재산을 강제징수)과 비슷한 전략을 도입한다면 수도국이 시의 매출을 크게 늘리는 데 도움이 될 것이라 판단했다.[57] 하지만 그들이 간과했던 것은 물은 자동차와는 달리 사람이 살아가는 데 필수적인 자원이고, 처벌 정책은 이미 극심한 타격을 받은 시카고 주민들에게 고통을 더할 뿐이라는 점이었다.

예상대로, 정책에 따라 가난한 노인들에게 높은 요금이 부과됐다. 그중에는 내가 알게 된 노인도 있었다. 1998년 토론에서 수도를 '끊는' 일을 했던 어느 수도국 직원은 중병에 걸린 한 노인 때문에 의사가 전화를 걸어 불만을 표했지만, 그 노인만 예외로 수도를 다시 나오게 해줄 수 없었다고 말했다. 그런 사례가 드물지 않았기 때문이다. "늘 저런 요청을 받습니다. 끊임없이 옵니다. 제게 오는 사람들은 모두 사연이 있어요. 그럼 저는 어떻게 해야 할까요?" 이 관리자에게

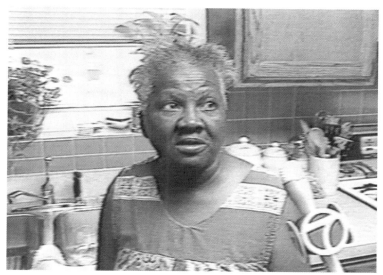

수도를 끊는 집이 많아지는 것은 시 정부가 노인을 위한 특별 프로그램으로 보호해주겠다고 약속했던 바로 그 사람들의 삶을 위기에 빠트리는 정책의 신호라기보다는 무책임한 고객이 늘어난다는 신호였다.

복지 정부와 기상이변

기상이변과 재해는 정부와 사회에 이례적인 과제를 던지지만, 이로써 입게 되는 물리적 피해와 사회적 고통을 추정해 사회 안전 시스템을 테스트할 수 있다. 보건학자 로드릭 월리스의 설명처럼 "기상이변(비상사태)은 (…) 우리 삶을 개인적으로나 사회적으로 제한하고 규정한다. 그러한 기상이변의 출현과 결과를 모두 통제할 능력이 있다면, '하늘의 권한'을 받은 효율적인 정부임을 인증하는 것이다".[58] 정부가 위기 상황을 잘못 관리하면 정부는 그러한 경험을 사회를 보호하는 새로운 형식을 구축하는 지침으로 이용할 수 있다. 그러려면 정책이 사회 구성원을 어떻게 도와주고 위험에 빠뜨렸는지 공개적으로 평가할 수 있어야 한다. 폭염 이후 시카고는 폭염 기간에 노인을 지원하는 프로그램을 확대했고, 혹독한 날씨에 고립된 노인을 추적하여 연락하는 시스템을 개발했으며, 혜택을 받을 자격이 있는 사람들의 명단을 지속적으로 관리하고 있다. 이러한 프로그램은 미래의 폭염 위기로부터 시카고의 노인들을 보호해주겠지만, 그저 시 정부의 서비스 전달 시스템의 다른 결함을 보충하기 시작한 것일 뿐이다.

그러면서 이 장에서 살펴본 도시 정부의 네 가지 특징, 즉 (1) 핵심적인 보건과 지원 서비스를 준군사 조직에 위임 (2) 서로 다른 기관의 서비스 프로그램을 조직하고 협의하기 위한 효과적인 시스템의 부재 (3) 보건의료와 에너지처럼 취약층을 보호하는 데 필요한 기본적인 자원을 제공하겠다는 공약의 부재 (4) 쇠약하고 나이 든 시민들이 능동적이며 소비자가 공공 재화에 대해 잘 알고 있으리라는 기대감 등은 계속해서 주민들을 위험에 빠뜨릴 것이다. 이러한 조직의 변화, 정치적 우선권, 시장 기반의 개혁 등은 오늘날 새로운 정부에서 점점 더 흔하게 나타나기에, 폭염에 대한 이야기는 더 세밀하게 조사해야 마땅하다.

다른 도시와 마찬가지로 시카고에서 이런 개혁의 대중적 인기와 정당성의 원인은 프로그램의 효율성뿐 아니라 세련된 마케팅과 홍보를 통한 이미지 관리 능력에 있다고 할 수 있다. 일상의 정치에서든 극도로 이례적인 사건이 일어났을 때이든, 강력한 이미지 만들기는 정부의 다른 단점을 보완해준다. 다음 장에서 살펴보겠지만, 폭염 기간 중 위험한 환경에 대한 가장 효율적인 시의 대응은 공중보건 프로그램이 아니라 홍보 캠페인이었다.

4장

―

홍보에 의한 통치

시카고는 큰 화젯거리가 많은 도시다. 그중 대표적인 현대 대도시의 전설 같은 이야기는 최근에 일어났던 재난인 1979년 폭설에 관한 것이다. 역사가들은 몇 주 동안 눈과 얼음으로 도시를 뒤덮었던 일련의 혹독한 눈보라 사태의 정치적 의미를 놓고 설전을 벌인다. 하지만 시카고 주민들이 대부분 공감하는 피해 사례를 한 가지만 꼽는다면 마이클 빌란딕 시장이다.[1] 최근에 발표된 시카고 정치에 관한 연구에서는 빌란딕이 정치적 약자인 제인 번에 맞서 선거운동을 벌이던 시장 예비선거에 폭설이 어떤 영향을 주었는지에 대해 간결하게 서술하고 있다. "무사태평하게 이끌어오던 정부의 임기가 끝나갈 무렵, 빌란딕은 쉽게 당선될 것으로 보였다. 그러나 1979년 1월 두 차례의 거대한 폭설이 도시를 강타했을 때, 시의 대처는 너무 더딘 데다 상식을 벗어나 있었다. 한번은 시카고 교통국이 시카고 엘의 호선의 댄 라이언 역 시간표를 지키려고 흑인 거주지역인 니어사우스사이드의 역들을 지나쳤고, 그 결과 아프리카계 미국인 수천 명이 열차를 타지 못했다. 반정치기계적anti-machine(대표 정치인을 중심으로 지지 세력이 유착한 것을 이르는 '정치기계'의 힘은 선거 기간 유권자 동원력에 따라 결정되었다—옮긴이) 자격이 의심스러웠던 번은, 2월 예비선거에서 19곳의 흑인 거주지역 중 15곳을 가져갔다."[2] 시카고 시민들은 빌란딕이 기상이변에 제대로 대처하지 못한 대가로 시장직을 잃었다고 생각하게 되었다. 1995년 폭염이 다가왔을 때, 시청은 위기에 대한 대가가 크리라는 사실을 알았다.

폭설로 인한 정치적 피해가 컸던 이유는 폭염과 달리 폭설의 경우는 도시 내부의 사람과 재화의 순환이 일어나지 않아, 기업이 문을 닫고, 학교는 휴교하는 등 가난한 사람은 물론 영향력이 큰 유권자들까지 불편을 겪었기 때문이다. 바꿔 말해, 폭설은 보편적인 재난이었던 반면, 폭염은 소수의 정치적 주변부에만 위기를 발생시켰다. 게다가 1979년 빌란딕 시장은 선거에서 신뢰감을 주는 후보와 맞붙어 어려움을 겪고 있었고, 그의 정치적 경쟁자들은 시가 저지른 실책을 이용해 빌란딕 정부를 비판했다. 하지만 1995년 여름 리처드 M. 데일리 시장은 경선에서 실질적인 손실 없이 막 재선을 위한 성공적인 출마를 마친 상태였다. 폭염이 닥친 시기와 시 정부의 정당성을 위협할 만한 정치적 반대가 없다는 사실이 맞물려 재난이 정치에 미친 결과를 최소화했다.

하지만 폭염의 정치학과 폭설의 정치학에서 가장 중요한 차이점은 1979년 빌란딕 정부가 기상이변뿐 아니라, 어쩌면 더 중요한 문제일 수 있는, 홍보 대처를 잘못 관리한 것이다. 빌란딕을 비롯한 보좌관들은 시 기관이 어떤 식으로 폭설을 관리하는지 솔직하게 설명해달라는 지역 단체와 지역 신문의 요구에 적절히 대처할 능력이 없었다. 시장이 가장 피해가 많았던 지역 여러 곳의 눈을 치웠다고 주장한 뒤, 일련의 조사 보고서에서는 시장이 눈을 모두 제거했다고 주장한 주요 지역에 눈과 얼음이 1, 2미터 이상 쌓인 채 그대로라고 폭로했다. 시카고 유권자들은 시장이 시 정부의 잘못을 숨기려고 한 데 격분하여 투표를 통해 빌란딕을 응징했다.

1995년에 유권자 대부분은 냉방시설을 이용할 수 있었기에 데일리는 지역 엘리트 사이에서의 평판에 대해 걱정하지 않았다. 그러나 데일리 정부는 시카고 역사에서 그 어떤 정부보다 시청이 사람들을 위해 일한다는 여론을 조성하는 데 열심이었기에, 치명적인 무더위 때문에 나타난 부정적인 여론은 어렵게 얻은 시장의 평판을 뒤흔들 수 있었다. 폭염이 오기 몇 달 전 시카고에서는 대실패로 돌아갔던 1968년 민주당 전당대회와 1970, 1980년대 내내 지속된 경기 하락 이후 잃었던 지위를 되찾기 위한 대규모 홍보 캠페인이 한창이었다. 지역 정부는 관광객과 출장 방문객을 유치하려는 전국적인 마케팅을 시작했을 뿐 아니라, 자체적인 사회 프로그램을 홍보하는 캠페인에 집중 투자했다. 시카고 예산 전문가 재클린 리비는 데일리 정부가 주요 계획을 위해 "현명하고도 전략적으로 언론과 눈에 띄는 광고에 투자"했으며, "사람들에게 반복해서 시카고가 무엇에 관심을 두는지 말해주는 미디어 머신"을 구축했다고 말했다. 많은 시카고의 시 정부 기관이 대기업과 마케팅 혹은 광고 서비스 계약을 체결했고, 경찰부 등 일부 기관은 전국 규모의 홍보 프로그램을 제안했다.[5] 이런 프로젝트의 결과는 대도시 전역에서 볼 수 있다. 거리에는 공공 프로그램 광고판이 줄지어 서 있고, 지역 텔레비전에는 시에서 운영하는 케이블 채널과 시에서 고용한 텔레비전 제작팀이 있어 정부의 활동을 과시하는 방송 프로그램을 개발한다.

전략적인 상징 정치활동은 오랫동안 도시 정권의 통치에서 중요한 가치였다. 하지만 오늘날 "정부의 모든 부문이 40년 전보다 언론에 더 많이 집착하고 더 많은 자원을 사용한다"고 정치학자 티머시 쿡은 주장한다.[4] 1950년대 더글러스 케이터가 용어를 만든 이후, 정치학자들은 "홍보에 의존하는 정부government by publicity"라는 말을 써서 정치과정에서 기자의 역할을 설명해왔다.[5] 하지만 1990년대에 홍보에 의존하는 통치는 정부의 표준 관행이 되었다. 뉴스 매체는 정치적인 집단이지만, 정부가 언론의 꾸준한 조사에 대응해야 하는 정보시대에는 정치 조직이 언론 집단이기도 하다. 하버드대학 공공정책학자 마틴 린스키와 그의 동료들이 말한 것처럼, 현대 정치체제는, "매체를 능숙하게 관리하는 정책 입안자가 더 좋은 정부를 만든다"는 원칙에 따라 작동한다.[6]

정부는 문제를 규정하고 프레임에 맞춰 대중의 지지를 이끌어내는 데 매우 중요한 홍보 프로젝트가 효과적이고 정당한 정치적 행위에 필수라고 여긴다. 하지만 좋은 홍보와 좋은 정부 사이의 관계가 늘 명확하게 드러나는 것은 아니다. 통치 정권 또한 복잡한 이미지메이킹이나 홍보 프로젝트를 이용하여 자기 이익을 증대하고 중대한 문제나 반대 의견을 덮어버리기 때문이다. 위르겐 하버마스는 그러한 "꾸며내고 조작된 선전"은 "가짜 공익의 비호 아래" 주류 정치 세력의 정당성을 키우며, 참된 비판과 우려를 억누르면서 대중이 "동의

한 것처럼 조작"한다고 주장한다.[7] 능률적이고 효과적일뿐더러 즉각적인 시 정부의 이미지를 어떻게 상징적으로 구축하는지에 대한 관례적인 지식은 공공보건 비상사태로 인한 정치적 재난을 막고자 공격적인(규모가 큰 경우) 홍보 캠페인을 시작했던 폭염 중에 특히 더 가치가 있었다.

시 정부는 중요한 뉴스를 정기적으로 제공하고 만들어내는 위치에 있기에 유리한 입장이었다. 상황에 대한 공개 보고를 하면서, 중요한 문제 정의와 프레이밍 단계에서 조직의 자원을 이용할 수 있기 때문이었다.[8] 하지만 대규모의 치명적인 재난에 직면했을 때 시장의 평판을 지켜주는 일은 쉽지 않을 것이었다. 데일리가 시카고 정치계에서 높은 위치에 오를 수 있었던 데에는 그가 시를 위기 상황에서 지켜내겠다고 분명하게 맹세하며 자신의 통치 기간에 발생한 문제에 대해서는 해명하겠다고 약속한 점도 영향을 미쳤기 때문이다. 처음 시장 선거에 나섰을 때 후보 데일리는 선거운동 중 당차게 선언했다. "더 이상 시카고의 문제에 눈을 감아서는 안 됩니다. 시에서 먼저 책임지는 모습을 보여야 합니다. 시를 운영하는 책임이 시장에게 있기 때문입니다. (…) 저는 재난이 올 때까지 기다리지 않겠습니다."[9] 빌란딕이 시장에서 물러난 이유가 거리의 눈을 치우지 못하고 아프리카계 미국인이 교통수단을 이용하지 못하게 해서였다면, 사우스사이드에서 수백 명의 죽음을 막지 못하고 공중보건의 붕괴를 초래한 시장은 어떻게 해야 할까? 시민과 언론은 데일리 정부에게 재난에 대한 책임을 물어야 할까? 아니면 더 많은 사람이 책임을 분담해야 할까?

시카고를 관할하는 정치 기구로 시만 있는 것은 아니다. 쿡 카운티, 일리노이주, 그리고 연방 정부 역시 시카고를 통치하는 데 기여하며 기상 경보, 시체 검시, 에너지와 기반시설 복구에 비상구호 자금을 지급하는 등 재난 관리에 중요한 역할을 한다. 게다가 시에서는 대부분의 유권자가 개인적인 책임과 결단을 중요시하는 미국의 정치 문화에 젖어 있어, 현 정권에 재난의 책임을 묻지 않을 것이라고 믿을 만한 근거가 있었다. 그러나 이전 시장인 빌란딕의 전례가 있고 대중도 지방 정부가 지역 문제에 대해서는 가장 큰 책임을 져야 한다고 생각했기 때문에, 데일리 정부는 다른 정치 기구보다 더 정밀한 조사를 받는 입장에 서게 됐다. 연방 정부(국립기상청을 통하여)와 일리노이주(상원을 통하여)는 실제로 위기 상황이 정리된 뒤 폭염에 관한 공식 보고서를 공개하며 시의 잘못을 지적하는 한편, 재난 관리에서 자신들의 역할을 변호했다. 하지만 지방 정부(특히 시청)는 시를 직접 관리할 책임이 있는 정치 조직이기 때문에 엄청난 인명 피해를 해명하라는 대중의 압력에 직면해야 했다. 시의 복지를 책임지겠다는 초기의 약속에도 불구하고, 재난이 시카고를 강타하자 데일리 정부는 서둘러 책임을 회피했다.

부인하고 회피하고 변호하라

시카고시는 자체 지침에 따라 폭염의 위험에 대처해 비상보건 상황을 조율하는 역할을 무시하고 위기 상황을 부정하며 보건 문제에 대한 책임을 회피하면서, 재난에 대한 시의 대처를 변호하는 교과서적인 홍보 캠페인만큼은 성공적으로 수행했다. 데일리 시장은 여름에는 월요일에 일을 하지 않을 때가 많았다. 하지만 폭염 사망자가 7월 14일 주말에 100명을 넘어서고, 수석 검시관 에드먼드 도너휴가 다음 주에는 사망자가 더 늘어날 것이라 예측하자 시장은 주요 보좌관과 각료들에게 전화를 걸어 7월 17일 월요일 오전 8시 회의에 참석하도록 했다. 지역 신문 기자들은 데일리가 사망률이 치솟아 대중에게 무대책이라는 인상을 줄까봐 두려운 나머지 "정치적 피해 대책 모드"에 돌입했다고 보도했다.[10] 보건부장 실라 라인은 이렇게 회상했다. "벌써부터 언론에서는 우리가 무엇을 하고 있고, 왜 이런 일이 일어났는지를 알고 싶어했다." 이에 따라 시장과 각료들은 어떤 표현을 써서 대응할 것인지 구상하기 시작했다.

데일리의 홍보팀은 그날 두 가지 언론 행사를 기획했다. 첫 번째는, 정치적 지지자들이 정전으로 식재료가 상해버린 노스사이드의 슈퍼마켓을 방문하여(그림 39) 코먼웰스에디슨사의 과오에 대한 청문회를 열겠다는 시장의 계획을 발표하는 것이었다. 이러한 행동을 통해 공익 기업으로 관심을 돌려 이미 전기 문제로 화가 난 시민들을 자극할 수 있다는 것이 보좌관들의 계산이었다. 두 번째는, 관료들이 다섯 곳의 노인센터 중 한 곳에서 기자회견을 열어 시가 강력하게 대처하지 못했다는 비난을 잠재우고 폭염에서 살아남는 방법을 시민들에게 조언하는 것이었다.

기자회견은 또한 데일리가 지난 금요일에 저질렀던 일로 받은 손해를 만회할 기회를 주었다. 데일리는 금요일에 기자들에게 상황을 너무 과장하지 말라고 말했었다. 첫 번째 폭염 사망자가 나오자 시장

그림 39 한 식료품점 직원이 상한 음식물을 쓰레기통에 버리고 있다. 출처: 『시카고 선타임스』. 사진: 브라이언 잭슨. 『시카고 선타임스』의 특별 허가를 받아 재판에 수록. © 2002

은 인정해야 했다. "날씨가 정말 덥군요. 하지만 너무 엄살을 부리지는 맙시다. (…) 그래요, 시카고는 극단적인 도시입니다. 그래서 사람들이 시카고를 좋아하죠. 우리도 극단적이고요."[11] 검시관들이 역학 조사의 결과가 심각하다는 사실을 알기 전에 한 말이지만, 사망률이 올라가기 시작하자 이 발언 때문에 데일리는 냉정한 사람이 되었다.

시장은 월요일 기자회견을 열어 이해를 당부했다. "현실적으로 생각해봅시다." 그는 간청했다. "누구도 사망자가 그렇게까지 많이 발생할 거라 예상하지 못했습니다." 대중을 다분히 의식하는 것처럼 들리지만, 데일리는 코먼웰스에디슨사가 정전을 일으킨 사실과 이어지는 정전 사태에서 10분 안에 경보를 발령해야 하는 의무를 저버린 것을 크게 질타했다. "시민들이 분노하고 있습니다. 크게 실망에 빠진 그들은 정상적인 생활로 되돌아가고 싶어합니다. 시청에서는 정전 사태 내내 코먼웰스에디슨사와 연락을 취했습니다. 하지만 그들이 보인 반응은 만족스럽지 못했습니다. 아직 끝난 게 아닙니다." 시장은 협박했다. 그는 조사할 준비를 마쳤다.[12]

데일리의 연설이 끝나자 보건부장 실라 라인, 복지부장 대니얼 앨버레즈, 소방부장 레이먼드 오로스코, 경찰서장 맷 로드리게즈 등은 폭염 위기 때 시의 대처를 언론에 강하게 변호했다. 포괄적인 대처였는지 묻는 질문에 로드리게즈와 오로스코는 "바쁘긴 했지만, 폭염에 압도되어 우왕좌왕할 정도는 아니었다"고 주장해 기자들을 놀라게 했다.[13] 전에는 보좌관들에게 시가 위기 상황에 잘못 대처하고 있다고 여러 번 우려를 표했던 라인은 전혀 다른 공식 입장을 취했다. "우리는 경계 태세에서 행동했습니다. 있는 그대로 받아들이세요. 우리

<u>그림 40</u> 리처드 M. 데일리 시장이 기자회견을 하고 있다. 그는 시 정부가 폭염 기간에 충분한 조
치를 하지 않아 다수의 폭염 관련 사망자를 냈다는 비판을 모면하려고 했다. 왼쪽에는
당시 소방부장 레이먼드 오로스코, 오른쪽에는 보건부장 대행이자 나중에 보건부장이
된 존 윌헴 박사의 모습이 보인다. 출처: 로이터 / 게티 포토. 사진: 수 오그로키. 아카이
브 포토 제공.

는 할 일을 다했습니다."[14] 하지만 막후에서 그녀의 입장은 위기가 시
작되어 시 정부가 서둘러 정치적 재난을 모면하려는 전략을 기획할
때부터 회의적이었다. 관료들은 자체적인 비판이 시에 대한 공격을
초래하지나 않을까 두려워했다.[15]

기자회견에서 가장 중요한 순간은 대니얼 앨버레즈가 마이크를 잡
았을 때였다. 복지부장 앨버레즈는 데일리와 마찬가지로 지난 금요
일에 했던 말로 시민들을 분노하게 했었다. 기자들이 노인을 위한 지
원 프로그램에 대해 질문했을 때, 앨버레즈는 시에 개설된 냉방 센터
가 몇 군데인지도 몰랐고, 정부가 노인들이 그곳을 찾아가도록 어떻

게 도와주고 있는지도 몰랐던 것이다.[16] 그런데 데일리가 코먼웰스에디슨에 대한 분노로 공감대를 이뤄 대중의 호감을 얻으려 애쓰는 와중에, 앨버레즈는 대담하게 폭염에 희생당한 사람들의 사망 책임은 희생자 자신에게 있다고 말한 것이다. "그들이 사망한 이유는 스스로를 방치했기 때문입니다"라고 그는 단정적으로 말했다. "우리는 최선을 다했습니다. 하지만 우리에게 문을 열어주지 않으려는 사람도 있었습니다."[17] 앨버레즈의 말은 정부에 비판적인 사람들이나 폭염 희생자의 가족들을 분노하게 했지만, 개인에게 생긴 문제는 개인의 행동에 문제가 있어서 일어났지 정부가 통제할 수 있는 것이 아니라는 일반적인 정치적 입장을 정확하게 드러내주었다. 더위로 인한 재난은 복지부장의 관점으로는 사회적 재난이지 정치적 사건이 아니었다.

시카고의 관료들은 온도가 떨어져 정상으로 돌아오면 위기가 사라지리라 희망했지만, 7월 18일 화요일 쿡 카운티 시체안치소로 시체가 계속 이송되고 있다는 소식이 이어졌다. 쿡 카운티 검시소의 수석 검시관 에드먼드 도너휴는 폭염 관련 사망자가 376명에 이르렀다고 발표했다. 100구가 넘는 시체가 줄지어 대기하고 있었기 때문에 도너휴는 사망자 수가 훨씬 더 올라갈 것이라고 경고했다. 스프링필드에서는 주 상원의원들이 청문회를 열어 정치적으로 어떻게 대처했는지 조사할 것을 요청했으며, 전 세계 기자들은 시카고의 여름 사건을 취재하려고 몰려들었다. 시는 여전히 공공보건 비상사태에 직면해 있었지만, 데일리와 각료들은 다시 방어적인 태도를 취했다.[18]

화요일이 되자 사상자가 발생한 책임을 희생자에게 돌린 앨버레즈의 시도는 역효과를 냈음이 분명해졌고, 앨버레즈는 언론 앞에서 자기 발언에 대해 사과했다. 기자들의 관심이 시체안치소에 보관되어 있는 수백 구의 시체에 집중되면서, 시의 새로운 홍보 전략은 사망 원인이 더위와 관련 있다는 수석 검시관의 검시 결과를 거부하는 것이 되었다. 기자들이 보기에 데일리가 "지금까지 한 공개 발언 중 가장 강한 발언"은 도너휴의 부검 결과에 도전한 것이었다. 데일리는 언론에 말했다. "매일 사람들은 자연적인 원인에 의해 사망한다. 지난 8, 9일 동안 사망한 사람 모두가 더위 때문에 죽었다고 할 수는 없다. 만일 그렇다면 여름에 사망한 사람은 모두 더위 때문에 사망한 것일 터이다."[19]

서론에서 보았듯 수석 검시관 도너휴는 자신이 내린 평가가 정당하다고 주장하며, 정치적 편의를 위해 과학적 원칙을 포기하라는 시장의 압력에 굴복하지 않았다. 시체안치소에 시체가 들어오기 시작했을 때, 최근 질병통제예방센터에서 더위로 인한 피해를 예방하기 위해 정부가 실행해야 할 것들을 소개한 문헌이 그대로 책상 위에 놓여 있었다는 게 기억나긴 했지만, 그는 시의 비상대처를 비판하지 않았고, 그래서 시청과 어떤 문제가 있을 거라고는 예상하지 못했다. 늘 우호적인 관계를 유지해왔던 시장이 갑자기 그의 권위에 의문을 제기하며 위기의 심각성을 대단치 않게 여기자 그는 깜짝 놀랐다. 그런 데다 도너휴 검시관은 시의 직원들이 폭염 희생자의 사망보고서를 작성하는 그 순간에 그들의 상사인 시장이 보고서에 대해 알지 못했다고 부인하거나 보고서를 수정하려드는 얄궂은 상황을 지켜봐야 했다. "이 시체들은 시카고 경찰이 가져온 것입니다. 그러니 시카고시에서 이런 문제를 알고 있었다고 가정할 수밖에 없습니다." 그는 주장했다.

정치적 압력이 심해졌지만, 도너휴는 섣불리 행동하지 않았다. "시장에겐 의문을 제기할 자격이 있습니다. 수치를 확인해보면 좋겠습니다. (…) 하지만 더위가 없었다면 이 사람들은 모두 살아남았을 것입니다. (…) 저는 제 판단 기준이 매우 공정하고, 한 치의 오류도 없었다고 생각합니다. 진실은 우리가 폭염으로 인한 사망자 수를 지나치게 낮게 예측했다는 것입니다."[20] 전국에서 온 검시관과 더위 재난 전문가들은 사태를 파악하기 위해 도착한 질병통제예방센터의 직원들이 그랬던 것처럼, 결국 도너휴가 내린 결과를 인정했다. 하지만 일반 대중에게 과학자끼리의 토론은 너무 학술적이어서 수석 검시관의 결론은 데일리가 결과를 거부했던 만큼의 언론의 관심은 받지 못했다.[21] 시장은 위기에 관해 보도하는 것을 통제할 수는 없었지만, 시청의 상징적 권력과 언론에의 접근성, 사건에 프레임을 씌우는 조직적인 능력 덕분에 대중 및 과학적 논쟁에서 평가의 기준이 되었다.

어느 고위 관료는 기억을 떠올렸다. 당시에 "시장은 도너휴 얘기만 나오면 미치기 직전이었다. 그는 도너휴의 입을 꼬매버리고 싶어했다." 그리고 검시소에 전화를 걸어 기획안을 만들어달라고 하지도 않았다. 도너휴와 토론을 벌여 대중에 대한 입장을 구축하려는 노력은 시의 관료들을 걱정에 빠뜨렸다. 보건부의 한 고위 간부는 이렇게 밝혔다. "폭염 기간은 내가 재임했던 기간 중 문을 잠그고 '기자출입금지'라는 팻말을 걸어둔 뒤 비공개 회의를 한 유일한 시기였다. 우리는 정신없이 사무실과 시청을 왔다 갔다 했으며, 늘 회의를 했다. 우리는 폭염 사망자에 대한 공개 발표 방안을 짜내야 했다." 이처럼 온갖 전략을 짜내봤지만 연방 정부의 전문가들이 검시관의 의견을 지지하자 시장은 도너휴의 사인 분석을 계속 비판할 수 없게 되었다.

그 고위 관료는 시청이 검시소가 보고한 폭염 사망자 수가 정당하다는 것을 인지하게 된 회의에 대해 이야기했다.

우리는 사례대조군 연구를 위해 찾아온 질병통제예방센터 사람들과 회의를 하고 있었다. 그런데 시작한 지 얼마 지나지 않아 시청에서는 시장의 입장을 비호하기 위해 법률인 한 사람을 파견했다. 그는 난감한 상황에 봉착했다. 시장을 지지하자니 명백한 잘못을 저지르는 것이고, 반대로 하자니 일을 관둬야 했다. 물론 시장은 폭염 사망자 보고서를 보고 이미 화가 난 상태였지만, 내가 실제 사망자 수는 훨씬 늘어날 것이라고 말하자 그 법률인은 이성을 잃었다. 내가 초과 사망 개념을 설명하자 그는 이렇게 답했다. "그런데 그 사람들이 더위로 인해 사망했다고 100퍼센트 확신할 수는 없지 않습니까? 사례별로 모두 입증할 수 있나요? 살인 사건 때문에 사망했을 수도 있는 거잖아요, 그렇지 않나요?" 이에 내가 대답했다. "그렇지 않습니다. 사례별로 사인이 뭔지 확인할 수는 없지만, 다른 사망 원인이 있을 가능성은 희박합니다. 이게 역학자들의 생각입니다. 어쨌든 수백 건의 살인 사건이 발생하지는 않았으니까요." 그러자 법률인은 질병통제예방센터 담당자를 쳐다보며 물었다. "어느 쪽이 옳은 것 같습니까?" 질병통제예방센터에서 온 한 여성은 내 말이 옳은 것 같다고 말했고, 회의는 사실상 끝나고 말았다. 내가 보건부로 돌아가 부장을 만나러 갔을 때, 보건부장은 이미 시장에게서 아무도 그런 수치를 보지 못하게 하라는 지시를 받은 상태였다.

우리는 아무 말도 할 수 없었다.

주말에 데일리 시장은 "사람이 죽어간다는 사실을 의심하는 것이 아니"라고 선언하면서 사망자 수가 급등한 이유는 분명히 더위와 관련 있다고 인정했다. 그러나 시장은 처음에 더위와 관련 없다고 했던 사실을 공개적으로 정정하거나 공식 사망자 수를 발표하지는 않았다. 오히려 사망 원인이 기술적으로 더위와 관련 있다는, 사회적 혹은 정치적 요인보다는 의학적 요인을 강조한 도너휴의 주장을 수용하여 시의 대처 방식을 변호했다. 7월 20일 목요일 존 행콕 센터에서 열린 기자회견에서 데일리는 앞으로의 위기에 대비한 새로운 폭염 비상 대책(활용하지 못했던 기존 대책과 거의 달라진 점이 없었다)을 공개했고, 그의 정부가 사우스사이드의 아프리카계 미국인들을 보호하지 않고 방치했다는 비판을 일축했으며, 폭염으로 사망한 흑인과 백인 사망자 수가 (비율은 다르지만) 동일하다고 주장했을 뿐 아니라, 그를 비롯한 관료들이 효과적으로 비상 상황에 대처했다고 자찬했다. "각료들을 비롯해서 저와 시 직원들은 아주 훌륭하게 행동했습니다. 비난은 전혀 없었습니다."[22]

시장은 생명을 잃은 사람들에 대해 애도의 뜻을 표하긴 했지만,[23] '폭염 관련 사망'을 비롯한 자연재해는 기상 상황에 의해 발생하는 것이라고 결론 내렸다. 누구도 진지하게 더위에 대한 책임을 물을 수는 없었다. 그리고 보건부 관료의 설명처럼 "앞으로 폭염이 없을 것이라고 정부가 보장할 수는 없는 일"이었다.[24] 물론 날씨 문제로 시청 탓을 한 사람은 없었지만, 시장을 비롯한 시의 관료들은 자연적이고 따라서 통제 불가능한 자연재해의 특성을 강조하여, 정책적 대처에 대한 관심을 분산시킴으로써 위기에 대한 책임을 모면하는 프레임을 전면에 내세웠다. 전통적인 언어에서는 이미 폭염을 비롯한 기상이변을 자연재해로 분류한다. 그러한 분류가 악의적인 것은 아니겠지만 많은 의미를 내포하고 있다. 프레임 분석에 관한 어빙 고프먼의 연구에 따라, 정치학자 데버라 스톤은 설명한다. "우리에겐 세계를 해석하는 두 가지 주요한 틀이 있습니다. 바로 자연과 사회입니다. 자연세계에서 우리는 사건이 '방향, 지향, 지침 없이 순수하게 물리적'으로 발생한다고 이해합니다. (⋯) 엄밀하게 말하자면 이곳에서는 행위를 말할 수 없습니다. 존재에 대해서만 말할 수 있죠. 이곳은 우연과 운명의 영역입니다. 이곳은 정치적으로 책임을 추궁당할 때 도피하기 좋은 장소입니다. 운명의 영역에서는 누구도 책임질 일이 없기 때문입니다."[25] 문화적으로 자연이라는 프레임은 또한 위기에 대한 공식 발언을 수정하기에 좋은 틀이기도 하다. 더위 때문에 사망자가 발생했다는 주장이 재난에 대한 기본적인 관계이자 과학적인 설명이기 때문이다.

폭염으로 인한 사망이 어느 정도는 정치적 혹은 사회적 실패를 드러내는 것이며, 그렇기 때문에 이 사건을 관리와 통제의 영역으로 옮겨야 한다고 주장하고 싶은 비판론자들에게는 기존 프레임에 대항해야 하는 책임이 뒤따른다. 정치와 빈곤이 아닌 더위와 에너지가 공식적인 우려의 대상이 될 터였다. 자연, 주요 에너지 공급사인 코먼웰스에디슨, 그리고 어쩔 수 없이 사망자의 가족에게 책임이 돌아갔다. 데일리는 가족과 이웃이 노인을 살피고 돌보는 책임을 지지 않는다면 시 정부가 할 수 있는 것은 없다고 계속해서 주장했다. 그는 기자회견에서 "노인의 가족에게 부모님이나 친척에게 전화를 하고, 집을 찾아가라고 호소해야 합니다. 당연한 의무입니다"라고 말했다. 결국 이 말은 한 기자가 데일리는 "비난의 화살을 사망한 노인의 가족에게 돌렸다"고 보도하게 된 계기가 되었다.

한 수석 보좌관은 시장에 대해 이렇게 말했다. "계속해서 이렇게 말했어요. '이웃을 잘 지켜봐야 합니다. 문제는 거기서 시작됩니다. 이웃을 잘 돌봐야 합니다.' 그는 어찌 보면 그렇게 비난과 책임을 분산시켰어요. (…) 그렇게 하는 것이 사망한 사람에 대한 책임을 자신에게 돌리지 않게 만드는 좋은 전략이라고 판단한 게 틀림없습니다." 물 공급이 부족했고 응급실이 가득 찼던 사우스사이드의 일부 주민은 부당한 비난이라고 생각했다. 어느 폭염 사망자의 손자는 지역 신문 기자에게 말했다. "가족 구성원에게 서로 안부를 물어야 할 책임이 있다고 생각합니다. 하지만 시 역시 사고를 예방하려면 혼자 사는 개인에 대한 책임을 져야 한다고 믿습니다." "이웃만의 책임이 아니에요. 시도 여기에 책임을 져야 해요." 그의 친구가 덧붙였다.

그러한 부정적인 평가를 피하기 위해 시청은 여전히 시의 재난 대처 방식에 대한 비난을 피할 방법을 찾고자 했다. 한 가지 효과적인 방법은 시에 대한 구체적인 비판에 대해 정부의 한계와 개인 및 사회의 책임을 일반적이면서 정치적·대중적 표현으로 대응하는 것이었다. 시간의 경과 역시 시 정부 쪽에 유리하게 작용했다. 위기 상황에는 시장의 입장이 뉴스의 많은 부분을 차지했지만, 시체안치소의 시체가 처리되고 대중의 이목을 끄는 광경이 보이지 않자 재난과 시청의 관련성은 사라져갔다. 7월 26일 수요일 공화당 주 상원의원들이 폭염 위기에 대한 청문회를 열었지만, 기자들의 관심을 거의 끌지 못했고 지역 신문은 이 기사를 도시면 안쪽에 묻어버렸다. 위기에 대한 책임을 자연과 코먼웰스에디슨에게 떠넘기는 시장의 전략에 대한 가장 심각한 위협은 시 의회 청문회 개최를 요구했던 시카고 시의원들에게서 나왔다. 데일리가 있는 시청에서 준비하는 사인 조사는 분명히 헤드라인을 장식할 터였고, 지역 지도자들에게는 시청을 포함한 다양한 기관이 어떻게 위기 관리를 잘못했는지 설명하는 극적인 기회를 제공하는 토론장이 될 터였다. 또한 취약층 노인들을 지원하고 응급의료 서비스를 제공하며 지역 치안 프로그램을 관리하는 시의 정책에 대하여 전면적인 비판을 가하고, 더욱 심각하게는 전에는 보이지 않았던 일련의 문제점을 들춰낼 수도 있었다.

폭염으로부터 8월 1일 화요일 사이에 무슨 일이 있었는지 분명하지는 않지만, 이전에 구두로 시의 재난 대처에 관한 청문회를 요청했던 시의원들이 의회에 참석했던 그날, 시 의회는 조용히 그 문제를 기각해버렸다. 시 정부의 각료들에게 위기 상황에 어떻게 대처했는지 설명해달라고 요구했던 44구의 시의원 버나드 핸슨은 더 이상 조사할 필요가 없다고 전했다. "지금 이 시점에 청문회가 무엇을 얻어낼 수 있을지 모르겠습니다. 모든 부서의 장들이 언론의 질문을 받았습니다. 대중이 더 이상 들을 말이 얼마나 있을까요?" 이런 놀라운 반전에 언론은 거의 주목하지 않았다. 텔레비전에도 전혀 보도되지 않았고, 『시카고 트리뷴』지의 도시생활 지면 안쪽에 "시의원들이 억지를 부려 개에 관한 법률과 폭염 조사는 없던 일로"라는 제목으

로 실렸을 뿐이다. 제목이 그 안에 실린 기사의 중요성을 나타내고 있었다.[26]

시 의회 덕분에 시의 부서장들이 공식적인 정밀 조사를 받지 않게 되자, 데일리 시장은 큰 피해를 발생시킨 잘못을 저지른 공익 기업 코먼웰스에디슨으로 사람들의 관심을 돌리는 계획을 실행했다. 폭염 기간 중 코먼웰스에디슨의 발전기가 고장 난 사실엔 의심의 여지가 없었다. 시청의 행동에 영향을 받아서인지 아닌지는 알 수 없으나 시카고 전역의 주민들은 혹독한 더위 속에서 냉방, 냉장, 조명, 텔레비전 등이 없는 곳에 자신들을 방치한 에너지 기업을 비난하고 있었다.

폭염이 지나간 뒤, 일리노이 통상위원회는 직원에게 코먼웰스에디슨의 지역 공장에 구조적이고 중대한 문제가 있는지 조사하라고 지시했다. 주에서는 실패분석협회Failure Analysis Associates에 의뢰하여 조사를 수행했고, 1995년 12월 통상위원회는 코먼웰스에디슨이 져야 할 책임에 대하여 공개적으로 비난했다. 데일리 시장은 며칠 내로 코먼웰스에디슨에 대한 자체 청문회를 소집하라며 시 의회를 재촉했다. 시의원들은 이미 다른 단체에서 기관들을 상대로 정밀 조사를 실시했다는 이유로 시 정부에 대한 조사를 취소한 적이 있지만, 기준이 갑자기 바뀌었다. 12월 14일 목요일 기업 소유주와 주민, 시의원들의 연합이 시 의회 에너지 및 환경위원회와 만나 5시간 동안 코먼웰스에디슨으로 인해 입은 피해에 대해 증언했다. 공익 기업은 다시 주목받는 위치에 섰고, 시청은 다시 시민의 이익을 옹호하는 위치가 되었다.

데일리 시장은 자신의 정부가 폭염에 어떻게 대처했는지 조사하

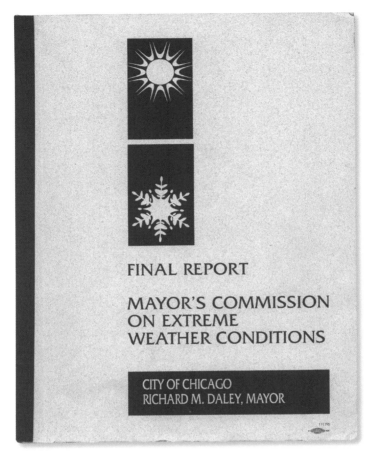

그림 41 폭염에 관한 시청의 공식 보고서. 표지에서 재해를 직접 언급하지 않아서 기자나 시민들은 보고서가 출판된 사실을 거의 알지 못했다.

는 청문회를 여는 대신 직접 위원회를 꾸려 폭염의 영향을 조사했다. 위원회에 참여한 사람들로는 시카고의 유력 보건 인사, 노년학 연구자, 의사, 기상학자 등이 있었고, 재난의 사회적 원인을 분석하는 사회학자들은 제외됐다. 시장 보좌관들은 적어도 한 곳 이상의 주요 언론 단체에 대표자를 보내달라고 초청했지만 거절당했다.

위원회는 1995년 늦여름과 가을에 여러 차례 만나 두 집단으로 나뉘어 기상 위기에 대해 서로 각각 다른 측면으로 접근했다. 시청은 11월 최종 보고서를 출간했다. 그러나 참여자를 폭염위원회가 아니라 기상이변위원회라고 표기했고, 제목에도 폭염을 지칭하는 표현이 제외되어 있었다(그림 41). 그렇게 완곡하게 표현한 결과 대중의 관심을 끌지 않고 재해에 관한 공식 내용을 제공할 수 있었다. 표면적으로는 감추는 것처럼 보이지 않았지만, 재해에 관한 공개적인 언급은 감추려고 하는 시카고에서 이와 유사한 방법이 계속 사용됐다.[27]

사실 최종 보고서는 풍부하지만 일관성은 없는, 시의 기관들과 서비스 제공자에게 유용한 정보를 담고 있었다. 폭염 희생자들의 신원과 함께 개인적인 수준의 위험 요인들을 밝혔지만, 폭염 사망자에 관한 정보는 사망 패턴과 서로 다른 집단에 미치는 상대적인 영향을 다양하게 제공하여 재난과 사회적 구조에 따라 분류하지 못하게 하고, 더 알아보기 어렵게 만들었다.[28] 예컨대 시청이 제공하는 요약 부분에는 "아프리카계 미국인과 백인의 희생자 수는 거의 동일했다"고 전하고 있지만, 사망률과 나이 보정 사망률(보고서에서는 눈에 잘 띄지 않는 부분에 실려 있다. 12쪽)을 보면 아프리카계 미국인이 백인보다 사망률이 훨씬 높다.[29] 이와 비슷하게 요약에서 볼 수 있는 지역 수준의 분석에서는 "시카고의 거의 모든 커뮤니티가 피해를 입었다"고 설명하고 있는데, 이는 거의 모든 지역이 빈곤이나 범죄의 영향을 받았다고 말하는 것이나 같다. 지역 사망률 수준에 숨어 있는 막대한 다

양성이 드러나지 않기 때문이다.[30]

보고서 출간을 마지막까지 지휘하고 수정했던 시청은 보고서를 이용하여 시 정부를 폭염 위기에 대한 중대 책임에서 벗어나게 할 만한 한 가지 해석을 거리낌 없이 제기했다. 요약 부분에서 재해를 "독특한 기상학적 사건"으로 규정하며 "폭염의 가장 값진 교훈 하나는 정부 혼자 모든 일을 할 수는 없다"는 시의 입장을 분명히 했다. 혼자서 모든 일을 하지 않았다고 비난하는 사람은 없는데도 말이다.[31] "정부 혼자 모든 일을 할 수는 없다" "기상학적 사건" "독특한" 같은 표현은 이 사건에 대한 시의 입장을 말할 때 반복해서 등장했다. 시의 관료들이 재난에 대한 인터뷰를 할 때 사용했던 바로 그 단어들이다. 게다가 보고서는 취약한 시카고 주민들이 더 이상 시의 지원을 바라지 않는다고 주장한다. "위원회에 제출된 보고서는 위험에 처한 사람은 대부분 정부의 도움을 받으려 하지 않는다고 지적했다."[32] 위원회는 새로운 프로그램을 추천하기보다는 정부가 아닌 행위자들이 "이미 알고 있고 믿을 수 있는 지역 단체나 교회, 유대교 예배당, 민족 단체 등 커뮤니티 기반의 단체 연결망을 통해서 고립되고 두려움에 시달리는 사람들에게 다가가기 시작해야 한다"고 요구하며, 개인과 커뮤니티가 스스로를 잘 돌봐야 한다고 촉구했다.[33] 시청은 마침내 위원회를 이용하여 치열한 논쟁이 벌어지는 청문회에서는 차지하기 어려운 위치까지 올라갔다.

위기에서 벗어나기

어떤 점에서는 지독한 폭염 때문에 맞을 뻔한 정치적 위기를 시카고 정부가 보기 드물게 창의적인 방법으로 관리한 것처럼 보인다. 시 당국은 재난을 정의하고 규정하기 위한 다양한 수사 전략을 동원했고, 기상이변위원회에서 시장은 시의 입장에 도움이 되는 공식 기록을 정할 수 있는 강력한 제도적 방법을 찾아냈다.[34] 그러나 정치 기관이 시민 중에 사상자가 나오는 것을 방임하거나, 일정 부분 원인을 제공하거나 예방하지 못했다는 혐의를 받고 있는 사건에 관한 정부의 대처를 역사적 관점에서 보면, 시카고시 정부의 폭염에 대한 대응은 거리두기와 부인denial이라는 예측 가능한 패턴을 따르고 있는 것이 분명하다. 20세기 역사 덕분에 우리는 감독의 책임이 있거나 끔찍한 짓을 저질러 비난을 받는 정부는 대개 책임을 거부하는 복잡한 부인의 정치와 연관되어 있음을 잘 알고 있다. 사회학자 스탠리 코언은 그의 저서 『잔인한 국가 외면하는 대중: 왜 국가와 사회는 인권 침해를 부인하는가States of Denial: Knowing about Atrocities and Suffering』와 『계간 인권Human Rights Quarterly』에 쓴 글에서 국가가 인권을 침해하거나 폭력을 저지른 혐의를 받고 있는 사건에 대한 연관성을 거부하기 위해 사용한 구체적이면서 다양한 방법을 기록했다.[35] 코언이 작성한 흔히 볼 수 있는 부인의 형태는 다음과 같다.

- 문자적 부인: "사실에 관한 사실이나 지식이 부정된다."
- 해석적 부인: "원사실raw fact은 부정되지 않는다. 오히려 다른 사람

에게는 분명하게 보이는 다른 의미가 주어진다. (…) 실제로는 다른 일이 일어나고 있다."

- 함축적인 부인, 혹은 책임에 대한 부인: "추정컨대 정부와 관련이 없고 통제할 수 없는 힘(알려진 힘이든, 알려지지 않은 힘이든)에 책임을 돌린다."
- 목소리의 부인, 혹은 침묵하게 하기: 정치적 권위를 이용하여 피해 보고의 영향을 약화하기
- 현실주의자의 언어를 부정, 이름 바꾸기: "완곡어법을 써서 사건의 의미를 감추기. (…) 이것은 의미를 완화시키는 용어를 사용하여 감추고, 부정적인 부분은 제거하며, 존경심을 전달하기 위한 일상의 도구다."
- 공개된 기록의 부인: 국가의 상징적인 권력을 사용하여 사건에 대한 공식적인 기록을 재정의하기.
- 패턴의 부인: 독특하고 기이하여 역사적으로 동떨어진 사건이라고 주장하기.[36]

시카고 정부가 "정책에 의한 살인"을 저질렀다고 혹독하게 비난하는 사람도 있긴 했지만, 폭염에 대한 응급대처 실패를 직접적인 살인과 같다고 여기는 사람은 거의 없었다. 그러나 초기 행동의 폭력성이 아니라 비판을 피하거나 관련이 있다는 혐의를 부인하기 위해 벌인 홍보활동에는 살인과의 의미적 유사성이 있다.

표 10에서 볼 수 있듯 재난에 대한 시의 공식 대응에는 코언의 부인 전략의 주요 요소가 모두 포함되어 있다. 먼저, 데일리 시장은 주

표 10. 폭염에 대한 공식적인 반응

부인의 전형적인 형태	시카고시의 반응
문자적 부인	- 데일리는 기자들에게 "과장하지 말라"고 말하며, 수석 검시관의 계산에 의문을 던졌다.
해석적 부인	- 데일리는 부검 결과를 받아들이지 않으면서 사망보고서에 도전한다. "모든 것이 폭염과 관련이 있다고 계산해서는 안 됩니다."
침묵	- 보건부 공무원: "그녀는 이미 시장에게 아무도 그러한 수치를 봐서는 안 된다는 지시를 받았다. 우리는 아무런 말도 할 수 없었다."
책임에 대한 부인	- 시장의 위원회: "정부 혼자서 모든 것을 할 수는 없다." "가장 위험에 처해 있는 사람들이 가장 도움을 받으려고 하지 않을 수도 있다." - 시청과 시의원들이 코먼웰스에디슨을 희생양으로 삼아 공익 서비스 제공자에 대한 청문회를 개최했지만 시의 대처에 관한 청문회는 열지 않았다.
희생자를 비난하기	- 앨버레즈: "스스로를 방치했기 때문에 죽어간 사람들에 대해 이야기하는 것입니다."
완곡한 표현과 명칭 바꾸기	- 데일리는 폭염 보고서의 제목을 '기상이변위원회: 최종 보고서'라고 붙였다.
고립	- 시장의 위원회는 폭염을 '독특한 기상학적 사건'이라고 정의한다. - 윌헴: "우리는 더운 여름에는 익숙하지만, 정말 특이한 사건에는 익숙하지 않다. (…) 우리는 1995년 여름 이전까지는 더위가 재난인지 몰랐다."

부인의 형태에 대한 출처: 코언 2001.

민과 기자들에게 "과장하지 말라"고 요청했고 쿡 카운티 검시소에서 보고한 사망자 수를 의심했다. 둘째, 시체안치소의 광경을 보고 사망자 수를 부인하지 못하게 되자, 시에서는 해석적 부인을 활용하여 사망자 수의 급등과 더위와의 연관성을 부정했다. "모두 더위와 관련된 것으로 계산해서는 안 된다"라는 데일리의 주장은 위기가 '정말 실재'하는지에 대한 회의에 빠지게 했고 이는 오늘날까지 이어지고 있다. 셋째, 시에서는 코먼웰스에디슨과 자연재해처럼 다른 단체나 자연의 힘에 위기에 대한 책임이 있다는 몇 가지 주장을 펼쳤다. 이러한 입장은 여전히 이 사건에 대한 공식 해명으로 남아 있다. 넷째, 한 핵심 관료가 희생자들이 "사망한 이유는 스스로 돌보지 않았기 때문"[37]이라며 책임을 전가했고, 다른 관료들도 친척을 혼자 죽게 내버려두었다며 가족들을 꾸짖었다. 다섯째, 시장의 보좌관들은 다른 부서 사람들에게 총 사망자 수에 대해서 아무 말도 하지 말라고 지시했고, 더 자세한 정보를 제공했던 과학 당국은 아무런 말도 할 수 없었다. 여섯째, 시청은 "기상이변에 관한 시장 위원회의 최종 보고서"라는 완곡한 제목을 사용하여 재난에 대한 직접적인 대상을 생략함으로써 재난의 공식 분석에 대한 관심을 분산시켰다. 일곱째이자 마지막, 시의 관료들은 남들이 쓰지 않는 독특한 표현을 사용하여 "우리는 더운 여름에는 익숙하지만, 정말 특이한 사건에는 익숙하지 않다"고 설명하며, 위기를 '독특한 기상학적 사건'으로 정의함으로써 합리적인 인간이라면 정부가 폭염 사건에 대비할 수 있다고 기대하지 않을 것임을 암시했다. 비록 이러한 추론이 시에서 왜 자체적인 폭염 대책을 개발했고, 또 이를 못 본 척했는지 설명해주지는 못하지만, 여전히 정부의 공적인 입장의 핵심으로 남아 있다.[38]

폭염 기간에 시카고의 공공보건을 감시하는 책임을 맡았던 시의 직원들이 위기의 심각성을 중시하지 않고 사망보고서를 의심하여 나타난 다른 중요한 결과는 내부 경보와 응급 프로그램을 활성화시키려는 노력의 기반이 무너진 것이라고 보고했다. 당시 보건부의 핵심 구성원 중 한 명은 다음과 같이 말했다.

데일리는 수석 검시관의 보고서를 부인하고 나서, 시에서 앞으로 6개월 동안 이와 관련하여 해야 할 일을 모두 정했습니다. 이해하셔야 할 것은 시체안치소 주차장에는 시체를 실은 냉동트럭이 9대, 그리고 그보다 더 많은 경찰차가 시체를 운반하려고 길게 늘어서 있었는데, 거기에다 시장이, 미국에서 세 번째로 큰 도시의 시장이 사람들이 죽어가고 있다는 사실을 부인한 겁니다. 그러다가 나중에는 사망이 더위와 상관없다고 한 거예요. 시장의 폭염에 관한 입장이 직원이나 기관의 사기 및 능률에 어떤 영향을 미쳤을지 상상해보세요. 시장이 사망률은 지나치게 과장되었다고 보는 입장에 섰을 때 직원들은 아무런 말도 할 수 없었습니다. 우리는 어쩔 수 없이 문제를 재구성하는 온갖 방법을 찾거나 중요한 이야기는 하지 못하고 에둘러서 말을 해야 했지요. 우리는 그의 입장에 이의를 제기할 수 없었습니다. 이 말은 우리가 하고 있는 일을 솔직하게 이야기할 수 없었다는 뜻입니다.

시의 홍보 캠페인은 폭염 위기에 대한 대중적 지식에만 영향을 미치는 것으로 그치지 않았다. 효과적인 대응을 하는 데 동원했을 시의 기관들에 관료주의적 부인을 재촉하거나 강제하여 잠식해나가는, 보건 위기를 다루는 지역 정부의 조직적 능력에도 변화가 생겼다.

매체를 관리하는 기술이 현대의 정치인과 행정가에게 필수적이라는 정치학자들의 말은 아주 정확한 표현이지만, 홍보를 잘한다고 해서 좋은 (단순히 인기가 많은 게 아닌) 정부가 되리라는 근거는 없다. 행정 연구가 모데카이 리는 주장한다. "효율적이려면 현대의 관료들은 기업인처럼, 특히 정책과정의 문제 정의 단계에서 기업인처럼 행동해야 합니다."[39] 하지만 이런 질문을 하는 사람도 있을 것이다. 무엇에 효율적이라는 거지? 폭염 기간 중 시카고의 정치 지도자들은 홍보술을 이용해 자신들이 이끄는 기관의 정당성을 방어하며, 그들 나름대로 기업인처럼 정책을 세우고 문제를 규정하는 단계에 참여했다. 그리고 이는 비상시 보건 대처를 향상시키기보다는 약화시켰다. 1979년 폭설과는 달리 시장과 관료들은 폭염으로 인해 중대한 정치적 영향을 받지는 않았다. 그래서 시가 캠페인을 매우 효과적으로 활용하여 책임을 분산시키고 관리나 부주의에 대한 공격을 잘 방어한 것처럼 보인다. 시의 관료들은 홍보에 의한 통치를 함으로써 정치적 재난은 피했지만 적절한 공공보건 대응은 이끌어내지 못했다.

시의 성공적인 홍보 캠페인에 따른 다른 결과도 있었다. 정부 관료들이 행한 위기 상황에서의 침묵과 다양한 정치적 부인으로 대응하는 규약 때문에 시의 기관이 응급 프로그램을 활성화하여 시급히 개입해야 할 문제를 제대로 처리하지 못한 것이다. 시청에서 사망보고서를 감추려 하지 않고 비상경보를 발령했더라면, 소방부는 상호 공조 경보 시스템을 통해 경보를 발령하고 구급대원과 소방관을 더 많이 요청하지 않았을까? 시에서 기관들이 협력하여 대응하도록 조율했더라면 경찰의 노인 부서와 지역 관련 프로그램이 활성화되지 않았을까? 시청에서 추정 사망자 수를 통제하라고 요청하지 않았더라면, 보건부는 적극적으로 도움을 요청하지 않았을까? 이들 각 기관의 직원들은 질문에 대한 답이 모두 '예'라고 믿는다. 그들이 옳다면, 폭염의 정치사는 홍보에 의한 통치의 위험과, 이러한 위험에 대해 정밀한 조사를 해야 한다고 말하고 있다.

폭염 사태에서 성공적인 홍보 캠페인의 두 번째 결과는 캠페인 때문에 더 상세한 조사를 통해 할 수 있었을 사회적, 정치적 분석과정이 봉쇄되었다는 것이다. 시에서는 조사 내용이 드러나지 않도록 완곡한 표현의 제목으로 보고서를 발간함으로써 외상을 드러내기보다는 외상의 중요성에 대한 대중적 토론이 전개되지 않도록 막았다. 요약 부분의 내용 역시 사건에 대한 정치적 의미에 관심을 두지 않도록 하려는 것으로 보인다. 시민들과 가족, 지역 단체가 서로를, 특히 취약계층을 보살펴야 하고, 시민들을 폭염에서 보호하는 데 "정부 혼자서 모든 것을 할 수는 없다"는 위원회의 주장은 매우 정확하다. 하지만 그러한 표현은 재난이 드러내는 가장 중요한 것을 깨닫지 못하게 할 수도 있다. 첫째, 시 정부의 사회보호 시스템의 기반을 약화하는 것은 프로그램의 형식과 취약계층(점점 증가하는 고립된 노인 등)이 겪는 위험 사이의 부조화다. 둘째, 사회와 정부가 취약계층의 보건복지를 위한 기본적인 보호를 제공하지 못할 때, 통제 불가능한 외부의 힘은 매우 위험해질 수 있다.

마지막으로 시에서 펼치는 재난을 관리하기 위한 홍보 캠페인은 폭염에 대한 보도 범위에 영향을 미쳤다. 검시소에서 사망자 수를 발표하자, 도처의 언론 기관들은 시카고에 기자를 파견하여 취재하도록 했다. 폭염이 시카고 시민과 관료들에게 잠재된 재난이 나타났던 것이라면, 언론 기관에게 이 사건은 대중에게 다가갈 중요한 기회를 제공해주었다. 재난은 언제나 가장 인기 있는 뉴스 콘텐츠이고, 시체 안치소의 냉동트럭과 시체들의 광경은 기자들에게 특히 극적인 볼거리를 제공했다. 시청의 정치적 술책과 시장과 수석 검시관 사이의 갈등은 또 다른 흥밋거리를 제공하여 기자들의 관심을 다른 주제보다는 폭염으로 인한 사망이 '진짜 실재하는' 것인지에 대한 공식적인 논쟁으로 향하게 했다.[40]

원칙적으로 기자는 대중이 현재 관심과 흥미를 보이는 소수의 선택된 사건에 대한 정보의 중재인 역할만 해야 한다. 하지만 실제로 언론 중재는 전문화된 과정의 형태로 통신원과 취재원이 이슈 및 사건을 상징적으로 구성하는 과정을 통해 이루어진다.[41] 따라서 뉴스 편집실은 도시의 상징적인 삶을 생산하는 중요한 곳이다. 평상시에도 그렇지만, 폭염 당시에 언론 조직 내부에서 무슨 일이 있었는지에 따라 뉴스 독자들은 그들 주변에서 일어난 참사에 대해 무엇을 인지하고 무엇을 인지하지 않게 되는지 그 방식이 결정됐다. 따라서 우리가 다음에 다룰 것은 시카고의 뉴스 편집실이다.

5장

스펙터클한 도시
: 뉴스 조작과 재난의 재현

7월 12일 수요일, ABC 방송국의 시카고 지역 심야 뉴스 프로그램
은 주황색과 노란색으로 불타는 듯한 보름달을 확대하여 보여주면
서 시작됐다. 무더위에 지친 시민들이 그 모습을 보고 또 다른 태양
이 있는 것으로 착각했다고 해도 이상하지 않을 정도였다. 자정이 가
까운 시각이었지만 체감온도는 38도가 넘었고, 더위가 수그러들 기
미는 보이지 않았다. "불타는 여름의 달밤입니다." 앵커 존 드루리의
말에 따라 카메라가 움직이며 사람들이 거리에 나와 있는 장면이 포
착됐다. "지상의 주민들은 어떻게든 더위를 피할 방법을 찾고 있습니
다. (…) 더위는 그치지 않을 것 같습니다. 내일은 올해 들어 가장 더
운 날씨가 될 것으로 보입니다." 뉴스 데스크와 과부하가 걸린 냉방
장치의 모습을 잠깐씩 연속으로 보여준 뒤, 카메라는 사우스사이드
에 있는 마켓 공원의 모습을 생방송으로 보여주었고, 그곳에는 어린
아이들이 분수에서 뿜어져 나오는 강한 물줄기를 맞으며 즐겁게 밤
의 열기를 피하고 있었다. 기자 존 가시아는 그 앞에 서서 더위에서

그림 42 ABC7의 기자 존 가시아가 물에서 노는 아이들을 가리키고 있다. 폭염 중에 나타난 '하이로high low'(저녁에도 기온이 높은 현상) 때문에 이례적으로 위험한 날씨였다. 출처: ABC7. WLS-TV

벗어나려는 시의 노력에 대해 이야기했다(그림 42). 먼저 화면에 코먼웰스에디슨 공장의 고장 난 발전기가 나왔고, 이어서 한 할머니가 등장해 전기가 들어오지 않아 "시원한 지하실에 가야 했다"고 설명했다. 다음 화면에는 전자 제품 상점 내부가 보이면서 반바지에 티셔츠 차림인 시카고 시민들이 걱정스런 표정으로 앞다투어 에어컨을 구입해 차에 싣는 모습이 나왔다. "저는 더위를 못 참아요." 어느 쇼핑객이 가시아에게 말했다. 이내 얼굴이 환해진 상점 주인은 기자에게 저런 손님이 한둘이 아니라고 말했다. "엄청나게 팔릴 것 같습니다. 그러면 저야 좋죠." 상점 주인은 행복에 겨워 말했다. 몇 시간 전에 새

에어컨들이 배송되어 왔지만, 이미 다 팔린 상태였다.

가시아의 보도는 이어졌고, 카메라는 다시 움직였다. 갑자기 햇빛이 비추었고 비키니를 입고 노스애비뉴 비치에서 수영을 즐기는 사람들의 광경이 펼쳐졌다. 가시아가 "자연의 에어컨"이라 부른 그곳에는 약 9만 명의 시민이 나와 더위를 식히고 있었다. 그런 다음 복지부의 대니얼 앨버레즈 부장이 시카고를 상징하는 문양이 붙은 연단앞에 나와 호흡기 질환이 있는 사람들은 실내에 머물라고 조언하는모습이 비춰졌다. 마지막으로 다시 보도국으로 돌아와 기상학자 제리 태프트가 상황을 정리했다. "아주 놀라운 일입니다. 현재 체감온도는 38도가 넘습니다. 밤 10시인데도 말입니다. (…) 내일 날씨는 실제로 많은 이에게 위험할 수 있습니다. 대부분의 사람에게는 불편한정도이겠습니다만."

목요일 저녁 방송도 비슷하게 시작했다. 프로듀서들은 스모그가가득한 하늘로 해가 지며 불타는 듯한 오렌지색으로 104(화씨 104도, 즉 섭씨 40도—옮긴이)라는 숫자가 빛나는 영상으로 뉴스를 시작했다. 앵커석에 앉은 드루리는 기록적인 온도라고 하면서 "더위가 아직 끝나지 않았다"고 경고했다. 화면이 바뀌어 아이들로 가득한 공공 수영장의 모습과 거리의 소화전 물줄기 속에서 수십 명의 사람이춤추는 모습이 나왔다. 그날 불법으로 소화전 3000개의 뚜껑이 열렸다. 젊은이들이 물속에서 장난을 치는 장면은 이미 폭염 관련 뉴스를 보여줄 때 나오는 대표 영상이 되었다(그림 43). 한 주 동안 이런 일은 반복됐고 시체, 지친 노동자와 시 공무원들, 기상도의 모습이 매끄럽게 편집되어 찌는 듯한 더위 속 도시의 초현실적인 모자이

크를 구성하고 있었다.[1]

"더위와 함께 심각한 물 문제가 (…) 일부 지역에 수압이 완전히 떨어지는 현상이 나타나고 있습니다." 공동 진행자 다이앤 번스가 "오늘 밤부터 시카고의 무더위는 치명적으로 바뀔 것이라는 이야기가 있습니다"라고 소식을 전하면서, 뉴스 프로그램의 분위기는 점점 어두워졌다. 수석 검시관 에드먼드 도너휴는 각각 86세와 32세인 두 사람이 무더위의 최초 사상자가 되었다고 말했다. 사우스사이드 병원은 또 다른 사람이 체온 42도로 현재 위독한 상태라고 추가로 전했다. 다음 순서로 번스는 폴 메잉키 기자를 소개했다. 그는 사우스사이드의 두 지역에 분노한 아프리카계 미국인 주민들을 취재한 영상에 내레이션을 했다. 소화전이 열려 물 공급이 중단될 정도로 수압이 떨어졌지만 수도국은 이 문제를 해결하지 않았다. 물이 나오지 않는 아파트와 그 아래에 물에 잠긴 거리의 모습이 극명한 대조를 이루었다.

시카고 시민들이 도움의 손길을 기다리는 동안, 국내외 뉴스 미디어들이 이 소식을 접했다. CNN은 마크 레프 통신원에게 중서부의 사상자 및 동물에 대해 보도하고 동부 해안을 향해 이동하는 열폭풍을 추적하라고 지시했다. 내셔널퍼블릭라디오의 「모든 것을 고려하면All Things Considered」이라는 프로그램에서는 시카고를 기반으로 활동하는 아이라 글래스 통신원이 냉방장치 부족 사태와 함께 실외에서 자려고 했지만 경찰과 걸인, 벌레 때문에 다시 집 안으로 들어오게 된 두 사람의 사연을 보도했다.

상황이 점점 위협적으로 변하자 시카고의 양대 신문인 『시카고 트리뷴』과 『시카고 선타임스』는 사건을 종합적으로 다루고 재구성하는 기사를 기획했다. 수석 검시관이 사망자 수가 증가하고 있다고 발표하자 보도팀의 태도는 바뀌었다. 폭염은 날씨에 관한 가벼운 특집 기사로 소개되다가 광범위하게 다루어야 하는, 세상을 떠들썩하게 만들 재난 이야기가 되었다. 이야깃거리는 끊이지 않았다. 쿡 카운티 시체안치소에 시체가 쌓여갔고, 경찰은 매 시간 더 많은 시체를 운반해왔으며, 정치인들은 다투기 시작했고, 시청은 불만을 잠재우기 위해 기자회견을 기획했다. 코먼웰스에디슨의 발전기가 고장 나서 주민 수천 명과 기업들이 더위에 갇혀 꼼짝할 수 없었고, 병원들은 응

그림 44 스펙터클한 도시. 출처: ABC7. WLS-TV

급치료를 받으려는 환자들을 받지 못해 문을 닫았으며, 구급차는 빈 병상을 찾아 지역을 돌아다녔다. 시의 노동자들은 소에게 물을 뿌리듯 아이들에게 물을 뿌려주었고, 콘크리트 도로는 휘어졌다. 기자들이 폭염을 엄청난 중요성을 지닌 구경거리로 만들 만한 모든 재료가 갖추어졌다(그림 44).

뉴스와 재난

시의 기관들처럼 뉴스 조직에도 재난을 취재하는 표준적인 절차가 있다. 이례적인 사건이 발생했다는 보고를 받게 되면 편집자는 취재 범위를 확대하는 절차에 돌입해야 한다.[2] 위기 상황에서 정부는 주요 지역 매스컴의 도움을 받아 시민들에게 공공보건과 도움을 받을 수 있는 곳 등 중요한 정보를 제공하곤 한다. 그렇지만 언론의 공공 서비스에 대한 의무는 제한적이다. 실제로 언론 단체들은 전문적인 기준과 관심에 따라 보도 절차를 자체적으로 구조화하고 있다. 재난이라는 소재는 가장 인기 있는 형태의 기사이고, 미국의 뉴스 기관들은 특히 재난을 커다란 특집으로 다루는 것으로 알려져 있다.[3] 하지만 폭염 등의 소재는 언론인에게 어려운 사안인데, 그 이유는 폭염 같은 사건이 정보 제공과 흥밋거리, 분석과 선정성, 설명과 극적인 표현 사이의 긴장을 높이는 것으로 뉴스 문화에서 유명하기 때문이다.

언론에 대한 매우 유력한 사회학 이론에 따르면, 폭염 같은 사건의 보도는 기자와 기자들이 으레 도움을 받는 핵심 정보원이 뉴스를 만들어가는 과정에 문제를 일으켜, 사건을 뉴스로 홍보하려는 사람들과 사건 발생에 책임이 있는 사람들 사이에 분열이 일어난다는 점에서 중요하다. 하비 몰로치와 메릴린 레스터는 『의도적인 행위로서의 뉴스News As Purposive Behavior』라는 책에서, 관습적인 사회질서의 붕괴를 야기한 예상치 못한 사건 때문에 문제를 일으킨 집단들이 서로 이야기를 규정하고자 경쟁할 가능성이 생길 뿐 아니라, "사건이 없었다면 고의적으로 애매하게 넘어갔을 문제를 밝힐 수 있는데", 왜냐하면 "사건의 급작스러움과 예상할 수 없는 특성 때문에 사건을 일으킨 사람은 처음에 대비를 하지 못하고, 이에 따라 권력자가 비조직적이며 상호 모순되는 이야기를 할 수 있기 때문"이라고 주장한다.[4] 몰로치와 레스터는 모든 사건이 공적인 사건이 될 수는 없지만, 일단 공적이라고 규정되면 그 전에는 인지 못 할 조건들을 드러내주는 만큼 결과적으로 뉴스가 다루는 영역이 넓어진다고 설명한다. 이런 식으로 뉴스는 역사적 현상의 중심이 되곤 한다.

1995년의 시카고 폭염은 몰로치와 레스터의 여러 우연적 뉴스 사건의 기준에 부합한다. 폭염은 예상치 못한 사건이었고, 이 사건에서 수백 명의 주민이 사망했으며, 금세 지역 및 전국의 주요 뉴스 기사가 되었다. 핵심 관료들은 위기에 맞설 준비가 되어 있지 않았고, 위기에 대해 사실상 모순적이고 기만적인 주장을 폈다. 잘 알려지지 않은 몇몇 단체와 주변부 정치인들은 재난을 이용하여 자신들의 의제를 홍보했다. 그리고 더위가 잦아들자 시의 관료들은 질서를 회복하려고 부단히 노력했으며, 자신들의 사건 분석을 공식 기록으로 강제했다. 그러나 폭염의 몇몇 요소는 몰로치와 레스터가 제안한 예상에 부합하지 않았다. "고유한 드라마와 선정성, 이례적인 특성 때문에 사건의 존재를 부인하기 어려웠음에도" 관료들은 사망이 "진짜 실재하는" 것인지 의심하는 회의주의를 널리 퍼뜨렸고, 오늘날까지 계속되고 있는 재난의 영향에 대한 논쟁을 불러일으켰다. 비록 "일반적으로 중요하지 않은 단체가 사건을 정의하는 일시적인 경계 설정과정에서 훨씬 쉽게 지배력을 얻기도" 하지만, 폭염 기간 중 대도시노인행동이나 흑인 정치세력화를 위한 대책위원회 같은 주변부 정치인들 및 지역 단체들은 주류 언론의 주목을 거의 받지 못했다. 또한 폭염을 그토록 치명적이게 만든 조건에 대한 대중의 침묵을 적절한 척도로 여긴다면, 그 사건은 도시의 일상적 기능에 대한 통찰을 "지역 대중에게" 제공한 적이 없었다. 그것은 각종 사고와 재해를 "사건의 구조화 과정에 관한 경험적 연구에 있어 결정적인 요소"로 만드는 것이었다.[5] 사건의 치명적인 성격에 영향을 미친 사회적, 정치적 조건에 관한 진지한 조사나 진실을 밝히려는 공개 토론을 하는 대신, 대부분의 보도는 폭염을 자연재해와 사회적인 구경거리로 규정하여 새롭거나 긴급한 소식을 전하지 않고 사람들의 관심을 끄는 사회면 소식만을 전했다.

뉴스란 무엇인가?

다양한 언론 매체에 폭염에 관한 기사를 썼던 기자와 편집인들의 직업적 책임은 무엇이었을까? 전통적인 뉴스 미디어 이론, 특히 기자들이 직접 발전시킨 이론에 따르면, "진정한 저널리즘의 정수는 (…) 대중에게 유용한 정보를 찾는 것이다".[6] 제이 로젠은 이렇게 썼다. "통념에 따르면, 기자들은 우리에게 공통적으로 중요한 문제에 대해 시의적절한 정보를 제공하고, 흥미로운 이야기로 우리를 즐겁게 하고 교훈을 주며, 많이 배우고 힘 있는 사람들 앞에서 날카로운 질문을 던지고 솔직한 답을 요구하며 우리의 대리인이자 감시견처럼 행동하고, 악행과 대중의 신뢰를 저버린 사례를 들춰내며, 토론장을 통해 우리에게 다양한 관점을 소개한다."[7] 하지만 실제로 뉴스를 보는 사람들은 언제나 기자들에게 책임감 있는 민주 시민으로서 행동할 수 있도록 도와주는 정보를 제공하는 것에서 그치지 않기를 요구한다.

기자들은 폭염 같은 공적인 사건을 보도하는 데 자신이 해야 할 역할에 대해서 동의하지 않는다. 위기 상황에서 지역 뉴스 보도국은 관심을 끄는 볼거리를 이용해 독자를 늘리려는 편집자와 실질적인 뉴스 보도를 하려는 사람들 사이에 갈등이 빚어지는 현장이 되었다. 하지만 이렇게 싸우는 당사자들도 뉴스 보도에는 선정적인 시각 자료, 도발적인 제목, 약간의 논쟁을 불러일으키는 극적인 이야기 같은 저널리즘 특유의 기본적인 요소가 있어야 막강한 영향력을 행사한다는 것을 당연하게 여기고 있었다. 뉴스 시청자들은 미디어가 세상에 활기를 불어넣는 볼거리로 자신들을 즐겁게 해주길 기대한다. 대니얼 부어스틴은 이렇게 썼다. "이제 세상을 재미있게 만드는 책임은 신이 아니라 신문 기자에게 있다."[8] 그리고 저널리즘에 충실하려는 대부분의 조직은 이런 역할을 수행하려는 의도를 가지고 있다. 그러나 주요 보도 단체들, 특히 저명하고 수상 경력을 지닌 『시카고 트리뷴』 같은 신문은 일반적으로 엄격하고 진지한 저널리즘을 가치 있게 여기는 직업 윤리가 있다. 새로움, 드라마, 스펙터클 등 시장의 요구와 좋은 기사를 생산하려는 저널리즘적인 의무 사이에서 균형을 유지하는 것이 보도국의 중대한 과제다.[9]

　우리는 이미 지역 관료들이 어떻게 폭염의 사회적, 정치적 특징에 대한 통찰을 이끌어내지 못하도록 방해하여 위기에서 벗어나려고 애쓰는지 살펴봤다. 이 장에서는 기자들, 특히 철저하고 다양한 측면에서 재난을 바라보는 기사를 생산하면서 높은 수준을 유지하는 뉴스기관의 기자들이 재난을 상징적으로 구성하는 데 어떻게 기여하는지 조사할 것이다.[10] 사회 문제를 다루는 사회학자들은 보통 기자들이 독자를 위해 문제나 사건을 어떻게 표현하는지 평가하려고 뉴스에 대한 설문조사를 진행하지만, 기자와 편집자가 기사를 생산하는 환경을 분석하는 일은 거의 없다. 이러한 연구 전략에 따른 결과 중 한 가지는 대부분의 사회과학자가 기자들이 어떻게 그러한 표현을 하게 되었는지 설명하기보다는 뉴스 기관이 뉴스를 어떻게 왜곡하는지, 중요한 문제를 어떻게 생략하는지에 대해 더 설득력 있게 보여주고 있다는 것이다. 다른 하나는 사회 문제를 다루는 학자들이 저널리즘 현실의 지저분한 세계를 걸러내지 않고 국가를 통합할 때와 똑같은 방식으로 미디어와 개인 뉴스 기업까지 통합하여 미디어를 기관의 차별화된 집합이 아닌 통일된 행위자로 취급한다는 것이다. 이 장은 폭염 관련 주요 뉴스 보도에 대한 내용 분석부터 시작할 것이다. 그런 다음 기자들이 이야기를 구성했던 근거를 추측하는 대신, 보도국과 보도국 직원에게로 초점을 옮겨갔다. 그들은 정교한 문화 생산과정을 통해 재난을 중재된 공적 사건으로 변화시켰다.

비록 시카고의 정치 관료들이 우호적인 용어로 폭염을 열심히 프레이밍하고, 뉴스 기사를 구성하는 데 그 자원을 공격적으로 사용했지만, 폭염에 대한 뉴스를 생산한다는 것은 단순히 "현실에 대한 해석에 영향력을 행사하는 것"만이 아니었다.[11] 미디어 비평가들은 대개 주요 언론들이 주류의 입장과 관점을 전달한다고 말하지만, 뉴스 기관들은 중첩된 제도적 절차와 보도 기술을 이용하여 왜곡할 만큼 유력한 행위자와 이벤트 메이커의 관점을 반영하지는 않는다.[12] 예컨대 시카고에 폭염이 닥쳤을 때, 뉴스팀은 예상치 못한 상황에서 뉴스를 발견하고 선택하는 일반적인 절차에 들어갔다. 어떤 사건이 뉴스로서 가치를 지니는지 결정하고, 어떤 식으로 묘사할지 적절한 틀을 선택하고, 기자와 사진기자, 교열 담당자를 배정했다. 늘 그렇듯 기자와 편집자는 신뢰할 만한 연결망을 통해 다양한 뉴스팀이 작성한 기사를 재빨리 참조할 수 있다. 보도가 시작되면 기자들은 누가 전문적인 조언을 해주고, 보도를 실감나게 할 정보를 제공하며 방향을 잡아줄 것인지 선택해야 했다. 편집자는 기사를 신문이나 방송 어디쯤에 배치할지 결정해야 했다. 이에 따라 폭염 사태가 눈에 띄게 주목을 받을 것인지 보이지 않는 곳에 묻히고 말 것인지가 정해진다.[13] 편집자와 교열자는 무작위의 대중으로부터 관심을 끌 수 있는 머리기사를 뽑고 제목을 정해야 했다. 이내 더위가 물러가고 사망자 수 집계가 끝나자, 뉴스 기관들은 이 사건의 중요성을 판단하여 심층 기사나 방송물을 만들지 여부를 결정해야 했다. 우리는 기자들이 폭염을 공적인 사건으로 제시하는 데 의존했던 사회적인 절차와 조직적인 절차를 살펴봄으로써 외부 압력과 내부의 제한이 재난 보도에 영향을 미쳤는지 평가할 수 있다.

폭염이 물러가자 지역 및 전국의 언론사들은 재난에 대해 수백 건의 기사를 쏟아냈다. 시카고 신문들은 폭염의 특성과 원인을 심층적으로 조사하여 다양한 영역의 논설과 견해를 함께 다루었다. 지역 텔레비전 뉴스에 비해, 인쇄 매체는 중요한 문제를 폭넓게 다루는 데 지면을 많이 할애함으로써 폭염 특집 기사에서 더 깊고 다양하며 상세한 기사를 제공했다.[14] 신문은 텔레비전이나 라디오보다 더 풍부한 내용을 제공했고, 다단 구조는 편집자가 다른 매체에서는 할 수 없는 방식으로 상반되는 생각이나 의견을 제공할 수 있게 해주었다. 이를테면 『시카고 트리뷴』에는 대략 뉴스 기사 119편, 논설과 독자 의견 13편, 단신 11편이 위기 상황과 그 이후에 실렸다. 『시카고 선타임스』에서는 뉴스 기사 99편, 논설과 독자 의견 14편, 단신 12편, 그리고 약 30편의 온갖 보고서와 해설이 발간됐다. 다른 어떤 뉴스 기관도 신문만큼 많은 양의 조사와 보고서를 발간하거나 폭염에 대한 공공 기록을 남기는 데 기여하지 못했다.

신문이 상대적으로 깊이 있고 다양하긴 하지만, 재난에 관한 기사는 어쩔 수 없이 기삿거리가 될 만한 장소나 문제, 이미지에 집중해야 했고 그 외의 것들은 무시됐다. 표 11과 12에 나오는 신문 내용 분석에 따르면,[15] 주요 지역 신문들은 폭염 관련 기사에서 사망 사건과 쿡 카운티 시체안치소의 광경, 자연 혹은 기상 조건, 더위를 식히려는 개인들의 대처법, 보건 비상 상황에서 시의 표면적이고 획일화된 대응을 중점적으로 다루었다. 시체와 시체안치소, 더위와 싸우기 위해 물을 쓰는 모습을 담은 사진이 특히 눈에 많이 띄었다. 내용 분석에서는 또한 지역 뉴스 기관들이 재난에 영향을 미쳤던 사회적 조건 중 일부를 덜 중요하게 다루었다는 사실을 알 수 있다. 노인, 빈곤, 고립, 범죄와 공포, 사망자의 민족 및 인종과 성별에 따른 분포, 사망률, 의료 접근성 등을 중점적으로 다뤘던 기사와 사진은 극소수였다.

기사와 사진의 전체적인 분포가 재난의 사회적 원인에 대한 심도 있는 보도를 무시하고 있다는 인상을 주어서는 안 된다. 사실 자연재해와 대규모 사망의 프레임이 주류인 상황에서, 『시카고 트리뷴』과 『시카고 선타임스』 모두 고독사한 사람들과 살아남은 사람들, 특히

표 11. 폭염 기사의 내용 분석: 『시카고 트리뷴』(1995년 7월부터 1996년 7월까지)

주제	본문	제목	이미지
사망 및 시체안치소	58	52	35
시 정부의 대응	37	28	14
개인과 대응 전략	36	34	45
기상학적 조건	29	50	30
정치 스캔들과 사망 논쟁	26	24	4
노인	10	6	12
고립	9	8	4
빈곤	3	2	-
범죄와 안전	2	2	-
민족 문제	2	2	-

표 12. 폭염 기사의 내용 분석: 『시카고 선타임스』(1995년 7월부터 1996년 7월까지)

주제	본문	제목	이미지
사망 및 시체안치소	37	51	23
시 정부의 대응	38	36	10
개인과 대응 전략	42	41	19
기상학적 조건	23	35	9
정치 스캔들과 사망 논쟁	21	20	2
노인	11	8	7
고립	8	8	4
빈곤	4	3	3
범죄와 안전	2	2	-
민족 문제	0	0	-

취약할 수밖에 없었던 지역의 상황, 사용되지 못한 시의 응급 프로그램에 관한 본보기가 될 만한 기사를 실었다. 그러나 이런 기사들은 전체 폭염 기사들 중 주변적인 위치만 점했고 뒷부분이나 사람들이 잘 보지 않는 안쪽에 배치되곤 했다. 신문 기사의 내용을 분석하면 폭염 관련 기사가 얼마나 실렸는지 확인하는 데 도움이 되지만, 지역 언론 단체들이 특정 주제에 대해 다른 기사를 희생시키면서까지 어떻게 프레이밍을 하고 집중했는지 설명하려면 기사보다는 기사가 생산되는 보도국으로 관심을 옮겨야 한다. 이를 위해 가장 적합한 곳은 『트리뷴』이다. 시카고에서 가장 유명하고 신뢰받는 뉴스 기관이며, 여러 면에서 철저하고 진지한 폭염 관련 기사를 생산했다. 문서 기록뿐 아니라 참사 보도에 참여했던 편집인과 기자들의 인터뷰를 재구성한 『트리뷴』의 폭염 관련 기사는 재난을 극적인 구경거리와 공적인 사건으로 변형시키는 현대 보도 작업의 일면을 보여준다.

재난의 발견

7월 15일 토요일 오전, 베테랑 기자 조지 파파존은 편집자 대신 『시카고 트리뷴』메트로 편집부의 일을 봐주고 있었다.[16] 기자적 관점에서 여름철 시카고의 주말은 뉴스가 될 만한 일이 별로 없었다. 주말에는 지역 공무원들이 기자회견을 거의 열지 않았고, 많은 기업이 문을 닫았으며, 뉴스 기관에 정보를 제공해주는 홍보팀들도 여유 있게 천천히 일했다.[17] 파파존은 이렇게 말했다. "보통 토요일 근무는 아주 한산합니다. 정부는 당연히 쉬는 날이고, 신문사는 일요일 판에 들어갈 방대한 분량을 채우느라 일주일 내내 기사를 써댔으니, 대개 가볍게 읽을 수 있는 기업 관련 기사들이 실립니다. 그렇더라도 출근한 사람들은 일부 뉴스를 채워넣고 기사를 수정해야 하죠."

파파존은 늘 하던 것처럼 기삿거리에 대한 아이디어를 짜내며 근무를 시작했다. 그는 집에서 텔레비전 뉴스를 보고, 출근할 때에는 라디오를 들으며 폭염 보도를 주의 깊게 챙겨 듣고 있었다. 사무실에서는 일간지를 살펴보고, 국립통신사와 시카고 통신사를 모두 훑어봤을 뿐 아니라, 『트리뷴』 앞으로 온 수많은 팩스를 대강 읽어보면서 국장과 의견을 나누기도 하고, 음성 메일을 들으며 동료 기자들과 이야기를 나누기도 했다. 그런데 파파존은 곧 뭔가 이상하다는 것을 깨달았다.

들어오면서 라디오에서 들었는데 (…) 검시소에서 폭염과 관련된 것으로 보이는 다수의 사망 사건을 조사하는 중이라고 (…) 우리는 여전히 놀란 상태였고, 날씨는 정말 뜨거웠어요. 그게 무슨 뜻일까? (…) 하지만 라디오에서 들은 것으로만 보면 우리는 방향을 잘못 잡은 것 같았어요. 우리 손에 주요 기사가 들어온 것을 확인하기 전까지는 방향을 잡아서는 안 되는 것이었죠. 그리고 다음으로 늘 하는 일은 컴퓨터에 접속하는 겁니다. 시티 뉴스 통신에 접속합니다.[18] 일종의 지역 AP통신인데,[19] 유선을 통해 여러 소식을 전해주는 사람들입니다. 매일 살펴보는데, 하루에 두 번 검시소에서 사망자 명단이 갱신됩니다. 평소에는 다섯에서 열 명 정도의 이름이 올라옵니다만, 이날은 명단이 엄청 빽

빽하게 들어차 있을 뿐 아니라 세 장이 넘어갔습니다. (…) 그때부터 저는 보통 일이 아니라는 것을 확실히 알 수 있었습니다. (…) 모든 게 맞아떨어지기 시작한 것이죠.

루 칼로조는 당시 토요일 오후에 도심지에서 근무하는 교외지역 기자였는데, 파파존이 폭염 관련 기사의 초점을 바꾸려고 결심했을 때 보도국에 와 있었다.

저는 토요일에 근무하러 와 있었고 조지는 통신사의 소식을 보고 있었습니다. 그런데 조지가 머리를 흔드는 모습이 "뭔가 잘못돼가고 있어"라고 말하는 것 같았어요. 통신사는 많은 사람이 죽어가고 있다고 소식을 전하고 있었고, 그는 이렇게 말했습니다. "대참사가 일어날 만한 조건이 모두 갖춰진 거 아닌가 모르겠군. 더운 날씨 때문이야. 그동안 계속 더웠잖아. 이렇게 많은 시체가 시체안치소에 와 있다면, 아직 발견되지 못한 사람은 얼마나 많다는 거야?" 그래서 우리는 서둘렀습니다. 그는 두어 명을 공용차에 태워 보냈어요. 저도 그중 한 명이었지요. 저한테 이 주소로 가라고 했어요. 가능한 한 모든 것을 알아내라고. 최대한 많은 사람과 이야기를 해서 이들에게 무슨 일이 일어났는지 알아내라고 했습니다.

원래 『트리뷴』지는 폭염이 기상학적인 사건일 뿐이라며, 상세한 내용 없이 날씨 면에서만 소식을 전했었다. 그러나 7월 12일 수요일에는 시카고가 최고 기온까지 올라가 편집자들이 1면 특집 기사로 신기에 충분했다. 보통 기후가 정상적인 환경에 영향을 미칠 정도로 이례적인 날에는 날씨 뉴스를 1면에 싣는 게 관례였다. 목요일 자 신문에서 두 명의 기자는 다수의 외지인과 다른 도시에서 태어난 시카고 시민이 고향의 더위와 관련된 일화를 들려주는 인터뷰를 통해 더위에 대처하는 방법을 자세하게 소개했다. 기사는 시카고 시민들에게 더위에 대한 불평을 멈춰달라고 간청하고 있었다. '더위를 견딜 수 있다면, 다른 도시 출신임이 틀림없다'라는 제목 아래에는 공원 노동자가 호스로 자신에게 물을 뿌리는 모습이 배치됐고, 기사는 이렇게 시작됐다. "불평은 이제 그만. 수요일 최고 기록인 섭씨 36도가 넘어갔다면 어쩔 뻔 (…) 일주일 동안 지속될 것으로 보이는 무더위의 첫날, 수만 명의 시카고 시민이 더위에 시달렸을지 모르나 그 외 사람에게 수요일의 더위는 그저 공원에서 산책하면 해결할 수 있는 정도였다."[20] 『트리뷴』지는 폭염 사건을 재미 위주로 프레이밍하는 기조를 계속 유지하며, 기자를 보내 에어컨을 조사하게 했는데, 이러한 주제는 지역 및 전국 텔레비전 보도에서도 지속됐다. 이 기사 역시 1면에 올라갈 예정이었지만, 파파존을 비롯한 편집자들은 금요일 사망자 수가 심상치 않게 올라가자 기사의 기조는 물론 기사 작성 방식도 바꿔야 한다는 것을 깨달았다. 그때부터 더위가 물러갈 때까지 『트리뷴』지는 폭염 기사를 최우선으로 다루었다.

조지 파파존은 편집장을 대신해 "데스크를 볼 때", 그날의 뉴스를 배우는 시스템을 개발했는데, 기자로 활동할 때 늘 하던 방식과 비슷했다. 그는 취재 아이디어를 얻는 데 다른 매체의 뉴스에 많이 의존했다. 라디오 방송이 커다란 역할을 했는데, 그 이유는 라디오 기자들은 통신사에서 유선으로 전한 뉴스를 그저 읽기만 하면 빠르게 최신 뉴스를 만들어낼 수 있었기 때문이다. 이렇게 방송 보도는 제작에 들어가는 노동과 시간이 거의 없고, 내용이 빈약하더라도 인쇄 매체에서 더 발전시킬 수 있는 출발점이 되어주었다. 특히 시카고를 비롯한 여러 도시에 생긴 24시간 뉴스 방송국의 텔레비전 뉴스는 대개 분량이 2~3분을 넘기지 않았지만, 최초의 시각적 이미지를 제공한다.[21] 다른 신문은 『트리뷴』 직원이 이미 다루었거나 다루려고 하는 기사에 부가적인 관점을 제공한다. 뉴스가 폭발적으로 늘어나 하루 24시간 내내 뉴스가 소비되는 시대에 신문사들이 일간지에서 특종을 올리는 경우는 흔치 않다.

보도국은 다른 주류 뉴스 매체의 뉴스로 포화 상태다. 뉴스를 제작하는 사람들이 에어컨을 구하려는 시민들의 기사나 아이들이 물에서 노는 장면 같은 틀에 박힌 구도와 주제를 선택하는 이유 가운데 하나는 동료들이 만든 보도를 끊임없이 읽고, 보고, 들어서 주어진 시간 안에 쉽게 재생산할 수 있는 일상적인 기사의 유형이 내면화되었기 때문이다.[22] 기자들이 받는 공식적 혹은 비공식적 교육은 사회화 과정의 극히 일부가 직업적으로 바뀐 것이다. 기자 역시 여타 전문직처럼 일을 하면서 끊임없이 배우고, 동료들의 뉴스를 보고, 비판하고, 흉내 내면서 뉴스를 대하는 방식이 꾸준히 단련된다. 비록 기자들은 대중을 위해 뉴스를 제작하거나 기사를 쓰지만, 자기네끼리 서로가 서로에게 가장 중요하고 민감하게 반응하는 독자이기도 하다. 실제로 몇몇 기자는 동료야말로 가장 활발하게 반응하는 비판자이자 지지자라고 했다. 이 말이 사실이라면, 마누엘 카스텔스의 주장처럼, 현대사회의 구성원들은 "미디어와 함께 살고 미디어에 따라 살며", 일간지 기자들은 미디어 안에서 살며 하위문화를 형성하여 다른 기자들의 흥미를 유발하는 문제는 중요한 것으로 인정하면서도, 뉴스로서 가치 있다고 여겨질 만한 다른 대안은 제외하는 "정보의 악순환"을 만들어낸다.[23]

예컨대 『트리뷴』지에서 다른 지역의 뉴스 기사는 초기 폭염 기사의 초점을 바꾸는 데 핵심적인 역할을 했다. 라디오 뉴스와 다른 신문 덕분에 폭염 기사가 날씨에 관한 보고 형식의 뉴스에서 지역 재난에 대한 지속적인 특집으로 바뀌어갔기 때문에, 파파존은 『트리뷴』이 전략을 바꾸어 더 많은 자원을 폭염 사건에 투입해야 한다는 사실을 깨달았다. 에어컨에 대한 특집 기사와 무더위 속에서도 시원해질 수 있는 여성 패션에 대한 기사가 "더위여 오라! 날씨는 푹푹 찌지만 당신의 스타일을 망칠 수는 없다. 여기 옷장을 뽀송뽀송하게 하고 화장이 흘러내리지 않게 하는 방법을 소개한다"라는 제목으로 일요일까지 실렸다. 하지만 두 기사 모두 1면 거리가 아니었으며, 1면에는 이보다 더 진지한 사망자 수에 대한 기사가 실렸다.

7월 15일 토요일 오후, 편집자들은 사망 사건에 대한 기사를 늘리기로 하고 기자들을 검시소 및 사망자 명단에서 공개됐던 주소지로 보냈다. 문제는 토요일과 일요일에 신문사는 거의 기사를 작성하지 않기에, 주말에 출근한 직원 일부는 편집자가 보기에 중요한 내용을 취재하기에는 경험과 능력이 부족하다는 점이었다. 어느 경험 많은 기자의 설명은 다음과 같다. "『트리뷴』이 주말에 어떻게 일하는지 이해하셔야 합니다. 정말 사람이 없어요. 그나마 여기 주말에 나와 일하는 기자들은 대부분 젊은 친구들이지요. 그러니 "1년차(신참 기자들은 1년 계약을 맺는다)하고 인턴이 많습니다. 능력에 편차가 있죠. 그리고 대부분 시카고에 대해 잘 몰라요."

참사가 발생한 시점이 주말이었던 게 최초의 뉴스 보도를 다루는 방식에 영향을 미쳤다. 신문사의 모든 사람이 재난이 얼마나 심각한지 알게 된 첫날인 일요일에는 특히 직원이 심각하게 부족했다. 대부분의 경험 많은 편집자와 기자들은 연례 편집부 야유회에 참석했기 때문이다. 그러나 당직 편집자에게는 사내 절차에 따라 주말을 비롯하여 속보 때문에 추가 인력이 필요할 때 전화하면 나올 수 있는 기자와 편집자 명단이 있었다. 폭염 기간에 폭염에 관한 기사 없이 신문을 낼 수는 없었다.

『트리뷴』의 대표적인 과학 필자 신디 슈로이더는 7월에 특별 프로젝트에 가담하고 있어 당시 일간지 작업에는 참여하지 않았다. 마침 그 일요일에 그녀는 우연히 사무실에 나와 연재물 작업을 하다가 폭염 관련 기사를 도와달라는 부탁을 받게 되었다. 편집자들은 의학과 환경에 관한 관점에서 기사를 작성하기로 했기 때문에 기사를 감독할 중견 과학 필자가 필요했다. 슈로이더는 이렇게 회상했다.

전화가 왔을 때 저는 마침 문을 열고 나가려던 참이었어요. 메트로 섹션 편집자의 전화였고, 내게 도심지에 나가서 폭염 관련 기사를 조율해줄 수 있겠냐고 물었어요. 지금 있는 사람들이 대부분 1년차라 결과가 어떻게 나올지 조금 걱정된다고 말하더군요. 그날 제가 가서 사람들에게 무슨 일을 해야 하는지, 누구에게 전화해야 하는지 알아내라고 했죠. 저녁 늦게 여기저기서 얻어낸 기사들은 차이가 있었어요. 저는 약간 걱정돼서 전화를 몇 통 걸었죠. 원래 머리기사는 가벼운 특집이었습니다. 하지만 밤이 되자 사망자가 많아졌고, 그 기사는 전혀 어울리지 않게 되어버렸죠. 전화를 몇 통 더 걸고 나서 저는 사망자 수가 엄청나게 많아졌다는 사실을 알게 되었어요. 당장 제가 하던 프로젝트를 그만두고 이 기사를 쓰게 되리라는 걸 확실히 알 수 있었지요.

야유회에 참석했던 편집자들도 새로운 위기 상황에 대한 보도에 신경을 쓰고 있었다. 그들은 검시소에서 나온 보고서와 시청이 처음에 검시관의 부검 결과에 대해 회의적인 반응을 보인 것을 어떻게 봐야 할지 고민하고 있었다. 편집자들은 사망자 수가 과장되었다는 데일리 시장의 초기 주장에 동의하는 쪽과 시카고에 진짜 큰 재난이 발생한 게 틀림없다는 쪽으로 나뉘어 언쟁을 벌이고 있었다.

많은 편집자 및 기자로 구성된 팀과 엄격하게 업무가 분업화되어 있는 뉴스 조직은 통일된 행위자는 아니지만 집단적이고 서로 긴밀하게 돌아가는 제도적 장치에 참여하는 구성원들로 운영된다. 『트리뷴』 내부에서는 날마다 다양한 기자와 부서 사이에서 중요성과 성공을 뜻하는 신문 1면 자리와 헤드라인을 차지하려는 경쟁이 일어난다. 어떠한 언론 조직이라도 논평이나 의견에 제약이 존재한다. 피에르 부르디외는 주장한다. "동일한 제약과 여론조사, 기본적으로 같은 논평가라는 환경에서 기자들 혹은 신문사 사이의 경쟁은 동질화됩니다. (…) 주간 뉴스 매거진의 표지를 격주마다 비교해보면 거의 동일한 주제가 올라간다는 것을 알 수 있을 겁니다." 뉴스 제작은 집단적인 과정이고, "기자들은 어찌 됐든 많은 공통점을 가지고 있다. 직업은 물론이고 출신 배경과 교육 배경이 같은 경우도 많다. 그리고 매일 똑같은 사람들이 출연하는 토론회에서 만난다. 이러한 모든 것이 (정신적) 폐쇄를 낳는다."[24] 그러나 이러한 제약 속에서 기자들은 뉴스를 어떻게 다루고 배치할 것인지에 대한 현실적이고 강렬한 갈등을 경험할 뿐만 아니라, 독창적이고 남다른 뉴스를 만들어야 한다는 직업적 부담을 느끼게 된다. 매일 자기가 만드는 뉴스의 형식과 내용을 놓고 치열하게 싸움을 벌여야 하는 기자와 편집자들은 주류 미디어의 뉴스가 엘리트 집단과 기득권으로 이루어진 고위 권력층에 의해 조정되고 있다는 주장을 못 들은 척 넘긴다. 하지만 기자들 중에서도 유명 인사가 늘어나면서 배타적인 인맥과 획일적인 구조로 인해 뉴스는 균질적으로 바뀌고 공론장의 활기는 사라진다.[25]

폭염 기간에 시카고 뉴스 기관의 편집자와 기자, 프로듀서 사이에 있었던 첫 논쟁은 아주 치열했다. 지역 텔레비전 방송과 신문사, 라디오 방송에 폭염 소식을 전했던 기상학자 폴 더글러스는 폭염 보도를 사회성 뉴스로 다뤄야 할지 건강 문제로 다뤄야 할지를 놓고 텔레비전 프로듀서와 갈등을 빚었던 기억을 떠올렸다.

섭씨 41도까지 올라갔던 최악의 그날, 나는 일찍 도착했는데 책임 프로듀서가 내게 들렀다. 우리는 준비성이 철저한 사람들이었다. 우리는 프로듀서에게 가서 말했다. "이건 중요한 뉴스가 될 겁니다. 사람들이 죽어가고 있어요. 아주 중요하게 다루어야 합니다. 나머지 시간에 우리가 할 수 있는 게 없을까요? 프로그램을 중간에 끊고 폭염 경보를 내

보내야 할까요?" 그리고 그날 오후 뉴스가 시작되기 전 프로그램을 중단하기도 했다. 두어 번 프로그램을 중단하고 이례적인 더위와 그에 따른 위험에 대해 이야기를 나누었다. 하지만 내가 잊을 수 없는 것은 책임 프로듀서가 계속해서 생방송으로 시카고보다 더 더운 지역을 보여주자고 했던 일이다. 그녀는 피닉스에 있는 기상학자를 생방송으로 연결하고 싶다고 재차 말했다. (…) 그러니까 좀더 튀어 보이자는 말이었다. 좀더 재미있는 스타일로 "어느 쪽이 더 더운지 지금부터 두 명의 기상학자가 대결을 펼치겠습니다" 따위의 방송을 말하고 있었다. 그래서 나는 간곡하게 청했다. "중요한 건 그게 아닙니다. 병원에 사람을 보내야 해요. 시청에도 사람을 보내야 합니다." 그러자 상황이 악화되어 보도국에서 소리를 지르며 싸움을 벌이고 말았다. 그녀는 소리쳤다. "이해를 못 하시는군요. 전혀 이해를 못 한다고요! 이건 텔레비전 방송이에요!" 나는 말했다. "이해하고말고요. 잘 이해합니다. 시카고가 위험에 처해 있어요. 지금이 가장 중요한 순간입니다. 오늘 밤부터 사람이 죽어갈 거예요. 여러분은 그걸 뉴스로 내보내야 합니다."

더글러스는 프로듀서들이 뉴스 시간이 되기 전에 공지를 내보낼 시간을 비워두기로 한 것뿐만 아니라 뉴스 방송 초반부에 날씨 이야기를 배치하기로 결정하자 매우 기뻐했다. 사회성 뉴스나 특집 기사로 다루는 것은 그가 보기에 처한 상황의 위험도에 견줘 부적절했지만, 텔레비전은 가벼운 이미지와 진지한 아이디어를 수용하여 흥미롭고 신선한 뉴스를 만들어냈다. 방송에 대한 최종적인 책임을 지는 프로듀서들은 사회성 뉴스로 다루는 것이 텔레비전 방송에는 더 좋겠다고 판단했다.

폭염 관련 사망자가 늘고 있다는 보고가 처음 나오자 뉴스 기관들은 보도 방향을 바꿔야겠다고 확신했지만, 시장이 수석 검시관의 과학적 방법론에 회의적인 태도를 공공연히 드러내자 뉴스 기관들은 흔들렸다. 『트리뷴』의 일부 편집자들은 에드먼드 도너휴가 밝힌 폭염 관련 사망자 판정과 사인에 대한 시 정부의 비판에 동의했다. 메트로의 편집자 폴 와인가튼에 따르면 그의 동료들은 처음에 폭염 관련 사망보고서에 회의적이었다. "처음에는 정상적인 수치인지, 혹은 어느 정도 재분류를 한 것인지, 아니면 정말 대참사가 발생한 것인지 분명하지 않았어요. 아시겠지만 시카고는 과거에도 더웠기 때문에 모두 이렇게 말했죠. '하루에 그렇게 많은 사람이 죽을 수도 있어?'" 슈로이더는 사무실에서도 그런 긴장감을 느꼈다. "편집자들 사이에 의견 차이가 약간 있었어요. 이제 어떻게 되는 거지? 이거 정말 진짜야? 정말 사망자 수가 이렇게 많은 건지, 사람들이 그렇게 인지하는 건지? 사망자 수와 관련하여 이런 의문들이 제기됐죠. 폭염이 아니더라도 자연사했을 사람조차 폭염 때문에 사망한 것일까? 이들이 일주일 혹은 사흘이라도 더 살았다면 어떤 병에 걸린 것으로 봐야 하나?" 그레임 질린스키 기자는 이렇게 설명했다. 한 가지 핵심적인 질문은 "사건에 의해 보도의 성격이 정해지는 것일까, 아니면 보도에 따라 사건의 성격이 정해지는 것일까 하는 겁니다. 폭염은 시작되자마자 상투적인 사건이 돼버렸어요. 상투적인 사건을 우습게 보는 보도국 사람들은 폭염을 별것 아닌 것으로 대했죠. 폭염은(그의 말투는 앵커 같았다) 실제로 존재했고 많은 사람에게 현실이었지만,

현실적으로 보이지는 않았습니다. 단지 떠받들어져 있는 듯 보였어요. 일부 편집자들은 실제보다 미디어에서 부풀려 다룬다고 주장했고, 어떤 편집자들은 너무 극단적으로 밀어붙이는 것이 아닌지 걱정했죠. 과장된 면이 있었어요." 질린스키의 지적은 폭염을 공적인 사건으로 만드는 데 기여한 자신의 역할을 자각하고 있음을 나타낸다. 또한 재난이 스펙터클한 뉴스로 바뀌면서 재난의 본질을 규명해야 하는 당사자들도 혼란스러워하고 있음을 보여준다.

누구의 뉴스?
공식적인 정보원과 보도의 일상

이러한 혼란의 일부 원인은 취재 업무의 배분에 있다. 왜냐하면 일반적으로 기자들은 너무나 광범위한 사건과 문제를 다루어야 하기에 그렇게 다양한 분야에서 전문성을 개발하는 게 사실상 불가능하다. 홍보 전문가를 채용하여 매체의 관심사를 만들어내고 관리하는 지역 관료 및 대규모 집단에 있는 주요 정보원은 기자들이 정치적인 사안에 관한 '내부 특종'을 올리고 그에 따라 보도의 실질적인 내용을 구성하는 데 큰 영향을 미친다.[26] 비록 모든 공무원이 여론 홍보와 미디어 대응 능력을 갖춘 것은 아니지만 미디어에 능통한 관료들은 대개 기자와 좋은 관계를 유지하여 어려운 시기에 서로 의지할 수 있도록 신뢰를 키운다. 미디어학자인 필리스 캐니스는 기자들이 때로 "과거 그들에게 정보를 제공했던 정보원을 비판하지 않으려고 하는데, 사이가 멀어져 정보를 얻지 못하게 될까 두려워하기 때문"이라고 지적한다.[27] 그들은 정보원과 책임감, 의존, 신뢰를 바탕으로 한 상징적 관계를 맺고 있다. 기자들은 친밀한 관계를 맺고 있는 전문적 인맥들이 가진 견해를 이해하고 공감을 얻는 법을 알고 있다. 그리고 정기적으로 정보를 제공하는 이가 공무원이라면 그들이 내놓은 정보는 '사실'로 다룬다. 특별한 이야기나 문제에 대해 우연히 알게 된 정보원은 잘 알지 못하고 신뢰할 수 없기 때문에 그들의 말이나 정보는 진지하게 다루려면 확인이 필요한 '(증거 없는) 주장'으로 취급되는 경향이 있다.[28]

초기의 폭염 관련 보도가 특히 힘들었던 이유는 기자들의 의문 사항을 설명해주거나 시청과 검시소 사이에 벌어졌던 논쟁을 해결해줄 믿을 만한 정보원이 거의 없었기 때문이다. 기자들은 정부 기관에서 발행한 보고서에 더 크게 의존할 수밖에 없었는데, 그 이유는 정부만큼 사망률이나 발병률 정보에 접근할 권한을 가진 기관이 없었을뿐더러, 정부는 분산된 지역에서 벌어진 사건에 대해 정보를 한곳에 모을 수 있는 유일한 기관이었기 때문이다.[29] 폭염 관련 사망 논란이 뉴스의 중심 화제가 된 이유는 기자들이 종합적인 기사를 쓰기 위해 상충되는 견해를 가진 기관에서 나오는 보고서의 도움을 받았기 때문이기도 하다.

시카고의 기자와 편집자들의 보고서는 사망자 수와 관련된 논쟁이 주요 뉴스가 된 또 다른 이유로 기자들 자신이 이 문제에 매료되었기 때문이라고 지적했다. 직원들 사이에 자체적인 내부 논쟁이 벌어지고 있던 『트리뷴』에서는 기자와 칼럼니스트가 시 정부가 첫 번째 기자회견을 연 뒤 사망 원인을 다루기 시작하여 검시관들이 집단적으로 도너휴의 결론을 지지한 이후에도 계속해서 이 문제를 지면에서 다뤘고, 그로 인해 정치적이었던 이 토론은 끝이 나고 말았다. 예컨대 7월 18일 화요일 신문 전면에는 사망자 수에 의문을 던지는 두 기사가 실렸다. 하나는 유명 칼럼니스트 마이크 로이코가 쓴 "사망 원인은 폭염인가, 언론인가?"라는 기사였고, 다른 하나는 "폭염에 의한 사망이 일어난 시기에 대한 검시관들의 의견이 모두 같은 것은 아니다"[30]라는 도발적인 표지 기사였다. 이 기사는 검시관들에게 폭염 관련 사망으로 분류하는 통일된 기준이 있는 것은 아니라고 설명했지만, 도너휴가 내린 결론에 비판적인 유일한 검시관이었던 레이크 카운티의 바버라 쿡의 말만 인용했다. 그렇다면 과학적인 논쟁은 없었을까? 그 후 다수의 검시관과 전문가들이 폭염 관련 사망에 대한 도너휴의 기준이 정당했다고 밝히고 쿡마저 자신의 입장을 바꾸자, 시카고 공무원들만 반대하는 입장에 남아 있었다. 그럼에도 기자들은 시 정부의 비판적인 의견을 성실하게 보도하며 과학적인 논쟁이 여전히 미결인 것처럼 기사를 썼다. 7월 27일 질병통제예방센터에서 온 연방 공무원들이 수석 검시관의 사망자 수를 확증하자, 『트리뷴』의 존 카스는 이로 인해 "당분간일지 모르겠지만, 리처드 데일리 시장과 에드먼드 도너휴 박사의 공개 논쟁은 끝났다"고 썼다.[31]

두 달 뒤 시카고 보건부가 수행한 한 연구에서 초과 사망자가 733명으로 도너휴의 것보다 200명 더 많은 것으로 나오자, 『트리뷴』은 질병통제예방센터에서는 그러한 수치가 나온 데 대해 의구심을 표했다고 보도했다. 『트리뷴』에 따르면 "질병통제예방센터의 역학자는 수요일 연방 정부의 과학자들이 시 보건부의 733명이라는 집계 수치에 '충격'을 받았다고 말했다. 최근 한 달 동안 시카고의 폭염 사망자 수를 조사했던 얀 세멘사 박사는 '수치가 매우 높게 나왔다'고 말했다. '전혀 예상치 못했던 결과다. 모두가 놀랐다.' 세멘사는 보건부가 초과 사망자 수를 계산한 방법을 다른 학자들이 검토해봐야 할 것이라고 말했다. '나는 그 방법이 적절했는지 판단할 수 없다.'[32] 그 기사는 그러한 결과를 지지하는 다른 전문가들의 말을 인용하면서도 세멘사의 의견을 명시적으로 이용하여 사망자 수에 관한 논쟁에 다시 불을 지폈다. 그러나 문제는 세멘사가 보건부의 연구에 의문을 표한 적이 없다고 주장했으며, 과학적 논쟁은 단지 언론에서 꾸며낸 것이라는 점이었다. 미국 보건복지부가 시카고 보건부의 스티븐 휘트먼에게 보낸 1995년 9월 25일 자 편지에서 세멘사는 이렇게 썼다.

저는 『시카고 트리뷴』에 발표된 1995년 9월 21일 자 폭염 관련 기사에 관한 제 입장을 분명히 밝히고 싶습니다. 정확히 말하자면, 제가 말했다고 주장하는 잘못 인용된 문장을 수정하고 싶습니다.

1. 기자는 제게 폭염 기간 중 733명이 사망했다는 사실을 알고 충격을 받았는지 물었습니다. 저는 대답했습니다. "우리 모두가 최근의 폭염에서 많은 사람이 사망한 사실에 놀랐다고 말하는 게 적절할 것 같습니다. 시카고에서 더위 때문에 그렇게 많은 사람이 사망할 것이라고는 정말 예상하지 못했습니다. 매우 큰 수치입니다. 이렇게 큰 재난은 시카고 역사에서 한 번도 일어난 적이 없습니다." 어느 부분에서도 저는 나중에 『시카고 트리뷴』에 실린 당신이 계산한 결과에 대해 의문을 표하지

않았습니다. 저는 폭염이 시카고에 미친 영향에 대해 '놀랐다'고 말했을 뿐이지 당신의 계산에 대해서는 말한 적이 없습니다. 저는 733명이라는 수치가 올바르게 계산되었으리라 확신합니다.

2. 당신의 방법이 적절했는지에 대해서 저는 이렇게 답했습니다. "저는 이 방법이 적절한지 판단할 위치에 있지 않습니다. 저는 문서를 통해 이 결과를 본 적이 없으며, 게다가 저는 수학자가 아닙니다. 다른 사람이 이 문제를 더 잘 판단할 수 있을 겁니다." 저는 당신이 초과 사망을 계산한 방법을 다른 학자가 검토해봐야 한다고 말하지 않았습니다. 단지 제가 당신의 방법에 대해 어떤 의견을 제시할 입장이 아니라고 말했을 뿐입니다. (…)

결론적으로 저는 당신이 계산한 결과에 "충격"(이런 표현을 사용한 적이 없습니다)을 받았거나 다른 학자가 초과 사망자 수를 계산한 방법을 검토해봐야 한다고 생각하지 않았습니다.

『시카고 트리뷴』에서 제가 한 말을 터무니없이 잘못 인용하고 부적절하게 이용하여 제 동료의 연구를 불명예스럽게 만든 일은 매우 불쾌합니다.

공중보건학 박사 얀 세멘사 드림[33]

세멘사의 편지는 『트리뷴』 기자들이 세멘사와의 인터뷰를 잘못된 논쟁의 재료로 둔갑시킨 사실을 비판하는 데 효과적이었다. 그 논쟁을 진지하게 받아들였던 이들은 그 논쟁을 널리 알렸던 기자와 정치인들뿐이었다. 내가 인터뷰한 기자들 중에는 의식적으로 공개적인 경쟁이라는 화제를 불러일으키거나 지속시키려고 사망 원인에 관심을 집중했던 이는 없었다. 하지만 일간지의 관행은 기자들로 하여금 판매 부수에 긍정적인 영향을 미치는 갈등과 극적인 기사에 익숙해지게 했다. 폭염 사건을 계속 취재했던 시카고의 기자들은 스스로 사망자 수 논쟁에 푹 빠져 논쟁에 대한 소식을 전하는 것이 자신들의 역할임을 잊은 듯했다. 모든 하위문화와 전문가 집단은 그들만의 편견과 성향을 가지고 있지만, 기자들은 특히 그들만의 시각과 사고방식을 대중에게 투영하는 독특한 능력을 지녀 이로써 대중 사이에서 폭넓은 논쟁이 야기되는 경우가 많다. 몇몇 의료계와 보건 분야 인사들의 노력에도 불구하고, 폭염 기간 중 뉴스 독자들은 정당하고 공정한 사인 규명의 바탕에 깔린 유력한 과학적 관점을 접할 기회가 거의 없었다. 반면 언론의 지지를 얻은 회의적인 관점은 어디서나 쉽게 볼 수 있었다. 그러한 관점이 극적이기도 했고, 언론 매체에서 수석 검시관의 결론을 공인한 과학 보고서를 언론 자체의 회의적인 관점보다 크게 다룬 적이 없었기 때문에 오늘날까지도 폭염 사망자 수에 대한 의문은 지속되고 있다.

대안적인 목소리와 반대 의견을 위한 공간

언론의 재난 보도 방식을 바꾸려고 했던 이들은 역학자와 공중보건학자들만이 아니었다. 가장 취약한 주민들의 건강을 보장하지 못한 시에 비판적인, 특정 조직에 속하지 않은 활동가와 지역 단체, 지역 지도자들 역시 주요 언론에서 거의 다뤄지지 않았다. 그들은 소규모 지역 신문을 이용하여 시민들의 입장을 알려야 했다. 예컨대 '더위를 식히고 냉방 센터를 떠나는 주민들'이라는 『트리뷴』 기사에서는 복지부장 대니얼 앨버레즈, 경찰 총경 맷 로드리게즈, 데일리 시장 등의 말을 인용하여 시카고 주민들이 시의 공식 냉방 센터를 제대로 이용하지 않고 있다고 말했다. 주말 동안 대도시노인행동과 지역 단체들은 냉방 센터로 이동할 수 있는 특별 교통수단을 제공하지 않았다며 시를 비판했다. 하지만 기사에서는 시 공무원과 의료지원 노동자 한 명의 의견만 인용되었을 뿐, 이러한 입장을 대변하는 내용은 없었다. 다른 뉴스 기관 역시 사정은 비슷했다. 『시카고 선타임스』는 1면에 "116명 사망, 냉방 센터 이용자 거의 없어"라는 기사를 실으면서 시 공무원의 말을 통해 냉방 센터 이용률이 저조하다는 소식을 전하긴 했지만, 세인트루이스카운티보건부 관료의 말을 인용하여 "개인의 대처가 가장 중요하다"고 설명했다.[34]

시의 재난 대처에 대한 비판이 주요 신문과 텔레비전 뉴스에 등장하기도 했는데, 대부분 객관적이고 중립적으로 양측의 이야기를 들려줘야 한다는 정신을 발휘한 기자들이 반대 의견을 제시하는 정도였다. 일반적으로 이럴 때는 지면이 작아서 반대 의견은 권위 있는 견해만큼 충실하게 전달되지 못했고, 이 또한 뉴스에 영향을 미쳤다.[35] 예컨대 7월 19일 수요일 『시카고 선타임스』 1면에는 '충격, 376명 사망. 데일리 시장 응급대처 방안 수정 약속'이라는 제목의 기사에서 데일리가 한 말이 인용됐다. "시의 대처는 훌륭했지만, 더 잘할 수 있었다." 폭염에 대한 응급대처가 잘되었는지 자체 평가하려는 시의 노력에 초점을 맞춘 이 기사는 시청 직원들이 인정한 몇 가지 문제점을 서술했다. 하지만 데일리의 의견("시의 대처는 훌륭했지만")에 대한 반대 의견은 전체 여섯 단의 기사 중 마지막 부분에 가서야 소개했다. 주 상원의원 로버트 라이카는 시장이 시의 응급 계획을 평가하겠다는 약속을 "정말 웃기는" 이야기라고 했고, 대도시노인행동의 대변인은 "시가 더 많은 것을 하길 바란다"고 말했다.[36] 하지만 강한 어조의 비판이더라도 뒷부분에 배치되면 눈에 덜 들어올 뿐 아니라, 취약계층을 간과하기보다는 어려운 상황에 맞서 책임 있게 대처한다는 전체 기사의 프레임에 도전하기가 어려워진다.

다른 뉴스 기관들도 비슷한 식으로 반대 의견을 취급했다. 『트리뷴』의 '데일리와 보좌관들, 비판 여론 물타기 시도'라는 기사에서 당시 시청 담당이었던 존 카스 기자는 시청 직원의 말을 반복적으로 인용하며 기자회견이 열리는 날 정부가 하는 일을 하루 동안 취재하여 시장과 시 고위 공무원들에게 그들 입장을 설명하고 쟁점이 되는 부분을 직접 자기 방식대로 정의하는 공간을 제공했다. 전체 28단락으로 구성된 기사의 24단락에서 앨버레즈 부장은 시가 "최선을 다했다"고 주장했다. 이런 부분이 지나간 뒤 25번째 단락에 와서야 "정치적으로 왕성한 활동을 벌이는 노인 단체인 대도시노인행동에서 시 당국이 냉방 센터에 갈 수 있도록 노인들에게 교통수단을 제공하지 않았고, 일부 센터는 별 이유 없이 문이 닫혀 있었으며, 시 정부에서 이상 폭염의 위험성을 더 강조했어야 한다고 말했다"는 내용이 나왔다.[37] 반대 의견이 기사 뒷부분에 묻혀 있었을 뿐 아니라, 반대 입장의 단체나 정부 이외의 기관에서 나온 의견도 기사에는 보이지 않았다. 시의 관료들은 뉴스 기사를 통해 스스로의 입장을 직접 밝힐 수 있지만, 그 반대편에 선 사람들은 언론에 의해 대변되는 경우가 많다.

단체에 소속되지 않은 사람이나 사회운동가들은 『시카고 디펜더 Chicago Defender』, 아프리카계 미국인 최대 신문인 『데일리 사우스타운』 등 전문화된 매체나 영향력이 적은 언론 단체에서 더 많은 지면을 받았다. 예컨대 7월 23일 자 『데일리 사우스타운』에는 '전문가들, 데일리는 오랫동안 더위를 느끼지 못할 것이다'라는 기사가 실렸는데, 이 기사에서 릭 브라이언트 기자는 시가 위기를 제대로 관리하지 못한 데 대해 한 정치고문이 한 발언을 인용했다. "이런 주장이 받아들여질 거라고는 생각하지 않는다." 그 고문은 그 이유에 대해 설명했다. "피해를 당한 사람은 대부분 그들의 입장을 대변해줄 조직이 없기 때문이다. 그들은 고립되어 있고, 가난하고, 연고가 없는 사람들이다. 그래서 그렇게 많은 사람이 죽은 것이다." 같은 호에 실린 기사 중에는 폭염 상황에서 59대의 구급차 중 28대가 운행되지 않았던 때가 있음을 밝힌 것도 있었다. 한 지역 노인 운동가는 인터뷰에서 감당할 수 없는 공과금 비용에 대한 두려움이 취약계층 노인들을 더위에 방치하게 했다고 말했다.[38] 그러나 상대적으로 적은 수의 시카고 주민과 다른 기자들만 이 기사들을 읽었기 때문에, 이러한 반대의 관점이 지역 정치 논쟁이나 전국적인 관심을 얻는 데 영향을 미쳤을 것 같지는 않았다. 지역 뉴스 잡지와 주간지들은 대부분 별 이유 없이 폭염 재난을 무시했다. 『시카고 리포터』는 인종 및 빈곤 문제에 관한 선두적인 지역 매체이자 시카고의 불평등에 관한 탐사 보도에 훌륭한 참고자료를 제공했지만, 폭염이 자신들의 관심사는 아니라고 생각했다. 내가 한 직원에게 고독사한 노인 수백 명에 관한 기사를 낸 적이 있느냐고 물었을 때, 그녀는 솔직하게 말했다. "아시겠지만 우리는 그런 이야기는 다루지 않아요. 우리는 주로 인종이나 빈곤, 부정을 다룹니다." 자연재해라는 프레임이 위기에 대한 편집자들의 관점에 영향을 미친 것 같다.

이야기의 할당

언론사의 조직 구조는 꾸준히 기삿거리가 될 만한 사건을 생산하는 장소나 단체에 관심과 자원을 집중하게 되어 있다. 어떤 문제와 사건을 특정 이야기의 형식에 맞추어 프레임을 적용하는 그들의 일상적인 절차도 마찬가지다. 『트리뷴』은 시카고의 다른 주류 언론 기관과 마찬가지로 어떤 유형의 이야기든 취재하는 일반 기자 외에 다수의 전문 기자가 있어 정기적으로 특정 지역이나 단체, 문제에 대해 보도를 한다.[39] 폭염 같은 사건은 신문사의 정규 취재 일정을 깨뜨릴 수 있지만, 정규 일정과 인적 자원의 배치 역시 그러한 위기를 어떻게 다룰 것인지에 영향을 미친다. 메트로 섹션에서 폭염을 취재할 기자들 배치를 담당했던 편집자 폴 와인가튼은 『트리뷴』의 조직 구조(이 경우에는 특별한 문제나 지역에 관해 심층 보도를 하는 전문 기자들의 존재)가 폭염 위기 취재에 어떤 영향을 미쳤는지 설명했다.

저는 이 사건이 중대한 뉴스가 될 것이라 생각해서 우리에게 정보를 줄 수 있는 사람을 생각해보기 시작했습니다. 쿡 카운티의 검시관이었죠.

우리에겐 쿡 카운티를 심층 취재하는 기자가 있었고, 그 사람은 검시관을 알 테니, 모르는 사람보다는 이 기자를 보내면 이야기를 더 잘 나눌 수 있을 거니까요. 누가 가장 뛰어난 현장 취재 기자인지, 특정 커뮤니티를 누가 가장 잘 아는지, 시청의 조직 구조를 누가 잘 파악하는지 알고 있는데 시청이 당신 담당이 되었다면, 그래서 자원을 어디에 배치해야 할지 결정해야 한다면, 그중에는 이미 배치되어 있는 기자가 있다는 말이죠. 시청에 있는 기자에게 전화를 걸어 "데일리가 이번에는 어떻게 하려는 거지? 시청은 냉방 센터 문제를 어떻게 하려는 거야?"라고 묻기만 하면 되는 겁니다. 카운티 기자에게 전화를 걸어 "거기로 가서 자초지종을 들어보는 게 어때?"라고 말하면 됩니다. 경찰 담당 기자에게는 "경찰은 지금 뭐 하는 중이야?" 하면 곧바로 취재하는 거죠.

『트리뷴』의 재난 보도가 여느 매체와 달랐던 이유는 편집자가 전문 필자에게 자신의 구역을 계속 지켜보게 한 것은 물론 기자팀을 구성해 직접 현장을 취재하게 했기 때문이다. 편집자들은 "생존자와 희생자의 가족을 인터뷰해서 그들이 어떤 사람들인지, 어떤 일을 하는지, 왜 죽어야 했는지 알아내려 했다"고 와인가튼은 설명했다. 그러기 위해서는 칼로조나 질린스키 같은 일반 기자들이 사망자가 발생했거나 전기와 물이 끊긴 곳에 차를 몰고 가서 일반적인 뉴스 현장에서는 알 수 없는, 재난을 통해 사람들이 겪은 일을 찾아야 했다. 폭염을 취재할 때는 편집자가 책임지고 (정확한 위치까지는 아닐지라도) 그러한 현장뿐 아니라 기자들이 해야 할 질문까지도 선택했다. 파파존은 일요일 사망자 명단을 보고 난 뒤, 기자팀에게 사망자의 주소 목록을 주고 회사 차에 태워 사망 장소로 보냈다. 칼로조는 이렇게 기억했다.

사람을 찾으러 가는 것과는 달랐어요. 이미 제 손에는 이름과 주소가 있었거든요. (…) 저는 어떤 사람의 집에 가야 했습니다. 밀워키가 폴란드인 지역을 지나면 바로 있을 거라고 생각했지요. 그곳에는 아파트 건물이 하나 있었고, 이 사람이 살았던 곳은 꼭대기인 3층이었죠. 저층 아파트였거든요. 제가 도착했을 때는 타는 듯이 더웠습니다. 저는 건물 안으로 들어갔죠. 그곳의 기온은 섭씨 50도는 됐을 거예요. 제가 인터뷰한 이는 집주인과 관계있는 사람인 듯했어요. 그녀는 건물을 관리하고 있었고, 사망한 여성도 돌보고 있었어요. 그녀는 그곳에 살고 있었습니다. 그녀가 여성 사망자를 알게 된 것은 오래전이라고 말했던 게 기억 납니다. 그녀는 사망한 여성에 대해 걱정을 많이 했고, 혹시 부채 따위가 필요한지 챙기기도 했었죠.

칼로조와 함께 파견된 기자팀은 뿔뿔이 흩어져 다른 지역에서 이와 비슷한 광경을 찾아다녔다. 그들은 편집부에 전화를 걸어 현장에서 찾아낸 내용을 전달하고, 다음에 할 일을 지시받았다. 조사과정 중 이 시점에서 편집자는 물론이고 여러 기자와 함께 기사를 작성하는 수석 필자는 그들이 수집한 여러 정보를 바탕으로 조사 범위를 조정하거나 더 깊게 파고들어갈 기회를 얻었다. 파파존은 이렇게 말했다. "속보일 경우 우리는 기자들에게 회사에 들어오기 전에 현장에서 전화를 걸라고 말합니다. 기자들이 뭔가 말할 것이고, 전화상으로

이 내용을 들을 테고, 그러면 어떤 아이디어가 떠올라 기자들에게 그 자리에서 취재해야 할 일이 생길 테니까요. 계속 들어오지 않길 바랄 겁니다." 편집자들은 현장에서 일하는 기자들을 감시해야 하는 부담을 느낀다. 신문사의 빡빡한 일정 탓에 긴급하게 전해야 할 사건의 취재 범위를 조정할 시간이 거의 없기 때문이다.

폭염을 취재하기 위해 현장 기자들을 배정하는 것 외에도 『트리뷴』 편집자들은 고참 직원 몇 명을 선발하여 커다란 기사의 메인 작가 역을 맡겼다. 다른 대형 신문사와 마찬가지로 『트리뷴』 역시 잡지 스타일의 기사 생산 관행을 택하고 있어, 대형 기사의 경우 한 명의 수석 필자가 기자들에게 얻은 정보를 바탕으로 기사를 구성한다. 퓰리처상을 수상한 기자이자 수석 필자 경험이 많은 루이즈 키어넌은 이렇게 설명했다. "대형 기사를 내야 할 때에는 기자팀을 파견합니다. 수석 기자 한 명과 중재자 한 명이 있는데, 폭염 기사에서는 제가 중재자 역할을 했죠." 수석 필자들은 약간의 조사를 직접 한다. 그리고 보도는 전혀 하지 않는 경우도 있지만, 대부분 모든 보도과정에 참여한다. 이들의 주요 임무는 기자들의 업무를 조율하며 현장에서 취재한 내용을 걸러내고 기사를 구성하는 가운데 나타나는 의문점을 정리하는 것이다. 이 일을 하려면 상당한 분량의 글을 써야 하고 편집 능력도 필요하기 때문에, 편집자들은 가장 경험 많고 능력이 입증된 필자에게 이 일을 맡긴다. 수석 필자는 대개 자신의 전문 분야에 관한 글을 쓰기 때문에 폭염 때 편집자들은 슈로이더에게 초기 의학과 과학 기사를 부탁했고, 그다음에 도시 빈곤 문제에 대한 특집 기사를 썼던 키어넌에게 일을 맡겼다. 고참 일반 필자들은 또한 주제에 관계없이 주요 기사를 윤문하고 이목이 집중되는 기사 수정에 도움을 준다. 폭염 때 『트리뷴』의 몇몇 베테랑 필자도 이런 역할을 해주었다.

잡지 스타일로 기사를 생산하는 데는 요구되는 정보가 많다. 하지만 필자와 기자 모두 괴로워질 수도 있는데, 그 이유는 필자들이 거리에 나가 문제와 사건에 대한 감을 얻을 만한 시간이 거의 없는 탓에 기자들은 자기가 찾아낸 정보의 중요성을 필자들이 인지 못 하는 건 아닐까 우려하기 때문이다. 많은 기자는 현장에서 직접 취재한 정보에 대해 필자가 비판적인 경우, 주제에 거리를 두게 되어 필자 자신에게 있던 선입견을 믿고 따르게 될 가능성이 높아지는 것이 더 큰 문제라고 주장한다. 일상적이고 관습적인 틀이 깊게 뿌리내려 필자가 의문을 제기할 만한 사람이나 장소, 상황 등에 제한적으로 접근하게 된다는 것이다. "필자 한 명에게 여러 사람이 이야기를 하게 되면 힘이 듭니다." 폭염 취재에 참여했던 한 기자가 지적했다. "내가 말하는 내용을 듣고 있는지 알 수가 없어요. 신문이 나오기 전에는 내가 기여한 내용이 실린 최종 결과물을 볼 방법이 없거든요. 그래서 나는 내가 본 것을 말하지만, 때로 필자는 글을 쓰기 전에 가지고 있던 선입견으로 기사를 쓰게 되는 겁니다. 그들의 생각을 바꾸는 것은 더 어려운 일이죠. 그리고 그런 일이 폭염 기사를 쓸 때도 어느 정도 있었다고 생각합니다."

빠르게 사고하기

긴급한 뉴스를 취재할 때, 수석 필자들 역시 엄청난 시간 압박에 시달린다. 슈로이더의 지적처럼 "완벽한 절차는 없습니다. 그리고 우리가 하는 모든 일은 시간을 다툽니다. 땡, 땡, 땡, 땡, 땡. 기사가 나올 때까지 시간은 밤새 흘러갑니다. 검시소에 있는 기자는 정기적으로 전화로 이야기를 나눕니다. 저는 기사를 쓰기 위해 알아야 할 것에 대해 묻지요. '대화를 나눈 이는 어떤 사람인가요? 검시관은 몇 명이나 되죠? 얼마나 오래 일합니까? 다른 병원과도 이야기를 나눕니까?' 따라서 저와 현장에 있는 사람들 사이에는 수많은 의견 교환이 일어납니다."

칼로조에 따르면, 일할 시간이 부족하긴 하지만 현장의 기자들 사이에는 많은 의사소통이 일어난다. 회사 공용차를 타고 나간 기자들은 두 시간이 걸려 현장까지 가서 인터뷰를 하고 현장을 관찰하며 편집자에게 전화로 보고한다. 이게 일반적으로 속보를 보도하는 데 할당된 시간의 양이라고 칼로조는 설명했다. 그리고 거리를 돌아다닐 시간이 거의 없을 때도 많다. 서둘러 일을 처리해야 해서 인터뷰나 사건에 대해 비판적·분석적으로 생각할 시간은 거의 없다. 그리고 기자들이 기사를 쓰거나 정보를 수석 필자에게 제출할 때 과거의 관습적인 틀과 아이디어로 되돌아간다면, 그 이유는 일상의 뉴스 제작 시스템이 그들이 처한 상황을 이해하는 능력에 제한을 가하기 때문이다. 로버트 베커는 언론계에서 자주 쓰는 말을 인용하며, 자신과 동료들은 어려운 문제에 대해 정확한 해답을 제공하려고 애써서는 안 된다고 주장했다. "우리 업무는 있었던 일에 대한 대략적인 개요를 기술하는 것이다. 누군가 우리 다음에 나타나서 일을 마무리할 것이다." "우리는 차트나 통계 자료를 많이 사용하지 않았다." 폭염 당시 부편집장이었던 제럴드 컨은 회상했다. "그건 과학적인 연구가 아니었고, 우리가 연구의 결과로서 기사를 제공한 것은 아니었기 때문이다." 『트리뷴』의 필자들은 그 대신 폭염을 "인간의 이야기이자 의학에 관한 이야기"로 묘사하려 애썼고, 그에 따라 기자들은 체계적인 지식보다는 "좋은 이야기를 찾아다녔다"고 컨은 설명했다. 그러나 실제로 일간지 기자들은 이야기를 들려주는 대신 설명적인 글쓰기를 하면서도, 분석 작업 전에 여기 제시된 결론은 일시적인 것이며 불완전하다는 사실을 독자에게 미리 말하는 경우는 거의 없었다.

묘사를 하려다 설명이 되어버리는 경우 중 가장 흔한 형태는 정부가 사용한 표현과 함께 사건을 설명하는 데 쉽게 접할 수 있는 기존 사회 통념에 의존하는 것이다. 폭염 당시 시 공무원 및 일부 기상학자의 지지를 받았던 자연재해와 기후의 우연성이라는 프레임은 지역 기자들에게 특히 인기 있었다. 치명적인 폭염의 이유를 파헤치는 기사를 연재했던 어느 기자는 사회적 혹은 정치적 원인에 대해서는 고려하지 않았다. 『트리뷴』의 시카고랜드 섹션 1면에 실렸던 기사 제목에 따르면, 기록적인 사망자가 나타난 데에는 "지나치게 높은 습도가 진짜 범인"이었다. 기사는 이렇게 설명했다. "다시 말해 모든 것은 결국 더위가 아니라 습도 때문이었다." 며칠 뒤 시카고랜드 섹션 머리기사에서는 이러한 논리를 가다듬었다. 단지 더위뿐 아니라 "습도, 공해, 풍향 등의 다른 요인(이를테면 콘크리트와 아스팔트로 인해 도시에서 열이 빠져나가지는 않는 열섬 현상 등)도 위험한 기후인지 판단하는 데 기온만큼 중요한 것으로 알려졌다."[40] 그 기사들이 기후에 대한 탐구라는 프레임으로 평범하게 다루어졌다면 다른 의미를 내포했겠지만, 이 기사들은 재난이 사회적 사건이 아니라 이상 기후로 인해 발생했다는 권위 있는 설명으로서 제시되었다. 폭염 당시 주로 자연과 기상학적 프레임 안에서 기획된 기사들이 주를 이루었는데, 이들 기사는 재난의 원인을 자연의 법칙으로 설명하는 데 큰 역할을 했다.

기자들 사이에서 많이 볼 수 있는 다른 분석적 행위는 탄탄한 보도를 할 때와 이와는 반대로 급하게 설명하고 평가하기 위해서 구할 수 없는 정보를 구하려고 할 때다. 예컨대 폭염 사망자의 특징에 관한 『트리뷴』의 첫 주요 기사를 보면, 분량이 많고 상세하게 묘사된 현장 저널리즘과 앙상하고 사변적 분석이 뒤섞인 전형적인 기사라는 것을 예증한다. 7월 18일 화요일 자 1면에는 "폭염 사상자는 우리와 똑같은 사람들이지만, 그들은 어떤 형태의 도움도 거부했다"는 기사가 실렸다. 질린스키와 키어넌이 공동 작성하고 7명의 필자가 도움을 준 이 기사는 몇몇 사망 사건을 기술하며 시작된다. "어떤 사람들은 선풍기를 좋아하지 않는다는 이유만으로 사망했다. 에어컨을 틀지 않으려다 사망하거나 범죄의 위협 때문에 창문을 여는 게 두려워서 사망한 사람도 있다."[41] 필자들이 이 사건에 대해 확실한 단서를 가지고 있다고 가정하는 게 타당할 것이다. 실제로 기사의 두 번째 페이지에는 기자들이 친구 혹은 가족을 인터뷰해서 찾을 수 있었던 사망자 9명에 대한 묘사와 유가족이 한 말, 사망자의 이름과 주소, 나이(『트리뷴』과 『선타임스』 모두 폭염 당시 이런 명단을 몇 가지 만들었다), 폭염 사망자가 발견된 장소 등 기자팀이 수집한 풍부한 자료가 나와 있다. 기사에 근거와 생생함을 제공하는 기본적인 보도는 중요한 정보를 확인하고 있지만, 이러한 자료를 구성하는 서술은 신뢰성이 떨어지는 결과에 기반하고 있다.

독자의 시선을 사로잡을 가능성이 가장 높은 기사 첫 페이지에서 키어넌과 질린스키는 사망자를 몰고 간 죽음의 방식에 대해 요약하고 있다. 그들이 기사를 쓰던 월요일까지 공식적으로 폭염으로 인한 사망자는 179명이었다. 그리고 검시소는 사망자가 최소 100명 이상 늘어날 것으로 예측한 바 있었다. 누구도 이들이 사망한 상황을 알아내기 위해 사망 패턴을 분석하지 않았지만, 키어넌과 질린스키는 두 번째 단락에서도 "[사망자들은] 대부분 그들을 돌봐주는 사람이 있었다면 목숨을 건졌을 텐데 그런 이가 없어서 어둡고 눅눅한 집에서 말없이 쓰러진 외로움의 2차 피해자들이 아니다"라며 주장을 이어갔다.[42] 기자들은 사망 당시의 상황에 대한 정보를 제공할 만큼 희생자와 가까웠던 이들을 찾아다니며 수 시간에 걸쳐 보고하긴 했지만, 이러한 주장에는 근거가 없었다. 필자들은 소수의 보고에 근거하여 일반화했을 뿐 아니라, 사망자의 친구 및 친척과의 인터뷰를 바탕으로 한 그들의 보도 방법 때문에 조사 대상이 근처에 사는 지인들에게만 집중될 수밖에 없고 생사 여부가 불분명한 고립된 사람이나 검시소에서 신원을 파악할 수 없는 사람들은 조사에서 누락될 수밖에 없는 가능성을 무시했다. 그러나 이 부적격한 기사는 『트리뷴』 1면에 실렸고, 대부분의 희생자는 친구와 가족들이 있는 곳에서 사망했다며 사망 패턴을 요약하고 있었다.

신문 기자들은 마감 시간을 절대 어길 수 없기 때문에 정보에 대한 접근이 제한적일 수밖에 없다. 하지만 팩트가 제한적이거나 생각할 시간이 주어지면, 기자들은 성급한 판단과 섣부른 분석을 피할 수 있다. 그럼에도 지식의 현대적 분류에서 공무원과 뉴스 독자들은 뉴스 기관에서 주요 사건에 관한 근거 있는 해석을 제공해주길 기대하며, 기자들은 (보도라는 그들만의 영역에서, 혹은 전문가이자 비평가, 칼럼니스트로서의 역할에서) 공개적인 토론의 조건을 정할 기회를 잡곤 한다. 하지만 힘이 넘치고 자극적인 전면 기사를 급하게 정하는 과정 중 화요일 판 편집자와 기자들은 폭염에 대한 기사에서 명백히 잘못된 용어를 사용했다. 헤드라인은 특히 핵심에서 벗어나 있었다.

헤드라인과 시각 자료

미디어학자들이 보여주었듯, 뉴스 기사의 중심 프레임은 기자들이 쓰는 기사에 따라 정해지지 않고, 독자의 주목을 받으며 주요 사안을 다루는 가운데 기사 내용을 소개하는 헤드라인과 그래픽 또는 사진 이미지에서 정해진다. 헤드라인이 중요한 이유는 헤드라인이 뉴스의 내용을 선택적으로 읽도록 구성함으로써 어떤 사건이나 이슈가 가장 중요한지 제시할 수 있기 때문이다. 신문을 처음부터 끝까지 읽는 사람은 거의 없지만, 헤드라인과 사진을 훑어보는 것이 일과인 사람은 많다. 헤드라인과 사진은 또한 마케팅적 기능도 한다. 도발적인 헤드라인과 사진은 그냥 지나쳤을지도 모를 독자가 신문을 사거나 주목하도록 유혹한다. 다른 많은 신문처럼 『트리뷴』에서는 교열 담당자가 대개 헤드라인을 정한다. 1면에는 나는 기사가 아니라면 기자와 편집자가 이 과정에 참여하는 일은 거의 없다. 때로 이 과정에서 나온 헤드라인이 내용을 제대로 표현하지 못해 기사 내용을 요약하기보다는 호도하는 경우가 있다. 예컨대 키어넌과 질린스키가 화요일 자 신문에 기사를 제출했을 때, 그들은 교열 담당자가 "폭염 사상자는 우리와 똑같은 사람들이지만, 그들은 어떤 형태의 도움도 거부했다"라는 제목을 붙일지 전혀 알 수 없었다. 가장 크고 굵은 활자로 그날 1면에 올라간 헤드라인은 명백하게 잘못되었을 뿐 아니라 기사 내용이나 함께 실린 이미지와도 부조화를 이루었다. 헤드라인의 약간 아랫부분에 희생자를 "우리와 똑같은"이라고 묘사한 부분의 기사는 "폭염 희생자는 대부분 노인이었다. 많은 이가 병들고 쇠약해져 있었고 가난했다. 몇몇은 술에 취했거나 이상한 행동을 했다. 나머지는 사회의 구석진 곳에 살고 있었다"였다. 다음 페이지에는 지도와 함께 폭염 관련 사망자의 분포를 제시하며 (아마도 헤드라인을 정한 동일한 교열 담당자가) "비록 쿡 카운티의 폭염 관련 사망자 수가 월요일에 179명으로 증가하긴 했지만 주소는 60곳만 알려졌다. 희생자 대부분은 시카고 빈민 지역에 사는 60세 이상의 남성이었다"[43]라고 썼다. 그렇다면 왜 교열 담당자는 1면 헤드라인에서 사상자들이 전형적인 시카고 주민이라고 주장했을까?

폭염 관련 기사 작업에 참여했던 어느 교열 담당자에 따르면 그들이 헤드라인을 쓰는 근거는 단순했다. "독자에게 더 많이 호소하여 기사를 읽게 하는 것"이었다. 바꿔 말해 헤드라인은 가난하고 나이

든 노인보다는 자신과 비슷한 사람에게 더 많은 관심을 갖는 독자들의 흥미를 끌도록 의도된 것이었다. 어느 기자가 설명한 바에 따르면, 이는 1990년대에 신문과 잡지의 관례였으며, 시장 조사에서는 독자들이 '당신you' 혹은 '당신의your'라는 단어가 표지나 기사 제목에 포함되어야만 가장 주목한다는 결과를 도출해 기업들에게 보여주었다. 마케팅 원칙을 언론의 규범으로 재탄생시킨 교열 담당자들은 주목을 받을 수만 있다면 의미의 정확도쯤이야 희생할 수 있었을 것이다.[44] 뉴스 기자와 편집자들에게는 기사를 확인할 기회가 주어지지 않았다.

신문이나 여타 언론 매체에서 영상 이미지를 활용해 내용을 설명하는 과정에서도 유사한 압력이 작용했다. 뉴스 편집자와 제작자는 말로 전달하면 효과가 덜한 핵심 정보를 사진기자와 촬영 기사가 화면을 이용하여 설명해주길 기대한다. 그러나 실제로 뉴스 기관은 그들이 취재한 내용을 극적으로 표현하고자 사진과 동영상을 사용하고, 가장 선정적이며 특이한 이미지를 선택한다. 비록 이러한 관행이 이슈나 사건에 대한 일반적인 특징보다 이례적인 것에 주목하고 있긴 하지만 말이다. 특이한 이미지는 그 장면이 의미 있는 사회적 행위나 흔치 않은 사건이 발생하는 모습을 담고 있을 때 보도 가치가 있다. 그리고 뉴스 청자들은 보도 가치가 있는 사건의 평범한 특징보다는 가장 흥미 있는 장면만을 보고 싶어한다. 그러나 폭염 같은 참사 상황에서는 뉴스 기관이 스펙터클한 이미지(그림 45, 46)를 얻을 기회가 너무 많아 이러한 볼거리로 사건의 심층적인 사회적 특징이나 정치적 특징을 덮어버릴 수 있다.[45]

시카고에 처음 폭염이 닥쳤을 때 사진기자와 촬영 기사에게는 폭염이 시각적인 도전이었다. 왜냐하면 폭염은 허리케인이나 토네이도, 폭설, 홍수 등과는 달리 직접적으로 표현되거나 극적인 움직임을 보이지 않기 때문이다. 이 문제에 대한 일반적인 해결책은, 폭염 초기에 텔레비전과 신문에서 보여준 뚜껑 열린 소화전 주변에서 노는 아이들의 모습과 호반에 모인 시민들의 모습에서 명백하게 드러난다. 물로 열을 식히는 장면으로 더위를 표현하는 것이다. 더위와 싸우는 물, 혹은 자연 대 자연이라는 시각적인 구도가 초기 재난 보도를 주도했다. 그러나 폭염이 치명적으로 바뀌었을 때, 사진기자들은 새롭고 훨씬 강력한 시각적인 재료를 얻을 수 있었다. 뉴스 시청자들은 죽음과 고통의 극적인 이미지가 텔레비전 뉴스와 신문에 나오길 기대한다. 수백 구의 시체가 쌓여 있는 쿡 카운티 시체안치소, 그보다 더 많은 시체를 싣고 있는 냉동트럭으로 가득한 주차장, 넋이 나간 구급대원 등의 광경이 기다리고 있었다. 취재하기도 쉬웠다. 그런 이미지를 포착하고 싶은 기자들은 장면을 찾으려고 도시를 배회할 필요가 없었다. 그저 시체안치소 주차장(그림 46)에서 기다리기만 하면 완벽한 이미지(충격적이고 극적이며 소름 끼치면서 색다른)가 그들 앞에 나타났다. 자신들의 방송이나 출판 매체에 '어울리는 색깔'을 찾아 제작자와 편집자는 직원들을 이웃으로 보내 경찰관이 집에서 시체를 꺼내는 장면이나 주민들이 더위에 대처하는 모습을 사진과 동영상으로 촬영했다. 표 11과 표 12에 나오는 신문의 폭염 기사 그래픽 사용 분석에서 볼 수 있듯, 더위에 대처하는 방법을 담은 장면을 제외하면 시체와 시체안치소가 가장 눈에 띄는 시각 자료였다. 희생

자가 살다 사망했던 상황을 묘사한 사진은 보도에서 크게 다뤄지지 않았다.

뉴스 기관은 시각 자료를 만들고 보여주는 데 상당한 자원을 쏟아붓는다. 그리고 방송이나 기사를 어떻게 보여줄지 기획하는 것은 언론이 하는 일의 기본적인 과정이다. 가장 시각적인 보도 매체인 텔레비전 뉴스는 가장 공공연하게 극적인 영상을 만들거나 얻기 위해

<u>그림 46</u> 쿡 카운티 시체안치소의 촬영 기사들. 이곳에서는 스펙터클한 영상을 쉽게 접할 수 있었다. 출처: 쿡 카운티 검시소. 사진: 존 A. 켈리

조직화되어 있다. 텔레비전 기자들은 늘 그들의 보도를 시각적으로 풍부하게 만들기 위해 고민한다. 라디오와 신문에서 폭염을 취재했던 기상학자 폴 더글러스는 텔레비전 기상 보도에 대해서 이렇게 설명했다.

영상을 어떻게 처리하고, 어떻게 하면 폭염 기사를 시각적이고도 흥미롭게 만들 수 있을까를 많이 고민합니다. 우리는 전반적인 '생존 방법'에 대해 특별 그래픽과 함께 집중적으로 다루었고, 기사를 설명하는 그래픽을 만드느라 애를 썼습니다. 어떤 영상을 보여줄 것인지 기획하는 데 많은 시간을 씁니다. 텔레비전 기상학자로서 느끼는 불만은 하루 중 많은 시간을 예쁜 그림을 궁리하는 데에만 사용한다는 것입니다. 실제로 지도를 보고 예보를 하는 데에는 그만큼의 시간을 들이지 못합니다. 대부분 쇼를 제작하는 데 시간을 써야 하니까요.

더글러스는 제작자가 그래픽 이미지를 기획하고 배치하는 데 중점을 두면 재난 취재가 구조화되고 자신의 전통적인 날씨 보도 시간이 피해를 받을 거라고 생각했다. 상대적으로 시각 자료에 덜 의존하지만 여전히 극적인 장면과 기사를 생생하게 만드는 강력한 그래픽의 도움을 받던 『트리뷴』의 슈로이더는 동료들의 입장을 이렇게 정리했다.

신문에서는 그 어느 때보다 그래픽에 중점을 두고 있습니다. 폭염은 여러모로 아주 시각적인 이야기였고, 편집자들이 어떻게 폭염을 다뤄야 하는지에 영향을 미쳤습니다. (…) 그래서 때로 기사를 작성할 때는 그래픽팀과 함께 할 일에 대하여 대화를 나누는 시간을 가져야 할 것입니다. 그래야 단순 반복이 아닌 실질적인 도움을 줄 수 있습니다. 또한 기자로서 그래픽을 위해 일부 정보를 제공해야 합니다. 이는 제작의 완전히 새로운 층위입니다. 때로는 그래픽을 위해 제공한 정보가 반드시 내 기사만을 위해 쓰이지 않을 수도 있습니다. 사진은 완전히 다른 층위입니다. 일반적으로 말해서, 이 신문사에서 기자들은 사진에 관한 업무까지 수행해야 하기 때문입니다. 그리고 이것이 의미하는 바는 사진기자가 언제, 어떻게 올 수 있는지 알아내 그들에게 기사 내용을 말해줘서 그에 따라 사진을 찍을 수 있게 해주어야 할 책임이 있다는 것입니다. 기자들은 언제나 기자 입장에서 사진이 무엇을 할 수 있는지 고민해야 합니다.

『트리뷴』의 사진 편집자들은 폭염 취재 때 능동적으로 자신이 맡은 일을 했다. 많은 시각 자료가 필요했기 때문이다. 하지만 뉴스 기자와 필자들은 뉴스 제작과정의 이미지 제작 부분에 참여하며 자신의 기사를 눈에 잘 띄는 곳으로 옮겨줄 수 있는 특이한 장면을 찾아내려 했다.

이야기, 이미지, 뉴스의 배치

사진과 그래픽은 뉴스를 만드는 사람들이 내리는 가장 중요한 편집 관련 결정에서 점점 더 큰 비중을 차지하고 있다. 가장 중요한 편집 관련 결정이란 뉴스나 방송에서 기사 혹은 방송을 배치하는 결정이다. 편집자와 제작자는 늘 1면이나 첫 번째 뉴스로 내보낼 극적인 이미지를 찾고 있다. 이러한 기사나 뉴스는 독자와 시청자가 취재 내용에 관심을 갖도록 의도된 것이다. 『트리뷴』의 사진과 그래픽 디자인 편집자들은 일간 편집 회의에서 1면에 들어갈 기사를 결정하는 데 중요한 역할을 할 때가 많다. 확실하게 선택할 만한 기사가 없다면 대개 극적인 사진이나 그래픽으로 기사를 택한다. 때때로 편집자들은 관련 기사도 없이 자극적인 이미지를 1면에 배치한다. 혹은 이와 유사하게 뛰어난 기사지만 좋은 이미지가 없다면 지면에 싣는 것을 연기하기도 한다.

폭염을 보도했던 대부분의 지역 및 전국 뉴스 기관은 눈에 잘 띄는 시체 운반부대에 희생자가 실려 있는 사진이나 시체안치소의 혼란스런 광경을 담은 사진을 보여주었다. 『트리뷴』은 부검 기술자가 냉동트럭에서 검시소로 시체를 옮기는 사진을 7월 17일 자 여러 판 중한 곳의 1면에 실었고, 나머지 판에는 시카고 경찰차들이 "새롭게 발견된 사상자"를 운반하려고 줄지어 서 있는 사진을 실었다. 7월 18일자 전면 사진 역시 비슷했다. 엥글우드 주변 지역의 한 경찰관이 아파트에서 나온 시체를 옮긴 뒤 지친 몸을 차에 기대고 쉬는 모습을 보여주었다. 한 손으로 장갑 한 짝을 쥔 채, 다른 손은 발에 놓여 있었다. 7월 19일 자 1면에는 사망자 수를 막대그래프로 보여주었고, 함께 실린 기사에는 장례 노동자가 시카고주택공사 주택에서 발견된 시체 한 구를 미니밴으로 운반하는 사진이 실려 있었다. 그날 시카고랜드 섹션 전면도 거의 똑같았다. 경찰관 네 명이 사우스사이드의 원룸주거시설에서 한 희생자를 옮기는 모습을 찍은 사진 한 장과 시카고주택공사 주민들이 창문을 내다보며 이웃의 사망자를 치우길 기다리는 모습을 담은 사진이 있었다. 『선타임스』 역시 비슷한 순서로 게재되어 있었다. 7월 17일 자 전면에는 시체안치소에 있는 트럭을 부감 쇼트(머리 위에서 아래를 바라보며 찍은 사진—옮긴이)로 찍은 사진 한 장과 부검 기술자가 시체를 차에 싣는 모습을 클로즈업으로 찍은 사진을 나란히 배치했다. 7월 18일은 데일리 시장과 앨버레즈 본부장의 사진, 실행하지 못한 시카고 폭염계획이 표지를 장식했다. 7월 19일에는 또 다른 시체안치소 노동자의 지친 모습이 1면에 나왔다. 시체와 냉동트럭, 구급대원들의 지친 모습 등 극적인 이미지가 언론의 폭염 기사를 도배하며 뉴스 역사상 잊지 못할 한 주를 장식했다. 하지만 주변에서 일어나는 충격적인 사건의 원인을 독자들이 이해하거나 시의 사회적, 정치적 상황과 보건 위기의 관계를 규명하는 데 사진이 도움이 된다는 단서는 거의 없다. 그보다는 기자들이 생산하는 선정적인 기사 및 죽음과 재난의 이미지가 뉴스 기관이 성취하려고 하는 저널리즘의 목적을 실추시키고 있었다.

독자의 구분과 선별적 뉴스

폭염을 스펙터클하게 재현하는 것이 오히려 재난을 일으킨 사회적 조건이 드러나지 않도록 방해한다면, 사건과 관련된 독자들이 누구인지에 대한 편집자의 판단에 따라 사건의 특징 일부가 드러나지 않을 수도 있다. 모든 언론 기관의 가장 근본적인 결정은 어떤 이슈나 사건이 독자에게 뉴스로서 가치가 있느냐는 데 따른다. 여러 제도적 절차와 전문적 기준에 따라 이런 결정이 내려진다.[46] 『시카고 트리뷴』 같은 언론사들은 과거 단일한 미디어 상품을 생산하여 전체 독자에게 다가갔다. 따라서 편집자들은 다양한 독자의 이해관계에 따라 기사를 선정하고 배치하는 쪽으로 판단을 내렸다. 하지만 1995년 『트리뷴』지는 진일보한 출판 기술을 이용하여 대도시의 다양한 지역에 따라 특화된 메트로 섹션과 특정 독자들을 위한 전면 기사를 만들어, 일간지 지면을 8개의 구역화된 판으로 만들었다.[47] 시의 중심부에서 나오는 뉴스는 여전히 『트리뷴』의 주요 지역 기사의 핵심 부분이었고, 대부분의 폭염 기사는 대도시 거의 모든 지역의 독자에게 관심을 받을 만큼 중요하고 극적이었다. 하지만 시에 사는 주민보다 부유한 대다수 교외지역 독자는 수많은 시카고 주민이 더위에 취약하게 된 이유였던 사회적, 경제적 어려움(에어컨이 없는 사람은 거의 없었다)을 겪지 않았다. 편집자들은 교외지역 독자들이 시의 소식과 스펙터클한 이미지에 관심과 흥미를 보인다는 사실은 알았지만, 이들 독자가 사건의 사회적, 정치적 본질을 상세하게 알고 싶어하는지에 대해서는 확신이 없었다.

구역화된 생산과 분산 배치 시스템 덕분에 『트리뷴』 직원들은 재난 보도의 대상 독자를 선택할 수 있었다. 폭염이 진행되면서 교외지역의 일부 편집자들은 자기네 지역에 사는 독자를 위해 특정 폭염 보도를 삭제하거나 수정, 인용, 재배치했다. 예컨대 7월 17일 메트로 섹션 일부 교외지역 판에는 "갈기의 매력을 찾아서"라는 말의 사진을 찍는 사진기자에 관한 긴 특집 기사가 시카고랜드 섹션의 냉방 센터의 문제점에 관한 머리기사를 대신하여 전면에 실렸다. 전기가 들어오지 않아 고생하는 어느 시카고 할머니의 사진을 말의 이미지로 대체한 것이다.[48] 이러한 결정의 근거는 단지 편집자가 생각하기에 교외지역 독자에게는 주민들이 도움을 받으려 애쓰거나 정부 기관이 냉방 센터를 고치려고 서두르고 있다는 정보가 말의 문제보다 덜 중요하다는 데 있었다.

대상 독자를 선택하는 다른 기술은 그래픽과 사진을 교체하여 자신과 비슷한 사람들에 대한 뉴스를 원하는 독자에게 제공하여 공감

It's frying time again

Christine Hernandez, 4, (at right) gets a dousing from a hose held by her mother, Yolanda Ortiz, at their Elgin home. Ortiz (above) also cools off her niece, Esperanza Hernandez, 1, who shrieks. She is held by her cousin Erica Hernandez, 9. Rocky the German shepherd gets a drink in Elk Grove Village.

Tribune photos by Chuck Berman

<u>그림 47</u>　7월 14일 도시 메트로 노스웨스트판 1면에 실렸던 어린 라틴계 미국인의 사진. 폭염 보도를 할 때 특정 인종 및 민족 집단의 독자를 대상으로 하려는 신문사의 전략을 반영하고 있다.

It's frying time again

<u>그림 48</u> 『시카고 트리뷴』 7월 14일 메트로 매켄리판 전면에 실린 이 사진은 교외지역 뉴스 독자
층을 주요 목표로 삼고 있다.

대를 형성하는 것이다. 이 과정은 대개 인종 및 민족 집단에 따라 이
미지를 교체하는 일을 포함한다. 구체적으로 말하자면, 도시 구역판
의 아프리카계 미국인이나 라틴계 주민들의 사진을 교외지역판에서
는 백인의 사진으로 바꾸는 것이다. 예컨대 7월 14일 메트로 섹션
1면 사진의 경우, 도심지 메트로 섹션판(그림 47)에는 라틴계 네 명(크
리스틴 에르난데스, 욜란다 오르티스, 에스페란사 에르난데스, 에리카 에르
난데스)의 사진이 실렸고, 교외판 메트로 매켄리판(그림 48)에는 백인
다섯 명(덕 와이즈너, 그레그 호무스, 폴 므로스, 앨릭스 오벤샤인, 애슐리
베도어)의 사진이 올라갔다.

　냉방 센터에 관한 기사를 올리지 않고 사진의 인종 및 민족 구성
을 바꾼 편집부의 선택이 사건의 공적인 재현에 큰 변화를 준 것은

아닐지도 모른다. 하지만 매일 그와 유사한 결정이 조금씩 반복되면, 사회적으로나 물리적으로 이미 분리되어 있는 대도시 지역 커뮤니티 사이에 정보 이동을 가로막는 장막이 더해진 채로 뉴스를 생산하고 배치하게 될 것이다. 만일 다양한 『트리뷴』 독자들이 폭염을 서로 다르게 바라보았다면, 그렇게 된 데에는 언론 기관의 자료 제공도 일부 영향을 미쳤을 것이다.

재난의 뉴스로서의 가치: 주요 이야기의 흥망성쇠

더위가 물러가고 검시소에서 희생자를 모두 처리하고 나자 『트리뷴』의 일부 기자와 편집자는 재난 취재에 대한 자체 평가를 했다. 존경받는 선임 편집자이자 필자인 빌 렉텐월드는 『트리뷴』이 인간적이고 사회적인 측면을 보도하는 데 실패했다고 보았다. 희생자들은 사인이 불명확한 상태로 남아 있었다. 긴급 뉴스를 작성했던 한 기자는 이렇게 설명했다.

취재에서 보여준 것은 실제 그 사람들의 삶이 아니었습니다. 그들은 정말 추한 삶을 살고 있었습니다. 가난하거나 미친 사람들이 그러하듯, 더러운 곳에서 고생하며 고통 속에서 지내다 죽었지요. 관례적으로, 가난한 사람이 죽은 사건을 보도할 때는 정해진 과정이 있습니다. 정해진 분위기가 있는데, 거의 희화화되다시피 한 이미지입니다. 가난한 사람을 취재하는 방법은 마치 기자들이 사용하는 약어略語와 같습니다. 아주 간단합니다. 희생자를 비난하지 않으면 글을 쓰기가 어렵습니다. 가난한 사람에 대한 글을 아주 구체적으로 묘사해야 합니다. 그렇다고 반드시 정확할 필요는 없습니다.

기자가 불쾌해하는 데는 그럴 만한 이유가 있었다. 가난과 고립의 고통 및 위험에 관해 충분한 단서를 가지고 썼다고 믿었던 그의 보도가 "대부분 어떤 형태의 도움도 거절했다"라는 부제를 달고 기사에 활용되었기 때문이었다. 하지만 초기에 폭염을 취재했던 다른 몇몇 기자도 취재에 대해 불만을 나타냈다. 그리고 일부 편집자까지도 신문에서 더 깊이 있게 다루어야 했다고 생각했지만, 신문사에서는 폭염 희생자들을 피상적으로 다루었다.

렉텐월드는 오랫동안 시카고에 살았기에 참사의 중요성을 충분히 인지하고 있었다. 그는 『트리뷴』이 본연의 자세로 돌아가 기사에 충실해야 하며 폭염을 속보로 다루었을 때 놓쳤던 관점을 숙고해야 한다는 의견에 목소리를 더했다. "이후 우리가 할 수 있는 일이 무엇인가에 관한 어려운 질문이 남아 있습니다." 렉텐월드는 말했다. "이 일은 역사상 가장 큰 사건 가운데 하나입니다. 이스트랜드 참사(1915년 시카고강에서 증기선 이스트랜드호가 전복되어 844명이 사망했던 사건— 옮긴이) 때처럼 많은 사람이 사망했고, 그만큼 중대한 사건입니다. 살펴봐야 합니다." 렉텐월드에 따르면, 그때 편집장 앤 마리 리핀스키가 대규모 기자팀을 파견하여 희생자를 조사하고 그들의 삶과 죽음에 관한 프로필을 만들자고 제안했으며, 렉텐월드는 프로젝트의 책임자 역할을 맡았다. 기자 10명이 투입되어 각자 많은 사고가 발생한 지역으로 가서 사망자에 관한 모든 것을 알아내기로 했다. 렉텐월드는 또 다른 베테랑 편집자인 제럴드 컨의 도움을 받아 기자들에게 나눠줄 표준 설문지를 만들어 사망자의 삶을 조사할 때 사용하게 했다. 두 사람 모두 이 기사가 주요 화제가 될 것이라 확신했고 이 프로젝트가 사망 패턴을 이해하는 데 도움이 되길 바랐다. 렉텐월드와 컨은 사망자의 약 4분의 1의 프로필을 만들어 재난에 관한 주요 기사에 사용하길 바랐다. 렉텐월드의 기억에 따르면, "우리는 희생자의 명단을 만들어 지도를 살펴보고 싶었습니다. 정말 좋은 기획이었습니다. 그래서 관리자를 설득할 수 있었지요. 저는 흑인 지역, 히스패닉 지역, 백인 지역 등 시의 4분의 1을 조사하는 것이라고 생각했습니다. 저는 기자들과 일하기 때문에 누가 밖에 나가 계단을 올라 문을 두드리고 싶어하는지 파악하고 있었습니다. 일에 잘 맞는 사람을 배치하는 게 좋거든요."

렉텐월드는 기자들을 모았다. 거기에는 칼로조, 질린스키, 베커, 키어넌을 비롯해 마이클 마르티네스, 멜리타 마리 가자, 제니타 포, 제리토머스, 폴 드 라 가자 등이 있었다. 3주가 넘는 기간에 그들은 대략 100개의 구하기 어려운 프로필을 만들어냈다. "그저 주소지에 가서 문을 두드렸을 뿐입니다. 꽤나 전통적인 방식의 보도였죠. 결국 더 가난한 지역까지 가게 됐습니다. (…) 우리가 취재했던 죽어가는 사람 모두 혹은 대다수가 가난했거든요. 웨스트사이드와 스테이트가에 있는 공공주택까지 가서야 끝이 났습니다. 단지 일화를 수집하고 이야기를 듣는 일이었지만, 아주 중요한 기사를 쓰는 듯한 표정을 지으려고 애썼죠." 질린스키가 설명했다. 보도가 끝났을 때 취재팀에는 희생자에 대한 어마어마한 양의 정보가 쌓였고 그들은 중요한 기사를 쓸 준비가 되어 있었다. 렉텐월드는 또한 검시소에서 완전한 사망자 명단을 구했는데, 사망자의 위치를 표시하는 데 이르리 활용했다. 어느 기자가 "절대적인 어떤 것을 가리키는 것이 아니라 폭염의 어떤 성격을 자기 반영하고 있는 수많은 통계치"라고 한 것에서 렉텐월드는 "압도적으로 많은 사망 사건이 빈곤 지역에서 발생했고, 빈곤 지역엔 주로 흑인이나 히스패닉이 거주했다"는 사실을 발견했다. 그와 그의 동료들은 재난에 대한 강력하고 도발적인 일련의 기사를 써서 초기 보도에서 충분히 다루지 못했던 불평등 문제를 밝힐 준비를 마쳤다.

하지만 렉텐월드 등이 기사를 쓰기도 전에 그들은 전혀 예상 못 했던 상업적인 고려에 부딪혔다. "우리가 기사를 마칠 때쯤이면 9월이 되는데, 그때까지 사람들이 이 이야기에 관심을 가질지 진지하게 판단해야 했다"고 칼로조는 회상했다. 본래 프로젝트에 우호적이었던 일부 편집자들은 이제 그 이야기가 잘 받아들여지지 않을 것을 우려했다. "독자들이 무관심할 거라는 인식이 있었다. (…) 가을이나 겨울이 되는데, 얼마나 많은 사람이 여름 이야기를 읽겠어?" 폭염을 둘러싼 프레임이 다시 한번 바뀌어 폭염은 이제 특정 계절에만 유효한 사회성 기사로, '여름 이야기'가 되었다.

결국 고위 편집자들은 독자들이 가을에는 여름 이야기에 관심을 두지 않을 것이라고 결론 내렸다. 그들은 이 프로젝트에 많은 자원을 쏟아부었음에도 렉텐월드가 계획했던 대규모 기사를 공개하지 않고 사망한 개인 11명의 삶을 짧게 묘사한 기사와 함께 간략한 설명을 덧붙여 게재해야 했다. 최종 기사는 11월 26일 전면에 실렸다. "폭염 희생자들: 함께 사망하다"라는 제목과 함께 노스사이드 주거시설의 사진이 실린 이 기사는 루이즈 키어넌이 초안을 작성했지만 마무리를 한 적은 없었다. 『트리뷴』은 그녀의 휴가 중에 기사를 내보냈기 때문이다. 컨과 렉텐월드가 사망자 패턴을 분류하느라 오랫동안 고생했음에도, 기사에는 사망에 대한 체계적인 분석이나 그러한 분석을 하기 위해 광범위한 취재를 했다는 단서는 거의 보이지 않았다. "저는 우리가 수집한 정보를 이용한 형식으로 초안을 작성했어요. 그리고 추수감사절 휴가를 떠났지요. 그런데 제가 없을 때 이 기사를 게재하기로 결정했답니다." 키어넌의 설명이다.

"만족할 만한 프로젝트는 아니었습니다"라고 그녀는 기억했다. 기자들이 희생자들에게서 새로운 사실을 밝혀내지 못했기 때문이기도 하고, 기사를 마무리할 기회를 얻지 못해서이기도 했다. 한 편집자는 최종 기사에 대해 "매우 실망스럽다"고 했고, 취재에 참여했던 일부 기자들은 시간 낭비를 했다고 생각했다. "우리는 아주 멋진 기사를 쓸 수 있었어요"라며 칼로조는 안타까워했지만, 겨울이 다가오고 재난이 과거로 흘러가면서 훌륭한 보도와 치명적인 위기를 불러일으켰던 역사적 사건은 뉴스가 되기에는 충분하지 못했다. 결국 편집자가 계획했던 대규모 기사는 폭염의 희생자들처럼 잊히고 말았다.

도시 환경에 나타나는 위험

7월 29일 치명적인 폭염이 지나간 지 2주도 되지 않았고 마지막 희생자가 땅에 묻히기도 훨씬 전에, 새롭게 등장한 고온의 공기 덩어리가 시카고로 다가와 도시의 건강을 다시 위협했다. 이번에는 기상이변의 강도와 지속 기간이 심각한 정도는 아니었지만, 최근에 입은 외상 탓에 주민과 관료들은 위험에 민감하게 반응했고, 집단적인 반응은 매우 크게 나타났다. 시카고 시민들은 스스로를 지키고, 이웃을 돕고, 가족이 안전한지 확인하느라 특별한 노력을 기울였을 뿐 아니라 처음에는 책임을 인정하지 않았던 시의 기관 또한 가장 많은 도움을 필요로 하는 노인과 고립된 주민들을 돕기 위해 종합 응급 대책을 세우고 실행에 옮겼다. 시민의 건강과 복지를 지킬 책임이 없다고 부인하던 정부는 공식적으로 폭염 응급 상황을 선언하며 수백만 달러를 복지 계획을 지원하는 데 사용했다.

데일리 시장이 리더십을 발휘하여, 시 정부는 유권자를 보호하기 위해 전면적인 노력을 기울였다. 시카고 시민들이 특별한 도움을 필요로 하거나, 냉방 센터 등 다른 서비스에 대한 정보를 알고 싶어할 때 전화할 수 있는 긴급직통전화를 개설하고, 콜센터를 열어 80여 명의 직원 및 자원봉사자들이 노인에게 전화를 걸어 안전하게 잘 있는지 확인하도록 하며, 전문 간호사를 포함한 직원 200여 명과 100여 명의 추가 직원이 대기하면서 폭염통제센터를 관리했다. 지역 정부역시 소방부에 구급차 16대를 추가하여 폭염 기간에 임시로 사용하게 해주었고, 지역 택시 회사와 계약하여 수백 대의 택시를 노인들이 냉방 센터로 이동하는 데 교통수단으로 제공했다. 또한 노인 커뮤니티 센터의 시간을 연장하고, 더위를 식히는 방법에 대한 지시 사항이 담긴 소책자를 나눠주며, 유급 봉사 노동자에게 독거노인이 많이 사는 지역에서 집집마다 주민들의 상태를 확인하게 했다. 마지막으로 시의 기관들은 폭염 관련 질병과 응급 환자 수용에 대비하기 위해 지역 병원의 응급실은 물론이고 요양원 117곳까지 모니터링하며, 냉방 센터로 주민들을 수송하기 위해 차량을 대기시켰다. 그리고 냉방 센터 70곳을 열고 호반과 공공 수영장의 운영 시간을 연장했으며, 지역 방송국과 협력해 비상 경고 방송을 함으로써 가족과 이웃의 안전을 서로 확인하게 하고 '더위를 피할 방법'을 알려주었으며, 더위 관련 질병에 대처하는 방법을 널리 알렸다. 분명 보기 드물게 종합적인 대응이었다.

두 번째 폭염은 첫 번째보다 기간도 짧고 덜 위험했다. 기온과 체감온도도 각각 섭씨 34도와 40도였고, 밤 기온은 훨씬 더 떨어졌다. 기후가 달라졌고 2주 전에 이미 수백 명의 취약층이 사망했기 때문에 시의 프로그램 덕분에 얼마나 많은 생명을 구했는지 정확히 알 수는 없었지만, 더위가 물러간 뒤 시카고에서 더위로 사망한 사람은 불과 두 명이었다고 전해졌다. 지역의 비판자들은 시의 대응이 이례적으로 강력했던 이유는 오직 지역 관료들이 여전히 그들의 기억 속에 뚜렷이 남아 있는 재난이 재현되는 것을 두려워했기 때문이라고 했다. 여전히 일부 시카고 여론 주도층은 시 정부가 두 번째 위기 상황을 모면하려고 노력한 것에 별다른 감동을 받지 못했다. 시 정부가 첫 번째 폭염에 적절히 대처하지 못했다는 명백한 단서가 있음에도, 『시카고 트리뷴』은 사설을 통해 "이번에도 (…) 시청의 주문관들은 과잉 반응을 하는 것 같다. 이는 시민들의 세금을 낭비하는 일일 뿐 아니라 만반의 준비를 갖추는 데에도 해를 끼친다. (…) 또한 교회나 공동체 조직들이 훨씬 효율적으로 잘할 수 있는데 시청의 직원들이 전화를 걸고 있어야 하는지도 의문"이라는 견해를 밝혔다.[1] 쓸데없고, 비효율적이고, 심지어 지역 문화에 위협을 가한다고까지 여겨졌던 공식적인 폭염 비상 대처는 이미 논란의 여지가 많은 프로그램이 되고 말았다. 시의 기관들이 다시 그러한 노력을 기울이는 데 대중이나 언론의 지지를 받을 수 있을지는 불확실했다.

그러나 1999년 여름 시카고에는 여름철 기상이변에 대한 대비가 훨씬 잘되어 있었다. 폭염의 위험을 알리는 소책자가 도시 어디에나 비치되어 있었고, 언론에서는 여름철 기후의 위험성을 알리는 경보를 자주 발령했다. 지역 정부는 날씨 관련 비상 시기에 시카고 시민 누구나 전화를 걸거나 방문하여 신고할 수 있는 시스템을 개설했고, 폭염의 위협만을 전담하는 웹사이트를 구축했다. 보건부에서는 응급 의료 서비스를 관리하는 시스템을 개발했다. 노인부는 고립된 노인들의 연락망을 확장하고, 노인 커뮤니티 센터를 활용하여 계절에 따른 생존 전략을 교육했다.

1999년 7월 말부터 8월 초 사이에, 기상학자들의 표현에 따르면 "강하지는 않지만 오래 지속되는" 폭염이 시카고에 닥쳤을 때 시에서는 적극적으로 고립된 노인과 기타 취약계층을 돌보았다.[2] 코먼웰스 에디슨의 발전기는 이번에도 전기 수요를 감당하지 못했다. 1995년에 문제를 일으켰던 노스사이드의 대규모 변전소는 1999년에도 문제를 일으켜 1만여 명의 주민이 사흘 동안 전기를 사용하지 못했다.[3] 물 부족 현상도 자주 나타났다. 비록 1995년 8월에 제공했던 이례적인 수준의 서비스와 지원을 제공하지는 못했지만, 시는 폭염 비상계획을 활용하고 가족과 공동체를 격려하여 위험에 처해 있을지 모르는 사람들을 돌보게 했다. 중서부지역기상센터Midwestern Regional Climate Center는 시의 대처를 다음과 같이 정리했다.

시카고는 기상이변운용계획을 가동하여, 7월 22일 중앙폭염통제센터를 열었다. 강경한 어조의 보도자료를 언론에 배포하여 1995년 폭염으로 700명이 사망한 사실을 모두에게 일깨웠다. 시카고시는 냉방 센터 34곳을 지정하여 냉방 센터에 오려는 사람들에게 무료로 버스를 이용할 수 있게 했고, 노인과 공공주택 주민의 안전을 확인하는 계획을 발표했다. 시카고 소방청장은 이러한 시의 업무를 총괄했다. 23일 시카고시는 31곳의 학교를 개방하여 냉방 센터를 더 많이 이용할 수 있게 하고, 경찰은 집집마다 방문하여 독거노인들의 안전을 확인하는 시 노동자의 수를 더 늘렸다. (…)

폭염 닷새째인 25일, 시 정부는 방송 및 뉴스 매체를 통해 냉방 센터를 이용해달라고 설득했다. 22일 이후에 이용률이 낮은 것을 발견했기 때문이다. 조사 결과 많은 이가 도둑이 들까 두려워 집을 떠나지 않으려고 했다. 노인들에게 관심을 기울이려고 노력한 결과, 7월 21일에서 25일 사이에 3만여 명 이상의 집을 방문했다. (…)

7월 29일 폭염이 갑자기 돌아왔다. 그 전에 예보한 대로였다. 시는 7월 29일 폭염센터를 다시 열었고 기상이변운용계획을 재가동했다. (…) 시에서는 노인에게 311번으로 전화를 걸어 도움을 청하라고 촉구했고, 수백 명의 직원을 파견하여 노인들의 건강을 다시 살폈다. (…) 1200명 이상의 사람이 폭염 기간에 시카고의 냉방 센터를 찾았다. 이 가운데 50여 명이 열 스트레스 증상을 보여 바로 병원으로 이송되었다.[4]

이러한 광범위한 노력에도 불구하고 쿡 카운티는 110명의 사망자를 기록했다. 역사적 기준으로 보자면 높은 수치이지만 1995년 사건에 비하면 매우 낮은 수치다. 공식 기록에 따르면, 사망자의 70퍼센트 이상이 숨 막힐 듯 달아오른 아파트에서 죽은 채로 혹은 죽어가는 상태로 발견됐고, 사망자의 절반 이상은 남성이었다.[5] 사망자의 약 3분의 1은 60세 이하로 드러나, 이상 고온과 고립의 위험이 노인들의 전유물이 아니라는 것을 명백하게 보여줬다.

기후는 두 재난의 사망자 수 차이의 일부만을 설명한다. 중서부 지역기상센터 연구원들에 따르면, "시카고의 1999년 폭염이 절정에 달했을 때의 상황은 1995년과 매우 비슷했고, 특히 야간의 기온과 습도가 유사했다. 따라서 폭염 사망자 수가 1995년 700여 명에서

1999년 114명으로 감소한 이유가 기후 차이 때문만이라고 하기는 어렵다".[6] 그 대신 기상센터 연구팀이 발견한 점은 시카고시 정부가 "미리 대비하고" "시의적절하며 활발하게" 대처하여 "1995년 폭염 때 일어났던 일과 뚜렷한 대조를 보이며" 폭염의 위험성에 관한 대중의 인식을 고취시키는 데 중요한 역할을 했고, 그 결과 사상자 수가 줄어들었다는 것이다. 이는 다른 도시에서 폭염 관련 대처 시스템을 잘 실행했을 때 극한의 여름 날씨에도 사망자 수를 줄일 수 있었다는 연구 결과와 일치한다.[7] 수석 검시관 에드먼드 도너휴는 언론에 이렇게 말했다. "우리는 시카고시의 노력에 만점을 주어야 합니다. 하지만 현재의 영예에 안주해서는 안 됩니다. 계속 노력해서 여름에 폭염 관련 사망자가 나오지 않도록 해야 합니다. 그리고 그것은 가능한 일이죠."[8]

그러나 1999년 폭염 때문에 도너휴는 주민들에게 여름 기후로 인해 피해를 주는 사회적 조건의 가혹함을 과소평가했을지도 모른다. 그리고 종합적인 폭염 비상계획은 필요한 것이지만 재난을 막아내기에 충분하지는 않다. 1999년 대중의 민감한 반응과 적극적인 정책 대처로 사망자 수를 크게 줄일 수는 있었지만 100여 명의 고립된 취약계층이 고독사하기에 충분한 사각지대가 있었다. 극심한 폭염은 비슷한 규모의 사회적, 경제적 어려움에 처한, 그러나 예방 계획을 실시할 정치적, 문화적 자원은 부족한 도시에 훨씬 큰 영향을 끼칠 수 있다. 심지어 주민과 관료들이 여름의 위험성에 적절히 대처하는 데 안이해졌을 때 시카고에도 그럴 수 있다.

다수의 환경학자에 따르면 더욱 파괴적인 여름 날씨가 나타날 가능성이 크고, 그 영향력은 1995년만큼 심각하지는 않더라도 끔찍할 것이다. 이를테면 기후변화에 관한 정부간 협의체Intergovernmental Panel on Climate Change는 최근 "21세기에는 최고 기온이 더 높아지고 더운 날이 더 많아지며 폭염이 거의 육지 전체에서 나타날" 가능성이 90에서 99퍼센트라고 예상했다. 그 결과 "노인과 도시 빈곤층의 사망 사건 및 심각한 질병이 증가"하고 폭염과 지구온난화의 원인 가운데 하나인 냉방장치에 크게 의존하게 될 것이다.[9] 비록 지구온난화에 회의적인 기후학자들은 1995년 시카고를 강타했던 극심한 날씨가 당장은 다시 나타날 가능성이 없다고 주장하긴 하지만, 기상학자 폴 더글러스처럼 1995년 시카고에서 벌어진 일이 "단지 앞으로 다가올 일의 예고편에 불과하다"고 주장하는 사람도 많다. 폭염은 오랫동안 미국에서 가장 치명적인 환경 사건이었지만, 앞으로 더욱 파괴적으로 변할 가능성이 있다.

최근 점차 많은 도시에서는 시카고에서 발생했던 폭염으로부터 교훈을 얻어 극심한 여름 날씨로 인한 위험을 사전에 예방하는 정교한 프로그램을 구현하고 있다. 그러나 가난하고 고립된 도시 주민 사이에 만연한 사회적 고통으로 서서히 죽어가는 일상의 위기를 예방하고자 프로그램을 개발하려는 집단적인 투자나 정치적 의지는 별로 보이지 않는다. 사실 1990년대 후반(미국의 시 정부들이 발전된 폭염 경보 및 방어 시스템을 도입했던 바로 그 시기) 의회는 LIHEAP을 없애는 캠페인을 진행했고, 빈곤층을 위한 연방 정부의 에너지 지원을 없앴다. 시카고시는 저소득층 개인이나 가족을 위한 적당한 주택이 없었고 연방 정부, 주 정부, 지역 정부 모두 점점 늘어가는 독거노인의 요구 사항을 평가하거나 해결하기 위해 아무런 일도 하지 않았다. 이러한 정책들은 서로 어긋나 있다. 다른 영역에서 나타난 극단적인 취약성을 적절하게 보상할 수 있는 기상 계획이란 없기 때문이다. 재난 예방을 경보나 대처 프로그램으로 범위를 축소하는 것이 현실적일지도 모른다. 하지만 미래의 폭염으로 인한 보건 위험은 계속해서 커질 것이다. 일상을 불안하게 하고 더욱 위험한 기상이변이 나타나게 만드는 사회적, 환경적, 생리적 환경 문제를 해결하며 점점 늘어가는 도시 취약계층을 위하는 강력한 공공 정책이 없다면 말이다. 시카고 재난 위원회의 말을 바꿔보자면, 고립된 사람들은 혼자서는 살아남을 수 없다.

도시의 극한에서 일상적으로 나타나는 전형적인 위험들

더위가 우리의 유일한 관심사는 아닐 것이다. 이 책에서 이야기하는 기후 같은 극단적인 외부의 힘이 그토록 파괴적인 이유는 부분적으로 새롭게 나타난 고립과 민영화, 극단적인 사회적·경제적 불평등, 현대 도시 여기저기에 퍼져 있는 부와 가난이 집중된 구역 등이 취약한 주민에게 사계절 내내 위험을 초래하기 때문이다.[10] 시카고의 폭염을 분석하는 것이 유용한 이유는 이 사건이 표현하고 드러낸 조건이 늘 존재하지만 인지하기는 어려운 것이기 때문이다. 그러나 사회적 부검의 주된 가치가 고립과 죽음을 초래하는 데 영향을 미치는 사회적 과정에 대한 우리 지식을 심화하는 것이라면, 사회적 부검의 더욱 근본적인 공헌은 도시 주민이 계속해서 살아갈 수 있는 환경에 대한 우리 이해를 확장시키는 것이다. 따라서 나는 시카고를 비롯하여 더위는 없을지라도 시카고와 비슷한 다른 도시에서 재난에 대한 해결책을 구성하는 새롭게 등장한 조건들을 파악하여 결론을 내릴 것이다.

이들 중 첫 번째는 혼자 사는 도시 주민 중 나이 든 인구가 증가한 것이다. 이들에게는 가깝거나 믿을 만한 사람이 없고, 사회적 지원도 이뤄지지 않는 경우가 많다. 의학과 건강 관리, 오랫동안 안정된 직업에서 일하다 은퇴한 노동자를 위한 사적 및 공적 연금 제도 덕분에 대다수 미국인의 평균 수명은 늘어났지만, 우리 사회는 이에 빠르게 대처하지 않았다. 노인들, 특히 고립된 남성 노인과 친지들보다 오래 살고 있는 사람들, 혹은 집에 갇혀 사는 환자 등은 사회적 박탈감과 역할 상실 등에 시달리며 만년의 삶을 보낸다. 남성보다 더 가난하고, 병들고, 혼자 사는 경우가 많은 노인 여성은 오히려 고립되어 사는 이가 적지만, 혼자 나이 드는 문제에서 결코 자유롭지 못하다. 이들 노인이 폭염 기간에 다른 어느 집단보다 죽음의 위험에 가까이 다가갔다면, 평상시에도 이들은 보이지 않는 위기와 말할 수 없는 수모를 견디고 있는 것이다. 노화와 사회의 개인화로 인해 나타나는 문제에 손쉬운 해결책은 없지만, 이러한 문제를 다루는 현재의 언어는 조금 더 엄밀하게 조사해야 마땅할 독거와 고독사 문제에 대한 골치 아픈 우려를 억누르고 있다.

사회적 자본(자원이나 정보, 지원 등의 접근에 도움이 되는 인맥이나 상호 관계)에 관한 최근의 논쟁들은 혼자 사는 문제나, 건강 문제로 고통받는 수백만 노인을 위한 사회적 참여에 방해가 되는 것들을 진지하게 고려하지 않았다. 점점 편협하고 기술관료주의적으로 되어가는 사회적 자본의 중요성에 관한 연구 역시 수십 년 동안의 네트워크 연구의 주요 결과가 될 수 있었던 것에서 주의를 다른 곳으로 돌리고 있다. 즉 대다수의 통념과 달리 신체 부상이나 질병 등을 포함한 가난과 속박은 사회적 유대관계에 도움보다는 부담을 준다. 근근이 살아가야 하는 걱정, 눈앞에 닥친 위험을 피해야 하는 걱정, 누가 봐도 비위생적인 환경에서 기운을 유지해야 하는 걱정, 도움이 될 소식을 전해주는 지인을 잃지나 않을까 하는 걱정이 있는 사람들은 자신의 부담을 관계에서 표현하는 경우가 많고, 이로 인해 결국 유지해야 할 사회적 관계가 끊어지고 만다. 점점 고립될수록 가난하거나 나이 든 사람들은 다른 사람들과 다시 연결되는 데 도움이 될 자원을 이용하지 못하거나 그런 정보에 접근하지 못한다. 빈곤층이나 노인에게 재화와 서비스 시장에서 선택할 수 있게 하거나 지역 단체에 가입할 기회를 주어 새로운 형태의 사회적 보호 대책을 구축하는 현재의 전략은 빈곤과 노화의 일상적인 부담 때문에 약화될 것이다. 우리가 고립의 공포, 사회 주변부로 밀려나지 않을까 하는 노인들만의 위험에 집단적으로 대처하려면 그러한 문제에 직접 맞서야 한다.

아마도 그러한 집단적인 노력의 가장 큰 장애물은 재난 해결책의 두 번째 요소에 기인할 것이다. 부유층과 빈곤층의 공간적인 집중과 사회적 분리의 증가다. 사회적으로 쓸모가 없어지거나 버려진 사람들이 배타적이고 차단된 시의 일부 지역에 모여 살게 된 것이다. 더글러스 매시의 주장처럼, 미국의 불평등의 새로운 환경은 취약계층을 보호하는 정치적인 운동의 성장을 막고 있다. 중산층과 상류층이 "지난 20년 동안의 그 어느 때보다 균질적으로 특권화된 사회 환경"에서 살고 있기 때문이다. 경제 성장과 인구 증가가 최근 미국의 도시 재활성화에 관한 번지르르한 미사여구에 약간의 구실을 제공하긴 했지만, 이러한 집단적인 믿음을 실현시켜줄 수 있는 핵심 조건은 극심한 가난과 고통을 마주하는 환경에서 벗어나려 하는 상류층의 분리다. 20세기 말 주요 인구통계학적 추세에 관한 매시의 보고서에 따르면, "미국의 도시 지역에 사는 부유층 주민들은 일상에서 다른 부유층 사람들과 교류하려 하며, 점차 다른 계급, 특히 빈곤층과는 교류하지 않으려고 한다".[11] 부유층이 독점적이고 분리된 환경으로 혜택을 받는다면, 집중화된 빈곤과 유기는 빈곤층을 범죄 위험과 질병, 폭력, 고립에 노출시키는 한편 빈곤층과 빈곤층이 사는 지역을 눈에 띄지 않게 한다. 지금까지 살펴본 것처럼, 자신을 버린 도시를 버리고 은둔하여 밖에 나오지 않는 사람들이 이처럼 사회적으로 생산되고 공간적으로 구조화된 불평등의 유일한 피해자는 아닐 것이다. 하지만 시카고에서 그들의 운명은 극단의 도시에 나타날 디스토피아적 가능성의 징후다.

폭염을 겪은 시카고의 경험에서 제기되는 한 가지 핵심적인 질문은 혜택받지 못한 가난한 사람들과 그들의 문제점을 대다수 도시 주민과 교외지역 주민의 시선에서 사라지게 하고자 용어를 바꾸고, 사회적·정치적 긴장감을 가리며, 이로써 고통스럽고 절망적인 경험을 텔레비전 오락 프로그램과 뉴스 구경거리의 영역으로 추방했는가 하는 것이다. 부의 확산이나 복지 개혁의 성공에 관한 담론에서, 사회와 무관하고 쉽게 무시당하는 존재가 되어버린 수백만의 고립되고, 가난하며, 일에 찌들고, 심지어 갇혀 지내는 사람들의 삶의 조건에 대해 생각하길 거부하는 문제를 얼마나 많이 찾을 수 있는가? 마누엘 카스텔스가 "제4세계"라고 불렀던, 사람들이 재화와 서비스, 정보 등 동시대 시민들이 당연하게 여겼던 것에서 소외된 세상을 자세히 들여다본다면, 국제적인 행위자들이 항상 연결되어 있는 '네트워크 사회'의 부상에 대해 늘어놓은 입에 발린 감상들은 어떻게 될까?

스스로를 부유층이 모여 사는 구역에 가둬놓았던 바로 그 시민들에게서 권한을 가져왔기에, 이러한 불평등을 바로잡고 도시 취약계층을 보호해줄 수 있는 가장 좋은 위치에 있는 정부가 아무런 도움이 되지 않았다는 것은 놀라운 일이 아니다. 연방 정부가 빈곤층에 가정용 에너지를 지원하는 국가 프로그램을 축소함과 동시에 토지 소유주에게 보조금을 지급하는(대개 빈곤층에 대한 사회적 프로그램을 희생시키는 대가를 치러야 했다) 재난 구제 노력을 확대한 것은 복지국가가 취약계층은 알아서 자구책을 찾도록 내버려둔 채 특권층을 보호한 가장 어처구니없는 사례일 것이다. 하지만 에너지와 보건 같은 기본적인 재화를 공급하거나 더 많은 빈곤층을 지원하려는 정치적 의지의 부재가 공공 정책과 지역 통치를 통해 드러나는 것은 여러 루트로 입증된다.

폭염에 대한 사회적 부검은 중요한 문제로, 사회적 보호에 대한 현재의 정치적 접근 방식으로는 거의 논의되지 않았던 문제 네 가지를 지적한다. 첫째, 주요 보건 및 지원 서비스를 소방서와 경찰 등 준군사 조직에 위임해 생긴 구조적인 불균형이다. 소방서나 경찰서의 관리자 및 대원들은 '민간 지원 업무'에는 거의 경험이 없고, 부서의 구조 또한 이러한 일에는 부적절하다. 둘째, 노인과 약자를 포함한 도시 주민들이 공공 재화의 능동적 소비자가 될 것이라는 기대감이다. 이러한 통치의 시장 모델은 구조적인 서비스 불균형을 초래하여 능력은 부족하지만 필요로 하는 게 많은 사람들이 정작 그런 것을 얻을 가능성을 줄어들게 만든다. 셋째, 시의 행정관과 이들의 봉사 대상인 형편이 좋지 않은 사람들 사이의 거리가 멀어지고 있다. 전문적인 기업처럼 운영되는 정부가 많아지면서 정부의 부서장들은 CEO가 되어가고, 정부 기관들은 사기업에 하청을 주는 일이 늘고 있다. 그리고 경찰관이 지역자치대처럼 시의원과 선거구위원장을 대체하고 있어, 정치 조직과 시민 사이에 접촉하는 일이 없어질 위험(폭염 위원회의 보고서에서 도움을 바라지 않았던 고립된 주민들처럼)이 있어 주민들이 원하는 것을 이해하지 못하게 될 수 있다. 넷째, 정부가 점차 홍보활동과 마케팅을 이용하여 자신들의 계획이 성공했음을 알리는 경우가 많아지고 있다. 책임감 있는 정부라면 그러한 이미지 메이킹 캠페인을 활용하여 시민들이 이용할 수 있는 공공 프로그램과 자원을 홍보할 수 있다. 하지만 캠페인을 활용하여 주민들이 걱정하는 사안이나 자신들의 정치적 지지를 약화시킬 수 있는 사안의 심각성을 부인할 수도 있다.

사회적 부검에서 강조된 마지막 조건은 도시의 상징 정치에서 새로운 기관의 역할과 관련 있다. 고려해야 할 경향이 두 가지 있다. 첫째, 시청자나 독자를 위해 뉴스를 더 재미있게 만들어야 하고 회사를 위해 더 높은 수익을 올려야 한다는 문화적, 경제적 압력을 충족시키기 위한 언론 기관의 변화다. 둘째, 독자를 분리하여 소비자들이 대도시 전체의 문제보다는 자신들의 소식을 더 많이 전달받을 수 있게 하는 마케팅 원칙에 따르는 뉴스 전달 시스템의 등장이다. 최근 저명한 기자와 언론 비평가들은 『트리뷴』의 전임 편집자 제임스 스콰이어스의 말을 빌려 "기업이 미국의 신문사를 인수할 수 있다는 데"에 주의를 환기시켰다. 벤 배그디키언에 따르면 "언론 독점"의 등장은 뉴스 기관의 통합성을 약화시켰다.[12] 수익과 시장 점유율의 극심한 경쟁이 전문적인 뉴스 가치에 대한 편집자의 약속과 갈등을 일으킬 수 있는 대기업 경영 체제에서 주류 언론 기관들(명망 있는 신문사나 지역 텔레비전 방송국까지도)은 이제 서둘러 다양한 유형의 콘텐츠에 대한 수요를 해결하고 있다. 폭염은 편집자와 기자에게 스펙터클한 보도와 함께 진지한 현장 기사를 제공할 기회도 주었다. 하지만 가장 철저하고 통찰이 돋보였던 몇몇 기사는 눈길을 끄는 선정적인 사진과 극적이지만 내용을 오도하는 제목, 재난의 사회적 측면을 덮으려는 그릇된 정치적 토론 때문에 빛을 보지 못했다. 『트리뷴』의 몇몇 직원에 따르면, 폭염 희생자를 심층적으로 다루었던 어떤 기사는 신문 지면에 발표도 되지 못했다. '여름 이야기'는 가을에 관심을 끌지 못할 것이라는 이유에서였다. 얼마나 많은 빈곤과 고통에 대한 기사가 같은 이유로 보도국에서 매일 거부당할까? 극적이지는 않지만 사진 촬영이 가능한 도시 빈민을 다룬 사건이 있는지 우리가 어떻게 알 수 있을까?

독자에 맞춘 선진화된 뉴스 생산 및 분배 시스템은 이러한 질문을 동시대 대도시 지역에 더욱 긴밀한 것으로 만든다. 우리는 폭염을 취재하는 지역 뉴스 기관이 어떻게 한 장의 사진에 나오는 민족 집단과 독자를 짝짓는지, 그리고 어느 교외지역 신문에서는 냉방 센터에 관한 상세한 기사를 어떻게 승마에 관한 기사로 바꿔치기하는지 알고 있다. 도심지의 언론 매체는 계속해서 교외지역 독자에게 도시에서 벌어지는 극적인 기사를 제공하겠지만, 보도 기관들은 이미 뉴스 상품을 세분화된 시장 구분에 따라 차별화하고 지리적으로 나뉘어 있는 커뮤니티를 상징적으로 분리하는 개선 시스템을 개발 중이다.[13] 폭염 기사에 대한 편집부의 결정으로 어떤 유형의 도심지 기사가 교외지역 독자의 관심을 끄는지에 대한 언론 관리자의 관점이 드러났다면, 도심 지역의 스캔들과 스펙터클 그리고 비극적 이야기가 모든 독자에게 항상 뉴스로서 가치 있다는 사실을 믿을 만한 근거는 충분하다.[14] 하지만 도심지의 뻔한 문제를 더는 알고 싶지 않은 소비자는 그러한 정보를 피할 수 있을 것이다. 그리고 도시에서 벌어지는 생과 사에 관한 불쾌한 기사들은 보이지 않게 될 것이다.

사회적 부검

19세기와 20세기 초 과학자였던 루돌프 피르호와 윌리엄 오슬러는 부검을 사망 원인을 규명하는 기법으로 정당화하고 제도화하기 위해 싸웠고, 결과적으로 의료 치료의 효율성을 높였다. 그 후 분석과 개입이라는 생의학 모델의 성공은 의학 혁명을 일으켰을 뿐 아니라, 생과 사를 이해하는 우리의 문화적 표현을 바꾸었다. 오늘날 우리는 그 어느 때보다 신체 검사에 있어 정밀한 기술을 갖고 있으며, 여러 분야의 연구원들이 미래의 발전 가능성을 약속하고 있다. 생의학이 모든 유형의 병을 설명할 수 있으리라는 우리 믿음은 무한할 정도다.

하지만 의학은 우리가 살아온 삶과 죽어간 환경에 어떤 사회적 조건이 영향을 미쳤는지 거의 말해주지 못한다. 의학용 현미경을 과도하게 사용하면 질병과 사망을 일으킨 사회적 병리를 볼 수 없게 된다. 최근 대부분의 의사와 과학자가 비판의 목소리를 내고 있는데, 그들은 임상 및 의학 지식의 고정된 어떤 지향 때문에 가장 중요한 의학적 사건인 죽음을 이해하는 데 현대 과학이 적절하지 않게 되었다고 주장한다. 우리가 문화적으로 죽음의 과정과 멀리 떨어져 있는 것을 바로잡으려면 삶의 사회적 구성에 대한 지식을 깊이 있게 만들어야 한다는 데 모두 동의하고 있다. 하지만 우리가 오랫동안 의지해왔던 의학적 진단과 이를 뒷받침하는 공식 보고 때문에 사회적 부검을 하는 것은 물론이고 이를 상상하기도 어렵다. 아무리 불만스러워도 생의학 모델의 독점은 깨뜨리기 어렵다.

다가오는 참사의 위협과 역사에 남을 일상의 위기로 인해 우리 시대는 삶과 죽음의 연구에 인본주의적이면서 사회과학적인 새로운 접근법을 개발하기에 적절한 시기가 되었다. 그 프로젝트는 도시의 재난에 관한 이 이야기가 설명하듯, 학술적인 것을 훨씬 뛰어넘는 일이다.[15] 모든 부검이 그러하듯이, 1995년 시카고 폭염에 대한 이 조사는 죽음을 연구하여 삶에 대한 이해뿐만 아니라 삶을 보호하는 능력을 향상시키고자 하는 희망과 함께 끝을 맺는다.

에필로그

마지막은 함께

여름철 뜨거운 공기가 도시를 찜통으로 만들 때면 이따금 시카고 주민이나 기자들은 1995년 폭염에 대해 언급한다. 하지만 1995년 폭염은 이보다 훨씬 적은 인명 피해를 냈던 수많은 재난을 포함한 다른 주요한 참사 탓에 신화적 의미를 갖는 데 실패했다. 폭염에 관한 기관의 역사와 대중의 기억이 중요한 이유는 이들이 집단적으로 진화하는 재난의 신화를 구성하고 용어와 개념을 확립하여 그 의미와 중요성을 해석하기 때문이다. 극한의 사건에 관한 신화는 대개 사건이 발생했던 시기에 대한 역사적인 지식을 구성하고 일단 사건이 지나가면 행동의 동기를 부여하는 데 주요한 자원 역할을 한다. 예컨대 시카고 대화재는 도시를 다시 세우고 화려함을 회복하는 능력, 잿더미에서 거대한 현대 대도시로 다시 태어나는 영감, 정치 개혁의 자극을 주는 원천이자 상징이 되었다.[1] 이와 유사하게 1960년대 도심지 폭동은 많은 미국인이 당연하다고 여겼던 해묵은 인종 및 민족의 적대관계와 계급적 분열에 관한 문화적 지표가 되었다. 폭동에 관한 기사들은 기자와 관료들이 갑자기 '도시 위기'라고 여기게 된 것에 대한 새로운 인식을 낳는 데 도움을 주었고, 도시의 불평등 문제를 직접 다루었던 관련 사회운동과 문화적 결과물, 정책 방안 등을 자극했다.

사건은 사물의 질서를 변화시키지만, 변화의 방법은 행위자들이 과거에 일어난 일을 이해하고자 활용하는 경험적 자원과 문화적 도식에 따라 달라진다.[2] 폭염은 일단락된 역사적 경험이라고 할 수도 있지만, 역사와 신화의 대상으로서 그 위치는 영원히 결정되지 않을 것이다. 이 책은 1995년 7월에 일어났던 일 가운데 지금까지 살펴보지 않은 차원을 규명하는 것을 목표로 해왔고, 이는 참사의 기록과 그 의미를 재고하라는 요청에 답하고 있다. 내가 보기에 시카고 대폭염은 우리가 의식하지 못할 때조차 우리가 사는 방법과 죽는 방법에 큰 영향을 미치는 현대 도시의 조건을 가늠하는 하나의 척도가 될 수 있다. 그러나 지금 시카고 폭염의 상처는 1990년대 미국 도시를 주도하는 부와 번영의 대서사에서 별것 아닌 사건으로 간주되고 있다. 그리고 1995년 여름에 관한 공적 담론에는 재난에서 드러났을지 모르는 도시 환경에 관한 통찰이 결여되어 있다. 시카고를 비롯한 여러 지역에 사는 사람과 격의 없는 토론을 하게 되면, 폭염 기간에 발생했던 인명 피해의 규모를 기억하는 사람은 거의 없다는 것을 알수 있다. 쿡 카운티 시체안치소의 시체들, 폭염 관련 사망에 대한 논쟁, 코먼웰스에디슨의 정전 사고 및 문제점 등이 대중의 상상력을 지배했던 이미지들이다. 대다수가 총 사망자 수를 100명 내외로 생각하며, 공식적인 사망자 수를 들으면 모두 놀라고 만다.

<u>그림 49</u> 결국 한자리에. 장례 노동자들이 폭염에서 사망한 무연고 희생자의 시체를 시 외곽에 있는 공동묘지에 매장하고 있다. 출처: 로이터 / 게티 포토. 사진: 스콧 올슨. 아카이브 포토 제공.

많은 폭염 관련 부고 기사가 어떠한 사회적 조건과 과정을 겪었는지 밝히지 않았지만, 가장 규모가 컸던 장례식 기사(그림 49)에는 깊은 진실이 드러나 있다. 불공평한 일이지만, 아무도 찾지 않는 시카고 시민의 죽음은 그저 그들의 삶을 실추시키고 그 일을 영원히 역사에 새겼을 뿐이다.

1995년 8월 시카고는 다른 문제를 다루기 시작했고, 기자들은 새로운 스캔들과 사건에 관심을 쏟기 시작했다. 하지만 무연고 폭염 희생자 41명의 시체는 카운티 시체안치소에 그대로 남아 있었다. 7월 죽음의 일주일 이후 한 달이 지나서야, 카운티의 공무원들은 시체를 공동묘지에 매장해야 한다는 사실을 깨달았다. 8월 25일 카운티는 남은 시체를 그달에 밀려 있던 27구의 다른 무연고 시체와 함께 교외에 있는 홈우드 추모 묘지에 매장했다. 독립 소유인 묘지는 시카고 도심지역에서 차로 40분 거리에 있으며, 계약에 따라 1980년대와 1990년대 대부분 쿡 카운티의 무연고 시체를 매장했다. 인근 지역에 있는 제일장로교회의 목사로 오랫동안 사역해온 조지프 레드웰은 이 시기에 자원해서 가난한 고인들을 위해 장례식을 진행했다. "묘지에 묻히는 사람들에 대한 저만의 기록을 가지고 있습니다. 모든 이름은 아니지만, 1996년에 한번 세어봤더니 1980년 이후로 적어도 4000명은 되겠더군요. 장례식은 대체로 저 혼자 치렀습니다. 짧지만 고귀한 장례식입니다. 저는 제가 한 말을 따라 말하며, 기도도 함께 합니다."

카운티는 시체마다 마무리 작업을 하지 않은, 합판으로 만든 간단한 나무 상자를 관으로 사용하여 매장 비용을 낮게 유지하고 있다. 놋쇠로 된 꼬리표와 종이 노트에 감별을 위한 숫자를 써서 표시한

다음, 관들을 모아서 구덩이 한군데에 넣는다. "경제성과 효율성을 고려한 겁니다." 묘지 관리자 케빈 본은 설명했다. "이번 일에 68곳의 묘지를 개별적으로 매장하면 시간이 아주 오래 걸립니다."[3] 일반적으로 매장하는 데 적어도 1000달러가 든다고 본은 말했다. 하지만 대량으로 매장하면 시체 한 구당 100달러가량이 나왔고, 몇 시간이면 노동자들이 땅을 파고, 그 파낸 흙을 치울 수 있었다.

대량으로 매장하는 날 아침, 많은 기자가 이 현장을 보기 위해 묘지에 도착했다. 민간인으로는 홈우드 지역 역사가인 일레인 에그도프와 그녀의 어린 손녀만이 장례식에 참석했다. 일레인은 장례식을 끔찍할 정도로 명확하게 기억했다. 그녀가 쓴 장례식 이야기는 길게 인용할 만하다.

나는 그때를 아주 잘 기억한다. 금요일 아침이었다. 라디오를 켜두었는데, 그날 오전 홈우드에서 폭염 희생자의 장례가 있을 거라고 했다. 그 말을 들었을 때 나는 생각했다. "아니, 어떻게 저걸 몰랐을까. 홈우드 추모 묘지는 오랫동안 쿡 카운티의 무연고 시체를 매장하는 계약에 입찰해왔고, 조지프 레드웰 목사님은 늘 이들 무연고자를 위한 장례식을 치르는 일에 자원봉사를 했지. 그리고 장례는 한 달에 한 번꼴로 있었는데 말이야." 나는 늘 거기에 있는 사람은 트럭 운전사와 묘지 직원, 레드웰 목사님뿐이라고 생각했다. 이들을 제외하고는 무연고 시체에 관심을 가져주는 이가 없었으니까. 하지만 이들이 관심을 가져주었다고 해도, 무연고일 뿐이었다. 나는 생각했다. "음, 지역 역사가로서 장례식에 카메라를 가지고 참석해야겠어." 또 이런 생각도 했다. "이건 역사의 증인이 될 기회야."

묘지에 가기 전까지 언론이 와 있을 거라는 생각은 하지 못했다. 흔치 않은 일이다. 늘 있는 일이라, 나는 잘 안다. 그들은 묘지에서 30일마다, 60일마다 트럭이 시체를 싣고 오면 그것을 매장한다. 대도시 인근에 사는 사람들은 안부를 묻고 지내는 가까운 친구가 없는 경우가 많고, 결국 이런 일이 생긴다.

상자들을 보고 있노라면, 많은 것이 가슴에 사무친다. 이처럼 많은 상자가 줄지어 있는 모습을 보니 강렬한 느낌마저 든다. 무연고인 사람이 이렇게나 많았다니. 어느 정도 시간이 흐른 뒤에 그들은 이 시체들을 처리해야 했다. 다섯 혹은 열 구의 시체를 보는 것과는 달랐다. 이렇게 기나긴 줄을 보고 있자니 유럽에서 전쟁 때문에 나무 상자를 이용하여 매장하던 1940년대 뉴스 화면이 떠올랐다. 하지만 이건 전쟁이 아니었다. 바로 여기는, 내가 사는 곳이었다.

묘가 있던 곳은 황폐한 땅으로, 묘지의 가장자리 부근 채석장 바로 옆에 있었다. 굉장히 넓어야 했기에 나무 밑에 묻을 수도 없었고, 이처럼 대량으로 매장해야 할 때에는 보통 묘지 가장자리에 묻었다. 아주 넓은 장소가 필요했다. 한 번에 한두 구의 시체만 묻을 수는 없었다. 경제적으로 수지타산이 맞지 않았다.

어쨌든 그들은 구덩이 한 곳을 팠다. 아주 긴 구덩이였다. 그 안에 나무 상자를 집어넣었다. 보통 트럭을 한 대 빌려서 시체를 운반했다. 그래서 여름에는 트럭이 늘 북쪽 끝에 있었고, 여러 차례 추가 인력을 고용했다. 대부분의 경우 십대에 불과한 아이들을 고용했다. "이 모든 것을 지켜본다고 생각해보세요. 하지만 어느 정도 나이가 들면, 괜찮아질 겁니다. 그런 게 인생이죠. 진실이고요." 하지만 그 길고 긴 구덩이는……. 더운 날씨였지만 등골이 오싹해졌다. 그들이 땅에 묻히는 순간 그들에 대한 기억을 간직하고 슬퍼해주는 가족이 없었기 때문이다. 비록 레드웰 목사님을 비롯한 다른 사람들이 있었지만, 매장될 때 슬퍼할 가족이 없다는 사실은 안타까웠다. 그들을 보살펴줄 사람이 없다는 것이나 마찬가지였다.

하지만 장례식은 너무 오랫동안 진행됐다. 분명히 다른 성직자가 도착하길 기다리는 것 같았다. 누구 때문에 시간이 바뀌었는지는 모르겠다. 어쨌든 레드웰 목사님이 잠깐 말씀하신 뒤 누군가가 늦게 도착했다. 시에서 온 것 같았다.

메건과 나는 그곳에서 유일한 민간인이었다. 그래서 언론은 우리가 하는 말을 전하기 위해 주위로 몰려들었다. 인터뷰할 사람이 우리밖에 없었다. 묘지에 있는 기자들을 찍은 사진을 보자. 이 사진 한 장에 15명의 기자가 보인다. 아마 그곳에 있던 사람들 중 일부일 것이다. 촬영 기사와 조수, 운전사, 실제로 영상에 찍혔던 기자들이 있었고, 인쇄 매체도 있었다. 이런 매체들이 모두 와 있었지만 정작 인터뷰할 사람은 없었다. 우리가 마치 그 자리에 오지 않은 가족, 조문객의 상징이 된 것 같았다. 하지만 그들이 무시당했을 수도 있다는 사실, 가족이 없었다는 사실, 또는 "아, 부채라도 가져다줄걸" "왜 음식을 가져오지 않았을까" 하는 생각으로부터 마음이 좀 나아지려면 그렇게라도 해야 한다. 내 생각에 세상은 우리가 사람을 무시하지 않았고, 진정 보살펴주었으며 그래서 우리가 꽃을 들고 오거나 기념품 따위를 가져와야 한다는 것을 보여주고 싶어하는 것 같았다. 확신할 수는 없지만 그런 느낌이 들었다. 그렇게 해야 하는 이유는 우리 자신을 위해서다. 그래야 우리 마음이 편해지고, 우리가 이들을 기억하게 될 것이다. 비록 우리가 그들을 모르고 아마도 그들 중 일부는 서로 알고 있으며 안 좋은 감정을 가지고 있을지라도 말이다. 폭염 때문에 얼마나 많은 사람이 죽었는지…… 이들은 단지 무연고 희생자일 뿐이었다. 폭염 생각만 하면〔잠시 침묵〕, 어떻게 이런 일이 일어날 수 있을까?

이례적으로 많은 무연고 시체를 매장해야 했을뿐더러 폭염 사망은 공적 시스템과 관련 있기 때문에 카운티와 묘지 직원은 여러 명의 종교 인사가 장례식을 주관하도록 준비해두었다. 하지만 장례식 예정 시각이 훨씬 지났는데도 참석하기로한 성직자 두 명이 나타나지 않았고, 장례식은 그들 없이 시작해서 끝이 났다. 레드웰 목사는 늘 하던 대로 장례식을 이끌었고, 혼자 일 처리를 하는 데 익숙했던 그는 수많은 기자가 참석하여 계속 카메라를 눌러대자 그동안 치러왔던 무수한 다른 장례식이 한층 비참하게 느껴졌다. "자연재해가 있어야만 이곳에 관심을 가지니 유감입니다. 폭염 이전에도 장례식을 해왔는데, 그때는 아무도 없었죠." 그가 말했다.

공동묘지를 처음 방문한 또 다른 종교 인사는 감당할 수 없을 정도로 자부심과 자신감이 넘치는 도시와 그 안에서 일어난 섬뜩한 사건이 어울리지 않는다고 생각했다. "우리는 늘 전 세계에서 대규모 장례 소식을 듣습니다. 전쟁과 재난에서지요." 그는 슬픔을 감추지 못했다. "그런데 여기는 우리 집입니다. 바로 시카고입니다." 장례식이 진행되던 때 너비 3미터에 길이가 50여 미터에 이르는 거대한 무덤에는 묘비도 표지도 없었다. 그 안에 묻힌 시체들은 미국의 위대한 번영의 시대에 대도시 주변부 인생의 덧없음을 증명하는 것 말고는 아무것도 보여주지 않았다. 1996년 여름 고인이 된 얼 루이스가 이 끌었던 한 비영리 시민단체는 묘지에 1미터 높이의 화강암 기념비를 세우는 데 도움을 주었다. 이 석조 기념비는 그 아래 묻힌 시체들을 오랫동안 기리는 유일한 표지다.

내가 가장 최근 묘지를 찾은 것은 2000년 여름으로, 폭염이 있은 지 5년이 조금 지난 때였다. 고요하고 흐린 아침 묘지에는 다른 방문객이 거의 없었다. 나는 묘지 관리자 한 사람과 함께 무덤으로 차를 몰고 가 길 근처의 창고에 주차한 다음, 약간 경사진 길을 걸어 텅 빈 널따란 곳에 도착했다. 비바람에 노출되어 해진 작은 성조기 하나가 기념물 바닥 흙 위에 놓여 있었다. 관리자에게 방문객이 얼마나 자주 오냐고 묻자, 그녀는 전에도 이런 질문을 받아본 듯 대답했다. "기자 몇 명이 가끔 옵니다만, 그게 전부예요. 가족이 희생자를 찾아온 적은 없어요. 단 한 번도요. 시카고에서 오는 사람도 없어요."

홈우드는 시카고에서 멀지 않지만, 이 무덤에 함께 몰아서 묻힌 사람들의 삶과 죽음을 위한 장소가 시카고에 없다는 것은 전혀 놀랍지 않다. 어느 누구도 그들의 죽음을 기억하는 데 거의 관심이 없다. 하지만 일부 시카고 주민에게 죽음의 일주일 동안 잠시나마 스쳐 지나갔던 고립된 사람들의 삶은 그냥 못 본 체하기에는 너무나 강렬했다. 매장을 도왔던 젊은 장례 노동자 한 명이 시체를 마지막 휴식 공간으로 운반하다가 잠시 멈춰 서서 인간의 비극에 대해 생각했다. "너무 안타깝네요." 그러더니 도시의 재난이 전개되는 광경을 보면서 많은 이가 고민했지만 입 밖으론 내지 못했던 말을 끄집어냈다. "우리 모두가 바라는 대로, 우리는 이렇게 끝나지 않았으면 좋겠어요."[4]

주

프롤로그

1. 시의 공식 보고서들은 7월 총 사망자 수에 대하여 두 가지 다른 값(514명과 521명)으로 표기하고 있다. 이 책에서는 후자를 사용할 것이다. 하지만 초과 사망 측정은 정확한 값이다.
2. National Weather Service 1995, x.
3. Whitman, et al. 1997, 1517.
4. Bachelard [1934] 1984, p. 104.
5. Farmer 1995, p. 5.
6. Park [1916] 1969, p. 126.

머리말

1. 라츠코의 이야기는 마이클 레브(1995)에 의해 처음 알려졌다. 나는 쿡 카운티 유산 관리소가 라츠코를 조사한 문서를 토대로 자세히 덧붙였다. 수사관에 따르면 쓰레기를 수집하는 행위는 혼자 살다 죽는 사람에게서 흔히 볼 수 있다고 한다.
2. City of Chicago 1995, p. 2.
3. 이처럼 미국에서 사회 문제에 대해 알려고 하지 않는 의지는 필립 슬레이터가 그의 베스트셀러 저서 『고독의 추구The Pursuit of Loneliness(1990)』에서 말한 '화장실 가정toilet assumption'의 주제였다.
4. 허리케인, 토네이도, 지진, 홍수 등의 기상 조건은 직접적이고 식별 가능한 물리적 인명 및 재산 피해를 남길 뿐 아니라, 언론 매체에서 사용할 만한 생생하고 스펙터클한

이미지를 제공한다.

5. 학자들이 다른 재난을 조사하는 것은 대개 조직(Das 1995; Vaughan 1996)이나 도시(Davis 1998), 공동체(Erikson 1976), 정치(Molotch and Lester 1974, 1975) 등에서 재난이 없었으면 알 수 없었을 조건을 밝혀내기 위해서다. 그러나 폭염에 관한 보고에는 폭염을 그렇게 치명적으로 만든 사회적 조건을 감추려는 의도가 있다. 미국에서 재난을 연구하는 사회과학자들은 극단적인 사건의 계층화된 영향에 초점을 맞추는데, 대개 폭염은 무시하기 때문에 폭염 희생자들의 중요성은 인정받지 못한다. 실제로 미국의 주요 재난 연구에 관한 조사에서 폭염은 심각한 인명 피해가 있었음에도 별다른 관심을 받지 못했다. 에릭슨Erikson(1994)과 데이비스Davis(1998)는 최근 연구에서 다양한 재난의 영향을 추적했지만, 폭염에 대해서는 거의 언급하지 않았다. 메리 C. 코메리오Mary C. Comerio(1998)는 주거와 재난에 관한 연구에서 토네이도와 허리케인, 지진 등의 재난이 발생할 때 건축적 취약성의 의미를 검토했지만, 폭염 희생자에 관한 주거 조건의 영향은 언급하지 않았다.

자연을 재정의하고, 중요하지만 아직 분석이 많이 되지 않은 형태의 불평등으로 위험한 환경에 대한 노출을 강조하여, 사회 연구와 현대 정치학의 범위를 넓히려는 노력에서 환경정의 연구는 현대적 사회 분리의 형태를 이해하는 새로운 방법을 확립했다(Cronon 1995; Szasz and Meuser 1997). 이 연구에 따르면 위해한 쓰레기 저장 시설이나 공해산업, 불안한 수원, 비위생적인 주거 환경에 대한 인접성 같은 환경적 위험은 계급과 집단적 지위, 공동체의 정치적 힘에 따라서 대부분 배치된다. 자연의 본질을 변화시키려는 시도(Steinberg 2000)에서, 환경정의 학자들은 참사를 사회적인 사건으로 취급하는 것의 가능성을 언급했다. 그리고 이 연구는 환경사회학의 핵심 문제틀을 확립하는 데 도움을 주고 있다.

그렇지만 최근 사회과학에서 재난에 관한 연구들은 참사의 환경적인 면보다는 기술적인 면에 집중하고 있다. 그리고 카이 에릭슨이 "새로운 유형의 문제"라고 부른 것에 관심을 갖는 학자들은 점차 '기술적인' 재난과 '자연적인' 재난을 구분하기 시작했다 (Erikson 1994; Freudenburg 1998). 이러한 용어들이 재난 연구 분야를 재구성하면서, 환경사회학과 재난의 사회학 사이에 간극이 생기고 있다. 이로 인해 환경적 참사가 자연적인 현상이라고 확신하여, 사회적 배제와 빈곤 때문에 공동체가 특정 요인에 취약해진다는 사실을 간과하는 경우가 많다. 폭염이나 홍수 같은 환경적인 재해와 비행기 추락, 공장 폭발 사고 등 기업의 실수나 기술적인 실수, 오작동에 의한 참사 사이에는 분명한 차이가 존재한다. 하지만 '자연재해'라는 분류는 기후로 인해 나타났지만 사회와 정부에 의해 조직화된 피해를 자연에 의한 것으로 만들어 불가피하고 필연적인 것으로 여기게 한다. 아르마티아 센은 그의 저서 『빈곤과 기근, 권리와 박탈에 관한 에세이』(1981)에서 지속되는 가뭄 같은 일련의 재난은 오랫동안 자연의 힘에 의해 발생한다고 여겨왔지만 사실 기근을 피하는 데 필요한 권력을 얻을 기회를 박탈한 정치 및 사회 체계에 의해 발생한다는 사실을 보여주었다. 폭염처럼 외부 힘에 의해 대규모의 사회적 고통과 죽음을 야기하는 위험은 사회의 취약계층이 처해 있는 환경의 '위험 요소risk position'에 달려 있다(Beck 1992). 그리고 센이 주장한 것처럼 이러한 요소는 이들이 나타내는 취약성 수준과 현대사회를 규정하는 동시에 차별화하는 데 일조하는 '자격과 사회적 보호의 시스템'에 의해 결정된다.

6. Mitchell 1999, 2.

7. Erikson 1976, 12.

8. 키어넌과 질린스키Kiernan and Zielinski(1995) 및 포넥과 스타인버그Fornek and Steinberg(1995)를 보라. 정치 위원회, 언론 보도, 널리 알려진 통념 등에서 재난을 비롯한 주요 참사의 중첩된 영향을 은폐하는 것은 흔히 볼 수 있다. 주로 취약층의 고통과 사망 사건을 단순화·복수화하는 방법을 이용한다. 타이태닉호 사고에 관한 연구에서 스티븐 비엘Steven Biel(1996)은 타이태닉호의 사망자 수에 계급적 차이가 극단적으로 나타나는 것을 은폐했던 사회적 통념에 주목해야 한다고 주장한다. 어느 성직자는 "부자도 죽었고, 가난한 사람도 죽었다"고 말했지만, 이는 개별적인 사건으로 접근하지 않고 전체적 관점에서 조망하면 사실이 아니다"(Biel 1996, 45). 인류학자 비나 다스Veena Das(1995)는 인도 보팔 참사를 분석하면서 비슷한 이야기를 회상하고 있다.

9. 이 책에서 나는 '인종 및 민족ethnoracial'이라는 용어를 '인종'이나 '민족성'에 기반하여 얻은 정체성의 근거를 표현할 때 사용할 것이다. 인종이라는 용어를 따옴표 없이 사용하는 것을 거부함으로써 분석적인 용어의 지위를 갖지 않도록 하는 데에는 이유가 있다. 비록 '인종'이란 말이 현대사회에서 하나의 사회적 사실이긴 하지만, 많은 비판을 받았던 생물학에 근거한 과학적 사실에 역사적으로 공감을 불러일으키는 말이기 때문이다. 모든 범주는 토대에 상관없이 이론과 실제에서 구현된 구성 및 분류이다. '민족성'이라는 개념은 '인종'이라는 개념과 많은 부분을 함께하지만, 학자들이 '민족성'을 더 선호하는 이유는 '민족성'이 육체보다는 역사적인 경험을 가리키고, 덜 유해한 형태의 구분이라고 여기기 때문이다. '인종 및 민족'이라는 개념은 특이하고 갈등을 유발하지만 대개는 검증되지 않은, 사람과 집단을 분류하는 방법에 관심을 불러일으킨다. 이 용어는 문제를 분류하는 데 해답을 제시하기 위함이 아니라 현대적 구분에 대해 더 깊은 생각을 자극하기 위해 사용된다.

10. 다양한 시카고 집단의 사망률을 종합적으로 평가하려면 휘트먼 외Whitman, et al.(1997)를 보라. 1995년 9월에 작성된 시카고 보건부 기록에서, 시의 역학자들은 아프리카계 미국인과 백인이 대략 같은 사망자 수를 나타내는 것을 보고 사망률이 같다고 해석하면 안 된다고 경고하고 있다. "비라틴계 흑인(n=253)과 비라틴계 백인(n=252)의 사망자 수는 거의 같은 반면, 라틴계(n=9)와 기타 인종(n=4)의 사망자는 매우 적다. 이 네 가지 사례에서 인종은 중요하지 않다. 시카고의 비라틴계 흑인과 비라틴계 백인은 연령 분포가 다르기 때문에 비율을 고려하는 것이 중요하다. (…) 비라틴계 흑인 비율은 첫 번째를 제외한 모든 연령대에서 비라틴계 백인의 거의 두 배다"(Whitman 1995, 1). 1979년에서 1988년 사이에 발생한 미주리주 폭염에서는 아프리카계 미국인이 백인보다 사망할 확률이 다섯 배 높았고(미국질병통제예방센터 1996), 여러 사례 연구에서 흑인 노인들이 폭염에 가장 취약한 계층으로 밝혀졌다(Applegate, et al. 1981; 미국질병통제예방센터 1984). 최근 보건학자들이 '라틴계

역설'이라 부르는 현상을 조사한 결과, 라틴계가 사망률과 감염률이 낮은 다른 집단
보다 더 잘 사는 것으로 나타났다. Abraido-Lanza, et al.(1999)을 보기 바란다. 3장
에서는 이런 의문에 대한 사회생태학적 관점을 제시할 것이다.

11. Gibson 2000, p. 54.

12. 시카고의 커뮤니티 지역 개념은 50여 년 전 시카고대학의 사회과학연구위원회가 지
역 기관과 미국 인구조사국과 협력하여 나온 결과물이다. 시카고 통계백서 컨소시
엄(1995, xvii)에 따르면, 커뮤니티 지역은 원래 다음과 같은 내용을 고려하여 나온
것이었다. "(1) 지역의 이주, 성장, 역사 (2) 지역과 관련된 지역 정체성 (3) 지역 상권
(4) 지역 제도의 분포와 구성원 (5) 시카고강과 그 지류, 철로, 지역 교통 시스템, 주
차장 및 대로." 커뮤니티 지역은 시카고의 주변 지역 및 커뮤니티 구조와 정확하게
대응되지는 않는다. 사실 이들은 주민들이 알고 사용하는 유기적인 구분이라기보다
사회과학자와 관료들이 인위적으로 구축한 것이다. 커뮤니티 지역은 도시의 세부 지
역을 비교할 때 유용한데, 그 이유는 통계 데이터가 수십 년 전부터 쌓여와 비교 및
역사적 분석을 할 수 있기 때문이다. 그리고 인구조사 데이터는 자료가 너무 적어서
전체 커뮤니티 집단의 추세나 경향을 드러내지 못할 때가 있기 때문이다. 현재 시카
고에는 77곳의 커뮤니티 지역이 있으며, 1990년 인구는 6828명(니어사우스사이드)
에서 11만4079명(오스틴)까지 분포되어 있고 평균 약 3만6000명이다.

13. 사회과학에서 Durkheim(1951)에 의해 확립되어, 미국의 Evelyn Kitagawa and
Philip Hauser(1973)에 의해 죽음에 적용되기 시작한 사회역학의 오랜 전통은 죽
음이 사회적으로 계층화된 과정임을 뚜렷이 보여준다. 정부 기관이 발행한 공식 보
고서와 보건학자들이 수행한 연구 등 폭염에 관한 현재의 자료를 보면, 시카고의 일
상적인 불평등이 가장 취약한 계층에 속한 주민들의 육체적 결함을 통해 저절로 드
러나고 있다.

14. 폴 파머의 『감염과 불평등: 현대의 전염병』(1999)은 불평등의 정치경제학에 대한 우
려를 분석 프로젝트에 통합하는 사회역학의 다층적 접근을 보이는 모범 사례다.

15. Pierre Bourdieu의 The Weight of the World(1999)가 확립한 사회 문제 연구에
대한 종합적인 접근과 Amartya Sen(1981)이 발전시킨 재난 연구 모델을 결합하여
분석한다.

16. 다양한 관점을 모아 하나의 사회 문제에 대한 이야기로 만드는 것이 어떻게 직접 만
나지 않으면서도 서로 영향을 미치는 사람들 사이의 관계로 이어지는지에 대한 토론
을 보고 싶다면 The Weight of the World(1999, p. 3)의 서론을 보라.

17. 도시의 서로 다른 지역과 사람들 사이의 관계를 살펴보는 프로젝트가 초기 시카고
학파 사회학자들 사이에서 중심적인 역할을 했지만, 다음 세대의 도시학자들은 특정
지역이나 집단에 초점을 맞추는 경향이 있다. 리처드 세넷이 설명한 대로 "시카고학
파의 초창기 구성원들은 (…) 도시의 내적 특징, 도시의 서로 다른 부분이 어떻게 서
로 관계를 맺으며 기능하는지, 같은 도시 안에서 같은 시간에 가져야 하는 서로 다
른 경험에 대해 의문점을 가졌다."(1969, p. 12)

18. 부르디외의 The State Nobility(1996)를 보라. 특히 로익 바캉Loïc Wacquant이 상

징 권력 개념에 관해 공들여 쓴 서문을 보라.

19. Mauss ([1916] 1979).

20. 이러한 입장의 변화는 도시사회학에서 시카고의 전통을 세우는 데 동기를 제공했다. Robert Park([1916] 1969)는 뒤르켐의 유산에 기대어 도시 자체가 사회적 연구의 대상이 될 만큼 극단적인 사례라고 주장했다. 파크는 "거대한 도시는 (…) 작은 공동체에서는 보통 보이지 않거나 억눌려 있던 인간의 특성 및 기질을 낱낱이 드러내곤 한다"고 주장했다(126). Michael Burawoy(1998)는 확장된 사례 방법론을 이론적으로 설명하면서 두 번째 원칙을 주장했다. "제도는 압박을 받거나 위기 상황일 때, 예상치 못했던 일뿐 아니라 일상적인 일을 마주했을 때 본모습이 드러난다"고 주장한다(1998, p. 14).

21. 도시 불평등의 새로운 형태에 관한 논쟁을 담은 글로는 Peter Marcuse, What's So New about Divided Cities?(1993); Peter Marcuse, The Enclave, the Citadel, and the Ghetto: What Has Changed in the Post-Fordist U.S. City(1997); Loïc J. D. Wacquant, The Rise of Advanced Marginality: Notes on Its Nature and Implications(1996); Douglas Massey, The Age of Extremes: Concentrated Affluence and Poverty in the Twenty-First Century(1996); and Manuel Castells, *End of Millennium*(1998) 등이 있다.

22. Nieves 2000.

23. 앨버트 헌터Albert Hunter의 *Symbolic Communities*(1974)는 시카고 커뮤니티 지역의 상징적 구축과 도시에 퍼져 있는 공동체의 통념에 관한 최고의 분석이다.

24. Donoghue, et al. 1997, p. 11.

25. 사회학자 윌리엄 줄리어스 윌슨은 *The Truly Disadvantaged*(1987)와 *When Work Disappears*(1996)에서 시카고의 제조업 일자리 수십만 개가 사라지면서 쇠락해가는 과정을 기록했다. 윌슨은 시카고의 쇠락이 가난한 아프리카계 미국인에게 미치는 극단적인 영향에 집중하긴 했지만, 그렇다고 시카고의 제조업 쇠퇴에 따른 전반적인 결과를 조망하지 않은 것은 아니다.

26. Fegelman 1995, 3.

27. Shen, et al. 1998.

28. Schreuder and Stein 1995, 1.

29. 1970년 『환경연구Environmental Research』에 발표된 글에서 Frank Oechsli와 Robert Buechley(1970)는 1939년, 1955년, 1963년에 발생한 로스앤젤레스 폭염의 사망자 수를 평가하기 위해 초과 사망이란 개념을 활용했다.

30. 휘트먼과 그의 동료들이 사용한 방법론에 대한 전반적인 설명을 원한다면 Whitman, et al.(1997)을 보라.

31. 보건 관료들이 시카고에만 폭염의 위험이 있는 것은 아니라고 아무리 강하게 주장해도, 기자들은 시카고의 사망자 수가 다른 도시보다 높은 이유가 무엇인지 반복해서 물었다. 『주간 보고: 질병률과 사망률』과 국립기상청은 밀워키 폭염 사망자에 대한 검토서(National Weather Service 1996; U.S. Centers for Disease Control and

Prevention 1996)를 발간했다. 그리고 위스콘신의 학자들은 밀워키 폭염에 대해 연구한 출간되지 않은 글(Nashold, et al., n.d.)을 썼다. 하지만 밀워키 재난은 대중의 관심을 거의 받지 못했다. 이와 비슷한 사례로, 1871년 페시티고에서 발생했던 끔찍한 위스콘신 화재가 있다. 위스콘신 화재는 같은 해에 발생한 시카고 대화재보다 훨씬 치명적이었지만, 거의 주목받지 못했다.

시카고와 밀워키의 인종 및 계급 분리에 관한 데이터를 보고 싶다면, Paul Jargowksy, *Poverty and Place*(1997)와 Douglas Massey and Nancy Denton, *American Apartheid*(1993)를 보라. 두 도시 모두 상대적으로 인종 및 계급 분리가 심한 지역이다. 도시에 죽음이 집중된 사실은 도시 환경의 특별한 조건이 시카고와 밀워키 주민의 취약성에 영향을 미쳤으리라는 데 충분한 근거를 제공한다. 일리노이 보건부 연구원들은 폭염이 일리노이 남부 지역에 피해를 주긴 했지만, 시카고의 사망률(10만 명당 20명)이 남부 지역의 사망률(10만 명당 2명)보다 10배 높았다는 사실을 보여주었다.

32. Fegelman 1995, 3.
33. 앞의 책.
34. Illinois Department of Public Health 1997.
35. 마르셀 모스([1916] 1979)는 그의 에세이 「에스키모의 사회적 변화: 다분절 사회의 사회적 유대」에서 이와 같은 유형의 질문을 던진다.
36. 하지만 로버트 버킹엄과 그의 동료들이 수행한 '죽음과 함께 살아가기'라는 도발적인 연구를 읽어보기 바란다. 이 연구에서 저자들은 요양원에서 죽어가는 경험과 병원에서 죽어가는 경험을 비교한다. 이를 혼자 죽어가는 경우라고 할 수는 없다. 비록 환자가 상대적으로 고립된 시설에 있긴 하지만, 직원의 관심과 도움을 어느 정도 받기 때문이다.
37. 집에서 고독사한 사람들은 대부분 너무 고립되어 있어 사망 전에 무엇을 하고 있었는지 알아내기가 어렵다. 폭염 희생자는 대부분 가족에게 버림받았다는 인식 때문에 사망자의 친척과 인터뷰하는 것은 쉽지 않다. 이를 고려한다면, 자식이나 형제에게 사망자가 죽어가는 동안 어디에 있었는지 묻는 것은 그들의 무관심에 대한 비난일 수 있다.

이러한 어려움을 해결하고자 나는 역사학자들이 사용하는 방법인 문헌 조사, 인터뷰 등을 활용해 일주일의 폭염 기간에 시카고 주민들의 경험을 알아보려 했다. 더 나아가 독거노인들의 환경을 비롯하여 내 연구에서 중요한 장소인 웨스트사이드 지역, 시 정부 기관, 기자들이 폭염 사건 기사를 작성했던 뉴스룸 같은 곳의 사회적 환경을 관찰하는 현장 연구를 수행했다. 장소는 시간이 흐르면서 미세하게 변화한다. 그러므로 이들의 일상적인 환경은 폭염 당시와 분명 어느 정도 차이가 있을 수밖에 없었다. 나는 되도록 날씨가 사회생활에 큰 영향을 미치는 주거지역에서 1995년 여름의 조건을 재연하고 싶었기 때문에, 웨스트사이드에서 원룸 거주자를 대상으로 수행한 현장 연구는 대부분 여름에 이루어졌다. 나는 특히 날이 극도로 더워서 폭염이 널리 퍼졌을 때와 유사한 지역 환경을 열심히 관찰했다.

38. 이 장의 목표는 도시 빈곤을 연구하는 학자들이 '이웃 효과neighborhood effect'
라고 하는 것에 대한 논쟁에 민족지학적 관점을 더하는 것이다. 사회적·공간적 시
스템으로서의 이웃이 삶의 기회나 성과에 독자적인 영향을 미치는지에 대한 다양
한 토론과 논쟁에 관심이 있다면 Brooks-Gunn, Duncan, and Uber, *Neighbor-
hood Poverty: Context and Consequences for Children*, 1997을 읽어보라.

1장

1. Nieves(2000, p.10)를 보라.
2. 혼자 사는 사람을 대상으로 한 연구들에서 그들의 주위에 물건이 가득한 사례를 흔
히 볼 수 있다. 독거노인의 활동에 대해 Rubinstein(1986, pp. 158~165)이 논의한
것을 보기 바란다. 특히 코언 씨를 묘사한 부분을 보라.
3. 폭염 사망자에 초점을 맞추고 있는 이 책 역시 혼자 사는 미국 노인을 대표하는 사
례를 제시한다고 할 수는 없다. 하지만 그것이 이 책의 목표는 아니다. 그보다는 폭
염 이야기를 통해 학술 연구와 대중 문헌에서 대부분 배제되어 있는 은퇴하여 혼자
살아가는 노인에 대해 깊이 알 수 있도록 도움을 주고자 한다. 혼자 나이 들어가는
것은 여러 도전으로 가득 차 있긴 하지만, 개인적으로나 사회적으로 풍부한 경험이
될 수 있다는 것에는 의문의 여지가 없다. 독거노인들이 자신의 삶을 의미 있게 하는
방법을 기록하는 사회과학 연구는 나이를 잘 드는 게 불가능하다는 근거 없는 통념
을 뒤집는 데 결정적인 역할을 해왔다.
예를 들어 Arlie Hochschild, *The Unexpected Community*, 1973에서 베이 에어
리어에는 사는 한 집단의 활발한 사회생활을 기록하고 있다. 이들은 "고립되거나, 외
롭지 않았"고, 노인에게 골칫거리인 외로움을 함께 해결하는 "기대하지 않았던 공동
체의 일원이었다". 노인을 위한 활기 넘치는 공동체가 여럿 있다. 혹실드의 연구는 이
런 집단이 어떻게 탄생했는지, 그 이후의 모습은 어떠했는지를 보여주고 있다. 하지
만 혹실드의 독자들은 혹실드가 묘사한 공동체를 너무 열렬하게 칭송하곤 해 그녀
가 메릴코트Merrill Court(노인들이 주로 사는 샌프란시스코에 있는 작은 아파트
—옮긴이)를 연구 대상으로 선택한 이유가 바로 그곳의 주민들이 평범하지 않았기
때문이라는 사실을 잊고 만다. 에필로그를 시작하는 문장을 보면 혹실드가 프로젝
트를 시작한 이유를 다른 많은 연구자의 해석보다 더 잘 이해할 수 있다. 그녀는 이
렇게 말한다. "내가 이 책에서 전달하려는 가장 중요한 점은 이 책에서 논하지 않는
사람들, 즉 고립된 사람들이다. 메릴코트는 예상치 못한 하나의 사회이며, 예외적인
곳이다. 평범한 아파트, 주택, 초라한 시내 호텔에서 살며, 공원에 앉아 소일하고, 싸
구려 식당에서 끼니를 때우는 노인들은 다양한 단계와 유형의 고독 속에서 살고 있
다."(Hochschild 1973, p. 137) 혹실드는 메릴코트에 있던 세계를 명확히 보여줬지
만, 고립된 사람들의 사회를 명확히 드러내는 것은 다른 이의 몫으로 남겨놓았다.
캘리포니아 베니스에 있는 노인회관에 다니며 사람들에게 융화되어 사회적으로 활

발하게 사는 노인들을 다룬 바버라 마이어호프의 저명한 인류학 연구서 *Number Our Days*(1978)와 어느 지역 대학 프로그램에 활발하게 참여하고 있는 노인들로 구성된 표본 집단을 바탕으로 노인들이 낮은 수준의 고독 속에 산다고 주장하는 해 밀턴 깁슨의 *Lonelyness in Later Life*(2000) 역시 그런 면에서 주의를 요한다.

4. Coles 1997, 4.

5. 나이를 잘 드는 것과 잘 죽는 것 사이의 관계에 대한 논의를 보고 싶다면 Ke-arl(1996)을 보라. 컬은 "죽음과 나이 들어가는 경험의 관계에 대해서 노년학계는 이상하게 침묵을 지킨다"고 주장했지만, 안락사에 관한 최근 논쟁은 좋은 죽음에 관한 논의가 시작되는 데 도움을 주었다(1996, 336). 최근 작가 중 셔윈 눌런드Sherwin Nuland(1993)는 ars moriendi(15세기 라틴어로 쓰인 죽는 방법에 관한 책—옮긴이)의 현대적 형태를 논의하며 반드시 필요한 집단적 절차로 간주했다. 눌런드는 죽어가는 에이즈 환자를 이렇게 묘사한다. "병원에서 지낸 마지막 몇 주 동안, 켄트는 절대 혼자 있지 않았다. 결과적으로 간호진이 더 좋은 결과를 얻었을 수도 있지만, 도움이 되든 안 되든, 그리고 얼마나 정성스럽게 간호를 하든 상관없이 친구들이 계속 옆에 있어주는 것만으로도 그의 마음을 편하게 해주었다는 사실에는 의문의 여지가 없다."(Nuland 1993, p. 196) 영국에서는 클라이브 실Clive Seale(1995)이 죽음에 관한 연구를 통해 많은 경우 도와줄 사람이 거의 없으면 집에서 죽는 것보다 병원에서 죽는 것이 사회적으로 통합된 느낌을 준다는 사실을 발견했다. 실은 또한 공동체에서 혼자 죽는 사람이 생기면 공동체에 어떠한 영향을 미치는지 평가하고 있다.

6. 허버트 J. 갠스Herbert J. Gans(1997)에 따르면 미국 사회학의 베스트셀러 여섯 권은 *The Lonely Crowd, Tally's Corner, Pursuit of Loneliness, Fall of Public Man, Blaming the Victim, Habits of the Heart*등이다. 이 중 *Blaming the Victim*만 명시적으로 혼자 살기, 고독, 공동체의 붕괴에 대해서 다루고 있지 않다.

7. 고립된 시카고 주민의 사망률에 담긴 잔인한 역설은 미국 도시사회학의 탄생지이자 상징적 수도인 시카고가 미국 도시 환경에서 고립이 '발견'되어 사회과학적 분석의 핵심 범주가 된 살아 있는 실험실이라는 점이다. 또한 시카고는 윌리엄 줄리어스 윌슨William Julius Wilson(1987)이 사회적 고립을 현대 빈곤 연구의 주요 문제로 재확립한 장소이기도 하다. 미국에서 사회적 고립의 원인과 결과뿐 아니라 명시적인 조건을 사회학적으로 연구한 곳이 있다면, 그곳은 분명히 시카고일 것이다. 그러나 폭염 당시와 폭염이 지나갔을 때, 시카고의 거의 모든 사람(사회과학자와 정책 전문가를 포함하여)은 놀라움을 금치 못했고, 그 조건의 범위에 불신을 표하기도 했다. 우리는 사회적 고립에 관한 글이 그렇게 많이 존재하는 시카고에 고립의 상태에 관해 아는 사람은 왜 그렇게 적은지 질문해봐야 한다.

부분적인 이유는, 로버트 파크에서 시작하여 시카고학파 이후 세대가 계속해서 사용한, 미국 도시사회학에서 사용하는 고립의 개념이 관습적 의미인 개인들 사이의 단절을 가리키지 않기 때문이다. 사회학자들은 고립의 개념을 공동체 내부의 관계보다는 공동체 사이의 관계를 표현할 때 사용한다. 고립된 개인의 이미지를 이용하여 지역이나 집단 수준으로 확장한 것이다. 몇 가지 예외를 빼면, 사회학자들은 사회적 고립에 대한 연구를 역학이나 사회적 노년학자, 공동체 심리학자들에게 떠맡긴 채 거의 하지 않았다. 그러나 이들은 고립이 발생한 사회적·역사적 상황을 해명하지 못했다. 개념적으로 고립에 관한 연구는 사회적 네트워크 연구와 결합하여 고립의 일반적인 혹은 관계에 따른 정의를 내리게 되었다. 1970년대 이후 소수의 사회적 네트워크 분석가들은 다음과 같이 고립의 범주를 구축해왔다. (1) 클로드 피셔와 수전 필립스의 고립에 대한 정의, "교환에 대한 보상을 해줄 수 있는 사람을 상대적으로 적게 아는 것"(1982, 22)처럼 개인 네트워크의 특징, (2) "사회적 네트워크 내부의 개인과 교류나 접촉이 없는 것"이라는 정의(LaVeist, et al. 1997, p. 723)처럼 네트워크에서의 개인의 행동, (3) 이 두 가지의 결합(Krause 1993) 등을 가리킨다. 윌리엄 줄리어스 윌슨(1996)은 또한 우범 지역에 사는 개인이나 집단이 이웃과의 접촉을 제한하거나 안전을 위해 스스로 집에 갇힌 채 지내는 형태의 고립이 존재한다는 것을 깨달았다. 그의 용어들이 혼란을 일으킨다는 것을 알고 있던 윌슨은 "사회적 고립을 말할 때는, 위험 지역에 살면서 의도적으로 다른 가족과의 고립을 택하는 가족과, 다른 집단이나 가족, 개인 등의 주류 사회와 접촉이나 지속적인 교류를 하지 않는 사람들을 구분을 해야 한다"(1996, 64)고 경고한다. 일라이자 앤더슨(1999)과 프랭크 푸르스텐버그 외(1998)는 고립과 은둔이 범죄율이 높은 빈곤 지역에 사는 주민들의 살아남기 위한 전략이라는 사실을 또한 알게 되었다.

8. 고독사의 문제에 초점을 맞춘다고 해서 도시에서의 고립 문제가 여전히 흔치 않은 상황이라는 사실이 감춰지지는 않을 것이다. 클로드 피셔Claude Fischer([1976] 1984, 1982)가 자신 있게 보여준 것처럼, 도시 거주자의 대다수는 평상시나 위기 상황에서 도움을 주는 인맥으로 통합되어 있다. 지금까지는 워스의 도시생활에 관한 일반적인 이론(도시생활이 어떤 형태든 간에 결속을 깨뜨려 사회적 집단을 파괴하고 사회적 무질서가 나타나 소외되고 고립된 개인들이 등장한다는 주장)이 사실이 아니고, 도시 주민이 시골 지역 주민보다 사회적으로 통합되지 않는다는 것도 사실이 아니라는 설득력 있는 단서가 존재한다. 이 문제에 관하여, 도시사회학은 "대도시가 고립의 원인"이라는 일반적인 인식과 의견을 달리한다. 도시 주민들이 여전히 전통적인 민족 집단과 함께 사는지(Drake and Cayton [1945] 1993; Gans 1962; Hannerz 1969; Kornblum 1974; Suttles 1968), 혹은 공통된 이익과 경험에 기반하여 새로운 하위문화 집단을 형성하는지(Fischer 1975, [1976] 1984)에 대해, 도시 지역의 군중 속에서 흔하게 고독을 경험(Riesman, Glazer, and Denny 1950)하지만, 대부분의 도시 주민은 사생활에서 풍부하고 유익한 관계 및 네트워크를 가지고 있다는 사실(Fischer and Phillips 1982)을 수십 년간의 연구에서 보여주고 있다. 하지만 여기서 내가 보여주고 싶은 것은 문자 그대로의 사회적 고립이 특정한 상황에서 나타나고 있는 점이며, 이러한 상황이 역사적으로 일반적이진 않지만 오늘날 미국의 도시에서 점점 흔해지고 있다는 것이다.

9. 일반적인 인구 데이터는 미국 인구조사국에서 구할 수 있다. 우드나우Wuthnow(1998)는 1970년에서 1994년 사이에 1인 가구의 수가 증가했다고 밝혔다. 노인

청Administration on Aging(1999, p. 4) 보고서에 따르면 1998년 시설의 보호를 받지 않는 독거노인의 수는 990만 명이었다. 1970년에서 1996년 사이에 혼자 사는 여성의 수는 730만 명에서 1460만 명으로 두 배 증가했다. 같은 기간에 혼자 사는 남성의 수는 350만 명에서 1020만 명으로 거의 세 배가 되었다.

10. 독거노인에 대한 두 가지 중요한 연구로는, 클라이브 실Clive Seale의 *Living Alone towards the End of Life*(1996)와 로버트 루빈스타인의 *Singular Paths: Old Men Living Alone*(1986)이 있다.

11. 사회적 고립에 관한 이러한 개념화는 일반적으로 사람과 사람 사이보다는 집단의 관계를 지칭하는 용어의 사회학적 정의와, 독신이 되거나 혼자 사는 것으로 정의하는 노년학의 고립에 관한 관습적인 정의 모두에서 출발한다. 사회적 네트워크와 사회적 통합 혹은 고립을 사회적 접촉의 상대적인 수준으로 분류하는 노년학의 보고서가 점차 늘어나고 있다. 예컨대 Rubinstein(1986, pp. 172~179)에서는 사회적 통합과 활동을 '매우 낮은 수준'에서 '높은 수준' 사이의 척도로 분류한다. Gibson(2000, pp. 4~6)에서는 외로움을 '육체적인 외로움' '정신적 상태로서의 외로움' '개인적인 성격에 따른 고립감' '고독'의 네 가지 유형으로 분류한다.

12. 독거노인 대부분이 외로운 것은 아니라는 결과를 보여주는 연구에 대해 알고 싶다면 Gibson(2000)을 보라. 장수와 건강을 위해서는 사회적 통합이 중요하다는 것을 보여주는 역학 연구가 많다. 그중에는 오랜 기간 캘리포니아주 앨러미다 카운티와 미시간 테쿰세, 노스캐롤라이나주 더럼 카운티 등에서 광범위한 연구를 통해 작성된 글도 있다(Blazer 1982; House, Robbins, and Metzner 1982; Seeman, et al. 1987을 보라).

연방 통계에 따르면, 혼자 살거나 친척이 아닌 사람과 사는 노인은 가족과 함께 사는 노인보다 가난할 가능성이 세 배 이상 높다(Administration on Aging 1999, p. 10). Thompson and Krause(1998, S356)는 혼자 사는 사람이 다른 이와 함께 사는 사람보다 범죄에 대한 공포를 더 많이 느낄 뿐만 아니라, "다른 이와 함께 사는 사람들은 범죄에 대한 공포심을 덜 느끼기 때문에, 그들의 안전에 대한 감각이 전염되는 것으로 보인다"는 결과를 보여준다.

『뉴잉글랜드 의학 저널』의 최신 연구(Gurley, et al. 1996)에서는 혼자 사는 환경에서 응급 상황에 처하거나 병에 걸렸을 때 취약성이 나타난다고 주장한다. 시카고의 4분의 1 정도되는 도시인 샌프란시스코의 연구원들은 12주 동안 응급대원들이 발견한 367명의 혼자 사는 사람들이 그들의 아파트에서 무기력한 상태로 있거나, 그중 4분의 1은 사망한 상태로 발견됐다고 보고했다. 그들의 주장에 따르면 "결과가 보여준 것은 독거노인들이 무기력하거나 사망한 상태로 집에서 발견되는 일이 흔해졌다는 것이다."(1996, p. 1714, p. 1716) 시카고의 폭염과 마찬가지로, 희생자들 중에는 나이가 많은 백인과 아프리카계 미국인이 많았지만, 그중에 가장 두드러진 것은 흑인 노인들이었다. 그들은 집에서 끔찍한 고통을 당했다. "초기에 개입했다면 줄어들 수 있는 고통이었다." 고립된 희생자들의 고통은 더욱 컸다(1996, p. 1714, p. 1716). 이동 응급 서비스 시스템이나 개인 건강 경보 같은 서비스의 성공은 우리가 혼자 사는 위험에 대하여 어느 정도까지 인식하고 있는지에 대한 지표 중 하나다.

13. Gibson 2000.

14. 이러한 어려움에도 불구하고, 소수의 몇몇 연구에서 작은 인구 집단 내부의 고립자의 수를 세고 특징을 조사하고자 시도했다. 예컨대 한 설문조사에서는 아프리카계 미국인 여성 노인의 4.3퍼센트가 혼자 살며, 인터뷰하기 전 2주 동안 가족이나 친구와 연락을 하지 않았다는 사실을 전했다(LaVeist, et al. 1997). 애틀랜타에서 행해진 고립에 관한 연구에서는 가난한 사람들이 다른 사람과 함께 살거나, 가까운 관계를 형성하거나, 집 밖에서 이야기를 나눌 상대가 있을 가능성이 낮다는 사실을 밝혀냈다(Tigges, Brown, and Green 1998). 그리고 다른 조사에서는 쇠퇴한 지역에 사는 노인들이 그렇지 않은 지역에 사는 노인보다 교류에 제한을 받을 가능성이 높다는 사실을 보여주었다(Krause 1993). 하지만 이러한 데이터는 일반적인 고립의 정도를 너무 과소평가하고 있을 가능성이 있다. 고립의 정도가 심한 사람들은 연구원들이 접근하기 어렵고, 따라서 조사에서 배제되었을 수 있기 때문이다.

1986년 루빈스타인의 독거노인에 관한 연구 역시 노인 센터에 참여하고 있는 노인들을 표본으로 삼고 있어, 상대적으로 통합되어 있는 상태의 노인들을 대상으로 조사한 것이다. 루빈스타인은 47명의 응답자 중 16명을 사회적 접촉이 '매우 낮음' 혹은 '낮음'으로 분류했다. 유의미한 유대관계를 맺은 사람이 0~2명이라고 답했기 때문이다. 루빈스타인에 따르면 "네 명은 (…) 활동이 없는 사회적 집단에 포함되어 있습니다. 네 명 가운데 세 명은 신체적인 장애가 있어 집 밖으로 나가는 데 제한이 있었지요. 네 명 중 두 명은 사실상 가족이 없는 반면, 나머지 두 명은 가족과 사이가 안 좋았습니다. (…) 이들은 가까운 친구라고 할 만한 사람이 없었어요." 나머지 12명은 "사교계 혹은 집단에 속해 있지 않거나 한 군데 정도와 관계를 맺고 있었습니다. 전화를 하거나 받은 일은 거의 없고, 편지를 받거나 쓰는 일도 거의 없습니다. 공식적인 접촉이 일주일 동안 일어나는 접촉의 대부분을 차지합니다"(1986, 172–3).

15. 1995년 시카고와 비슷한 정도의 폭염 사망률을 경험한 밀워키에서는 사망자의 약 27퍼센트가 사망 추정 시각에서 하루 이상 지난 뒤 발견됐고, 희생자의 75퍼센트가량은 60세 이상이었다(Nashold n.d.).

16. Semenza, et al.(1996, pp. 86~87, p. 90)를 보라.

17. City of Chicago 1995, 4.

18. 제이컵스의 말은 Siewers(1995, p. 11)에서 인용하고 있다. 고립되는 경향에 관한 상세한 문서를 보고 싶다 로버트 퍼트넘의 *Bowling Alone*, 2000, pt. 1과 pp. 99~106을 보라. 퍼트넘의 분석에 대해 많은 비판이 있긴 하지만, 나는 아직 1990년대의 미국인들이 친구, 가족, 이웃과 교류를 하는 데 들인 시간이 그 전 수십 년보다 훨씬 적었다는 그의 발견을 반박할 만한 설득력 있는 단서를 보지 못했다. 그럼에도 내가 보기에 이러한 원자화의 원인에 대한 퍼트넘의 주장에는 설득력이 별로 없다. 그가 가장 중요하게 생각한 인과적 기제인 '세대 변화'는 그 자체로 퍼트넘이 제공하는 설명을 넘어서는, 사회적 설명이 필요한 하나의 조건(혹은 '역사'의 대체재)이다. 게다가 "1970년대에서 1990년대 사이에 노인이 사회에 기여한 것이 거의 두 배가 되

었다"는 노인의 사회적 통합에 관한 그의 서술은 젊고 건강한 노인의 예외적인 활동을 강조하지만 나이 들고 고립된 노인에 대해서는 아무런 언급을 하지 않는다(2000, chap. 14, esp. pp. 256~257). 하지만 사회복지사와 루빈스타인 같은 노년학자들은 나이 든 사람들이 활동적인 노인과 은둔하는 노인으로 양극화되어 있다고 주장한다. 건강하고, 든든한 연금을 받고, 시간이 충분한 일부 노인은 왕성하게 시민 활동에 참여하지만, 병들고 가난하며 이동에 제약이 있는 다른 많은 노인은 고립되는 것이 사실이다. 이러한 변화를 설명하는 일관적이고, 단일화된 세대 문화가 있는지는 여전히 불분명하다.

19. 『공포의 문화』(1999)에서 배리 글래스너는 널리 퍼진 공포, 특히 안전에 대한 공포가 미국의 다양한 문화적 행위에 어떻게 영향을 미쳤는지에 대해 비슷한 주장을 하고 있다.

20. 이러한 경향은 미국뿐 아니라 전 세계적인 현상이었다. 미국 인구통계국이 수행한 연구에 따르면, 1950년 UN 선진국 인구의 12퍼센트가 60세 이상이었지만, 1998년에는 19퍼센트로 증가했고, 2025년에는 28퍼센트에 이를 것으로 예상된다. 60세 이상 인구의 증가는 개발도상국에서도 나타나고 있다. 1950년 1억 명에서 1998년 3억 5500만 명으로 늘어났고 2025년에는 8억3900만 명이 될 것으로 예상된다(Lawson 1998). 보고서는 또한 80세 이상의 미국 인구 역시 크게 증가할 것으로 예측하고 있다. 80세 이상의 남성 인구는 1998년 288만1000명에서 2025년에는 560만 명 이상으로, 여성은 같은 기간에 583만5000명에서 875만 명 이상으로 증가할 것이라 예측했다. 남성의 수명이 늘어난다는 것은 오랫동안 혼자 사는 여성의 수가 줄어든다는 것을 의미하긴 하지만, 독거노인의 절대적인 수는 높아질 것으로 예상된다. 부양에 관한 미국 인구통계 조사보고서에서는 1995년 65세 이상 노인의 남성 17퍼센트와 여성 42퍼센트가 혼자 살았다는 것을 볼 수 있다(Lawson 1998). 다른 연구에서 크리스토퍼 젱크스와 바버라 보일 토리(1988)는 1960년에서 1985년까지 65세 ~74세의 모든 미국인 중 1인 가구의 비율이 17퍼센트에서 25퍼센트로 증가했고, 75세 이상의 미국인은 훨씬 늘어나 25년 만에 21퍼센트에서 39퍼센트로 증가했다고 발표했다. 물론 혼자 사는 사람들은 대부분 가족 및 친구와 연락을 유지한다. 비록 독거노인들이 친구 없이 지내는 시간이 압도적으로 많다는 일부의 예측이 있긴 하지만, 사회적 고립과 혼자 사는 것 사이의 분석적·서술적 구분을 하는 것은 중요하다. 하지만 집에서건 아파트에서건 호텔에서건 혼자 사는 것은 이 책에서 우리가 관심을 갖고 있는 고립의 필요 조건이다.

21. *Bowling Alone*에서 로버트 퍼트넘(2000, p. 265)은 고립과 우울증의 관계에 대해서 언급하지만, 노인의 사회적 불안에 미치는 영향에 대해 자세히 설명하지는 않는다.

22. Wolf, et al.(1983, p. 465, p. 470)에서 아이들이 살아 있는 아프리카계 미국인에 관한 문헌 조사를 보라. 그리고 Patterson(1998)과 Fischer and Phillips(1982)에서 남성과 사회적 네트워크에 관한 조사를 보라.

23. Wolf, et al.(1983, p. 465, p. 469)에서 결과뿐만 아니라 조사도 읽어보라. 인디애나 대학의 연구를 Fleming-Moran, Kenworthy-Bennett, Harlow(1991)이 전하고

있다.

24. 이름이 비슷하긴 하지만, '노인의 친구, 리틀브라더스'는 영리적인 단체로 '가난한 이의 리틀브라더스'와는 관련이 없다. '노인의 친구, 리틀브라더스'에서 발행한 최근 연간 보고서를 보라. 여기 소개된 문장은 1997년 보고서에서 인용한 것이다.

25. Keigher 1991, p. 72.

26. Martin 1995, p. 2.

27. 지역의 퇴화와 사회적 고립 사이의 연관성을 보여주는 논문 Neal Krause(1993, p. 19)에서는 인터뷰어와 응답자가 (1) 응답자의 주거지, (2) 근처의 주택, 빌딩, 거리, 도로 등의 물리적인 조건, (3) 소음, 대기의 질, 치안 따위의 환경적 자극 요인 등에 대하여 평가한 것을 포함한 퇴화의 척도를 만들었다. 지역 사회생태학과 주민의 사회적 유대, 범죄에 대한 공포 사이의 관계를 다룬 뛰어난 문헌 조사를 찾는다면 Thompson and Krause(1998, S354~S356)를 보라.

28. 도시 주민들이 교외 지역이나 시골에 사는 주민들보다 범죄에 대한 걱정을 더 많이 하는 것처럼, 범죄율이 높은 지역에 사는 아프리카계 미국인을 비롯한 기타 민족 집단이 범죄에 대한 공포를 더 많이 느낀다고 한다(Joseph 1997; Miethe 1995, p. 19). 아울러 지역에 버려진 건물이나 반달리즘, 쓰레기, 낙서 등 '무질서'의 징후가 나타나면 주민 사이에 공포심이 확산되지만, Richard Taub and his colleagues(1984)에서처럼 상점이나 안전한 공공장소, 활발한 집단활동 같은 지역 자원은 주민들에게 공포심을 이겨내게 하는 동기를 부여하여 공공활동에 참여하게 만든다는 사실을 시카고에서 볼 수 있었다(Joseph 1997; Miethe 1995; Skogan 1990 역시 참고하기 바란다). 둘째, Sally Engle Merry(1981)에서는 범죄율이 높은 다민족 도시 주거단지에서 특정 지역의 주민들이 범죄에 대한 공포심을 느끼게 되면, 악순환이 시작된다는 결론을 내렸다. 공포심 때문에 사람들이 집에서 보내는 시간이 많아지고 이웃과 교류하려는 의지가 줄어들며, 이웃 사이의 사회적 거리가 멀어져 서로 간에 두려움을 느끼고 서로에 대해 알지 못하는 공동체가 형성된다. 공포심이 많아지면 은둔 현상이 늘어나고, 이 같은 현상이 반복된다. 셋째, 국립범죄희생자 조사(Federman, et al. 1996)에 따르면, 빈곤 지역에 사는 사람들이 "밖에 나가길 두려워하는" 경우가 많았다. 1992년에 실시된 조사에서는 복지 혜택을 받는 가족의 25퍼센트와 빈곤 가구의 20퍼센트가 외출하기를 두려워했던 반면, 재정적으로 안정된 가정들은 9퍼센트만이 외출하기를 두려워했다. 넷째, 조사 결과에서는 노인 가운데 흑인이 다른 집단보다 범죄에 대한 공포심이 많았고, 일반적인 경향과 달리 흑인 남성이 흑인 여성보다 범죄에 대한 공포심이 컸으며 자신의 취약한 감정을 드러내는 경우가 많았다(Joseph 1997; Sko-gan 1993). 합리적이게도 이러한 우려는 일반적으로 흑인 노인들이, 특히 나이 많은 흑인 남성들이 범죄에 희생되는 예가 많다는 현실을 반영하고 있다. 실제로, 이러한 조건은 시카고의 나이 든 아프리카계 미국인들이 다른 집단보다 1995년 폭염에서 훨씬 많이 사망한 이유를 설명하는 데 도움을 주며, 시의 논리처럼 그들이 스스로의 공포심 때문에 희생자가 된 것이 아니라 도시 폭력과 불평등 구조의 희생자임을 의미한다.

29. Thompson and Krause 1998, S356.

30. 사회적 고립과 은둔이 방어, 특히 폭력적인 지역에서 아이들을 위한 방어의 한 형태라는 앤더슨(1999)의 의견은 그가 필라델피아에서 수행했던 민족학적 연구에 기인한 것이다. 푸르스텐버그 외(1998)의 고립에 관한 결과는 아이들이 학교에 다니는 도시 가족을 대상으로 했던 연구를 기반으로 한다. Wilson's(1996)의 방어 전략으로서의 고립에 관한 논의는 When Work Disappears에서 볼 수 있다. 십대 저널리스트 르앨런 존스와 로이드 뉴먼은 시카고의 니어사우스사이드 주택단지에서 성장하는 것을 구술하여 기록한 Our America에서 폭력을 회피하고 공포심을 이겨내는 것을 그들의 중심 주제로 삼았다. "그들은 여름이면 총질을 많이 했다." 존스는 이렇게 시작한다. 뉴먼은 불안하게 답한다. "그래서 나는 거의 항상 집에 있다"(Jones, Newman, Isay 1997, p. 31).

31. 비슷한 다른 나라와 비교하여, 미국은 범죄에 대해 우려할 만한 이유가 충분하다. 총을 구하기 쉽고 총기 관련 범죄도 세계에서 가장 많이 일어나는 환경인 미국에서 전체 가구의 약 4분의 1은 매년 범죄와 관련되며, 절반에 가까운 인구가 평생에 한 번 정도 범죄의 피해를 입는다(Miethe, 1995). 객관적으로 시카고에서 가장 위험한 거리를 현지 조사해봐도 분명히 알 수 있다. 주민들의 묘사에서 흔히 보이는, 특히 가난하고 폭력적인 지역에 사는 주민들이 끊임없이 불안에 시달리는 모습, 즉 직접적인 위협에 대해 극심한 걱정에 빠진 나머지 거의 움직이지도 못하는 모습으로 표현되는 것은 그들이 느끼는 공포심에 대해 총체적으로 잘못 묘사하고 있는 것이다. "우리의 길잡이가 되는 것은 공포가 아니라 신중함입니다." 노스론데일에 사는 한 노인 유진 리처드가 위험에 대처하기 위한 지역 토론 시간에 설명했다. 유진은 낮에는 몇 블록 정도 걸어다니지만, 차 없이 네 블록 이상은 다니지 않는다. 리틀빌리지에서 70대를 보내고 있는 한 여성 앨리스 넬슨은 낮에는 식료품 가방을 몇 개씩 들고 걸어다닌다. "하지만 밤에는 밖에 나가지 않아요"라고 내게 말했다.

32. Secter 1995, p. 7.

33. Ehrenhalt 1995, p. 29.

34. 인류학자 미카엘라 디 레오나르도는 Exotics at Home, 1999, p. 125에서 여름에 홀로 비상계단에서 잘 수 있고 중산층이 역할모델이 되거나 리더십을 제공하는 안전한 빈민가라는, '잃어버린 세상'에 대한 향수를 불러일으키는 비전에 의존하는 사회과학자들을 강하게 비판한다. 중산층과 가난한 아프리카계 미국인이 우호적인 관계로 밀착되어 있다는 역사적 환상을 경계해야 한다는 점에서 그녀는 옳지만, 빈민가의 공공장소가 전후 시기를 거치면서 발전 가능성이 줄었다는 주장에는 역사적 근거가 있다(Wacquant 1994). 내게 정보를 제공해주었던 노스론데일을 비롯한 다른 아프리카계 미국인 지역에 사는 노인들은 그들이 사는 곳 주위의 공공장소가 훨씬 위험하고 위협적으로 변했으며, 밤에는 특히 심해졌다고 주장했다.

35. 글래스너Glassner(1999)는 65세 이상의 미국 노인들이 25세 이하의 미국인보다 범죄의 피해자가 될 확률은 16배 낮다고 보고하고 있다.

36. 시카고 노인들의 빈곤에 대한 논의를 보고 싶다면 Lawlor, et al.(1993, p. 9)를 참조

하라.

37. Glassner 1999, 44. 뉴스를 보거나 듣는 행위의 영향을 분석하는 조사에서 "자주 라디오 뉴스를 듣거나 텔레비전 뉴스를 시청하는 이들이 높은 수준의 공포심을 드러낸다"는 결과가 나왔고, "지역 TV의 경우도 마찬가지였다"(Chiricos, Escholz, and Gertz, 1997).

38. Glassner 1999, p. 45.

39. 미국의 개인주의 문화에서 성별에 따른 성격에 관한 논의를 보고 싶다면 제임스 재스퍼의 *Restless Nation*, 2000, p. 12, p. 132를 참조하라.

40. Davis(1998)에서 지역 방범대와 공동체 치안 프로그램에 관한 논의를 보라. 시카고의 경우는 Skogan and Hartnett(1997)를 보라. 미국 도시에 새롭게 널리 확산된 요새형 구조물에 관한 자료를 원한다면 *Architecture of Fear*, Ellin, 1997에 나오는 출입 제한 주택지, 장벽으로 둘러싼 도시, 민간 안전 시스템에 관한 논의를 보라. 이들 가운데 많은 부분이 마이크 데이비스에게 영향을 받았는데, 로스앤젤레스에 관한 그의 논문 *City of Quartz*, 1990는 도시 주민과 정부가 겁에 질려 있는 소수로부터 도시 공간을 방어하기 위해 도시 공간을 재구성함으로써 비평가의 관심을 받은 것을 보여준다.

41. 가정을 돌볼 때 나타나는 문제는 다른 연구에 잘 정리되어 있기 때문에, 여기서는 대중의 관심을 덜 받지만 중요한 문제인 노인 주거에 초점을 맞출 것이다. SRO에 관한 역사적인 자료를 원한다면, 폴 그로스의 *Living Downtown*(1994)을 보라. 그리고 현대 시카고의 SRO의 사회지원 네트워크의 특징을 문서화한 사회학 연구를 원한다면 Charles Hoch와 Robert Slayton의 *New Homeless and Old*(1989)를 보라.

42. Steinberg 1995. p. 10.

43. Chicago Housing Authority 1995, p. 2.

44. Building Organization and Leadership Development 1995.

45. Hoch and Slayton 1989.

46. 시카고에서 철거된 가구에 관한 데이터는 Hoch and Slayton 1989, p. 121에서 찾을 수 있고, 전국적인 데이터는 Groth, 1994, p. 283에 제시되어 있다. 철거된 SRO 가구 수에 관한 논쟁을 알고 싶다면 Jencks(1994)를 보라. 젠크스는 "이상적이지는 않은" 단서에 의존하여, 1970년대와 1980년대 사이에 철거된 SRO 가구 수에 방이 두 개인 가구도 포함되어 있어 지나치게 높게 계산되었다고 주장한다. 이 중에는 1970년과 1982년 사이에 110만 가구가 사라졌다고 했던 유명한 연구 결과도 포함되어 있다. 젠크스는 또한 미국 주택통계조사국의 자료를 인용하며 원룸임대 가구의 수가 1973년 111만4000가구에서 1989년 78만9000가구로 떨어졌다는 사실을 보여주었다.

47. Groth 1994, p. 271. 정신건강 연구원들은 주에서 지원하는 시설의 총 환자 수가 1955년에서 1995년 사이에 대략 50만 명이 감소하여 상당수가 SRO, 감옥, 거리로 유입되었을 것으로 예측한다.

48. 도시역사학자 에릭 몽코넨(1993, p. 345)은 "도움이 필요한 온갖 유형의 사람을 한군

데로 몰아넣는 안타까운 관행 때문에 노인과 병자에게 더 많은 도움을 제공하지 못했다"고 주장했다. 현재 노인과 정신질환자, 약물중독자를 지원하는 주 정부의 시스템은 실패로 돌아갔고, 그러한 관행은 이제 완전히 사라졌다.

49. Hoch and Slayton 1989, p. 164.

50. Suttles(1990)에 나와 있는 SRO와 주택개발업자의 이익에 관한 논의를 보라.

51. 이 표현은 프리드리히 엥겔스([1845]1984)가 그의 고전적인 저작에서 맨체스터 노동계급의 주거 환경을 묘사하면서 쓴 것이다. "그러한 지역이 세계 최초의 제조업 도시이자 영국 2위 도시의 심장부에 존재한다"는 엥겔스의 발언은 미국의 "두 번째 도시"이자 역사적인 제조업의 중심 도시 시카고에 역설적인 공감을 불러일으킨다.

52. Keigher(1991, pp. 52~53)에서 조사한 27개 호텔 대부분은 "형식적으로 로비와 응접실이 있었지만, 뚜렷하게 사회활동을 나타내는 흔적은 없었다. 굳이 사회적 공간을 만들기 위해 애쓰는 호텔은 거의 없어 보였고, 설치를 막으려고 하는 호텔은 일부 있었다."

53. 카이거Keigher(1991)는 또한 SRO 주민들이 사회복지사 및 의료 지원 봉사자와 연락이 되지 않는 경우가 많다는 것을 발견했다. 그녀의 연구에 따르면 주민들은 대부분 지원을 받는 데 관심이 있었지만 어디에서, 어떻게 받을 수 있는지는 알지 못했다. 주민들의 의료 지원 수요는 "깜짝 놀랄 만큼 많았다"(Keigher 1991, pp. 49~50).

54. 알코올이나 약물과 열사병 사이의 관계는 Kilbourne, et al.(1982)에 보고되었다. 허버트 사이먼Herbert Simon(1994)은 신경완화성 약물 복용과 고체온 장애 사이에 연관성이 있다는 사실을 발견했다.

55. Rollinson 1990, pp. 194~195. 여섯 곳의 SRO가 롤린슨의 접근을 거부했을 뿐 아니라 고립된 주민들을 찾기도 어렵고 조사에 참여하는 경우도 많지 않아 표본을 구하지 못했다는 사실을 롤린슨이 부인했다는 점을 고려하면 롤린슨의 주장은 대단히 인상적이다.

56. 앞의 책.

57. Keigher 1991, p. 51.

58. Rollinson 1990, p. 200.

59. Hoch and Slayton 1989, p. 151.

60. 앞의 책, p. 161.

61. Keigher 1991, p. 49.

62. Rollinson 1990.

63. Keigher 1991, p. 47.

64. 『시카고 선타임스』가 가지고 있는 쿡 카운티 검시소에 의해 매장된 45명의 희생자 명단에 따르면 그중 33명, 즉 약 75퍼센트가 남성이었다(Chicago Sun-Times 1995, p. 14).

65. Orloff, 1993, chap. 3; Fischer 1982, p. 253; Hoch and Slayton, 1989, p. 128.

66. 그렇지만 앤 올로프Ann Orloff(1993)가 보여주었듯이, 남성이 일반적으로 연금 혜택을 받는 경우가 많다. 남성이 상대적으로 오랫동안 공식적인 노동을 하기 때문이다.

67. '성 역할sex roles'에 관한 비판적인 논의에 관심이 있다면 R. W. Connell의 *Masculinities*(1995, pp. 21~27)를 보라. Robert Rubinstein(1986, pp. 20~21)에 따르면 표본 가운데 자녀가 없는 독신 노인 3분의 2가 "가까운 가족도 없었다"고 하는 반면 "자녀가 있는 29명의 남성 가운데 17명은 자녀들과 가까운 관계를 유지하고 있었다". 남성이 다양한 복지 혜택에서 배제되는 이유에 관심이 있다면, Susser(1993)를 보라.

68. Rubinstein 1986, p. 1.

69. Liebow, 1967, p. 214, p. 218~219. Bourgois(1995)와 Lancaster(1992)는 남성의 폭력과 궁핍 사이의 관계를 조사한 설득력 있는 인류학적 연구다.

70. Gurley, et al. 1996, p. 1710.

2장

1. Semenza, et al. 1996, p. 84.

2. 연구원들은 "심혈관 질환에 의한 사망을 포함시킨 이유는 이전 연구에서 고온 기간에 심혈관 질환에서 초과 사망이 나타났기 때문"이라고 설명한다(앞의 책).

3. 세멘사는 "많은 사람이 고립되어 있어 연구에 포함시킬 수 없었다. 사회적 고립의 의미에 관한 우리 예측은 실제보다 적다. 고립된 사람을 표본에 많이 포함하지 못했기 때문"이라고 설명한다.

4. 캐런 스모이어Karen Smoyer(1998, p. 1813)에 따르면, "인구 관련 위험 요인에만 집중하여 사례통제 연구를 수행함으로써, 지역의 특징에 따른 영향을 관찰할 기회가 상쇄되었고, 가구 수준을 넘어서는 환경 변수를 평가할 수 없게 되었다".

5. 유익한 리뷰를 원한다면, Ralph Catalano and Kate Pickett, *A Taxonomy of Research Concerned with Place and Health*, 1999를 보라.

6. 스모이어Smoyer(1998, p. 1820)는 일반적으로 "사망률이 높은 지역과 낮은 지역 사이의 차이는 폭염 기간에 뚜렷해진다"고 주장한다. 스모이어에 따르면, 어떤 해에는 세인트루이스 인구조사 지역의 폭염 사망자 분포가 무작위적이지만, "몇몇 인구조사 지역의 평균값은 사망률이 높은 지역과 낮은 지역에 따라 상당히 달랐다"(p. 1820). 이런 측정의 문제는, 치명적이지 않은 폭염 기간에는 사망자 수가 너무 적어서 지역에 따른 신뢰할 만한 비교를 할 수 없다는 것이다. 스모이어는 "상대적으로 적은 수의 사망이 발생한다면, 지역별 사망률의 차이가 적어서 지역별 패턴이 나타나지 않을 수 있다"(앞의 책)고 경고한다. 하지만 반대의 경우 역시 사실이다. 지역에 따른 폭염 사망자 수의 차이가 적으면 상대적인 위험 수준을 과도하게 가리키는 지표가 나타날 수 있다.
모이어는 또한 세인트루이스와 뉴욕의 폭염 사망률에 관한 두 가지 연구(각각 헨셀과 슈만이 이끌었다)에서 보건 위기에 관한 공간적 분포뿐 아니라 장소 기반 조건과 폭염 사망률 사이에 의미 있는 연관성이 있다는 사실을 발견했다고 말한다. 아울러 마르티네즈 외(1989)는 노인들의 지리적 폭염 사망률 패턴을 발견했다.

7. 시카고 커뮤니티 지역에 관한 논의에 관심이 있다면, 서문의 주석 12번을 보라.

8. 시카고의 아프리카계 미국인 지역의 역사적 발전과 사회적 조건에 관해서는 방대한 문헌이 존재한다. 블랙벨트에 관한 고전적인 연구로는 St. Clair Drake and Horace Cayton, *Black Metropolis*([1945] 1993)이 있다.

9. 1990년대 후반 범죄율이 상당히 낮아졌음에도, 가난한 흑인 지역의 범죄 건수는 여전히 비교적 높게 나타나 주민들은 거리에서 안심하고 다니기가 어려웠다. 시카고 보건부의 역학 프로그램에서 수행한 연구(1996)는 1994년과 1995년 경찰에 보고된 전체 폭력범죄(실제보다 낮게 측정된 것이 분명한) 가운데 폭염 사망률이 가장 높았던 풀러파크 지역에서 주민 100명당 19건의 범죄가 발생했다는 사실을 보여주고 있다. 폭염 사망률이 높았던 다른 지역도 범죄율이 비슷하게 나타났다. 폭염 사망률이 두 번째로 높았던 우드론은 주민 100명당 13건의 폭력범죄가 발생했고, 그레이터그랜드크로싱은 100명당 11건, 폭염 사망률이 높았던 워싱턴파크, 그랜드불러바드, 니어사우스사이드 등은 주민 100명당 15건이 넘는 범죄율을 기록했다. 이는 일리노이 보건부가 발견했던 것처럼, 일상생활의 불안과 폭염에 대한 취약성 사이에 상관관계가 있다는 것을 의미한다. 이와는 대조적으로, 니어노스사이드에 있는 부유한 커뮤니티인 링컨파크는 주민 100명당 2건의 범죄율을 기록했고, 폭염 사망률도 매우 낮은 편이었다.

10. 하지만 커뮤니티 지역의 데이터를 이용하여 폭염의 영향에 대한 공간적인 논리를 찾는 것은 분석의 오류를 부를 수 있다. 일부 커뮤니티 지역의 대규모 민족 및 인종적 다양성이나 계급적 특성 때문에 그보다 작은 지역의 빈곤, 범죄, 그리고 폭염 사망률에 관한 특징이 드러나지 않을 수 있다. 예컨대, 오래된 시설로 악명 높은 업타운의 SRO 주거 지역은 최소 7명의 폭염 사망자가 나타났던 곳으로 시카고에서 가장 위험한 지역일 수도 있다. 그러나 업타운은 전체 사망률 15위 안에 들지 않는 곳이다.

11. 로런스 캘크스타인이 Lancet(1995, p. 858)에서 설명한 것처럼, "검은 지붕과 빨간 벽돌의 외관, 환기 장치가 없는 지역은 (…) 더운 날씨에 특히 부적합하다".

12. Shen, et al. 1995.

13. 스모이어Smoyer(1998, p. 1822)는 그러한 정성적인 연구 프로젝트가 부재하며, 이에 대한 수요가 있다는 것을 지적하고 있다. 그녀가 생각하는 장소에 기반한 폭염 사망률 연구에 대한 미래의 방향 가운데 "첫째는 장소와 폭염으로 인한 사망 위험 사이의 복잡한 관계를 풀어낼 정성적인 방법을 사용하는 것이다".

14. 민족 및 인종 연구를 이용하여 다양한 시카고의 커뮤니티 지역을 평가한 종합적인 시도 가운데 가장 훌륭한 사례는 시카고대학의 윌리엄 줄리어스 윌슨과 리처드 타웁이 이끌었던 '주변 지역 비교 연구'다. 1993년에 시작한 프로젝트는 약 10명의 대학원생을 동원하여 수년간 4곳의 커뮤니티 지역을 조사했다. 2001년까지 이 프로젝트에서는 개별적인 지역에 대해 여러 편의 논문과 저서를 출판했지만, 지역 간 비교에 관한 결과는 내놓지 못했다.

15. 사례 연구에 관한 방법론적 논쟁에 대한 검토는 찰스 레이긴과 하워드 베커가 편

집한 *What Is a Case? Exploring the Foundations of Social Inquiry*(1992)를 보라. 나는 주변 지역 비교 연구를 수행하면서, 관습에 따라 시카고의 커뮤니티 지역을 분석 단위로 활용했다. Sudhir Venkatesh(2001)와 Albert Hunter(1974)가 주장한 것처럼, 비록 커뮤니티 지역이 지역 정체성의 고유한 표현이 아니라 사회과학자들이 만든 것이긴 하지만, 커뮤니티의 규모가 상대적으로 커서 이러한 연구에 유용하게 작용했다. 700명이 넘는 폭염 사망자가 77개 커뮤니티 지역에 분포된 데이터는 인구조사 지역이나 로버트 샘슨과 그의 동료들이 하버드 공공보건 연구Harvard Public Health Study(1997)에서 만들었던 지역 단위보다 훨씬 의미가 있었다. 인구조사 지역이나 로버트 샘슨이 만든 단위는 규모가 너무 작고 다양해서 신뢰할 만한 사망률이 나오지 않았다. 따라서 이 책에서는 제니퍼 플라트가 사용했던 비교 방법을 참고한다. 이는 이론적으로는 불확실하지만 실질적으로 비할 데 없이 유용한 전통적인 사례를, 과학적으로 구축된 (학문적으로나 정치적으로 중요한) 대상으로 이용한다. 그러나 나는 분석의 단위를 선택한 뒤에, 현장에서 노출된 단서에 근거하여 변수와 범주, 이론적인 근거가 있는 관찰로 구성된 John Walton(1992)이나 Michel Wieviorka(1992)에 가까운 연구를 수행했다.

16. 이러한 조건을 통제하는 것은 주요 척도에 영향을 미치는 요소들이 결합하여 사망률의 차이를 설명하는 가능성을 막아주었다.

17. Whitman, et al. 1997, pp. 1515~1518. 사우스론데일의 라틴계 인구는 공식 합계보다 더 많을 가능성이 높다. 이 지역에는 일시적으로 노동자가 많아 인구조사원이 집계하지 못하는 경우가 많다.

18. 리틀빌리지와 노스론데일 모두 소득에 관한 데이터를 해석할 때는 약간의 주의를 요한다. 지역 경제활동의 많은 부분이 비공식 노동 시장에서 일어나 일반적으로 노동자들이 보고하지 않기 때문이다. 많은 연구에서 미국의 공식적인 빈곤선을 가난을 나타내는 지표로 인정했다(Citro and Michael, eds. 1995). 관련 논쟁을 보려면 Ruggles(1990)를, 가난의 결과에 대한 논의를 보려면 Federman, et al.(1996)을 참조하라. 미국에서는 공식적인 빈곤선보다 소득이 상당히 많은 가정도 건강보험이나 주택 문제, 에너지, 식량 등 기본적인 재화의 빈곤에 시달리고 있다. 빈곤 연구원들은 또한 인구조사 지역 수준에서 '고빈곤high-poverty' 지역을 어떻게 정해야 하는지에 대한 논쟁을 벌이고 있다. Paul Jargowsky(1997, 10–11)는 빈곤율의 40퍼센트를 빈민가의 기준으로 삼는다. 하지만 인구조사 지역 빈곤율의 20퍼센트 역시 하위 5분위의 빈곤층 기준이 될 것이라 말하고 있다.

19. 샘슨Sampson(1997, 918)이 주도했던 최근 연구에서는 가난한 주민들의 비율과 독거노인의 비율 외에, "이웃 간의 사회적 유대와 공익의 편에 서는 의지를 결합한 것"으로 정의되는 공동체의 집단적 효능이 재난에서 생존하는 지역 주민의 능력에 영향을 미칠 것이라고 보고 있다. 사실 사회적 유대를 문제의 한 요소로 도입하면, 리틀빌리지가 그처럼 낮은 사망률을 나타내는 이유를 밝히기가 더 어려워진다. 샘슨과 그의 동료들이 개발한 척도에 의하면, 리틀빌리지는 노스론데일보다 부정적인 집단적 효능 점수가 나온다. 따라서 폭염 기간에 사회적 지원 시스템이 훨씬 약했음이 틀

림없다.
20. 전통적인 학문적 지식은 집단 사이의 차이를 설명하는 것은 집단의 특징이라고 주장한다. 그러나 로이크 바캉Loïc Wacquant(1997a, p. 224)은 "'인종'은 분석 대상도 분석의 도구도 될 수 없다"고 주장한다.
21. 인종적인 근거의 유사한 형식에 대한 논의 및 비판에 관심 있다면 Gould([1981] 1996)를 보라.
22. Angel, et al. 1996.
23. Anderson(1999), Frazier(1939), Pattillo-McCoy(1999), Stack(1974)을 보라. 할아버지와 할머니는 필라델피아 흑인 사회의 사회적 관계에 대한 일라이자 앤더슨(1990, 1999)의 중요한 주제였다. 앤더슨Anderson(1999, p. 206)은 E. 프랭클린 프레지어E. Franklin Frazier의 흑인 가족에 관한 글을 인용한다. 그 글에서 그는 "가장 나이 많은 여성이 가족의 우두머리 역할을 했다. 세대를 단결하게 하는 것은 할머니였다"고 주장한다. 메릴 실버스틴과 린다 웨이트Merril Silverstein and Linda Waite(1993)는 이러한 결론에 의문을 던지며, 흑인 노인 사회에서 사회적 지원활동이 왕성했다는 많은 주장에는 근거가 거의 없다고 주장한다.
24. 지역 환경이 주민에게 미치는 영향에 관한 최근 연구 몇 가지를 제외하면(Brooks-Gunn, Duncan, and Aber 1997 and Sampson, Raudenbush, and Earls 1997을 보라), 도시 빈곤에 관한 최근의 많은 연구에서는 빈곤 지역에서의 사회 및 공간적 조건의 차이가 잘 드러나지 않는다. 허버트 J. 갠스Herbert J. Gans(1995), 마이클 캐츠Michael Katz(1993) 등 도시학자들이 보여준 것처럼, 도시의 최하층 계급이라 가정하는 집단에 관한 사회과학적 연구와 정책 보고서, 언론 기사 등에서 그러한 집단의 구성원 혹은 대표자를 구체화하여 표현하지 못하고 있다. 이처럼 유연하지만 정확한 의미를 전달하지 못하는 용어가 미치는 영향은, 높은 빈곤율과 실업률, 범죄율을 비롯하여 기타 사회 문제가 많은 흑인과 라틴계가 주로 거주하는 두 커뮤니티가 지역에 따라, 혹은 같은 지역이나 동일한 민족이 거주하는 지역에서도 빈곤에 상당한 차이가 있는데도 동일한 범주로 취급하게 된다는 것이다. Paul Jargowsky의 *Poverty and Place*(1997)에서처럼 빈곤 지역을 차별화하면, 일반적으로 바리오barrio, 게토, 슬럼 같은 이름이 붙는다. 이는 주로 거주하는 지역 공동체의 민족적 정체성만을 기반으로 한 것이고, 다른 사회적·경제적·공간적 특징은 모두 무시한 것이다. 자고스키의 구조는 기존의 균질적인 분류에 비해 발전한 것이지만, 여전히 다른 사회적 조건은 암묵적으로 거부하고 있다.
25. McKenzie 1925, 64; Mauss [1916] 1979.
26. 최근 논문에서 딩신 자오Dingxin Zhao(1998, 153)는 베이징대학의 캠퍼스 생태 환경 때문에 평상시에 다양한 네트워크가 형성되었고, 이는 1989년 민주화운동 때도 사회적 행동에 도움을 주었다고 주장한다. 자오는 환경이 공동체의 공간적인 위치나 일상적인 활동은 물론 사회적 네트워크의 구조와 강도에도 영향을 미친다고 주장한다.
27. 시카고학파 사회학자들은 여러 세대에 걸쳐 사회 환경과 지역사회 생활의 특성이

나 조직화 사이의 관계에 주목해왔다. 최근 수십 년 동안 앙리 르페브르, 마뉴엘 카스텔스, 데이비드 하비 같은 유럽의 사회이론가에게 영향을 받은 도시학자들은 도시의 공간적 삶의 중요성을 재발견했다. 1990년대에 일부 미국 사회과학자는 지역이 다양한 사회적·교육적 결과에 독립적으로 영향을 미치는지에 대한 일련의 연구를 시작했다. 이처럼 지역이 미치는 영향에 관한 정량적 기반의 연구들이 보여준 초기 결과는 아이들의 발전에 가장 큰 영향을 주는 게 가족이긴 하지만 지역 환경 또한 다양한 연령대의 아이들에게 인생 전반에 걸쳐 매우 큰 영향을 미친다는 것이었다(Brooks-Gunn, Dun- can, and Aber 1997).

28. Taub, et al. 1984.
29. Chicago Fact Book Consortium 1995. 30. Hirsch 1983, p. 192.
30. Hirsch 1983, p. 192.
31. 앞의 책, p. 194.
32. 쇼핑이 사회가 만들어지는 과정에서 얼마나 건설적인 역할을 하는지에 관한 논의에 관심이 있다면, *The Cultures of Cities*(1995)에서 샤론 주킨이 쓴 'While the City Shops'를 보라.
33. Jacobs 1961, pp. 36~37.
34. Skogan 1990, p. 13.
35. 스택의 연구에서 두 개의 확장된 가족 네트워크의 주거 밀도와 공간적 집중에 관한 논의에 관심이 있다면 *All Our Kin*(Stack 1974)의 서론을 보라. 올랜도 패터슨 Orlando Patterson(1998, xi)은 "공적 제도가 제 기능을 못 하거나 부재하는 것을 보상하는 비공식적인 우정의 형태와 공동체가 존재할 수 있다는 믿음"을 영속화한다는 점에서 *All Our Kin*류의 책을 비판했다. "오로지 근거 없는 반복과 대표성이 없는 몇몇 아프리카계 미국인 주거 단지를 대상으로 한 도시 인류학자의 사례 연구를 통해 대규모 복지 네트워크와 자연적인 지역 공동체가 곧 개발되고 건설될 것이라는 믿음이 받아들여졌다."
36. 재클린 울프 외(1983, 469)에 따르면, "앞서 백인의 사례에서 본 것처럼, 노인이 사는 집에서의 거리가 흑인 노인이 가족이나 친구와 연락하는 빈도를 결정하는 가장 강력한 요인이다."
37. 닐 크라우스 Neil Krause(1993)가 보고한 것처럼, 사회노년학자들은 "전체적인 지역 사회의 질이 높을수록 가족 구성원과 연락이 많아진다"는 것을 보여주었다. 자신의 연구에서 크라우스(1993, pp. 9~10)는 "퇴화된 지역에서는 (…) 서로 불신이 늘어가고, 다른 사람을 믿지 못하게 된 노인들은 사회적으로 고립되는 경우가 많아진다." (그럼에도 1990년대 후반 경제 개발 시기에 월그린의 약국과 도미닉 식료품점이 노스론데일의 루스벨트로드에 개업했다는 사실은 주목할 만하다.)
38. 리처드 타웁 외(1984, p. 60)가 쓴 *Paths of Neighborhood Change*는 사람들을 집에서 끌어내 사회적 접촉이 많이 일어나는 공공장소로 오게 하는 상업시설의 중요성을 보여준다. 타웁 외는 시카고의 아프리카계 미국인들은 자신이 사는 지역 외부에서 쇼핑하는 것을 더 좋아한다는 사실을 발견했다. 그들이 사는 곳에서는 고품

질의 상품을 구할 수 없다고 믿는 것이 이유 중 하나다.
39. 내게 정보를 제공해준 사람들이 영양가 있는 음식과 생필품을 구하기가 어렵다는 불만을 갖고 있는 것은 단순히 문화적 취향과 기호 때문이 아니라 사회적 환경의 영향으로 인해 비만과 당뇨가 노스론데일을 비롯한 가난한 흑인 사회에 널리 퍼졌음을 의미한다. 대개 쇼핑 때문에 차를 몰고 외부로 가지 못하는 노인들은 건강한 음식을 구하는 데 어려움을 겪는다. 내가 만난 많은 노인은 통조림이나 포장된 음식물을 쌓아놓고 있어 언제든지 먹을 수 있지만, 집에서 신선한 음식을 먹고 싶은 만큼 먹지는 못한다.

지역에 있는 작은 상점은 겉보기에는 맛있어 보이지만 영양가는 거의 없는 음식으로 가득하다. 반면 당뇨와 비만, 심장병을 걱정하는 공공의료 노동자들이 추천하는 음식은 거의 없다. 지역 상점에 있는 상품들은 빈민가 외부에 있는 대형 상점보다 훨씬 비싸다. "여기서는 돈을 아끼려면 차가 있어야 돼요." 내가 지역 공원에 갔을 때 만났던 한 할머니가 말했다. "아니면 시에서 주는 교통카드를 받아서 버스를 타든가. 이 지역의 상점은 비싸요. 여기서 쇼핑을 하면 돈을 버리는 거라니까요." "술도 팔고 이것저것 파는데, 값이 엄청나게 비싸요. 나는 신문 살 때 말고는 작은 상점에는 가본 적이 없어요." 한 60대 남성의 말이다.

40. 로리 케이 에이브러햄Laurie Kaye Abraham(1993, 139−40)은 건강한 음식을 만들 재료가 없는 우범 지역에서 건강한 일상을 유지하려고 애쓰는 노인의 어려움에 대해 비슷한 주장을 한다. "가난한 사람이 의사의 조언을 따르기란 중산층보다 어렵다. 중산층은 선택권이 더 많기 때문이다. (…) 도시의 빈곤은 아주 간단한 습관도 수용하기 어렵게 한다. 예컨대 토미가 건강검진을 받으러 론데일 기독병원에 갔을 때, 의사는 규칙적으로 걸어야 건강을 유지할 수 있다고 말했다. 하지만 '나는 강도당하기 싫습니다'라는 게 토미의 답변이었다."

41. City of Chicago 1996.

42. 범죄율은 여름에 상승한다. 더위 때문에 사람들은 다른 계절보다 여름에 야외에서 더 많은 시간을 보낸다. 하지만 더위가 지나치게 심하면 범죄율은 실제로 감소한다. 범죄를 저지르려고 했던 사람들도 힘을 쓰지 못해 범죄를 저지르지 못하기 때문이다.

43. 그중에서도 Bourgois(1995)와 Sanchez-Jankowski(1991)를 보라.

44. 이러한 이유로 '거리를 되찾자' 행진, 마약 반대 농성, 지역 정원 프로젝트, 버려진 집에 판자 덧대기, 공터에 담장 치기 같은 주요 지역 사회운동이 주민에게 물리적·사회적 공간을 되돌려주는 데 집중하는 것이다.

45. 인근 지역의 주민들도 비슷한 우려를 나타낸다. 예컨대, 1994년 5월에 실시된 조사에서 웨스트사이드의 공공주택 단지 가운데 한 곳에서의 주민 40퍼센트와 다른 단지의 주민 11퍼센트는 이전 해에 아파트 단지에서 총탄을 발견했다고 전했다. *The Hidden War*의 저자들은 "조사 응답자 대부분(63퍼센트)이 밤에 혼자 밖에 있으면 불안하고, 일부(33퍼센트)는 아파트 안에 있을 때도 불안하다고 말했다"(Popkin, et al. 2000, pp. 100~102).

46. Anderson 1999, p. 118.

47. 마약 거래가 일어나는 지역에 관한 민족지학 연구에서 일라이자 앤더슨Elijah Anderson(1999)은 범죄율이 높은 지역에 사는 많은 부모가 강제로 아이들을 집에 머물게 하여 위험한 일에 연루되거나 대상이 되지 않게 한다는 사실을 발견했다. 이러한 환경에 사는 아이들은 친구들과 공동체에서 소외된다. 아이들은 거리의 세계에서는 보호받지만, 갇혀서 혼자 지내면 심리적인 면이 취약해질 뿐 아니라 발달에서 뒤떨어진다.

48. 크라우스Krause(1993, p. 16)에 따르면, "지역에는 물리적인 장애물이 있어 다른 사람을 만나는 데 제약이 되는 경우가 있다. 예컨대, 아파트 안에 있는 어두운 복도, 부서진 계단, 비뚤어진 보도 등은 노인들이 다른 사람을 방문하는 데 물리적인 제약이 될 수 있다".

49. 주민들이 이웃에 대해 잘 알고 있는 것은 M. P. 바움가트너M. P. Baumgartner가 민족지학 연구를 수행했던 부유한 백인이 거주하는 교외 지역 햄튼의 사회적인 관계와는 극명한 대비를 이루었다. 바움가트너는 중산층 사이의 관계를 형성하는 데 관련된 사회적 지식이 없었고, 이는 햄튼의 지역 유대의 특징을 보여주고 있었다. 교외 주민들은 서로 사회적 거리를 두며 공동체와 약한 유대관계만 맺고 있었다.

50. 기술적으로 모두는 아니고 대부분 노스론데일 커뮤니티 지역에 있다. 노스론데일 가족네트워크North Lawndale Family Network(1998)를 보라.

51. 흑인 교회의 역사적 의미에 관해서 알고 싶다면 Frazier(1961)와 Lincoln(1990)을 보라. 시카고의 흑인 교회에 관심이 있다면 Drake and Cayton([1945] 1993), Pattillo-McCoy(1998), Spear(1967)를 보라. '흑인 교회black church'라는 표현을 쓰긴 했지만, 하나의 통합된 흑인 종교 단체는 당연히 존재하지 않는다. 오마르 맥로버츠Omar McRoberts(2001, pp. 8~11)가 쓴 것처럼, "단일한 흑인 공동체나 그를 비호하는 보편적인 흑인 교회는 존재한 적이 없다". 내가 노스론데일에 있을 때, 교회는 몇몇 중요한 역할을 하고 있었다. (1) 특별한 행사와 의식뿐만 아니라 일상에서도 사람들이 모이는 장소, (2) 지역의 다양한 정치 조직 형성에 기여, (3) 주민과 경찰이나 보건부(두 곳 모두 교회 건물에서 회의를 하고 프로그램을 운영했다) 같은 정부 기관 사이의 관계를 중재, (4) 주민과 도시계획가, 정치인, 개발자 등을 만나게 하여 경제 개발 프로그램을 조율, (5) 세속적인 공동체 조직뿐 아니라 의류 기증이나 마약 반대 행진 같은 공동체 복지 프로젝트를 조직, (6) 일상 관리와 어린이 여름 캠프를 비롯하여 음식 제공, 쇼핑 지역까지의 차량 운행, 건강 관리, 가정 방문 등 필요한 사람에게 주요 서비스 제공, (7) 주택 건축과 리모델링 지원, (8) 지역 주민과 고용주의 연결, (9) 동네 회의와 기타 지역 회의 개최, (10) 지역 공공 학교에 민간 교육 대안 제공, (11) 좋은 일이 있을 때 축하해주는 것은 물론 아픔을 겪었을 때 주민을 위한 조언과 위로 등이다. 지역 교회는 과거에도 현재에도 노스론데일의 주요한 자원임에 틀림없다. 그리고 교회의 기여는 종교적인 영역을 훨씬 넘어선다.

52. Meares 1998.

53. City of Chicago 1995, p. 4.

54. 오마르 맥로버츠도 보스턴의 아프리카계 미국인 지역인 포코너스Four Corners의

교회 기반 지원 서비스에 관한 연구에서 비슷한 발언을 하고 있다. 그의 종합적인 연구를 보고 싶다면 McRoberts(2001)를 보라.

55. 동네 회의에 관한 논의에 관심이 있다면 Albert Hunter의 *Symbolic Communities*(1974, p. 187)를 보라. 헌터는 동네 회의가 "시카고의 흑인 공동체에 더욱 널리 확산되어 있는 것으로 보인다"고 했다.

56. 지역의 새로운 탄생에 관한 강력한 연구에 관심이 있다면 *From Abandonment to Hope*를 보라(Leavitt and Saegert 1990).

57. 중요한 예외가 있긴 하지만, 도시 빈곤을 연구하는 학자들은 커뮤니티 내에 있는 지역이나 동네에 따른 차이에는 충분한 관심을 쏟지 않았다. 그리고 노스론데일 같은 지역에 강력한 사회 유대가 잘 조직된 공동체가 존재한다는 사실은 중요하다. 가장 잘 조직된 공동체가 시카고에서 가장 위험한 거리 근처에 존재하는 것이다.

58. 주민 안정의 중요성에 관한 논의에 관심이 있다면, Sampson et al.(1997)을 보라. 그런데 최근 연구에서 캐서린 로스 외(2000, p. 581)는 "부유한 지역에서, 안정은 고통의 수준이 낮은 것과 관련 있다. 빈곤한 환경에서는 그 반대다. (…) 안정은 부유한 지역과는 달리 가난한 환경에서는 인지된 무질서를 감소시키지 않는다"고 주장한다.

59. Spergel and Grossman 1997.

60. City of Chicago 1996.

61. 에밀 뒤르켐과 마르셀 모스Emile Durkheim and Marcel Mauss([1903] 1963)는 초창기 분류에서 분류 체계는 사회구성체를 대표한다고 주장한다. 비록 그들은 훗날 상징적 공동체를 분석하기 위해 그들의 이론을 이용했던 앨버트 헌터(1974) 같은 사회학자처럼 상징적 차이의 정치적 구성에 관심을 두지는 않았지만 말이다.

62. Hunter 1974, 74.

63. Chicago Fact Book Consortium 1995, 110; Pugh 1997.

64. Chicago Fact Book Consortium 1995, 110.

65. Wirth and Bernert, eds. 1949.

66. Pugh 1997.

67. Massey and Denton 1993, p. 137.

68. 로이크 바캉Loïc Wacquant(1997b, p. 343)은 "미국의 빈민가 연구에서의 세 가지 파멸적인 전제"에서 빈민가는 "민족 및 인종의 폐쇄와 통제의 제도화된 형태"라고 주장한다. "빈민가는 전형적인 용어로 제한적이며, 인종적·문화적으로 단일한 사회-공간적인 형성으로 특징지어진다.
바캉에 따르면 미국 도시에서 아프리카계 미국인만 각각 비교할 수 없을 만큼 심하게 다섯 가지, 즉 "기본적인 형태의 인종 통제, 편견, 차별, 분리, 게토화 등의 폭력을 당했다."

69. 미국 인구통계조사국에서 나온 2000년 수치에 따르면, 시카고의 공식적인 라틴계 인구는 1990년에서 2000년 사이에 20만 명 이상 증가한 반면, 백인은 15만 명이 감소했고 아프리카계 미국인은 2만 명 감소했다. 라틴계는 또한 대도시 여섯 곳의 카운티 지역의 새로운 주민 가운데 69퍼센트를 차지했다.

70. McMurray 1995, p. 33.
71. Suttles 1968, p. 73.
72. 리틀빌리지의 사회적 생태의 생성적 역할은 자오Zhao(1998)가 분석한 베이징대 캠퍼스 생태와 유사하다.
73. 대니얼 도한Daniel Dohan(1997)은 라틴계 가족, 특히 이민자 가족이 긴 노동 시간과 적은 임금을 요구하는 노동 시장에서 고통받는 방식 몇 가지를 상세하게 기록했다.
74. Jacobs 1961, pp. 34~35.
75. 1990년에 경찰 11구역에는 주민이 9만8554명, 10구역에는 13만1852명이 있었다.
76. 주민들은 특히 청소년이 이용할 수 있는 시설이 빈약하다는 데 우려를 나타냈다. 지역의 유일한 대형 공원은 리틀빌리지 서남부 지역에 있었는데, 걸어서 가기에는 너무 멀었고 폭력배와 어울리는 아이들 때문에 위험했다. 1999년, 내가 떠날 때까지 몇 군데 학교가 새롭게 문을 열거나 열려고 했지만, 학교에는 학생 수가 지나치게 많았다.
77. 최근 뉴스 기사에 따르면, 시카고 대교구는 대략 80만 명의 라틴계 교구민이 있다고 주장했다. 이는 전체 신도의 3분의 1에 해당된다(Irvine 2001).
78. Angel, et al. 1996.
79. 이러한 과정에서 민족지학 연구가 문제를 해결하기 위해 필요한 정보를 파악하는 데 도움이 된다. 지역 환경에 근접하여 관찰하지 않는다면, 동일한 문제에 관심 있는 연구원들도 어떤 환경이 중요한지 알아내지 못할 수도 있다.
80. 범죄율이 높지만 인구 감소율은 낮은 두 지역인 리버데일과 오번그레섬은 폭염 사망률이 낮은 지역들이다. 높은 범죄율이 집단생활에 미치는 영향을 완화하는 데 인구의 안정성이 영향을 미칠 수 있는지는 미래의 연구에서 평가할 수 있을 것이다.
81. Shen, et al. 1995; Smoyer 1998.
82. 폴 자고스키의 *Poverty and Place*(1997)를 보라. 20세기 말 수십 년 동안 시카고에서 나타난 집중화된 빈민가의 증가에 대해 묘사하고 있다.

3장

1. 경찰은 비정상적인 사망 사건을 조사하고 현장 상황에 대한 공식적인 사실을 기록으로 남긴다. 경찰 사망보고서는 시체, 사망 장소, 폭행의 흔적, 가까운 친척이나 이웃의 소재 등의 정보를 포함하며, 이는 사망 기록에서 중요한 부분을 차지한다. 경찰관은 또한 부검이 필요한 경우 시체를 시체안치소로 운반하고 검시소 직원에게 협조해야 한다.
2. Emergency Net News Service 1995.
3. 트라이데이터TriData가 1998년과 1999년에 조사를 위탁받아 작성한 소방부 자원에 관한 보고서를 보라. 이 보고서를 기반으로 소방본부장 제임스 T. 조이스는 1999년 12대의 구급차를 추가했다.
4. 소방대원과 구급대원 사이의 긴장관계가 시작된 것은 1970년대 초, 리처드 J. 데일

리가 종합고용·훈련법안에 따라 소방대원과 일반 직원을 투입하여 응급의료서비스를 개선했던 시절까지 거슬러 올라간다. 구급대원은 1980년 소방 노조가 내부 지위를 확장하기 위해 파업을 할 때까지 소방대원 노조에서 배제당했다. 구급대원은 줄곧 소방대원보다 짧은 휴가와 적은 임금을 받았고, 부서의 내부 분열은 유명했다. 1995년 시는 구급대원과의 중재 토론에서 패배했고, 구급대원은 초과 근무 수당으로 수백만 달러를 보상받았다. 소방대원은 여전히 부서에서 주도적인 위치에, 특히 관리자 수준의 역할을 담당하고 있다.

5. Dematte, et al. 1998 and Semenza, et al. 1999.

6. Raika 1995.

7. Spielman and Mitchell 1995b, p. 9.

8. Mitchell and Jimenez 1995, p. 12.

9. 앞의 책

10. Dematte, et al. 1998.

11. Semenza, et al. 1996, p. 87. 시카고 시는 또한 단순히 체감온도가 아닌 종합적인 날씨 변수에 기반한 새로운 더위 감시 및 경보 시스템을 가동하지 않았다. 로런스 캘크스타인 외(1996, p. 1519)에 따르면, 더위 경보 시스템은 종합적인 일련의 조건에 주목하여 "극단적인 더위가 찾아오는 것을 많은 사람에게 알린다. 그리고 1995년 여름 필라델피아의 폭염 관련 사망자를 줄이는 데 중요한 역할을 했을 것으로 추정된다."

12. 『시카고 선타임스』의 칼럼니스트 마이클 스니드(1995, p. 4)는 데일리 시장이 그의 고향인 미시간주 그랜드비치에서 주말을 보냈다고 보도했고, 내가 인터뷰했던 몇몇 다른 시의 관료들도 이 보도 내용을 확인해주었다.

13. Spielman and Mitchell 1995a, p. 1.

14. 스케이츠는 "정책에 의한 살인"으로 시를 고발하면서, 위기 상황에서 시민들의 취약성에 기여한 정부를 상대로 유사한 고발을 한 수많은 사람과 힘을 합쳤다. *Late Victorian Holocausts*에서 마이크 데이비스(2001)는 인도인들이 기근으로 수백만 명이 사망한 데 국가가 책임을 져야 한다는 관료와 언론인의 비난의 목소리를 기록하고 있다(한국어판은 마이크 데이비스, 정병선 옮김, 『엘니뇨와 제국주의로 본 빈곤의 역사』, 이후, 2008). 『인도의 경제인과 정치인』의 편집인 로버트 나이트는 이렇게 썼다. "우리 동시대인들은 거리낌 없이 말해야 한다. 그렇게 하지 않는다면 우리는 이 나라에서 벌어지는 일의 진정한 본질에 눈 감은 사람들이 저지르는 수많은 살인의 공범이 되고 말 것이다."(Davis 2001, pp. 53~54에 인용됨)

15. National Weather Service 1996, viii.

16. Raika 1995.

17. Raika 1995, p. 2.

18. David Osborne과 Ted Gaebler의 *Reinventing Government*는 효율성과 기업가 정신이라는 새로운 정부의 선언을 다룬 책이다(한국어판은 데이비드 오즈번, 테드 게블러, 편집부 옮김, 『정부 혁신의 길』, 삼성경제연구소, 1994). 이 책은 미국의 양대 정당 출신 관료들에 의해 유명해졌고, 빌 클린턴 대통령은 이 책을 정치 개혁

의 청사진으로 삼았다. 품질 관리의 효율성에 관해서는 Beinart(1997), Eig(1999), Glastris(1992)를 보라. 아웃소싱에 관해서는 Seidenstat(1996), 소비자로서의 시민에 관해서는 Osborne and Gaebler(1992), 정보에 접근하는 소비자에 대한 보상에 관해서는 Gilbert(1995), 기술이 없고 자원도 제한적인 사람에 대한 징계에 관해서는 Halpern(1999), 언론 감시와 여론 관리에 관해서는 Cook(1998), 정부 기관에서 홍보 전문가의 역할에 관해서는 Kaniss(1991)를 보기 바란다.

19. 재난을 통해 정부가 주로 대응만 하는 단체로 보인다는 주장에 대해서는 Erikson(1976)과 Larson(1999)을 보라. 복지국가가 계층화된 기관이라는 간략한 논쟁에 관해서는 에스핑앤더슨의 *The Three Worlds of Welfare Capitalism*(1990, p. 23)을 보라(한국어판은 G. 에스핑앤더슨, 박시종 옮김, 『복지 자본주의의 세 가지 세계』, 성균관대학교출판부, 2007). 그는 이렇게 설명한다. "복지국가는 단지 불평등한 구조 속에서 개입하고 수정하는 기제가 아니라, 그 자체로서 하나의 계층화된 시스템이다. 사회관계를 바로잡는 능동적인 힘이다." 도시 재난에 대해 취약성을 초래하는 국가의 역할에 관한 논의에 관심 있다면 *Crucibles of Hazard: Mega-Cities and Disasters in Transition* (Mitchell, ed. 1999)의 에세이 선집을 보라. 데이비스는 최근의 책 두 권에서 이러한 주장을 했다. 그는 *Late Victorian Holocausts*(2001)에서 19세기 인도와 중국, 브라질에서 발생한 기상이변에 취약성을 낳는 국가의 역할에 관해 기록한다. 그리고 현대의 로스앤젤레스에 관해서는 *Ecology of Fear*(1998)를 보라.

20. 도시 미화 프로그램에 대한 리처드 J. 데일리의 열정에 관한 논의에 관심이 있다면 *American Pharaoh*를 보라(Cohen and Taylor 2000, pp. 166~167).

21. 시카고의 공공 교육 시스템의 실패에 관한 기사는 『시카고 트리뷴』(1992)에 게재됐다. 시카고의 채권 평가 상승에 관한 기사는 『이코노미스트』(1995)에 보도됐다.

22. 정책 연구 단체 보고서에 관해서는 Alexander(1998, ix), 시카고의 집중화된 빈곤에 관한 데이터는 Jargowsky(1997, 78), 시카고의 경제 개발 계획 기사에 관해서는 Greenwich, Leavy, Jones(1996, p. 3)를 보라. 가난한 주민들, 특히 아프리카계 미국인과 라틴계 주민들이 감옥에 많이 가는 것은 가난한 사람들을 대중으로부터 분리하여 불평등을 조절하는 많은 전략 가운데 가장 강력했다.

23. National Weather Service 1996, ix. 시카고는 1995년 여름 이전에도 위험한 폭염을 경험했었다. 1983년, 1986년, 1988년에 무더위가 찾아와 각각 208명, 167명, 294명의 초과 사망자가 발생했다(Whitman, et al. 1997, p. 1517). 지역 언론은 이에 대해 상당히 많은 보도를 했다. "1988년은 1995년 참사의 총 리허설이었습니다." 지역 공중보건 활동가 퀜틴 영이 내게 말했다. "하지만 시는 실제 공연 준비를 하지 않았죠."

24. 일부 자료에서는 새로운 정부의 형식적인 구조와 정신을 순전히 조직적 용어를 이용하여 표현하고 있지만, 사실 누가 봐도 정치적인 형식이다.

25. 도시 소방부의 통찰력 있는 조직 연구에 관심 있다면 Goetz(1997)를 보라.

26. *Normal Accidents*에서 사회학자 찰스 페로(1984, p. 4, p. 9)는 선진 기술을 이용하

여 위험물을 생산하는 조직들이 밀접하게 맞물려 있을 때의 위험성을 기록하고 있는데, 이러한 위험성이 나타나는 이유는 복잡한 인과관계의 사슬로 인해 특정한 문제의 영향이 어떻게 나타날지 예측하기가 어렵기 때문이다(한국어판은 찰스 페로, 김태훈 옮김, 『무엇이 재앙을 만드는가?』, 알에이치코리아, 2013). 위기에 대처해야 하는 경우가 많은 정치 조직들은 대개 정반대의 문제에 시달리는데, 그 이유는 느슨하게 맞물려 있는 조직은 반응이 늦기 때문이다. 칼 와익은 느슨한 결합에 의해 나타나는 조직적 문제에 대한 가장 종합적인 평가를 내놓았다. 느슨한 결합에 관한 비교적 최근의 재개념화를 다룬 문헌에 관심이 있다면 Orton and Weick(1990)을 보라.

27. 1990년대 많은 구조적 변화로 인해 시의 서비스 제공 환경이 바뀌었다. 연방의 사회지원과 공공지원 프로그램이 삭감되고 시의 정치력이 약해지자 시카고 같은 도시는 집중화되는 빈곤 문제(Jargowsky 1997; Wacquant 1996; Weir 1998), 시 정부 노동자의 전문화 및 민간 부문의 유연한 관리 전략 도입(Eig 1999; Hambleton 1990; Seidenstat 1996), 정부 프로그램의 아웃소싱과 민영화(Seidenstat 1996), 공공지원 프로그램을 지원하기 위한 민간 재단에 대한 의존과 정치적 경쟁의 증가(Alexander 1998), 시민을 공공재의 소비자로 변환시키기(Osborne and Gaebler 1992) 등의 문제를 해결할 자원이 줄어 정부 관리자와 직원, 그리고 이들이 서비스해야 하는 사람들에게 새로운 부담을 부과했다.

28. 에스핑앤더슨(1999, chap. 8)은 '구식 복지국가'가 현재 노동시장과 가족 문제에 의해 제기된 '새로운 사회적 위기'에 맞지 않는다고 주장한다. 현대의 노동시장은 유연성을 요구한다. 많은 노동자가 일을 위해 집을 옮기고, 불규칙적인 시간에 일을 하는 등 삶을 재구성하길 강요받고 있다. 수백만의 노동자, 특히 미국의 노동자들이 생계비를 벌지 못한다. 그리고 많은 유럽 국가의 높은 실업률은 고질적이다. 에스핑앤더슨은 시장이 붕괴되었을 때 가족이 오랫동안 사회적 지원의 원천 역할을 했지만, 현대에 와서 결혼 제도가 불안정해지면서 위험으로부터 보호해주는 역할을 제대로 수행하지 못한다고 주장한다.

29. Spielman and Mitchell 1995a, p. 6.

30. Kass 1995c. 역사가 테드 스타인버그는 *Acts of God*(2000)에서 엘리트 언론인과 정치 관료들이 빈곤층과 취약계층에게 큰 피해를 안긴 대재난의 여파로, 정부가 통제 불가능한 자연재해의 결과를 책임질 수는 없다고 주장해왔다는 사실을 보여준다.

31. Richards 1995, p. 29.

32. Perrow(1984)를 보라.

33. Metro Seniors in Action 1995, p. 4.

34. 앞의 책, p. 1.

35. Monkkonen(1993)을 보라. 정치학자 마이클 립스키(1980)도 경찰관들을 시민과 교류하면서 공공정책에 활기를 불어넣고 새로운 공공정책을 만드는 대표적인 '일선의 관료'로 분류했다.

36. Flock(1995).

37. Skogan and Hartnett 1997; Skogan, et al. 경찰이 지역의 파수꾼이라는 통념이

치안 캠페인에서 어떻게 사용되었는지에 대한 논의에 관심이 있다면 Crank(1994)를 보라. *Reinventing Government*의 저자들은 전임 휴스턴 경찰서장이자 미국 마약단속 총책이었던 리 브라운을 인용하여 공동체 치안운동을 다음과 같이 정의한다. "우리는 순찰경관의 역할을 재정의하고 있다. 우리는 순찰경관이 공동체 조직가이자 활동가, 문제 해결사가 되길 바란다."(Osborne and Gaebler 1992, p. 49) 도시 공동체 치안 프로그램마다 큰 차이가 있겠지만, 정치학자 웨슬리 스코건과 수전 하트넷에 따르면 공동체 치안의 기본적인 특징은 다음과 같다. (1) 현장에 있는 경찰관에게 재량권을 주는 의사결정 과정의 개혁 및 경찰과 시민의 소통을 늘리는 조직적 탈중심주의 (2) 문제지향적인 치안 전략 (3) 대중의 요구에 대한 즉각적인 대응 (4) 지역 공동체가 범죄 문제를 관리하는 자체적인 전략을 개발하는 것을 지원.

38. Skogan and Hartnett 1997, p. 100, p. 231.

39. 스코건과 하트넷(1997, pp. 81~84)은 설문조사 결과 시카고 경찰관의 72퍼센트가 "CAPS 때문에 '공동체 집단이 경찰에게 터무니없는 요구'를 한다"고 생각했고, 비슷한 비율의 경찰관은 "경찰관이 손을 댈 수 없는 일을 포함해서 모든 공동체의 문제를 해결하는 것"에 큰 부담을 느끼고 있다고 결론을 내렸다.

40. Skogan, et al. 1999, p. 120.

41. Chicago Weekend 1995, p. 1.

42. Starks 1995.

43. 1990년대 기업형 정부에서 주 정부의 지원을 홍보하기 가장 좋은 조건은 지방 정부가 주민들에게 주, 연방, 민간 자원을 지원받을 방법을 알려줄 때다. 노인부의 능력 있는 직원들이 1992년 어느 지방 민간 재단이 지원자격 확인 프로그램을 개발하는 데 도움을 주고 보조금을 받을 수 있다는 사실을 알게 되었을 때도 그랬다. 1993년 시작된 지원자격 확인 프로그램은 간단한 양식에 시카고 노인들이 자신의 수입과 자산을 알려주면 그들이 받을 수 있는 혜택을 확인해준다. 노인부는 그 양식을 도시 전체에 있는 노인에게 배포했고, 노인들이 양식을 채워 돌려주면 직원들은 간단한 컴퓨터 프로그램을 이용하여 받을 자격이 있지만 받지 않고 있는 혜택이 있는지를 확인해주었다. 직원들은 혜택을 받을 수 있는 노인에게 연락하고 그들의 이름을 수혜자 명단에 올렸다.
지원자격 확인 프로그램은 주로 민간 재단에서 자금을 지원받았고, 원래 시 예산 이외의 공공 자금(혜택 대상자 확인 명단에 포함된 카운티, 주, 연방 정부, 민간 자본의 지원을 받는 28곳과 시카고 시의 지원을 받는 14곳)을 이용하도록 되어 있었다. 지원자격 확인 프로그램을 시작한 지 얼마 지나지 않아, 시에서는 광고대행사를 모집해 프로그램을 홍보하는 마케팅 캠페인을 펼쳤다. 버스에 부착된 광고물과 시카고 전역에 설치된 옥외 광고판 외에 "노인들은 자신이 받을 자격이 있는 혜택을 모두 받고 있을까?"라는 데일리 시장의 의문이 노인부의 지원자격 확인 프로그램을 개발하는 데 영감을 주었다고 설명하는 소책자도 배포했다. 1993년부터 1997년까지 이 프로그램은 5만8000건을 처리했고, 노인들이 약 5만7000건을 신청하도록 도와주었다. 여러 시의 공공지원 프로그램에서 사람들을 적극적으로 탈락시키던 시절이었음을 고려하면 인상적인 수치라 할 수 있다.

민간 보조금을 받은 뒤 첫 몇 년이 지나, 자금 지원은 끝이 났다. 시에서는 예산 할당이 대폭 감소하고 직원도 많이 줄겠지만 지원자격 확인 프로그램을 기업 예산과 통합하기로 했다. 폭염 이후 노인부는 지원자격 확인 프로그램의 직원들이 집집마다 방문하여 고립된 노인들을 찾아내 독거노인이 많은 지역의 서비스 제공 시스템에 통합 등록했다. 1990년대 말까지 지원자격 확인 프로그램의 약 12명의 현장 직원들은 독거노인들을 찾으려는 시카고시의 노력의 최전선에 있었다. 나는 몇 주 동안 현장 직원들을 쫓아다녔는데, 이들은 한 달에 40시간 이하로 거리에서 일하는 비상근 직원이었다. 고립된 노인을 찾는 일은 원래 어렵고 시간이 많이 걸리지만, 노인부는 지원자격 확인 프로그램으로 몇 가지 최소한의 공식 프로그램을 실행하여 업무를 완수했다. 시카고시는 폭염을 겪으면서 점점 더 많아지는, 집에서만 생활하는 노인들이 비상시에는 물론 평상시에도 특별한 형태의 사회적인 도움을 필요로 한다는 것을 알게 되었다. 외부 자금의 지원을 받아 운영될 수만 있다면, 지원자격 확인 프로그램은 정책 대응을 도와주는 효과적인 도구다. 그러나 지원자격 확인 프로그램을 비롯하여 이와 유사한 사회지원 프로그램이 민간 지원이 사라진 이후에도 살아남을 수 있을지에 대해서는 여전히 의문이 남는다.

44. Alexander 1998, x.
45. Osborne and Gaebler 1992, p. 19.
46. 정부 기관과 정책입안자, 학자들이 어떻게 미국의 빈민가를 회피하면서, 계속 개선책을 제안하고 빈민가 주민들의 삶에 영향을 미치는 프로그램을 도입해왔는지에 대한 논의에 관심이 있다면 Loïc Wacquant(1997b)을 보라.
47. 미국 하원의원 보비 러시는 2000년 리처드 M. 데일리와 맞붙은 시장 선거 캠페인에서 데일리가 폭염에 제대로 대처하지 않았다는 비판을 다시 꺼내들어 시카고 유권자들을 놀라게 했다. 시장 보좌관 한 명은 그 자리에서 러시의 공격을 일축했고, 하원의원 러시는 선거에서 크게 패했다.
48. 정부가 시민을 먹여 살리기보다 그들에게 권한을 주어야 한다는 주장에 대해서는, 닐 길버트의 *Welfare Justice: Restoring Social Equity*(1995, p. 148)와 오스본과 개블러의 *Reinventing Government*(1992)를 보라.
49. 예컨대, 필라델피아의 에이즈 위기를 관리하는 조직들이 어떻게 가난한 소수자와 정맥주사로 약물을 주입하는 사용자들을 복지 네트워크와 프로그램에서 소외시켰는지에 관한 설득력 있는 분석을 보고 싶다면, 찰스 페로와 마우로 기옌의 *The AIDS Disaster*(1990)를 보라.
50. Halpern 1999, p. 14.
51. 주 기관과 시민단체 내부의 압력으로 사회복지 노동자와 조직가들은 어쩔 수 없이 기업가적인 고객들에게 특별한 관심을 보여야 한다. 처리해야 할 문제가 엄청나게 많지만, 기관들이 외부에서 기금을 받기 위해 성공적인 결과를 보여야 할 때, 사회복지 노동자들은 눈에 보이는 결과를 내기 위해 립스키가 '크리밍creaming'이라 부른 행동을 하게 된다. 이는 "관료주의적인 성공 기준에서 가능성이 높아 보이는 사람을 위

주로 일하는 것이다(Lipsky 1980, p. 107)".

52. Pearson(1995). 테드 스타인버그(2000, pp. 193~194)의 공공보건 연구에 따르면 1990년대 초에는 난방비가 너무 비싸서 "가난한 부모들이 난방비 때문에 아이들에게 음식을 주지 못하는 경우가 많았다".

53. Semenza, et al. 1996, p. 87. 일부 환경주의자들은 가난한 사람들에게 냉방장치를 제공하는 프로그램이 단기적으로는 도움이 되겠지만 장기적으로 공해와 기후위기를 야기할 수 있다는 이유로 비판하고 있다.

54. LIHEAP에 대한 리뷰를 보고 싶다면 레비탄의 *Programs in Aid of the Poor*(1991, pp. 98~99)를 참조하라.

55. Steinberg 2000, 195. LIHEAP 예산 삭감에 대한 보고서를 보고 싶다면 Pearson(1995)을 보라.

56. Hartstein (1995).

57. 이러한 전략은 시카고 세무부에게는 효과적이었다. 전자데이터 시스템이라는 민간 기업을 아웃소싱하여 체납자에게 주차비 강제 징수 프로그램을 진행해 수백만 달러의 세수를 거둬들이자 데일리 시장은 대중적·정치적으로 호평을 받았다. 그 프로그램이 성공했던 이유는 기관들이 주차되어 있는 자동차에 자물쇠를 사용하여 강제로 주차비를 내게 하거나 차를 포기하게 만들었기 때문이다. 『이코노미스트』(1995)를 보라.

58. Wallace 1993, p. 233.

4장

1. 빌란딕의 폭설 위기에 관한 설득력 있는 자료를 원한다면 Kleppner(1985)를 보라. 클레프너는 빌란딕이 위기에 잘못 대처한 것이 선거 캠페인에 패배한 이유는 아닐지 모르지만 폭설 때문에 몰락했다는 인상이 대중적으로 강하게 남아 있다고 주장한다.

2. Squires, et al. 1987, pp. 85~86.

3. 예컨대, 1998년 공동체 치안 회의에서 시카고시는 경찰이 치안 프로젝트의 인지도를 높이기 위한 홍보 및 마케팅 방안에 관한 주요 발표를 후원했다.

4. Cook 1998, p. 122. 정권 통치에서 상징 정치의 역할에 관한 최고의 자료는 Kaniss(1991), Schudson(1978), Suttles(1990)이다.

5. Carter, 1959.

6. Linsky, O'Donnell, and Moore 1986, p. 203.

7. Habermas 1989, pp. 193~195.

8. 기업가적인 업무가 정부의 관료들이 대중적인 이슈를 형성하는 방식에 미치는 영향에 관한 논의를 보고 싶다면 Lee(1999)를 보라.

9. Neal 1995, p. 25.

10. Kass 1995a, p. 1.

11. Spielman and Mitchell 1995a, p. 7.
12. Jimenez and Rodriguez 1995, p. 6; Kass 1995a, p. 1; Spielman and Mitchell 1995b, p. 1.
13. Jimenez and Rodriguez 1995, p. 6.
14. Spielman and Mitchell 1995a, p. 6.
15. 어빙 고프먼(1959, chap. 3)은 그의 유명한 에세이 「영역과 영역 행동Region and Region Behavior」에서 막후의 영역은 비공식적이고 부적절한 사회적 행동이 일어나는 공간인 반면, 무대 위 혹은 공적 영역에서는 자기 절제와 통제가 필요하다고 설명한다. 폭염 기간에 문제가 됐던 기자회견은 말 그대로 무대 위에서의 순간이었다. 시가 위기 대처에서 실수를 저질렀다고 평가한 라인의 지나치게 솔직한 발언은 말 그대로 막후가 아니라면 어디에서도 용납될 수 없는 것이다.
16. Spielman and Mitchell 1995a, p. 7.
17. Kass 1995a, p. 4.
18. 내가 인터뷰했던 어느 시의원은 비록 시의 부실한 대처에 화가 났지만 공식적인 비판을 하지 않았던 이유를 두고 시장이 긴급한 보건 문제를 해결하는 데 집중하게 하고 싶었기 때문이었다고 설명했다.
19. Cotliar 1995, 8; Kaplan and Stein 1995, p. 10.
20. Cotliar 1995, 8; Kaplan and Stein 1995, p. 1, p. 10.
21. 『시카고 트리뷴』은 7월 8일 금요일 자 신문 메트로 섹션 3면에 「도너휴의 사망자 수에 배후가 있다」라는 헤드라인 기사를 실었다(Kass 1995a).
22. Kass and Kaplan 1995, p. 1.
23. 앞의 책.
24. Metro Seniors in Action(1995). 폭염이 지나간 뒤, 일부 환경론자들은 정부가 위험한 오염물질을 생산하고 배출하는 제조업체를 용인함으로써 치명적인 날씨가 나타나는 데 직접적으로 영향을 미치고 있다고 주장했다. 대다수의 환경과학자들은 지구온난화가 폭염 및 기타 기상이변의 발생 빈도를 증가시킨다고 주장한다. 그리고 일부 환경과학자들은 여름철 뜨거운 대기의 일산화탄소 수치 증가로 여름 날씨가 점점 위험해지고 있다고 주장한다.
25. Stone 1997, pp. 181~183.
26. Kass 1995d, p. 3.
27. 정부와 사회가 스스로 저질렀지만 마주하고 싶지 않은 폭력을 감추기 위한 방법으로서 어떻게 완곡한 언어를 개발했는지에 대한 고전적 논의에 관심이 있다면 Arendt(1963, p. 84~86)를 보라. States of Denial(2001, chap. 4)에서 스탠리 코언 Stanley Cohen은 부인과 관련한 언어 게임을 검토한다(한국어판은 스탠리 코언, 조효제 옮김, 『잔인한 국가 외면하는 대중』, 창비, 2009).
28. 예컨대, 「위험에 처한 사람들에게 다가가기」라는 제목이 붙은 장에서 위원회는 이웃들이 바뀌고 친구와 가족들이 떠나가 문화 및 언어적으로 고립되어 혼자 사는 노인의 48퍼센트가 "누구도 도와줄 사람이 없는" 상태가 되었다고 경고한다(City of

Chicago 1995, p. 19).

29. 앞의 책, p. 3, p. 12.

30. 앞의 책, p. 3.

31. 앞의 책, p. 4.

32. 앞의 책, p. 4. 위원회는 냉방 센터의 이용이 적고 일부 노인이 그들을 도와주려는 외부인에게 문을 열어주지 않는 이유를 노인들이 정부의 도움을 받지 않으려 한다는 단서로 해석했다.

33. 앞의 책, pp. 3~4.

34. 피에르 부르디외(1991, 1996)는 정부가 주요 사건과 사회적 과정에 관한 공식 자료를 구축할 뿐 아니라 논쟁을 구성하는 용어와 범주 또한 확정하는 능력이 있다는 사실을 보여주었다. 부르디외는 이러한 정치적인 행위를 우리가 사회를 보거나 보지 않는 방식을 구조화하는 '합법적 상징 폭력legitimate symbolic violence'이라고 부른다.

35. Cohen 1996, 2001.

36. Cohen 1996; 2001, p. 7, p. 8, p. 80, p. 109, p. 113, p. 134.

37. 기상이변의 희생자가 자신의 사망에 책임이 있거나 원인을 제공했다는 공식 주장은 너무 널리 알려져 있어 이런 공격적인 발언을 했던 대니얼 앨버레즈는 그의 발언을 기록에서 철회할 수 없었다. 의료인류학자 비나 다스(1995)는 인도의 의학자와 정부 관료들이 보팔 화학 참사에서 사망 원인을 지역 주민의 개인적 행동으로 돌린 사실을 보여준다. 다스는 그 사건의 공식 발표와 보고에서 "이소시안산 메틸의 특성이 문제인 것으로 보였으나, 불가해한 현상을 보고 도망쳤던 사람들의 행동이 문제가 되었다(1995, p. 151)"고 주장한다. 아마르티아 센(1981)과 마이크 데이비스(2001) 역시 인도와 중국의 관료들이 각각 어떻게 기근의 희생자들에게 아사의 책임을 돌렸는지 기록하고 있다.

38. 1990년대 초와 1990년대 중반에 퇴임한 두 도시의 관료들은 전국의 보건 전문가들이 중재 계획의 모델로 삼고 있는 세인트루이스의 폭염 계획이 사실은 원래 시카고에서 개발한 계획이라고 보고했다.

물론 우리에게 닥칠 위험이 무엇인지는 알 수 없다. 그리고 정부가 어떤 과정을 통해서 어떤 형태의 보호 행위를 할지 결정하는 것은 매우 정치적인 일이다. 메리 더글러스와 에런 월다브스키(1983, p. 7)는 현대사회가 정부와 정책입안자에게 "사회적 비판의 강도와 방향에 따라" 선택된 일련의 위험으로부터 사회를 보호하는 책임을 지게 했다고 주장한다. 그리고 우리가 본 것처럼 국립 공공보건 기관들은 폭염의 인적 비용에 대해 오랫동안 기록해왔을 뿐 아니라 어떤 집단이 폭염 관련 위기에 취약한지 보여주었고 개략적인 예방 전략을 세워놓았다.

다양한 잠재적인 보건 위기에 접한 도시의 관리자들은 미래의 더위 관련 재난이 그다지 극심하지 않고 취약계층의 상황도 공들여 계획을 수립할 만큼 그리 끔찍하지 않다고 판단했다. 몇몇 정보 제공자에 따르면 소방부가 업무를 효율적으로 개선한다며 구조조정을 하면서 비상대응 시스템이 사라졌다. 더글러스와 월다브스키Douglas and Wildavsky의 프레임워크(1983, p. 4)에 따르면 소방부는 폭염 재난의 위험을 모른 체하기보다는 위험을 인정하고 폭염을 어떻게 관리해야 하는지에 관해 절충안을 내놓았다. 이는 다분히 정치적인 결정이었다. 비록 그 결정이 인간에 미치는 영향이 정치적인 결과보다 훨씬 더 중요하지만 말이다.

39. Lee 1999, p. 455.

40. 정치학자 머리 에덜먼(1988, p. 102)에 따르면, "세상의 이목을 끄는 개인이 포함된 극적인 사건 때문에 사건 및 기타 사실을 설명하는 정황에 관심을 쏟지 못하게 된다".

41. 허버트 J. 갠스의 Deciding What's News(1979)는 여전히 기자들이 뉴스 가치가 있는지 판단하는 조직적·사회적 조건에 관한 최고의 자료다.

5장

1. Television: Technology and Cultural Form에서 레이먼드 윌리엄스([1974] 1992, pp. 98~99)는 텔레비전 뉴스의 몇 가지 장면을 분석한다. "여러 중요한 문제가 포함되어 있지만, 그들 간의 연결이 의도적으로 만들어진 것은 아니다." 윌리엄스는 미숙한 이미지와 무질서한 기사의 기이한 조합이 텔레비전 방송의 이슈와 사건 사이의 관계를 지워버리는 문화적 작용을 한다고 주장한다.

2. 게이 터크먼(1973)은 기자들이 뜻밖의 사건까지도 익숙한 내러티브의 프레임과 이야기 유형에 집어넣어 "예상치 못한 일을 일상화"하는 방법을 연구했다.

3. Gans 1979, pp. 52~55.

4. Molotch and Lester 1974, p. 109.

5. 앞의 책, pp. 109~110.

6. Fallows 1996, p. 7.

7. Rosen 1999, p. 281.

8. Boorstin 1961, p. 8.

9. 마이클 셔드슨(1978, p. 6)은 미디어가 "뉴스의 가치를 상업적인 가치보다 하위에 두는 경향이 있으며, 다양한 부류의 사람들이 CBS의 뉴스 앵커 댄 래더가 뉴스의 '쇼 비즈니스화showbizification'라고 부른 것을 비판하고 있다"고 주장한다.

10. 우수 사례를 중심으로 하여 『시카고 트리뷴』의 기자가 등장하는 탐사 저널리즘에 관한 연구에 관심 있다면 Ettema and Glasser(1998, pp. 37~39, pp. 171~172)를 보라.

11. Philip Schlesinger, Gans(1979, p. 81)에서 인용.

12. 허버트 J. 갠스와 레온 시걸을 비롯한 주요 미디어 사회학자들에 따르면, 관료와 엘리트, 주요 인사들은 대개 미디어를 이용하여 그들의 관점을 대중에 투영하고 시대적인 이슈를 정의할 수 있다.

13. 이것은 매우 중요한 문제다. 일단 한 기사가 선택되면 뉴스 매체에서의 배치가 뉴스의 전파와 효과에 영향을 미치기 때문이다. 그러나 사회학자들은 기사가 생산되고

나면 어떻게 기사를 다루는지에 대해서는 거의 관심을 두지 않았다. 언론 기사를 조사하는 미디어 표현에 관한 연구는 하나의 뉴스 미디어 내에서 위치에 따라 서로 다른 기사를 구별하지 못하는 경우가 많다. 그러면 문맥과 기사들 간의 위계를 무시하게 된다.

14. 하비 몰로치와 메릴린 레스터(1975)는 1975년에 발표된 뉴스와 사고에 관한 중요한 글에서, 캘리포니아주 샌타바버라에서 원유 유출 사건이 발생한 이후 지역 언론에서 전국 뉴스보다 종합적이고 본질적인 기사를 생산했다는 사실을 발견했다. 그들은 근접성이 보도의 품질을 결정하는 주 요인이라고 주장한다.

15. 내용 분석은 사회학과 대학원생 엘런 베리(노스웨스턴대학교)와 스콧 리언 위싱턴(프린스턴대학교) 등 두 명의 연구자가 독립적으로 수행한 다음 평균을 결과로 사용했다. 연구원들은 『시카고 트리뷴』과 『시카고 선타임스』의 텍스트(뉴스 기사, 특집 기사, 사설, 편지 등), 헤드라인, 그래픽 이미지에서 주도적인 두 가지 프레임을 판단했다. 『시카고 트리뷴』에서는 143개의 텍스트와 100개의 그래픽, 『시카고 선타임스』에서는 159개의 텍스트와 47개의 그래픽이 분석에 포함됐다.

16. 메트로의 편집부는 신문의 메트로 섹션을 담당할 뿐 아니라 섹션 1의 시카고 소식에 관한 기사도 담당한다.

17. 다른 사회 집단이나 조직과 마찬가지로 뉴스 매체의 활동에도 유형화된 리듬이 있다. 계절, 하루 일과, 시간에 따라, 그리고 일이 많고 적음에 따라 운영이 달라진다.

18. 시카고의 시티 뉴스통신은 1999년에 문을 닫았는데, 108년 동안 시카고에서 지역 뉴스를 유선으로 제공해주었고, 여러 세대에 걸쳐 기자들의 훈련 장소가 되었다.

19. AP는 연합통신Associated Press의 약어로, 세계에서 가장 오래되고 가장 큰 뉴스 조직이다.

20. Le and Kates 1995, p. 1.

21. 24시간 지역 뉴스 방송국에 대한 더 완전한 자료를 원한다면 Lieberman(1988)을 보라.

22. 1970년대 뉴스 조직을 연구했던 사회학자들은 기자들이 일련의 전통적인 범주를 만들어 업무를 일상화하고 기사 생산과정을 통제하고자 할 때 사용했다는 사실을 알게 되었다. 기사는 일반적으로 미리 정해놓은 범주에 들어맞았고, 기사의 특징에 따라 필요한 자원과 노동력, 보도했을 때 주목도가 대부분 결정된다. 따라서 프레임은 문제를 정의하고, 원인을 규명하고, 도덕적인 판단을 내리고, 해결책을 제시하는 데, 그리고 사람들이 어떤 기사에 주목할지뿐만 아니라 사람들이 어떻게 기사를 평가할 것인지를 판단하는 데도 도움이 되었다. Gamson(1992), Goffman(1974), Entman(1993)을 보라.

23. Castells, 1996, 333. 제임스 펠로스(1996), 마이클 셔드슨(1995), 피에르 부르디외(1998)는 점차 차별화되는 기자들의 문화계에 관해 유사한 주장을 했다. 부르디외는 이렇게 주장한다. "누구도 기자들만큼 신문을 많이 읽지 않습니다. 기자들은 모든 사람이 모든 신문을 읽는다고 생각하는 경향이 있습니다. (…) 무슨 말을 해야 할지 알기 위해서는 다른 사람이 무슨 말을 하는지 알아야 합니다(1998, p. 24)." 반면 직업

적으로 비슷한 사람들끼리 메아리처럼 같은 말만 하는 곳에서 일한다는 것은 결국 자신만의 목소리로 무언가 기여해야 한다는 말과 똑같다. 이는 일간지나 방송국처럼 빨리 결과를 내놓아야 하는 곳보다는 잡지사 같은 곳에서 더 수월할 것이다.

24. Bourdieu 1998, pp. 23~25.

25. 최근의 많은 내부 비판 중에, James Squires, *Read All About It!*(1993), James Fallows, *Breaking the News*(1996), Michael Janeway, *Republic of Denial*(1999)을 보라.

26. 마이클 셔드슨(1978, p. 11)은 "뉴스는 기자의 상품인 만큼, 정보원의 상품이기도 하다. 대부분의 해설가는 정보원이 더 위에 있다는 데 분명 동의할 것이다"라고 주장한다.

27. Kaniss 1991, p. 176.

28. 기자들이 어째서 다른 정보보다 공식적인 정보를 덜 의심하는지에 대해서는 게이 터크먼의 유명한 글 Objectivity As Strategic Ritual: An Examination of Newsmen's Notions of Objectivity(1972)를 보라.

29. 다른 연구에서는 중심 역할을 하는 공공 기관이 인명 피해와 재산 피해에 관한 정보에 접근할 수 있는 특별한 권한이 있을 때 공무원들은 재난 중에 정보원으로서 특히 영향력이 있다는 사실을 보여주었다(Sood, Stockdale, and Rogers 1987; Vaughan 1996).

30. Royko 1995; Schreuder and Gorner 1995. 31. Kass 1995b, p. 3.

32. Schreuder and Gorner 1995, p. 6.

33. Semenza 1995.

34. 『시카고 트리뷴』 기사는 Callahan(1995). 『시카고 선타임스』의 보도는 Rodriguez and Brown(1995, p. 1, p. 8).

35. 피에르 부르디외(1998)는 이것이 겉으로는 개방성을 연상시키지만(사실상 기사의 방향을 바꿀 채널은 닫힌 상태에서), 반대되는 바로 그 관점과 기사를 감춰주는 효과를 갖는 기자들의 관례 중 하나일 뿐이라고 주장한다. 기자들의 '객관성이라는 신화'의 구축과 기능에 대해 훨씬 상세한 자료를 원한다면, Gans(1979), Schudson(1978), Tuchman(1972)을 보라.

36. Spielman and Mitchell 1995b, p. 1, p. 9.

37. Kass 1995a, p. 4.

38. Bryant 1995; McSherry 1995b.

39. 전문 기자와 일반 기자에 대한 상세한 논의는 Gans(1979: pp. 131~138)를 보라.

40. Stein 1995a, 1995b.

41. Kiernan and Zielinski 1995, p. 1.

42. 앞의 책.

43. 앞의 책, p. 6.

44. 이러한 관행은 『트리뷴』의 교열 담당자와 기자 사이에 직업적인 거리, 즉 교열 담당자에게 "우리 사이에는 기이한 적개심"이 존재한다고 확신시킬 수 있을 만큼 충분히

넓은 틈의 존재에 대한 일부 근거다. "우리는 그 정도로 서로를 잘 몰라요." 서로 다른 부서에서 일하고 크게 다른 책임을 지고 있기 때문이기도 하고, 기사가 너무 길면 공간 때문에 기사를 다듬어야 하는 교열 담당자의 업무로 인해 기사의 내용이 극적으로 바뀔 수도 있기 때문이다. 최근 『시카고 트리뷴』의 편집자들은 기자들에게 기사를 제출할 때 교열 담당자에게 헤드라인 제안을 함께 제출해달라고 요청하는 실험적인 프로그램을 도입하여 이러한 거리를 줄이고 헤드라인의 정확도에 대한 기자들의 우려를 잠재우려고 애썼다. 그런데 헤드라인 때문에 자주 불만을 터뜨린 기자들도 대부분 프로그램에 참여하길 거부했다. 기사에 들어가는 헤드라인의 품질보다는 추가 업무를 떠안아야 하는 걱정이 더 컸기에 그들은 기사를 작성하는 일에 영향을 미치기 전에 실험을 종료했다.

하지만 일부 기자들은 그들의 기사를 교열하는 데 여전히 민감해서, 교열 부서와 돈독한 관계를 유지하여 교열과정에 있어 자신들의 통제권을 높이려고 했다. 쉬로이더가 자기 기사를 무사히 통과시킬 확률을 높이려고 쓰는 방법은 교열 담당자와 사적으로 친하게 지내며 그들이 일을 잘하면 보상을 해주는 것이었다. "저는 교열부와 자주 만나려고 했어요. 여러 번이나 그들이 일을 정말 빠르게 한다고 생각했거든요." 그녀는 말했다. "어떤 경우에는 사실 오류를 바로잡아줬어요. 저는 인명구조튜브 모양의 사탕을 사다주었죠. 굉장히 까다로운 일이거든요." 그럼에도 쉬로이더 역시 다른 대부분의 기자처럼 교열 때문에 글을 망친 기억을 떠올렸다. 중요한 내용을 다 빼버리거나, 중요한 부분에서 자르고, 결론 부분을 망쳐버렸다. 이러한 경우, 쉬로이더는 "그저 책상 밑으로 기어들어가는 수밖에 없어요. 왜냐하면 (…) 기사에 올라가는 건 제 이름이고 (…) 사람들이 전화를 걸어오는 곳도 저고, 전화를 처리해야 하는 것도 제가 할 일이고, 정보원은 위태로워지니까요." 몇몇 기자는 교열 담당자가 수정하는 것이 너무 두려운 나머지 대개 오랜 기간 발간된 기사를 읽으려 하지 않는다. "어쨌든 너무 늦었죠." 누군가 말해주자, 다른 사람이 인정했다. "어쩔 수 없지."

45. *Constructing the Political Spectacle*(1988, p. 120)에서 머리 에덜먼은 이렇게 주장한다(한국어판은 머리 에덜먼, 『상징의 정치시대』, 고려원, 1996). "대중적 사건에 대한 스펙터클한 뉴스 보도는 역사와 사회 구조, 경제적 불평등, 복지와 빈곤을 설명하는 도식들에 대한 담론 등을 지워버리는 데 도움을 준다. 원래 스펙터클은 청자를 사로잡고 숨겨진 의미 따위는 없는, 눈에 띄는 뉴스를 부각시키는 것이다. 의미와 그 전개 자체는 일반적인 표현이며 현재의 불평등을 정당화하는 주류 이데올로기를 강화하는 것이다." 에덜먼의 주장에서는 기 드보르의 고전적인 텍스트 *Society of the Spectacle*([1967] 1983)의 영향이 드러난다(한국어판은 기 드보르, 유재홍 옮김, 『스펙타클의 사회』, 울력, 2014). 드보르는 "스펙터클은 대단히 우수한 이데올로기다. 스펙터클은 모든 이데올로기 시스템의 본질을 충분히 드러내고 증명하기 때문이다. 빈곤, 예속, 현실 부정 등이 그것이다. 스펙터클은 '인간과 인간 사이의 분리 및 소외를 물질적으로 표현한다"([1967] 1983, p. 215)고 말했다.

46. 허버트 J. 갠스의 *Deciding What's News*(1979, p. 82와 chap. 3)에서는 뉴스로서 가치가 있는 기사를 선택하는 과정의 일곱 가지 고려 사항을 말하고 있다. "정보원,

실체, 상품, 가치의 고려, 광고, 독자, 정치적 고려 등이다."

47. 『시카고 트리뷴』은 수십 년 동안 구역별로 신문을 만들어왔지만, 최근에 와서야 진보한 출판 기술을 이용하여 간편하게 전면 기사와 그래픽을 교체할 수 있었다. 1995년, 『시카고 트리뷴』은 이러한 기술을 자주 사용했지만 관리자와 편집자는 그 후 독자들이 일관적인 것을 더 선호한다고 판단했고 기사를 바꾸는 일은 그리 흔하게 사용되지 않았다. *Making Local News*(1991)에서 필리스 캐니스는 『트리뷴』의 구역별 발행이라는 초기 실험에 대해 논의하고 있다. 또한 그녀에 따르면 중심적인 도시에서는 대도시 독자들에게 더욱 경쟁력 있는 뉴스를 제공하고 있었다.

   이러한 변화는 이제 『시카고 트리뷴』 뉴스 작성의 일과가 되었다. 이러한 변화 덕분에 지역 문제에 관심 있는 독자들의 이목을 끌어 시장 점유율을 높일 수 있을 뿐 아니라, 독자를 거주하는 지역에 따라 다양한 뉴스 공동체로 나누어 대도시를 사회적·상징적으로 세분화하는 데 기여한다. 그 결과 신문은 도시생활을 나타내는 최소한의 공통된 글만 제공하게 되어 도시 공동체를 통합하는 능력의 일부는 상실하게 된다. 이 기능은 베네딕트 앤더슨Benedict Anderson(1983)과 뒤르켐의 영향을 받은 일부 미디어 사회학자들이 신문의 기능 중 하나라고 했던 것이다. 신문은 그 대신 마케팅 원칙에 의해 경계선을 따라 구축된 상징적 대도시 공동체를 깨뜨리는 데 도움을 준다(Klinenberg 2000).

   이 분야에서 기술적인 선두주자인 『트리뷴』은 특정 시장을 위한 기사를 구성하는 기사 생산과 분배 기술의 최첨단에 있다. 『뉴욕타임스』나 『워싱턴포스트』 등 다른 주요 신문사들은 여러 지역판을 매일 발간하지만, 취재 지역이 널리 퍼져 있으면서 일관성은 적은 『로스앤젤레스타임스』와 『올랜도센티넬』(『로스앤젤레스타임스』와 마찬가지로 『시카고 트리뷴』의 소유다)만이 『시카고 트리뷴』과 비슷하게 동일한 대도시 지역 안에서 서로 다른 공동체에 마케팅을 한다. 케이블 텔레비전과 인터넷 같은 다른 뉴스 공급자와의 경쟁이 치열해지면서, 점점 더 많은 신문사가 『트리뷴』 모델을 수용하여 소규모 지역 시장의 수익에 기반한 구역화된 신문을 만들기 시작했다.

48. Tennison 1995.

결론

1. *Chicago Tribune* 1995, p. 8.
2. Palecki, Changnon, and Kunkel 2001, p. 8.
3. 앞의 책, p. 15.
4. 앞의 책, pp. 19~21.
5. 앞의 책, pp. 13~14.
6. 앞의 책, p. 8.
7. 로런스 캘크스타인 외(1996)는 매우 상세한 일련의 연구에서 정교한 경보 시스템과 강력한 공공보건 전략 덕분에 폭염의 영향을 줄일 수 있다는 것을 보여주었다.

8. Manier 1999, p. 6.

9. 기후변화에 관한 정부간 협의체에서 나온 기초 보고서 *Climate Change 2001: Impacts, Adaptation, and Vulnerability*를 보라(2001, p. 15).

10. 극단적인 불평등이 건강에 부정적인 결과를 초래한다는 보건 관련 문헌이 많아지고 있다. 그중 중요한 연구로는 Kaplan, et al.(1996), Kennedy, Kawachi, and Prothrow-Stith(1996) 등이 있다.

11. Massey 1996, p. 399.

12. Squires 1993; Bagdikian 1997.

13. 뉴스 상품의 전문화와 미디어 청자의 세분화에 광고 산업이 어떻게 기여했는지에 관한 매우 종합적인 자료를 원한다면, 조지프 터로의 *Breaking Up America: Advertisers and the New Media World*(1997)를 보라.

14. 내가 인터뷰했던 기자들은 필리스 캐니스가 *Making Local News*(1991)에서 했던 것과 똑같은 주장을 했다.

15. 피에르 부르디외(1999, p. 629)는 그러한 생물사회학적인 조사를 수행해야 하는 정치적 이유뿐 아니라 과학적 이유에 대해서도 거침없이 설명한다. "삶을 고통스럽게 하고 심지어 살 수 없게 하는 그러한 메커니즘을 인지하게 된다고 해서 그들을 물리칠 수 있는 것은 아니다. 모순을 드러낸다고 문제가 해결되는 것은 아니다. 하지만 우리는 사회학적 메시지의 사회적 효능에 대해 회의적인 만큼 그 효과도 인정해야 한다. 고통받는 사람들에게 그들이 겪는 고통의 원인이 사회적이라는 것을 알려줄 수 있다면, 그들은 해방감을 느낄 것이다. 그리고 그 사회적 기원을 일반적인 사실로 알게 되면, 집단적으로 감춰졌던 가장 사적이고 가장 비밀스러운 온갖 형태의 불행을 드러내는 효과도 있다. 겉보기와 달리, 이러한 관찰이 절망의 원인이 되지는 않는다. 세상이 해왔던 일은, 이런 지식을 알고 있다면, 원래대로 되돌릴 수 있다.

에필로그

1. 신화와 역사에 관한 빼어난 논의를 원한다면 다음을 읽어보라. Ross Miller, *American Apocalypse: The Great Fire and the Myth of Chicago*, 1990; and Karen Sawislak, *Smoldering City: Chicagoans and the Great Fire, 1871~1874*(Sawislak 1995).

2. 대사건 위주의 역사 논쟁에 관한 풍부한 자료와 구조적인 접근법과 대사건 위주의 접근법을 결합하려는 시도에 관심이 있다면, Marshall Sahlins, *The Return of the Event, Again, in Sahlins*, 2000, pp. 293~351을 보라.

3. McSherry 1995에 인용됨.

4. Jimenez 1995, p. 8에 인용됨.

참고문헌

Abraham, Laurie Kaye. 1993. *Mama might be better off dead*. Chicago: University of Chicago Press.

Abraido-Lanza, Ana, Bruce Dohrenwend, Daisy Ng-Mak, and J. Blake Turner. 1999. The Latino mortality paradox: A test of the 'salmon bias' and healthy migrant hypotheses. *American Journal of Public Health* 89:1543–48.

Administration on Aging. 1999. Profile of older Americans: 1999. Washington, D.C.: United States Administration on Aging.

Alexander, Stephen. 1998. Public resource allocation in Chicago: Impact of the city's budget process on low and moderate-income communities. Chicago: Policy Research Action Group.

Anderson, Benedict. 1983. *Imagined communities*. New York: Verso.

Anderson, Elijah. 1990. *Streetwise: Race, class, and change in an urban community*. Chicago: University of Chicago Press.

──────. 1999. *Code of the street: Decency, violence, and the moral life of the inner-city*. New York: W. W. Norton.

Angel, Jacqueline, R. Angel, J. McClellan, and K. Markides. 1996. Nativity, declining health, and preferences in living arrangements among elderly Mexican Americans: Implications for long-term care. *The Gerontologist* 36:464–73.

Applegate, William, John Runyan, Linda Brasfield, Mary Lynn Williams, Charles Konigsberg, and Cheryl Fouche. 1981. Analysis of the 1980 heat wave in Memphis. *American Geriatrics Society* 29:337–42.

Arendt, Hannah. 1963. *Eichman in Jerusalem: A report on the banality of evil*. New York: Viking Press.

Bachelard, Gaston. [1934] 1984. *The New Scientific Spirit.* Boston: Beacon Press. Originally published under the title *Le Nouvel Esprit Scientifique* (Paris: Presses Universitaires de France, 1934).

Bagdikian, Ben. 1997. *The media monopoly.* Boston: Beacon Press.

Baumgartner, M. P. 1988. *The moral order of a suburb.* New York: Oxford University Press.

Beck, Ulrich. 1992. *Risk society: Towards a new modernity.* London: Sage.

Beinart, Peter. 1997. The pride of the cities. *The New Republic,* 30 June, 16–24.

Biel, Steven. 1996. *Down with the old canoe: A cultural history of the Titanic disaster.* New York: W. W. Norton.

Blazer, Dan. 1982. Social support and mortality in an elderly community population. *American Journal of Epidemiology* 115:684–94.

Boorstin, Daniel. 1961. *The image: a guide to pseudo-events in America.* New York: Harper Colophon Books.

Bourdieu, Pierre. 1991. *Language and symbolic power.* Cambridge, Mass.: Harvard University Press.

———. 1996. *The state nobility.* Stanford, Calif.: Stanford University Press.

———. 1998. *On television.* New York: The New Press.

Bourdieu, Pierre, et al. 1999. *The weight of the world: Social suffering in contemporary society.* Stanford, Calif.: Stanford University Press.

Bourgois, Philippe. 1995. *In search of respect: Selling crack in El Barrio.* Cambridge: Cambridge University Press.

Brooks-Gunn, Jeanne, Greg Duncan, and J. Lawrence Aber. 1997. Neighborhood poverty: Context and consequences for children. New York: Russell Sage Foundation.

Bryant, Rick. 1995. Experts: Daley won't feel the heat for long. *The Daily (Chicago) Southtown,* 23 July.

Buckingham, Robert, S. A. Lack, B. M. Mount, L. D. Maclean, and J. T. Collins. 1976. Living with the dying: Use of the technique of participant observation. *Canadian Medical Association Journal* 115:1211–15.

Building Organization and Leadership Development (BOLD). 1995. BOLD group endorses CHAPS police unit. Press release. Chicago: BOLD.

Burawoy, Michael. 1998. The extended case method. *Sociological Theory* 16:4–33.

Callahan, Patricia. 1995. Residents leave cooling centers in cold. *Chicago Tribune,* 17 July, sec. 2, pp. 1, 4.

Castells, Manuel. 1996. *The rise of the network society.* Oxford: Blackwell Publishers.

————. 1998. *End of millennium*. Oxford: Blackwell Publishers.

Catalano, Ralph, and Kate Pickett. 1999. A taxonomy of research concerned with place and health. In *Handbook of social studies in health and medicine*, edited by Gary Albrecht, Ray Fitzpatrick, and Susan Scrimshaw. London: Sage.

Cater, Douglass. 1959. *The fourth branch of government*. Boston: Houghton Mifflin.

Chaney, David. 1986. The symbolic mirror of ourselves: Civic ritual in mass society. In *Media, culture, and society: A critical reader*, edited by Richard Collins. Beverly Hills: Sage.

Chicago Fact Book Consortium. 1995. Local community fact book: Chicago metropolitan area. Chicago: Academy Chicago Publishers.

Chicago Housing Authority. 1995. Elderly receive needed security through Chicago Housing Authority protection of seniors program. Press release. Chicago: Chicago Housing Authority.

Chicago Sun-Times. 1995. List of those who died alone. 25 August, p. 14.

Chicago Tribune. 1992. *The worst schools in America*. Chicago: Contemporary Press.

Chicago Weekend. 1995. Daley, city guilty of negligence, says Rush. 23 July, p. 1.

Chiricos, Ted, Sarah Escholz, and Marc Gertz. 1997. Crime, news, and fear of crime: Toward an identification of audience effects. *Social Problems* 44:342–57.

Citro, Constance, and Robert Michael. 1995. *Measuring poverty: A new approach*. Washington D.C.: National Academy Press.

City of Chicago. 1995. Final report: Mayor's commission on extreme weather conditions. November.

City of Chicago, Department of Public Health. 1996. An epidemiological overview of violent crimes in Chicago, 1995.

Cohen, Adam, and Elizabeth Taylor. 2000. *American pharaoh: Mayor Richard J. Daley: his battle for Chicago and the nation*. Boston: Little, Brown, and Company.

Cohen, Stanley. 1996. Government responses to human rights reports: Claims, denials, and counterclaims. *Human Rights Quarterly* 18:517–43.

————. 2001. *States of denial: Knowing about atrocities and suffering*. Cambridge: Polity Press.

Coles, Robert. 1997. *Old and on their own*. New York: DoubleTake Books.

Comerio, Mary. 1998. *Disaster hits home: New policy for urban housing recovery*. Berkeley and Los Angeles: University of California Press.

Connell, R. W. 1995. *Masculinities*. Berkeley and Los Angeles: University of California Press.

Cook, Timothy. 1998. *Governing with the news: The news media as a political institution*. Chicago: University of Chicago Press.

Cotliar, Sharon. 1995. Count isn't overblown, medical examiner insists. *Chicago Sun-Times*, 19 July, p. 8.

Crank, John. 1994. Watchman and community: Myth and institutionalization in policing. *Law and Society Review* 28:325-51.

Cronon, William. 1995. Introduction: In search of nature. In *Uncommon ground: Toward reinventing nature*, edited by William Cronon. New York: W. W. Norton.

Das, Veena. 1995. *Critical events: An anthropological perspective on contemporary India*. Oxford: Oxford University Press.

Davis, Mike. 1990. *City of quartz: Excavating the future in Los Angeles*. London: Verso.

―――. 1998. *Ecology of fear: Los Angeles and the imagination of disaster*. New York: Metropolitan Books.

―――. 2001. *Late Victorian holocausts: El Nino famines and the making of the Third World*. London: Verso.

Dematte, Jane, Karen O'Mara, Jennifer Buescher, Cynthia Whitney, Sean Forsythe, Turi McNamee, Raghavendra B. Adiga, and I. Maurice Ndukwu. 1998. Near-fatal heat stroke during the 1995 heat wave in Chicago. *Annals of Internal Medicine* 129:173-81.

di Leonardo, Micaela. 1999. *Exotics at home: Anthropologists, others, American modernity*. Chicago: University of Chicago Press.

Dohan, Daniel. 1997. Culture, poverty, and economic order in two inner-city areas. Ph.D. diss., University of California, Berkeley.

Donoghue, Edmund, Michael Graham, Jeffrey Jentzen, Barry Lifchultz, James Luke, and Haresh Michandani. 1997. Criteria for the diagnosis of heatrelated deaths: National Association of Medical Examiners. *The American Journal of Forensic Medicine and Pathology* 18:11-14.

Douglas, Mary, and Aaron Wildavsky. 1983. *Risk and culture: An essay on the selection of technological and environmental dangers*. Berkeley and Los Angeles: University of California Press.

Drake, St. Clair, and Horace Cayton. [1945] 1993. *Black metropolis: A study of Negro life in the northern city*. New York: Harcourt, Brace and Company. Reprint, Chicago: University of Chicago Press.

Dubord, Guy. [1967] 1983. *The society of the spectacle*. Detroit: Black and Red.

Originally published under the title *La Socie'te' du Spectacle* (Paris: Editions Burchet-Chastel, 1967).

Durkheim, Emile. 1951. *Suicide: A study in sociology.* Translated by John A. Spaulding and George Simpson; edited with an introduction by George Simpson. New York: Free Press.

Durkheim, Emile, and Marcel Mauss. [1903] 1963. *Primitive classification.* Chicago: University of Chicago Press. Originally published under the title *De quelques formes primitives de classification* (*Anne'e sociologique,* 1901–2).

Economist. 1995. Da manager: City government. 4 March, pp. A25–26.

Edelman, Murray. 1988. *Constructing the political spectacle.* Chicago: University of Chicago Press.

Ehrenhalt, Alan. 1995. *The lost city: The forgotten virtues of community in America.* New York: Basic Books.

Eig, Jonathan 1999. Da rules. *Chicago Magazine,* November, pp. 114–25.

Ellin, Nan, ed. 1997. *Architecture of Fear.* Princeton, N.J.: Princeton Architectural Press.

Emergency Net News Service. 1995. Caution urged during heat wave. ⟨www. emergency.com.heatwave.htm⟩. Accessed 13 December 2000.

Engels, Frederick. [1845] 1984. *The condition of the working class in England.* Chicago: Academy Chicago Publishers. Originally published under the title *Die Lage der Arbeitenden Klasse in England* (Leipzig: O. Wigand, 1845).

Entman, Robert. 1993. Framing: Toward clarification of a fractured paradigm. *Journal of Communication* 43:51–58.

Erikson, Kai. 1976. *Everything in its path: Destruction of community in the Buffalo Creek flood.* New York: Simon and Schuster.

———. 1994. *A new species of trouble: The human experience of modern disasters.* New York: W. W. Norton.

Esping-Anderson, Gøsta. 1990. *The three worlds of welfare capitalism.* Princeton, N.J.: Princeton University Press.

———. 1999. *Social foundations of postindustrial economies.* Oxford: Oxford University Press.

Ettema, James, and Theodore Glasser. 1998. *Custodians of conscience.* New York: Columbia University Press.

Fallows, James. 1996. *Breaking the news: How the media undermine American democracy.* New York: Vintage.

Farmer, Paul. 1999. *Infections and inequalities: The modern plagues.* Berkeley and Los Angeles: University of California Press.

Federman, Maya, Thesia Garner, Kathleen Short, W. Boman Cutter IV, John

Kiely, David Levine, Duane McGough, and Marilyn McMillen. 1996. What does it mean to be poor in America? *Monthly Labor Review,* 17 May, pp. 3−17.

Fegelman, Andrew. 1995. Medical examiner takes the heat. *Chicago Tribune,* 25 July, sec. 2, p. 3.

Fischer, Claude S. 1975. Toward a subcultural theory of urbanism. *American Journal of Sociology* 80:1319−41.

_____. [1976] 1984. *The urban experience.* New York: Harcourt, Brace, Jovanovich. Reprint, San Diego: Harcourt, Brace, Jovanovich.

_____. 1982. *To dwell among friends: Personal networks in town and city.* Chicago: University of Chicago Press.

Fischer, Claude, and Susan Phillips. 1982. Who is alone? Social characteristics of people with small networks. In *Loneliness: A sourcebook on current theory, research, and therapy,* edited by Leticia Anne Peplau and Daniel Perlman. New York: Wiley.

Fleming-Moran, M., T. Kenworthy-Bennett, and K. Harlow. 1991. Illinois state needs assessment survey of elders aged 55 and over. Bloomington: Heartland Center on Aging, Disability, and Long Term Care, School of Public Health and Environmental Affairs, Indiana University; and the National Center for Senior Living, South Bend.

Flock, Jeff. 1995. Chicago morgue struggle to keep up with heat deaths. 16 July, Cable Network News (CNN).

Fornek, Scott, and Neil Steinberg. 1995. Death was the only equalizer for varied victims. *Chicago Sun-Times,* 17 July, p. 10.

Frazier, E. Franklin. 1939. *The Negro family in the United States.* Chicago: University of Chicago Press.

_____. 1961. *The Negro church in America.* Liverpool, England: Liverpool University Press.

Freudenburg, W. R. 1988. Perceived risk, real risk: social science and the art of probabilistics risk assessment. Science 242:44−49.

Furstenberg, Frank, Thomas Cook, Jacqueline Eccles, and Arnold Sameroff. 1998. *Managing to make it: Urban families and adolescent success.* Chicago: University of Chicago Press.

Gamson, William. 1992. *Talking politics.* New York: Cambridge University Press.

Gans, Herbert. 1962. *The urban villagers: Group and class in the life of Italian-Americans.* Glencoe, Ill.: Free Press.

_____. 1979. *Deciding what's news.* New York: Pantheon.

_____. 1995. *The war against the poor: The underclass and antipoverty policy.* New York: Basic Books.

_____. 1997. Best-sellers by sociologists: An exploratory study. *Contemporary Sociology* 26:131–35.

Gibson, Hamilton. 2000. *Loneliness in later life.* London: Macmillan Press.

Gilbert, Neil. 1995. *Welfare justice: Restoring social equity.* New Haven, Conn.: Yale University Press.

Glassner, Barry. 1999. *The culture of fear: Why Americans are afraid of the wrong things: crime, drugs, minorities, teen moms, killer kids, mutant microbes, plane crashes, road rage, and so much more.* New York: Basic Books.

Glastris, Paul 1992. Reinventing da mayor. *U.S. News and World Report*, 23 March, pp. 40–42.

Goetz, Barry. 1997. State theory and fire control: selection mechanisms in local government. *Critical Sociology* 23:32–62.

Goffman, Erving. 1959. *The presentation of self in everyday life.* New York: Anchor Books.

_____. 1974. *Frame analysis.* New York: Harper Colophon.

Gould, Stephen Jay. [1981] 1996. *The mismeasure of man.* New York: W. W. Norton. Reprint, New York: W. W. Norton.

Greenwich, Howard, Jacqueline Leavy, and John Jones. 1996. Moving beyond the basics: Building Chicago for the next century. Chicago: Neighborhood Capital Budget Group.

Groth, Paul. 1994. *Living Downtown.* Berkeley and Los Angeles: University of California Press.

Gurley, Jan, Nancy Lum, Merle Sande, Bernard Lo, and Mitchell Katz. 1996. Persons found in their homes helpless or dead. *New England Journal of Medicine* 334:1710–16.

Habermas, Jurgen. 1989. *The structural transformation of the public sphere.* Cambridge, Mass.: MIT Press.

Halpern, Robert. 1999. *Fragile families, fragile solutions: A history of supportive services for families in poverty.* New York: Columbia University Press.

Hambleton, Robin. 1990. Future directions for urban government in Britain and America. *Journal of Urban Affairs* 12:75–94.

Hannerz, Ulf. 1969. *Soulside: Inquiries into ghetto culture and community.* New York: Columbia University Press.

Hartstein, Larry. 1995. Hydrant-closing crews pelted with bullets. *Chicago Tribune,* 17 July, sec. 2, p. 4.

Hirsch, Arnold. 1983. *Making the second ghetto: Race and housing in Chicago, 1940–1960.* Cambridge: Cambridge University Press.

Hoch, Charles, and Robert Slayton. 1989. *New homeless and old: Community and the skid row hotel.* Philadelphia: Temple University Press.

Hochschild, Arlie Russell. 1973. *The unexpected community: Portrait of an old age subculture.* Berkeley and Los Angeles: University of California Press.

House, James, Cynthia Robbins, and Helen Metzner. 1982. The association of social relationships and activities with mortality: Prospective evidence from the Tecumesh Community Health Study. *American Journal of Epidemiology* 116:123–40.

Hunter, Albert. 1974. *Symbolic communities: The persistence and change of Chicago's local communities.* Chicago: University of Chicago Press.

Illinois Department of Public Health. 1997. Vital Statistics Basic Research Series 1/3. Springfield.

Intergovernmental Panel on Climate Change. 2001. Summary for policymakers: Climate change 2001: impacts, adaptation, and vulnerability. Geneva.

Irvine, Martha. 2001. Hispanic influx shaping Chicago. *Chicago Sun-Times,* 11 March, p. 1.

Jacobs, Jane. 1961. *The death and life of great American cities.* New York: Vintage.

Janeway, Michael. 1999. *Republic of denial: Press, politics, and public life.* New Haven, Conn.: Yale University Press.

Jargowsky, Paul. 1997. *Poverty and place: Ghettos, barrios, and the American city.* New York: Russell Sage Foundation.

Jasper, James. 2000. *Restless nation: Starting over in America.* Chicago: University of Chicago Press.

Jencks, Christopher. 1994. *The homeless.* Cambridge, Mass.: Harvard University Press.

Jencks, Christopher, and Barbara Boyle Torrey. 1988. Beyond income and poverty: Trends in social welfare among children and the elderly since 1960. In *The vulnerable,* edited by John Palmer, Timothy Smeeding, and Barbara Boye Torrey. Washington D.C.: The Urban Institute Press.

Jimenez, Gilbert. 1995. Strangers bid heat victims sad farewell. *Chicago Sun-Times,* 26 August, pp. 1–8.

Jimenez, Gilbert and Alex Rodriguez. 1995. Death toll climbs to 179. *Chicago Sun-Times,* 18 July, p. 6.

Jones, LeAlan, Lloyd Newman, and David Isay. 1997. *Our America: Life and death on the South Side of Chicago.* New York: Washington Square Press.

Jones, T. Stephen, Arthur Liang, Edwin Kilbourne, Marie Griffin, Peter Patriarca, Steven G. File Wassilak, Robert Mullan, Robert Herrick, H. Denny Donnell

Jr., Keewhan Choi, and Stephen Thacker. 1982. Morbidity and mortality associated with the July 1980 heat wave in St. Louis and Kansas City, Mo. *Journal of the American Medical Association* 247:3327-31.

Joseph, Janice. 1997. Fear of crime among black elderly. *Journal of Black Studies* 27:698-717.

Kalkstein, Laurence. 1995. Lessons from a very hot summer. *Lancet* 346:857-59.

Kalkstein, Laurence, Paul Jamason, J. Scott Greene, Jerry Libby, and Lawrence Robinson. 1996. The Philadelphia hot weather—health watch/warning system: Development and application, summer 1995. *Bulletin of the American Meteorological Society* 77:1519-28.

Kaniss, Phyllis. 1991. *Making local news.* Chicago: University of Chicago Press.

Kaplan, George, Elsie Pamuk, John Lynch, Richard Cohen, and Jennifer Balfour. 1996. Inequality in income and mortality in the United States: Analysis of mortality and potential pathways. *British Medical Journal* 312:999-1003.

Kaplan, Joel, and Sharman Stein. 1995. City deaths in heat wave triple normal. *Chicago Tribune,* 20 July, sec. 1, pp. 1, 10.

Kasper, Judith. 1988. Aging alone: Profiles and projections. New York: The Commonwealth Fund.

Kass, John. 1995a. Daley, aides try to deflect heat criticism. *Chicago Tribune,* 18 July, sec. 2, p. 1.

———. 1995b. Donoghue is backed on heat-wave toll. *Chicago Tribune,* 28 July, Chicago, sec. 2, p. 3.

———. 1995c. In the heat, government shouldn't take beating. *Chicago Tribune,* 23 July, sec. 4, p. 1.

———. 1995d. Rambunctious aldermen sideline dog law, heat-wave probe. *Chicago Tribune,* 2 August, sec. 2, p.3.

Kass, John, and Joel Kaplan. 1995. Heat plan is launched. *Chicago Tribune,* 21 July, sec. 2, pp.1, 6.

Katz, Michael. 1993. *The "underclass" debate.* Princeton, N.J.: Princeton University Press.

Kearl, Michael. 1996. Dying well: The unspoken dimension of aging well. *The American Behavioral Scientist* 39:336-60.

Keigher, Sharon. 1991. *Housing risks and homelessness among the urban elderly.* New York: Haworth Press.

Kennedy, Bruce, Ichiro Kawachi, and Deborah Prothrow-Stith. 1996. Income distribution and mortality: Cross-Sectional ecological study of the Robin Hood Index in the United States. *British Medical Journal* 312:1004-7.

Kiernan, Louise, and Graeme Zielinski. 1995. Casualties of heat just like most of us: Many rejected any kind of help. *Chicago Tribune,* 18 July, sec. 1, pp. 1, 6.

Kilbourne, E., K. Choi, T. Jones, and S. Thacker. 1982. Risk factors for heatstroke. *Journal of the American Medical Association* 247:3332–36.

Kitagawa, Evelyn, and Philip Hauser. 1973. *Differential mortality in the United States: A study in socioeconomic epidemiology.* Cambridge, Mass.: Harvard University Press.

Kleppner, Paul. 1985. *Chicago divided: The making of a black mayor.* DeKalb: Northern Illinois University Press.

Klinenberg, Eric. 2000. Information et production numerique. *Actes de la Recherche en Sciences Sociales* 134:66–75.

Kornblum, William. 1974. *Blue collar community.* Chicago: University of Chicago Press.

Krause, Neal. 1993. Neighborhood deterioration and social isolation in later life. *International Journal of Aging and Human Development* 36:9–38.

Lancaster, Roger. 1992. *Life is hard: Machismo, danger, and the intimacy of power in Nicaragua.* Berkeley and Los Angeles: University of California Press.

Larson, Erik. 1999. *Isaac's storm: A man, a time, and the deadliest hurricane in history.* New York: Crown.

LaVeist, Thomas, Robert Sellers, Karin Elliot Brown, and Kim Nickerson. 1997. Extreme social isolation, use of community-based support services, and mortality among African American elderly women. *American Journal of Community Psychology* 25:721–32.

Lawlor, Edward, Gunnar Almgren, and Mary Gomberg. 1993. Aging in Chicago: Demography. Chicago: Chicago Community Trust.

Le, Phuong, and Joan Giangrasse Kates. 1995. If you can stand the heat, you must be out-of-towner. *Chicago Tribune,* 13 July, sec. 2, pp. 1, 6.

Leavitt, Jacqueline, and Susan Saegert. 1990. *From abandonment to hope: Community-households in Harlem.* New York: Columbia University Press.

Lee, Mordecai. 1999. Reporters and bureaucrats: Public relations counterstrategies by public administrators in an era of media disinterest in government. *Public Relations Review* 25:451–563.

Lev, Michael. 1995. Alone in life, unclaimed in death. *Chicago Tribune,* 30 July, sec. 1, pp. 1, 12.

Levitan, Sar A. 1991. *Programs in aid of the poor.* Baltimore: Johns Hopkins University Press.

Lieberman, David. 1998. The rise and rise of 24-hour local news. *Columbia Journalism Review,* no. 37 (November/December): 54–57.

Liebow, Elliot. 1967. *Tally's corner: A study of Negro streetcorner men.* Boston: Back Bay Books.

Lincoln, C. Eric, and Lawrence Mamiya. 1990. *The black church in the African-American experience.* Durham, N.C.: Duke University Press.

Linsky, Martin, Wendy O'Donnell, and Jonathan Moore. 1986. *Impact: How the press affects federal policymaking.* New York: W. W. Norton.

Lipsky, Michael. 1980. *Street-level bureaucracy: Dilemmas of the individual in public services.* New York: Russell Sage Foundation.

Little Brothers Friends of the Elderly. 1997. Annual report: Little Brothers is about relationships. Chicago: Little Brothers Friends of the Elderly.

Lowry, William. 1967. The climate of cities. *Scientific American* 217:15 –23.

Manier, Jeremy. 1999. Lessons of '95 helped keep heat toll down. *Chicago Tribune,* 3 August, sec. 1, p. 6.

Marcuse, Peter. 1993. What's so new about divided cities? *International Journal of Urban and Regional Research* 17:355 – 65.

———. 1997. The enclave, the citadel, and the ghetto: What has changed in the post-Fordist U.S. city. *Urban Affairs Review* 33:228 – 64.

Martin, Andrew. 1995. City murders on rise along with thermometer. *Chicago Tribune,* 14 July, sec. 2, p. 3.

Martinez, Beverly, Joseph Annest, Edwin Kilbourne, Marilyn Kirk, Kung-Jong Lui, and Suzanne Smith. 1989. Geographic distribution of heat-related deaths among elderly persons. *Journal of the American Medical Association* 262:2246 – 50.

Massey, Douglas. 1996. The age of extremes: Concentrated affluence and poverty in the twenty-first century. *Demography* 33:395 – 412.

Massey, Douglas, and Nancy Denton. 1993. *American apartheid: Segregation and the making of the underclass.* Cambridge, Mass.: Harvard University Press.

Mauss, Marcel. [1916] 1979. Seasonal variations of the Eskimo: A study in social morphology (in collaboration with Henri Beuchat). London and Boston: Routledge & Kegan Paul. Orignally published under the title *Essai sur les variations saisonnie`rs des socie'te's Eskimos: e'tude de morphologie sociale* (Paris, 1916).

McKenzie, R. D. 1925. The ecological approach to the study of the human community. In *The city: Suggestions for investigation of human behavior in the urban environment,* edited by Robert Park and Ernest Burgess. Chicago: University of Chicago Press.

McMurray, Scott. 1995. Little Village hits big. *Chicago,* October 1995, pp. 33 – 35.

McRoberts, Omar, 2001. Black churches, community and development. *Shelter-force*, January/February, pp. 8-11.

McSherry, Meg. 1995a. Burying the forgotten. *The Daily (Chicago) Southtown*, 26 August, pp. A1-A5.

_____. 1995b. Staying ahead of heat. *The Daily (Chicago) Southtown*, 23 July, pp. A1-A8.

Meares, Tracey. 1998. Peace and crime. *Chicago Kent Law Review* 73:669-705.

Merry, Sally Engle. 1981. *Urban danger: Life in a neighborhood of strangers.* Philadelphia: Temple University Press.

Metro Seniors in Action. 1995. Heat wave ravages seniors, Daley passes buck. *Metro Senior*, pp. 1, 3.

Meyerhoff, Barbara. 1978. *Number our days.* New York: Touchstone Books.

Miethe, Terance. 1995. Fear and withdrawal. *The Annals of the American Academy* 539:14-29.

Miller, Ross. 1990. *American apocalypse: The Great Fire and the myth of Chicago.* Chicago: University of Chicago Press.

Mitchell, James, ed. 1999. *Crucibles of hazard: Mega-cities and disasters in transition.* Tokyo: United Nations University Press.

Mitchell, Mary, and Gilbert Jimenez. 1995. CDC endorses county coroner's heat findings. *Chicago Sun-Times*, 28 July, p. 12.

Molotch, Harvey, and Marilyn Lester. 1974. News as purposive behavior: On the strategic use of routine events, accidents, and scandals. *American Sociological Review* 39:101-12.

_____. 1975. Accidental news: The great oil spill as local occurrence and national event. *American Journal of Sociology* 81:235-60.

Monkkonen, Eric. 1993. Nineteenth century institutions. In *The "underclass" debate*, edited by Michael Katz. Princeton, N.J.: Princeton University Press.

Nashold, Raymond, Jeffrey Jentzen, Patrick Remington, and Peggy Peterson. N.d. Excessive heat deaths, Wisconsin, June 20-August 19, 1995. Unpublished manuscript.

National Weather Service. 1996. Natural disaster survey report: July 1995 heat wave. Silver Spring, Md.: U.S. Department of Commerce, National Oceanic and Atmosphere Administration, National Weather Service.

Neal, Steve. 1995. Daley's leadership wilted in heat crisis. *Chicago Sun-Times*, 25 July, p. 25.

Nieves, Evelyn. 2000. In San Francisco, more live alone, and die alone, too. *New York Times*, 25 June, p. 10A.

North Lawndale Family Network. 1998. Community assets: A North Lawndale directory of services 1998 –99. Chicago: North Lawndale Family Network.

Nuland, Sherwin. 1993. *How we die: Reflections on life's final chapter.* New York: Vintage.

Oechsli, Frank, and Robert Buechley. 1970. Excess mortality associated with three Los Angeles September heat spells." *Environmental Research* 3:277– 84.

Orloff, Ann Shola. 1993. *The politics of pensions: A comparative analysis of Britain, Canada, and the United States, 1880–1940.* Madison: University of Wisconsin Press.

Orton, J. Douglas, and Karl Weick. 1990. Loosely coupled systems: A reconceptualization. *Academy of Management Review* 15:203 –23.

Osborne, David, and Ted Gaebler. 1992. *Reinventing government: How the entrepreneurial spirit is transforming the public sector.* New York: Plume.

Palecki, Michael, Stanley Changnon, and Kenneth Kunkel. 2001. The nature and impacts of the July 1999 heat wave in the Midwestern U.S.: Learning from the lessons of 1995. *Bulletin of the American Meteorological Society* 82, no.7:1353 –67.

Park, Robert. [1916] 1969. The city: Suggestions for the investigation of human behavior in the urban environment. In *Classic essays on the culture of cities,* edited by Richard Sennett. Englewood Cliffs, N.J.: Prentice-Hall. Originally published in *American Journal of Sociology* 20:577–612.

Patterson, Orlando. 1998. *Rituals of blood.* Boston: Beacon.

Pattillo-McCoy, Mary. 1998. Church culture as a strategy of action in the black community. *American Sociological Review* 63:767–84.

—————. 1999. *Black picket fences: Privilege and peril among the black middle class.* Chicago: University of Chicago Press.

Pearson, Rick. 1995. Funding to help poor pay heating bills evaporating. *Chicago Tribune,* 20 July, sec. 2, p. 6.

Perrow, Charles. 1984. *Normal accidents.* New York: Basic Books.

Perrow, Charles, and Mauro Guillen. 1990. *The AIDS disaster: The failure of organizations in New York and the nation.* New Haven, Conn.: Yale University Press.

Platt, Jennifer. 1992. Cases of cases . . . of cases. In *What is a case? Exploring the foundations of social inquiry,* edited by Charles Ragin and Howard Becker. Cambridge, Mass.: Cambridge University Press.

Popkin, Susan, Victoria Gwiasda, Lynn Olson, Dennis Rosenbaum, and Larry Buron. 2000. *The hidden war: Crime and the tragedy of public housing in Chicago.* New Brunswick, N.J.: Rutgers University Press.

Pugh, Ralph. 1997. Pilsen/Little Village. *Chicago History* 26, no. 1 (spring):40-61.

Putnam, Robert. 2000. *Bowling alone: The collapse and revival of American community*. New York: Simon and Schuster.

Ragin, Charles, and Howard Becker, eds. 1992. *What is a case? Exploring the foundations of social inquiry*. Cambridge, Mass.: Cambridge University Press.

Raika, Robert. 1995. *Report of the heat related deaths in Cook County*. Illinois State Senate, Springfield.

Richards, Cindy. 1995. Less government? Not if it costs me. *Chicago Sun-Times*, 21 July, p. 23.

Riesman, David, Nathan Glazer, and Reuel Denny. 1950. *The lonely crowd: A study of the changing American character*. New Haven, Conn.: Yale University Press.

Rodriguez, Alex, and Mark Brown. 1995. 116 die; few using city cooling centers. *Chicago Sun-Times*, 17 July, pp. 1, 8.

Rollinson, Paul. 1990. The story of Edward: The everyday geography of elderly single room occupancy (SRO) hotel tenants. *Journal of Contemporary Ethnography* 19:188-206.

Rosen, Jay. 1999. *What are journalists for?* New Haven, Conn.: Yale University Press.

Ross, Catherine, John Reynolds, and Karlyn Geis. 2000. The contingent meaning of neighborhood stability for residents' psychological well-being. *American Sociological Review* 65:581-97.

Royko, Mike. 1995. Killer heat wave or media event? *Chicago Tribune*, 18 July, sec. 1, p. 3.

Rubinstein, Robert. 1986. *Singular paths: Old men living alone*. New York: Columbia University Press.

Ruggles, Patricia. 1990. *Drawing the line: Alternative poverty measures and their implications for public policy*. Washington, D.C.: Urban Institute Press.

Sahlins, Marshall. 2000. *Culture in practice*. New York: Zone Books.

Sampson, Robert, Stephen Raudenbush, and Felton Earls. 1997. Neighborhood and violent crime: A multivariate study of collective efficacy. *Science* 277:918-24.

Sanchez-Jankowski, Martin. 1991. *Islands in the streets: Gangs and American society*. Berkeley and Los Angeles: University of California Press.

Sawislak, Karen. 1995. *Smoldering city: Chicagoans and the Great Fire, 1871-1874*. Chicago: University of Chicago Press.

Schreuder, Cindy, and Peter Gorner. 1995. Coroners don't always agree on when heat kills. *Chicago Tribune,* 18 July, sec. 1, pp. 1, 6.

Schreuder, Cindy, and Sharman Stein. 1995. Cities learn lessons from killer heat. *Chicago Tribune,* 20 July, sec. 2, p. 1.

Schudson, Michael. 1978. *Discovering the news.* New York: Basic.

_____. 1995. *The power of news.* Cambridge, Mass.: Harvard University Press.

Seale, Clive. 1995. Dying alone. *Sociology of Health and Illness* 17:376–92.

_____. 1996. Living alone towards the end of life. *Aging and Society* 16:75–91.

Secter, Bob. 1995. People forget how to beat the heat. *Chicago Sun-Times,* 18 July, p. 7.

Seeman, Teresa, George Kaplan, Lisa Knudson, Richard Cohen, and Jack Guralnik. 1987. Social network ties and mortality among the elderly in the Alameda County study. *American Journal of Epidemiology* 126:714–23.

Seidenstat, Paul. 1996. Privatization: Trends, interplay of forces, and lessons learned. *Policy Studies Journal* 24:464–77.

Semenza, Jan. 1995. Letter to Chicago Department of Public Health, 20 July. Atlanta.

Semenza, Jan, Joel McCullough, W. Dana Flanders, Michael McGeehin, and John Lumpkin. 1999. Excess hospital admissions during the July 1995 heat wave in Chicago. *American Journal of Preventive Medicine* 16:269–77.

Semenza, Jan, Carol Rubin, Kenneth Falter, Joel Selanikio, W. Dana Flanders, Holly Howe, and John Wilhelm. 1996. Heat-related deaths during the July 1995 heat wave in Chicago. *New England Journal of Medicine* 335:84–90.

Sen, Amartya. 1981. *Poverty and famines: An essay on entitlement and deprivation.* Oxford: Oxford University Press.

Sennett, Richard. 1969. An introduction. In *Classic essays on the culture of cities,* edited by Richard Sennett. Englewood Cliffs, N.J.: Prentice Hall.

Shen, Tiefu, Holly Howe, Celan Alo, and Ronald Moolenaar. 1998. Toward a broader definition of heat-related death: Comparison of mortality estimates from medical examiners' classification with those from total death differentials during the July 1995 Chicago heat wave. *The American Journal of Forensic Medicine and Pathology* 19:113–18.

Shen, Tiefu, Holly Howe, Ruth Ann Tobias, and Chandrima Roy. 1995. Executive summary: Community characteristics correlated with heat-related mortality. Chicago, Illinois, July 1995. Illinois Department of Public Health, Springfield.

Siewers, Alf. 1995. Isolated times may have fed heat wave toll. *Chicago Sun-Times,* 23 July, p. 11.

Sigal, Leon. 1986. Sources make the news. In *Reading the news,* edited by Robert Karl Manoff and Michael Schudson. New York: Pantheon.

Silverstein, Merrill, and Linda Waite. 1993. Are blacks more likely than whites to receive and provide social support in middle and old age? Yes, no, and maybe so. *Journal of Gerontology* 48:S212-22.

Simon, Herbert. 1994. Hyperthermia and heatstroke. *Hospital Practitioner* 8:65-80.

Singer, Eleanor. 1987. Reporting hazards: Their benefits and costs. *Journal of Communication* 37:10-26.

Skogan, Wesley. 1990. *Disorder and decline: Crime and the spiral of decay in American neighborhoods.* Berkeley and Los Angeles: University of California Press.

————. 1993. The various meanings of fear. In *Fear of crime and criminal victimization,* edited by Wolfgang Bilsky, Christian Pfeiffer, and Peter Wetzels. Stuttgart: Ferdinand Enke Verlag.

Skogan, Wesley, and Susan Hartnett. 1997. *Community policing, Chicago style.* New York: Oxford University Press.

Skogan, Wesley, Susan Hartnett, Jill DuBois, Jennifer Comey, Marianne Kaiser, and Justine Lovig. 1999. *On the beat: Police and community problem solving.* Boulder, Colo.: Westview.

Slater, Philip. 1990. *The pursuit of loneliness.* Boston: Beacon Press.

Smoyer, Karen. 1998. Putting risk in its place: Methodological considerations for investigating extreme event health risk. *Social Science Medicine* 47:1809-24.

Sneed, Michael. 1995. Michael Sneed's column. *Chicago Sun-Times,* 20 July, p. 4.

Sood, Rahul, Geoffrey Stockdale, and Everett M. Rogers. 1987. How the news media operate in natural disasters. *Journal of Communication* 37:27-41.

Spear, Allan. 1967. *Black Chicago: The making of a Negro ghetto 1890–1920.* Chicago: University of Chicago Press.

Spergel, Irving, and Susan Grossman. 1997. The Little Village project: A community approach to the gang problem. *Social Work* 42:456-70.

Spielman, Fran, and Mary Mitchell. 1995a. City ignored emergency plan. *Chicago Sun-Times,* 18 July, p. 1.

————. 1995b. The shocking toll: 376. *Chicago Sun-Times,* 19 July, pp. 1, 9.

Squires, Gregory, Larry Bennett, Kathleen McCourt, and Philip Nyden. 1987. *Chicago: Race, class, and the response to urban decline.* Philadelphia: Temple University Press.

Squires, James. 1993. *Read all about it! The corporate takeover of America's newspapers.* New York: Times Books.

Stack, Carol. 1974. *All our kin: Strategies for survival in a black community.*

New York: Harper Torchbook.

Starks, Robert. 1995. The black community demands the firing of the superintendent of Fire and other department heads in the wake of heat disaster. *Chicago Standard News*, 20 July.

Stein, Sharmon. 1995. Exceptionally high humidity proved to be the real culprit. *Chicago Tribune*, 18 July, sec. 2, pp. 1, 4.

Steinberg, Neil. 1995. Seniors suffer and endure in sweltering CHA high-rise. *Chicago Sun-Times*, 17 July, p. 10.

Steinberg, Ted. 2000. *Acts of God: The unnatural history of natural disaster in America*. New York: Oxford University Press.

Stone, Deborah. 1997. *Policy paradox: The art of political decision making*. New York: W. W. Norton.

Susser, Ida. 1993. Creating family forms: The exclusion of men and teenage boys from families in the New York City shelter system. *Critique of Anthropology* 13:267–85.

Suttles, Gerald. 1968. *The social order of the slum: Ethnicity and territory in the inner city*. Chicago: University of Chicago Press.

———. 1990. *The man-made city: The land use confidence game in Chicago*. Chicago: University of Chicago Press.

Szasz, Andrew, and Michael Meuser. 1997. Environmental inequalities: Literature review and proposals for new directions in research and theory. *Current Sociology* 45:99–120.

Taub, Richard, D. Garth Taylor, and Jan Durham. 1984. *Paths of neighborhood change: Race and crime in urban America*. Chicago: University of Chicago Press.

Tennison, Patricia. 1995. Finding the mane attraction." *Chicago Tribune*, 20 July, Metro-McHenry, p. 1.

Thompson, Estina, and Neal Krause. 1998. Living alone and neighborhood characteristics as predictors of social support in later life. *Journal of Gerontology* 53B:S354–64.

Tigges, Leann, Irene Brown, and Gary Green. 1998. Social isolation of the urban poor: Race, class, and neighborhood effects. *Sociological Quarterly* 39:53–77.

TriData Corporation. 1999. *Comprehensive review of Chicago Fire Department*. Arlington, Va. June.

Tuchman, Gaye. 1972. Objectivity as strategic ritual: An examination of newsmen's notions of objectivity. *American Journal of Sociology* 77:660–79.

———. 1973. Making news by doing work: Routinizing the unexpected.

American Journal of Sociology 79:110 – 31.

Turow, Joseph. 1997. *Breaking up America: Advertisers and the new media world.* Chicago: University of Chicago Press.

U.S. Centers for Disease Control and Prevention. 1984. Epidemiologic notes and reports illness and death due to environmental heat—Georgia and St. Louis, Missouri, 1983. *Morbidity and Mortality Weekly Report* 33, no. 23:325 – 6.

————. 1995a. Heat-related illnesses and deaths—United States, 1994 –1995. *Morbidity and Mortality Weekly Report* 44:465 – 68.

————. 1995b. Heat-related mortality—Chicago, July 1995. *Morbidity and Mortality Weekly Report* 44:577 –79.

————. 1996. Heat-related mortality—Milwaukee, Wisconsin, July 1995. *Morbidity and Mortality Weekly Report* 45:505 –7.

U.S. Department of Commerce, Bureau of the Census. 1995. *Statistical Abstract of the United States.* Washington, D.C.

Vaughan, Diane. 1996. *The Challenger launch decision: Risky technology, culture, and deviance at NASA.* Chicago: University of Chicago Press.

Velkoff, Victoria, and Valerie Lawson. 1998. International brief: Gender and aging: caregiving. Washington, D.C.: U.S. Department of Commerce, Bureau of the Census.

Venkatesh, Sudhir. 2001. Chicago's pragmatic planners: American sociology and the myth of community. *Social Science History* 25, no. 2:276 –317.

Wacquant, Loïc. 1994. The new urban color line: The state and fate of the ghetto in PostFordist America. In *Social theory and the politics of identity,* edited by Craig Calhoun. Oxford: Basil Blackwell.

————. 1996. The rise of advanced marginality: Notes on its nature and implications. *Acta Sociologica* 39:121 –39.

————. 1997a. For an analytic of racial domination. *Political Power and Social Theory* 2:221 –34.

————. 1997b. Three pernicious premises in the study of the U.S. ghetto. *International Journal of Urban and Regional Research* 21:341 –53.

Wallace, Roderick. 1993. Recurrent collapse of the fire system in New York City: The failure of paramilitary systems as a phase change. *Environment and Planning A* 25:233 –44.

Walton, John. 1992. Making the theoretical case. In *What is a case? Exploring the foundations of social inquiry,* edited by Charles Ragin and Howard Becker. Cambridge: Cambridge University Press.

Weir, Margaret. 1998. Big cities confront the new federalism. In *Big cities in the welfare transition,* edited by Alfred Kahn and Sheila. Kammerman. New

York: Columbia University School of Social Work.

Whitman, Steve. 1995. Comments on the report of the Morbidity and Mortality Analysis Committee. 6 September, Chicago Department of Health, Chicago.

Whitman, Steven, Glenn Good, Edmund Donoghue, Nanette Benbow, Wenyuan Shou, and Shanxuan Mou. 1997. Mortality in Chicago attributed to the July 1995 heat wave. *American Journal of Public Health* 87:1515–18.

Wieviorka, Michel. 1992. Case studies: History or sociology. In *What is a case? Exploring the foundations of social inquiry,* edited by Charles Ragin and Howard Becker. Cambridge: Cambridge University Press.

Williams, Raymond. [1974] 1992. *Television: Technology and Cultural Form.* London: Fontana. Reprint, Middleton, Conn.: Wesleyan University Press.

Wilson, William Julius. 1987. *The truly disadvantaged: The inner city, the underclass, and public policy.* Chicago: University of Chicago Press.

———. 1996. *When work disappears: The world of the new urban poor.* New York: Alfred Knopf.

Wirth, Louis, and Eleanor Bernert. 1949. *Local community fact book of Chicago.* Chicago: University of Chicago Press.

Wolf, Jacquelyn, Naomi Breslau, Amasa Ford, Henry Ziegler, and Anna Ward. 1983. Distance and contacts: Interactions of black urban elderly adults with family and friends. *Journal of Gerontology* 38:465–71.

Wuthnow, Robert. 1998. *Loose connections: Joining together in America's fragmented communities.* Cambridge, Mass.: Harvard University Press.

Zhao, Dingxin. 1998. Ecologies of social movements: Student mobilization during the 1989 prodemocracy movement in Beijing. *American Journal of Sociology* 103:1493–1529.

Zukin, Sharon. 1995. *The cultures of cities.* Oxford and Malden, Mass.: Blackwell Publishers.

폭염 사회

1판 1쇄 2018년 8월 10일
1판 4쇄 2023년 7월 18일

지은이 에릭 클라이넨버그
옮긴이 홍경탁
펴낸이 강성민
편집장 이은혜
마케팅 정민호 박치우 한민아 이민경 박진희 정경주 정유선 김수인
브랜딩 함유지 함근아 박민재 김희숙 고보미 정승민
제작 강신은 김동욱 이순호
독자모니터링 황치영

펴낸곳 (주)글항아리 | 출판등록 2009년 1월 19일 제406-2009-000002호

주소 10881 경기도 파주시 심학산로 10 3층
전자우편 bookpot@hanmail.net
전화번호 031-941-5159(편집부) 031-955-8869(마케팅)
팩스 031-941-5163

ISBN 978-89-6735-538-8 03300

www.geulhangari.com